スペックス商館長の受信書状綴帳

1614–1616

〈平戸オランダ商館史料集〉

クレインス フレデリック、クレインス 桂子 編訳

臨川書店

序　　文

　本書で翻訳した史料は、平戸オランダ商館長ジャック・スペックスが1614年8月4日から1616年12月29日までの間に受信した書状の綴帳一冊分である。スペックスは1609年に初代平戸オランダ商館長に就任し、1613年にヘンドリック・ブラウエルと交替して一時的に出国したが、1614年に再び商館長として平戸に戻り、1621年までの間二期目を務めた。したがって、この書状綴帳は、スペックスが二度目に日本に到着してから最初の2年半の間に受信した書状の控えを手元に残して一冊に綴じたひとまとまりの史料と位置付けられる。各書状は、受信順に、17世紀独特の美麗な書体で整然と筆写されている。初期の数十通の各書状の末尾には、受信した日付および返信の有無についての覚書が加筆されている。

　この綴帳には130通の書状の写しが収められている。最初の書状は、第二代商館長ヘンドリック・ブラウエル発信で、平戸への入港の仕方に関する指示が記載されており、スペックスは日本に向かう途上の平戸近くの海上で受け取っている。書状全体を概観すると、最も大きな割合を占めているのは、京都、大坂、堺、江戸、長崎、鹿児島、山口などの日本国内各地から発信されたものである。差出人は、畿内（上方）に駐在していた商務員エルベルト・ワウテルセンや平戸を拠点として日本各地を行き来していた商務員マテイス・テン・ブルッケ、使節として江戸参府をした上級商務員マルティン・ファン・デル・ストリンゲのほか、1600年に日本に漂着したオランダ船リーフデ号の乗組員で平戸商館の商務に関わっていたメルヒヨル・ファン・サントフォールト、ヤン・ヨーステン・ローデンステイン、アドリアーン・コルネーリセン、イギリス人舵手のウィリアム・アダムスなどである。こうした国内文通のほかに、スペックスがオランダ東インド会社の本部やアジアにおける複数の拠点から受信した書状の写しも数多く収められている。その中の代表的なものとして、アムステルダム本部の重役たち、バンタム駐在の商務総監ヤン・ピーテルスゾーン・クーン、パタニ商館長ヘンドリック・ヤンセ

ン、シャム商館長マールテン・ハウトマンなどからの書状が挙げられる。各書状の内容としては、日本国内での取引や貿易に関する事柄に最も多くの紙幅が割かれているが、その合間に各地の状況についても記述されており、特にエルベルト・ワウテルセンの筆による大坂の陣についての詳細な記述は貴重な情報である。

　本綴帳が始まる 1614 年 8 月時点で、オランダ人は日本国内で自由に商務活動を行うことを許されていたが、1616 年に二港制限令が発布され、取引は平戸と長崎の地に限定されることになった。それまで日本各地に派遣していた商務員も引き上げることになり、商館と派遣商務員とのあいだの定期的な文通は途絶え、本綴帳は 1616 年末に閉じられた。

　同綴帳は、以後、平戸オランダ商館に保管され、1641 年の長崎・出島への商館移転に伴って出島オランダ商館に移された。その後幕末までは同商館で長期間にわたって保管されていたが、1852 年にバタフィアへ送られ、その後の 1863 年にオランダに渡り、現在ハーグ国立文書館が所蔵している。

謝　　辞

　国際日本文化研究センターは2015年より、ハーグ国立文書館およびライデン大学文学部と共同で、ハーグ国立文書館所蔵の平戸オランダ商館関連文書を調査してきた。2016年12月9日には三機関で学術交流協定を締結し、この協定に基づき、ハーグ国立文書館が同文書のデジタル・データを提供し、国際日本文化研究センターおよびライデン大学文学部はその翻刻・和訳・研究分析を共同で行ってきた。

　本書はその成果の第一冊である。和訳に取り掛かる準備として、まず、シンティア・フィアレ氏がオランダ語原文を翻刻した。次に、クレインス・フレデリックがオランダ語原文のテキスト解釈上の不明点についてシンティア・フィアレ氏からご教示を受けた。和訳は、クレインス・フレデリックとクレインス桂子が共同で、フィアレ氏の翻刻を基に、オランダ語原文を参照しながら行った。和訳作業中に生じた不明点については、フィアレ氏に相談すると共に、最終的に和訳とフィアレ氏による英訳を比較して調整した。フィアレ氏による翻刻と英語要約はライデン大学出版会から刊行される。

　索引作成は井岡詩子氏が担当し、和訳の校正には井岡詩子氏、秋山かおり氏、片岡真伊氏、李心羽氏、石原知明氏のご協力をいただいた。

　また、本書の刊行にあたり、国際日本文化研究センターの所長裁量経費による助成を賜った。ここに深く感謝の意を表する。

　最後に、本書の刊行を快く引き受けてくださった臨川書店、そして編集にあたって大変なご苦労をおかけした担当の西之原一貴氏に心より感謝を表したい。

凡　例

- 本書は、平戸オランダ商館長ジャック・スペックスが 1614 年 8 月 4 日（慶長 19 年 6 月 29 日）から 1616 年 12 月 29 日（元和 2 年 11 月 21 日）までの間に受信した書状をひと区切りとして一冊にまとめた綴帳のオランダ語から日本語への翻訳である。その底本は Ontfangene brieven zedert den 4en Augs 1614 tot den 29 Decemb 1616（ハーグ国立文書館 Nationaal Archief, Den Haag, Nederlandse Factorij Japan, 1.04.21, inventaris nummer 276）である。全 130 通の書状をすべて訳載している。ただし、1615 年 4 月 30 日付シャム発信送り状（文書番号 39）における商品目録部分については抄訳に留めた。
- オランダ語原文では基本的に句読点が付されていないが、文意を解釈したうえで、和訳文では句読点を加えた。また、閲読の容易さのために、原文にはない改行を施した。
- 翻訳にあたって、原則として原文通りに逐語訳をすることに努めた。それが困難な場合に限り、意訳した。
- 固有名詞については、該当する日本語の固有名詞が明らかな場合は、それを当てはめた。不明なものはカタカナ表記をした。また、注で原文における綴り方を示した。
- 人称代名詞については、できる限り原文通りに訳した。必要に応じて亀甲ガッコ（〔　〕）のなかや注において、その人称代名詞が指す人物を補って示した。ただし、日本語として冗長あるいは不自然になる場合には、省略や敬語表現での置き換えなどで対応した。
- 皇帝陛下、将軍、殿、様などの尊称は、原文に従い、必要に応じて亀甲ガッコ（〔　〕）の中で該当する人物の名を示した。
- 原文におけるあいまいな文意に明確さを与えるために、訳文中の亀甲ガッコ（〔　〕）の中で訳者が字句を補っている場合がある。
- 書状中で使用されている年月日はグレゴリオ暦である。和暦が記されている場合があるが、その場合は書状中で発信者により和暦であることが明

記されている。
・ 多くの書状の原文では、結びの定型句として「UI dienstwilligen dienaer」や「UI goetwilligen vrindt」などが使用されている。これらは直訳すると「貴殿の献身的な下僕」、「貴殿の善意の友」という意味であるが、本書では日本語の一般的な結びの言葉である「敬具」という訳語で統一した。
・ 各書状には通常その末尾に書状の発信者本人による署名があるが、本綴状に収録された書状はすべて写しであるため、筆記者が署名を書き写したことを示すために、発信者名の前に「ende was onderteijckent」（以下の通り署名）との付記がある。本書ではこの部分の訳出を省略した。
・ 本書収録書状の文末部分における日付について、本文中に組み込まれているなど、正式な整った書状形式からは逸脱した位置に書かれている例が多くみられる。そのため、翻訳では便宜上、日付の部分にも句読点を付すこととした。
・ 原文において欠落している文字については、訳文において□を用いて示した。
・ 各書状には文書番号を付した。

目　次

序　文 ·· 1

謝　辞 ·· 3

凡　例 ·· 4

スペックス商館長の受信書状綴帳 1614-1616 ································ 11

| 1 | ヘンドリック・ブラウエルより〔新商館長宛〕書状、〔平戸〕、1614 年 6 月 21 日付
| 2 | エルベルト・ワウテルセンより〔ジャック・スペックス宛〕書状、大坂、1614 年 9 月 7 日付
| 3 | エルベルト・ワウテルセンより〔ジャック・スペックス宛〕書状、大坂、1614 年 9 月 7 日付
| 4 | マテイス・テン・ブルッケより〔ジャック・スペックス宛〕書状、大坂、1614 年 9 月 19 日付
| 5 | メルヒヨル・ファン・サントフォールトより〔ジャック・スペックス宛〕書状、〔堺〕、1614 年 9 月 29 日付
| 6 | アドリアーン・コルネーリセンよりジャック・スペックス宛書状、〔1614 年 10 月 18 日以前〕
| 7 | ヤン・ヨーステン・ローデンステインより〔ジャック・スペックス宛〕書状、1614 年 11 月 2 日付
| 8 | メルヒヨル・ファン・サントフォールトより〔ジャック・スペックス宛〕書状、堺、1614 年 11 月 2 日付
| 9 | メルヒヨル・ファン・サントフォールトより〔ジャック・スペックス宛〕書状、堺、1614 年〔和暦の〕11 月 29 日〔西暦 1614 年 12 月 29 日〕付
| 10 | メルヒヨル・ファン・サントフォールトより〔ジャック・スペックス宛〕書状、堺、1614 年〔和暦の〕11 月 18 日〔西暦 1614 年 12 月 18 日〕付
| 11 | マテイス・テン・ブルッケより〔ジャック・スペックス宛〕書状、〔大坂〕、1615 年 2 月 9 日付
| 12 | エルベルト・ワウテルセンより〔ジャック・スペックス宛〕書状、堺、1615 年 1 月 29 日付
| 13 | ヤン・ヨーステン・ローデンステインより〔エルベルト・ワウテルセン宛〕書状、1614 年 12 月 23 日付
| 14 | メルヒヨル・ファン・サントフォールトより〔ジャック・スペックス宛〕書状、堺、1615 年 1 月 27 日付
| 15 | アドリアーン・コルネーリセンよりジャック・スペックス宛書状、〔長崎、1615 年 3 月 11 日以前〕
| 16 | アドリアーン・コルネーリセンよりジャック・スペックス宛書状、〔長崎〕、〔和暦の〕2 月 14 日〔西暦 1615 年 3 月 13 日〕付
| 17 | アドリアーン・コルネーリセンよりジャック・スペックス宛書状、〔長崎〕、〔和暦の〕2 月 19 日〔西暦 1615 年 3 月 18 日〕付
| 18 | アドリアーン・コルネーリセンよりジャック・スペックス宛書状、〔長崎〕、〔和暦の〕3 月 4 日〔西暦 1615 年 4 月 1 日〕付
| 19 | エルベルト・ワウテルセンより〔ジャック・スペックス宛〕書状、堺、1615 年 2 月 9 日付

20	エルベルト・ワウテルセン、覚書、堺、1615年2月9日付
21	エルベルト・ワウテルセンより〔ジャック・スペックス宛〕書状、堺、1615年2月28日付
22	エルベルト・ワウテルセンより〔ジャック・スペックス宛〕書状、堺、1615年3月14日付
23	エルベルト・ワウテルセンより〔ジャック・スペックス宛〕書状、大坂、1615年4月11日付
24	ヤン・ヨーステン・ローデンステインより〔ジャック・スペックス宛〕書状、〔江戸〕、1615年2月7日付
25	エルベルト・ワウテルセンより〔ジャック・スペックス宛〕書状、大坂、1615年5月1日付
26	マテイス・テン・ブルッケより〔ジャック・スペックス宛〕書状、室津、1615年5月10日付
27	エルベルト・ワウテルセンより〔ジャック・スペックス宛〕書状、京都、1615年5月17日付
28	エルベルト・ワウテルセンおよびマテイス・テン・ブルッケより〔ジャック・スペックス宛〕書状、京都、1615年5月28日付
29	ヤン・ヨーステン・ローデンステインより〔ジャック・スペックス宛〕書状、1615年5月19日付
30	エルベルト・ワウテルセンより〔ジャック・スペックス宛〕書状、京都、1615年6月28日付
31	マテイス・テン・ブルッケおよびエルベルト・ワウテルセンより〔ジャック・スペックス宛〕書状、京都、1615年6月11日付
32	アドリアーン・コルネーリセンよりジャック・スペックス宛書状、山口、1615年6月28日付
33	メルヒヨル・ファン・サントフォールトより〔ジャック・スペックス宛〕書状、長崎、1615年〔和暦の〕6月11日〔西暦1615年7月3日〕付
34	マールテン・ハウトマンより〔ジャック・スペックス宛〕書状、シャムの河口、1615年5月18日付
35	エルベルト・ワウテルセンより〔ジャック・スペックス宛〕書状、京都、1615年6月29日付
36	メルヒヨル・ファン・サントフォールトより〔ジャック・スペックス宛〕書状、〔長崎〕、1615年7月20日付
37	ヤン・ヨーステン・ローデンステインより〔ジャック・スペックス宛〕書状、〔長崎〕、1615年7月22日付
38	エルベルト・ワウテルセンより〔ジャック・スペックス宛〕書状、京都、1615年7月13日付
39	マールテン・ハウトマン書状に附属する送り状、シャム、1615年4月30日付
40	エルベルト・ワウテルセンより〔ジャック・スペックス宛〕書状、京都、1615年7月29日付
41	ヤン・ヨーステン・ローデンステインより〔ジャック・スペックス宛〕書状、〔長崎〕、〔1615年8月頃〕
42	ウィレム・ヤンセンおよびレナールト・カンプスよりジャック・スペックス宛書状、ヤヒト船ヤカトラ号、1615年8月18日付
43	ヤン・ヨーステン・ローデンステインより〔ジャック・スペックス宛〕書状、〔長崎〕、1615年8月17日付

44		〔ヤン・ピーテルスゾーン・クーン〕より〔ジャック・スペックス宛〕書状、バンタム、1615年4月10日付
45		ヤン・ピーテルスゾーン・クーンより〔ジャック・スペックス宛〕書状、バンタム、1615年6月10日付
46		ヤン・ピーテルスゾーン・クーンよりジャック・スペックス宛覚書、バンタム、1615年6月10日付
47		相場表、バンタム、1615年5月付
48		ヘンドリック・ヤンセンよりジャック・スペックス宛書状、パタニ、1615年7月12日付
49		ヤン・ピーテルスゾーン・クーンよりヘンドリック・ヤンセン宛書状、バンタム、1615年6月10日付
50		パタニ商館委員会の決議録、パタニ、1615年7月6日付
51		エルベルト・ワウテルセンより〔ジャック・スペックス宛〕書状、京都、1615年7月26日付
52		エルベルト・ワウテルセンより〔ジャック・スペックス宛〕書状、京都、1615年8月5日付
53		メルヒヨル・ファン・サントフォールトより〔ジャック・スペックス宛〕書状、長崎、1615年8月27日付
54		エルベルト・ワウテルセンより〔ジャック・スペックス宛〕書状、京都、1615年8月15日付
55		エルベルト・ワウテルセンより〔ジャック・スペックス宛〕書状、京都、1615年8月25日付
56		ヘンドリック・ヤンセンより〔ジャック・スペックス宛〕書状、パタニ、1615年7月18日付
57		エーフェラールト・デインより〔ジャック・スペックス宛〕書状、スカンダ、1615年5月24日付
58		ラウレンス・バックスより〔ジャック・スペックス宛〕書状、バンタム、1615年4月10日付
59		エルベルト・ワウテルセンより〔ジャック・スペックス宛〕書状、京都、1615年9月2日付
60		エルベルト・ワウテルセンより〔ジャック・スペックス宛〕書状、京都、1615年9月5日付
61		エルベルト・ワウテルセンより〔ジャック・スペックス宛〕書状、京都、1615年9月10日付
62		ジャック・スペックスより〔マテイス・テン・ブルッケとレナールト・カンプス宛〕書状、相島、1615年9月15日付
63		ジャック・スペックスより〔マテイス・テン・ブルッケとレナールト・カンプス宛〕書状、京都、1615年9月25日付
64		マテイス・テン・ブルッケとレナールト・カンプスより〔ジャック・スペックス宛〕書状、平戸、1615年9月19日付
65		ヤン・ヨーステン・ローデンステインより〔ジャック・スペックス宛〕書状、発信地不詳、1615年11月7日付
66		メルヒヨル・ファン・サントフォールトより〔ジャック・スペックス宛〕書状、長崎、1615年11月5日付

67	メルヒヨル・ファン・サントフォールトより〔ジャック・スペックス宛〕書状、長崎、1615年11月15日付	
68	ヤン・ヨーステン・ローデンステインより〔ジャック・スペックス宛〕書状、発信地不詳、1615年11月9日付	
69	メルヒヨル・ファン・サントフォールトより〔ジャック・スペックス宛〕書状、長崎、〔1615年11月12日以降〕	
70	エルベルト・ワウテルセンより〔ジャック・スペックス宛〕書状、大坂、1615年11月3日付	
71	メルヒヨル・ファン・サントフォールトより〔ジャック・スペックス宛〕書状、長崎、1615年11月19日	
72	エルベルト・ワウテルセンより〔ジャック・スペックス宛〕書状、大坂、1615年11月25日付	
73	メルヒヨル・ファン・サントフォールトより〔ジャック・スペックス宛〕書状、長崎、1615年12月8日付	
74	エルベルト・ワウテルセンより〔ジャック・スペックス宛〕書状、京都、1615年12月18日付	
75	エルベルト・ワウテルセンより〔ジャック・スペックス宛〕書状、京都、1615年12月22日付	
76	エルベルト・ワウテルセンより〔ジャック・スペックス宛〕書状、京都、1616年2月5日付	
77	エルベルト・ワウテルセンより〔ジャック・スペックス宛〕書状、大坂、1616年2月17日付	
78	ヤン・ヨーステン・ローデンステインより〔ジャック・スペックス宛〕書状、江戸、1616年2月3日付	
79	エルベルト・ワウテルセンより〔ジャック・スペックス宛〕書状、大坂、1616年2月29日付	
80	ヤン・ヨーステン・ローデンステインより〔エルベルト・ワウテルセン宛〕書状、〔江戸〕、1616年2月28日付	
81	エルベルト・ワウテルセンより〔ジャック・スペックス宛〕書状、京都、1616年3月7日付	
82	エルベルト・ワウテルセンより〔ジャック・スペックス宛〕書状、京都、1616年4月2日付	
83	エルベルト・ワウテルセンより〔ジャック・スペックス宛〕書状、大坂、1616年5月12日付	
84	ヤン・ヨーステン・ローデンステインより〔ジャック・スペックス宛〕書状、〔江戸〕、1616年3月13日付	
85	エルベルト・ワウテルセンより〔ジャック・スペックス宛〕書状、京都、1616年6月11日付	
86	エルベルト・ワウテルセンより〔ジャック・スペックス宛〕書状、京都、1616年7月4日付	
87	ラウレンス・バックスより〔ジャック・スペックス宛〕書状、バンタム、1615年8月21日付	
88	ウィレム・ヤンセンより〔ジャック・スペックス宛〕書状、女島付近、〔1616年7月頃〕	
89	マルティン・ファン・デル・ストリンゲより〔ジャック・スペックス宛〕書状、女島付近、1616年7月23日付	

90	スヒップ船ズワルテ・レーウ号およびヤヒト船ヤカトラ号の送り状、1616年〔7月23日〕
91	コルネーリス・バイセローより〔ジャック・スペックス宛〕書状、バンタム、1616年5月13日付
92	ヤーコプ・ブレークフェルトより〔ジャック・スペックス宛〕書状、ヤカトラ、1616年5月18日付
93	ヤーコプ・レープマーケル、ヤン・ヤンセン・ファン・ヘルモント、シモン・ヤーコプセン・スホーンホーフェンより〔ジャック・スペックス宛〕書状、アムステルダム、1614年11月21日付
94	ヤン・ピーテルスゾーン・クーンより〔ジャック・スペックス宛〕書状、バンタム、1616年5月14日付
95	ヤン・ピーテルスゾーン・クーンよりジャック・スペックス宛覚書、バンタム、1616年5月14日付
96	ヘンドリック・ヤンセンより〔ジャック・スペックス宛〕書状、パタニ、1616年6月24日付
97	マテイス・テン・ブルッケより〔ジャック・スペックス宛〕書状、五島列島、1616年8月3日付
98	コルネーリス・トーマセンよりジャック・スペックス宛書状、薩摩内之浦、1616年8月13日付
99	マールテン・ハウトマンより〔ジャック・スペックス宛〕書状、シャム、1616年6月8日付
100	マールテン・ハウトマンより〔ジャック・スペックス宛〕書状、シャムのボンコソーイ、1616年6月24日付
101	マルティン・ファン・デル・ストリンゲより〔ジャック・スペックス宛〕書状、呼子、1616年9月19日付
102	マルティン・ファン・デル・ストリンゲより〔ジャック・スペックス宛〕書状、呼子、1616年9月21日付
103	マルティン・ファン・デル・ストリンゲより〔ジャック・スペックス宛〕書状、呼子、1616年9月26日付
104	マルティン・ファン・デル・ストリンゲより〔ジャック・スペックス宛〕書状、〔呼子〕、1616年9月27日付
105	エルベルト・ワウテルセンより〔ジャック・スペックス宛〕書状、大坂、1616年9月8日付
106	エルベルト・ワウテルセンより〔ジャック・スペックス宛〕書状、大坂、1616年9月11日付
107	マルティン・ファン・デル・ストリンゲより〔ジャック・スペックス宛〕書状、上関・横島、1616年10月7日付
108	マルティン・ファン・デル・ストリンゲより〔ジャック・スペックス宛〕書状、備後ノ鞆、1616年10月8日付
109	エルベルト・ワウテルセンより〔ジャック・スペックス宛〕書状、京都、1616年9月30日付
110	エルベルト・ワウテルセンより〔ジャック・スペックス宛〕書状、京都、〔日付不詳〕
111	エルベルト・ワウテルセンより〔ジャック・スペックス宛〕書状、大坂、1616年10月3日付

112	メルヒヨル・ファン・サントフォールトより〔ジャック・スペックス宛〕書状、長崎、1616年10月13日付
113	マルティン・ファン・デル・ストリンゲより〔ジャック・スペックス宛〕書状、大坂、1616年10月13日付
114	エルベルト・ワウテルセンより〔ジャック・スペックス宛〕書状、大坂、1616年10月11日付
115	エルベルト・ワウテルセンより〔ジャック・スペックス宛〕書状、大坂、1616年10月12日付
116	マテイス・テン・ブルッケより〔ジャック・スペックス宛〕書状、鹿児島、1616年10月24日付
117	エルベルト・ワウテルセンより〔ジャック・スペックス宛〕書状、京都、1616年10月19日付
118	エルベルト・ワウテルセンより〔ジャック・スペックス宛〕書状、大坂、1616年10月13日付
119	マテイス・テン・ブルッケおよびレナールト・カンプスより〔長崎にいるジャック・スペックス宛〕書状、平戸、1616年11月17日付
120	ヤン・ヨーステン・ローデンステインより〔ジャック・スペックス宛〕書状、〔江戸〕、1616年10月10日付
121	ウィリアム・アダムスより〔ジャック・スペックス宛〕書状、江戸、〔ユリウス暦〕1616年10月14日〔グレゴリオ暦1616年10月24日〕付
122	エルベルト・ワウテルセンより〔ジャック・スペックス宛〕書状、大坂、1616年11月2日付
123	エルベルト・ワウテルセンより〔ジャック・スペックス宛〕書状、大坂、1616年11月19日付
124	エルベルト・ワウテルセンより〔ジャック・スペックス宛〕書状、大坂、1616年11月14日付
125	マルティン・ファン・デル・ストリンゲより〔ジャック・スペックス宛〕書状、江戸、1616年11月18日付
126	エルベルト・ワウテルセンより〔ジャック・スペックス宛〕書状、京都、1616年11月27日付
127	ヤン・ヨーステン・ローデンステインより〔ジャック・スペックス宛〕書状、〔江戸〕、1616年〔和暦の〕9月17日〔西暦1616年10月27日〕付
128	ヤン・ヨーステン・ローデンステインより〔ジャック・スペックス宛〕書状、〔江戸〕、〔1616年〕11月27日付
129	ヤン・ヨーステン・ローデンステインより〔ジャック・スペックス宛〕書状、江戸、1616年12月2日付
130	エルベルト・ワウテルセンより〔ジャック・スペックス宛〕書状、大坂、1616年12月29日付

索引 ……………………………………………………………………… 393

人名（日本人）・人名（日本人以外）・船名・地名・事項

スペックス商館長の
受信書状綴帳
1614-1616

1｜ヘンドリック・ブラウエルより〔新商館長宛〕書状、〔平戸〕、1614年6月21日付

尊敬すべき、思慮深く、とても慎重な殿

　本書状は、連合オランダ総合東インド会社に所属するスヒップ船、ヤヒト船、あるいはジャンク船と出会うことを望みながら、長崎[1]の陸地と五島[2]との間で継続的に巡航させるためにこのバルク船を派遣していることを貴殿に知らせるためだけのものです。そのために全能の神の祝福を受けるように祈ります。その場合、老人タロエモン殿[3]が水先案内として、神の助けにより貴殿を平戸へ連れて行くのを手助けします。また、バルク船は貴殿の便りをもって、できるだけ早く当地に戻るようにします。それは、できるだけ多くの助けの引き船で貴殿のところへ赴くためです。

　長崎には絶対に入港してはいけません。しかし、逆風であれば、ほかのところの沖で投錨しても構いません。前述のように、何があろうと、この漕げば速いバルク船をすぐに派遣するようお願いします。なぜなら、貴殿の便りが届き次第、すぐにできるだけ多くの助け〔引き船〕を貴殿のところへ送ることを試みるつもりだからです。

　以上、神が貴殿を守るように祈り、多くの挨拶を申し添えます。本日1614年6月21日に平戸[4]にある在日連合オランダの商館にて記しました。

敬具
ヘンドリック・ブラウエル[5]

ウィレム・ディルクセン[6]を通じて、平戸島の南に到着したスヒップ船アウト・ゼーランディア号[7]の中で8月4日に受信。

1　Nangasacque
2　Ghoto
3　Taroijemondono
4　Firando
5　Henricq : Brouwer
6　Willem Dircxsz
7　Oudt Zelandia

2｜エルベルト・ワウテルセンより〔ジャック・スペックス宛〕書状、大坂、1614年9月7日付

尊敬すべき、思慮深く、とても慎重な殿

　8月13日付の貴殿の書状を同31日に無事に受け取り、そこから貴殿が平戸[8]に到着したことを知りました。それは以前にアダムス[9]氏の使用人から伝えられていました。その使用人は数日前に一山の大羅紗を持って上に来ました。その内の一部は大坂[10]に残し、残りの物を江戸[11]へ携えて行きました。それは、そこに駐在しているイギリス人のウィカム[12]氏によって販売されるためです。しかし、貴殿がどのような商品を持ってきたのかについて、その使用人は知らず、私に何も教えられませんでした。したがって、そのことは貴殿の書状から初めて知りました。

　また、貴殿の書状に記載されている商品が当地においてどの価格で販売されているかについて貴殿に伝えるように貴殿が私に依頼していますので、いくつかのほかの商品と共にそれを調べてもらいました。同封の相場表を参考にしてください。私はこの相場表を基本にします。

　当地大坂および江戸での大羅紗の販売について、以前に商館長ヘンドリック・ブラウエル[13]殿から既に聞いていると思いますが、非常に悪い状況であり、辛抱するしかありません。

　次に、発注された木材について、下記の通りに購入しました。

　価格は次の通りです。

〔Th＝丁銀タエル：匁：分〕

アカマツ板　800枚　長さ2間　幅1フート2〜3ダイム　厚さ1ダイム
100本当たり140匁　合計　　　　　　　　　　　　　　　Th 112：－：－
同上板　35枚　長さ4間　幅1フート6〜7〜8ダイム　厚さ2ダイム

8　Firando
9　Adams
10　Ozacca
11　Edon
12　Wickum
13　Hendrijck Brouwer

1本当たり9匁		Th 31:5:-
アカマツ角材　100本　長さ2½間　幅6ダイム　100本当たりの価格		Th 30:-:-
同上　100本　長さ2間　幅5ダイム　100本当たりの価格		Th 12:-:-
合計		Th 185:5:-

また、上記の木材を3隻のバルク船に積み、運賃として次の通りに支払いました。

　小倉[14]のバルク船にて
アカマツ板　235枚　長さ2間　幅1フート2～3ダイム　厚さ1ダイム
アカマツ角材　30本　長さ2½間　幅6ダイム
運賃70匁

　博多[15]のバルク船にて
アカマツ板　300枚　長さ2間　幅1フート2～3ダイム　厚さ1ダイム
アカマツ角材　23本　長さ2½間　幅7ダイム
アカマツ角材　70本　長さ2間　幅5ダイム
運賃90匁

　大坂のバルク船にて
アカマツ板　165枚　長さ2間　幅1フート2～3ダイム　厚さ1ダイム
同上板　35枚　長さ4間　幅1フート6～7～8ダイム　厚さ2ダイム
アカマツ角材　47本　長さ2½間　幅6ダイム
同上角材　30本　長さ2間　幅5ダイム
運賃90匁

　当地に100枚のアカマツ板　長さ2間　幅1フート2～3ダイム　厚さ1ダイムを残しています。それらは、165枚のアカマツ板を早急に製材させた後に、一緒に下へ送付します。

　続いて、3間の長さで7ダイムの幅のアカマツ角材は当地で入手できませ

14　Cokera
15　Facatta

ん。なお、5あるいは6ダイムの幅で、送付したものと同様の長さのものを購入することが良いか悪いか分からないので、貴殿が上に来るまで待ちます。そうすれば、貴殿の思い通りに決められます。

　本状はほかに書くべきことはもうありません。末筆ながら、尊敬すべき、賢明で、とても思慮深い貴殿、全能の神の手の中に貴殿を委ね、至福を迎える時まで永続的な健康の中で貴殿および貴殿の仲間を守ってくれますように。アーメン。

　大坂にて、本日1614年9月7日。

敬具
エルベルト・ワウテルセン[16]

16　Elbert Woutersz

3｜エルベルト・ワウテルセンより〔ジャック・スペックス宛〕書状、大坂、1614年9月7日付

　各地から日本に輸入されるいくつかの商品の相場表。これら〔の商品〕が現在大坂[17]、堺[18]、京都[19]においてどの価格で販売されているのか。
　まず、

マニラとマカオの最上級品の生糸　1ピコル当たり　　　　　2300匁
無地の繻子　最上級品　1反当たり　　　　　　　　　　　　50匁
絹呉絽服綸　1反当たり　　　　　　　　　　　　　　　　　60匁
緞子　1反当たり　　　　　　　　　　　　　　　　　　　　32匁
大海黄　1反当たり　　　　　　　　　　　　　　　　　　　20匁
日本語で線香[20]と呼ばれる香木　コーチシナ産　品質により1斤当たり
　　　　　　　　　　　　　　　　　　　　　　　　　　　70〜80匁
日本語で伽羅[21]と呼ばれる香木　同上コーチシナ産　品質により1斤当たり
　　　　　　　　　　　　　　　　　　　　　　　　　　　230〜250匁
肉桂　コーチシナ産　1ピコル当たり　　　　　　　　　　　600匁
麝香　品質により1斤当たり　　　　　　　　　　　　　　　300〜400匁
龍脳　1斤当たり　　　　　　　　　　　　　　　　　　　　450匁
辰砂　1ピコル当たり　　　　　　　　　　　　　　　　　　700匁
土茯苓　1ピコル当たり　　　　　　　　　　　　　　　　　60匁
白檀　1ピコル当たり　　　　　　　　　　　　　　　　　　220匁
明礬　1ピコル当たり　　　　　　　　　　　　　　　　　　18匁
ショウブ　1ピコル当たり　　　　　　　　　　　　　　　　40匁
甘草　1ピコル当たり　　　　　　　　　　　　　　　　　　100匁
象牙　1ピコル当たり　　　　　　　　　　　　　　　　　　540匁
ナツメグ　1ピコル当たり　　　　　　　　　　　　　　　　180匁

17　Osacca
18　Saccaij
19　Meaco
20　singh
21　querra

丁子　1ピコル当たり	230匁
大粒の胡椒　1ピコル当たり	70匁
小粒の胡椒　1ピコル当たり	60匁
蝋　1ピコル当たり	180匁
鉛　1ピコル当たり	60匁
蘇木、つまりシャム産の赤色の木　1ピコル当たり	35匁
鹿皮　大　100枚	350匁
中　100枚	300匁
小　100枚	270匁

　大黄および安息香がどの価格で販売されているかについては聞き知ることができませんでした。というのも、これらの日本語の名前を知らなかったからです。

　続いて、いくつかの日本国内産の商品の価格、つまり、これらが現在前述の各地でいくらかかるのか、つまり、

精錬銅　1ピコル当たり	85匁
未精錬銅　1ピコル当たり	110匁
精錬鉄　1ピコル当たり	12匁
精錬鋼鉄　1ピコル当たり	55匁
樟脳[22]と呼ばれる日本のカンフル　1ピコル当たり	80匁

　以上、大坂にて記す。本日1614年9月7日。

敬具

エルベルト・ワウテルセン[23]

9月17日に受信、マテイス・テン・ブルッケ[24]宛の書状において10月13日に返信。

22　siono
23　Elbert Woutersz
24　Matthijs ten Broecke

4｜マテイス・テン・ブルッケより〔ジャック・スペックス宛〕書状、大坂、1614年9月19日付

神を讃えよ。大坂[25]にて、1614年9月19日。

尊敬すべき、思慮深く、とても慎重な殿

　本状をもって、挨拶のほかに、我々が本月13日に当地に無事に到着したことを伝えます。京都[26]での宿主のところにいたエルベルト・ワウテルセン[27]氏をすぐに呼び出し、彼はその次の日に我々のところに来ました。しかし、ブラウエル[28]氏のために漆器を仕入れるため、まだ宿主を京都に居残らせています。以上、ご参考まで。

　金および鮫皮は、貴殿の命令に従って、メルヒヨル・ファン・サントフォールト[29]氏に届けました。その内、金については、それが妥当な価格になっているという書状を今〔ファン・サントフォールトより〕受け取りました。しかし、その価格を明示していなかったので、本状で知らせることができません。また、貴殿の注文書および一般の注文書に記載されている槍、火縄銃等の細々とした物の購入も彼に依頼し、彼がそれを引き受けました。一方、〔覚書の注文にある〕漆器などの残りのものは我々が京都で仕入れざるを得ません。

　オランカヤ[30]のための10丁の火縄銃は、1丁当たり67匁で作らせました。私は高いと思いましたが、最上級の物を作ってもらうように貴殿が強く推奨されていたので、それらが高価でも、購入を取りやめることを敢えてしませんでした。このことに3日間もかかりきりになっていました。

　貴殿の覚書に掲載されている木材については、すでに購入済みであり、我々が出発した後に我々の宿主によって貴殿のところへ送付されます。というのも、それらを鉄の一部および麻と一緒に積む〔予定だ〕からです。その方が

25　Osacka
26　Meaco
27　Elbert Woutersen
28　Brouwer
29　Melchior van Santvoort
30　Orancaij　マレー語での高官を指す称号

効率が良いと思われます。

　バンタムのパンゲラン[31]のための馬については、貴殿が発注している価格で乗馬に適しているものは当地で入手不可能です。というのも、一頭当たり300匁もかかるからです。これについては、貴殿の指示を待ちます。すなわち、鞍および手綱なしで、馬一頭300匁です。

　当地における我々の滞在期間の延長の原因については、エルベルト・ワウテルセン氏の書状からお分かり頂けます。そのこと（およびほかのこと）についてはそちらを参考にしてください。

　そのほかには特に何も起こっていません。末筆ながら、至高〔の神〕の恩寵の中に貴殿を委ね、至福を迎える時まで良い健康の中で貴殿およびすべての友人を守ってくれますように。アーメン。取り急ぎ、以上執筆。

敬具
マテイス・テン・ブルッケ[32]

9月29日に受信、10月13日に返信。

31　pangaran　ジャワ島における、君主の子息や兄弟を指す称号
32　Mattijs ten Broecke

5｜メルヒヨル・ファン・サントフォールトより〔ジャック・スペックス宛〕書状、〔堺〕、1614年9月29日付

尊敬すべき、思慮深く、とても慎重な殿および特別に良き友

　9月2日および10日付の貴殿からの快い書状は、18日にマテイス・テン・ブルッケ[33]によって確かに私に渡されました。貴殿の到着と健康について知り、この上なく嬉しく存じます。

　貴殿自らが皇帝〔家康〕のところへ参府されると私は思っていましたが、今はご都合が良くなく、次の機会に来られることは承知しました。

　さて、貴殿に次のことを伝えます。すなわち、ブラウエル[34]氏から堺[35]にいる私のところへ送付された皮と鮫皮を私は、すべてにおいて協力してくれるだろう大坂[36]の彼の宿主であるクロベエ殿[37]のところへ転送しました。その理由とは、堺において外国人には自由な販売が許されていないことです。皇帝の書状あるいは朱印状を持っている人だけは例外であり、それを入手することは貴殿にとって簡単なことであります。

　なお、皮と鮫皮は現在低価格で推移していますが、金は妥当な価格です。貴殿の金を1タエル当たり141匁で売りました。その中に非常に質の悪い延べ棒がありました。それがなければ、143匁の売値が得られたでしょう。重量は553匁6½分であり、合計7806匁4分となります。43枚の鮫皮は227匁で売られました。また、貴殿がマテイス・テン・ブルッケに購入するように依頼した物について、私が彼からすべて引き受けて、発注し、作らせました。つまり、刀と脇差、槍、火縄銃、ならびに天秤すなわち錘、刀と脇差のための紐[38]、防具〔胴〕[39]、真綿4000匁、牛皮4枚、銅製の金具の付いた複数の小箪笥、複数の書箪笥、火縄銃用火縄。これらは合計4695匁3分です。残りはクロベエ殿に渡す予定です。すなわち、現金や銀の残りです。なお、

33　Mattijs den Broecke
34　Brouwer
35　Saccaij
36　Osacka
37　Crobedonne
38　banden tot de cattanen en wackisacien
39　carcassen

マテイス・テン・ブルッケが私にいくつかの商品の購入も依頼したので、神が許せば、マテイス・テン・ブルッケ氏が来るまでに、神の助けによりすべて用意します。
　以上、心よりご挨拶を申し上げます。同胞の方々皆、特に船長および舵手やすべての良き友によろしくお伝えください。貴殿の魂が至福を迎える時まで良い健康の中で貴殿を守ってくれますように。アーメン。1614年9月29日。

　　　　　　　　　　　　　　　　　　　　　　　　　　　　　　敬具
　　　　　　　　　　　　　　　　　メルヒヨル・ファン・サントフォールト[40]

10月13日に受信、同月14日に返信。

40　Melchior van Santvoort

6｜アドリアーン・コルネーリセンよりジャック・スペックス宛書状、〔1614年10月18日以前〕

尊敬すべき商務員ジャック・スペックス[41]殿

　貴殿に次のことについてご承知頂きたく存じます。すなわち、私は金を売却するために最善を尽くしましたが、彼らの付けている値段は十分ではありません。つまり、11匁以上で購入しようとしません。私はその値段で敢えて売りませんでした。しかし、もしもその値段で売りたければ、知らせてください。

　樟脳〔の結晶〕は小さく、〔ほかからも〕供給量が多いので、売却できませんでした。

　生糸は現在日々安くなっています。白糸は今2300の値段が付いていて、最良品は2350です。

　以上、神が貴殿を守り続けますように。

アドリアーン・コルネーリセン[42]

10月18日に受信、同月25日に返信。

41　Jacop Specx
42　Arijaen Cornelissen

7｜ヤン・ヨーステン・ローデンステインより〔ジャック・スペックス宛〕書状、1614年11月2日付

尊敬すべき、とても慎重な殿

　皇帝〔家康〕が大砲および鉛をすべて購入することを報告します。

　なお、当地において多くの商品を売ることができると私は考えており、貴殿の部下もそれをよく分かっていますので、当地にいる貴殿の部下と一緒に行かせる私の使用人に、私に送付することを約束してくれた商品を渡してください。つまり、貴殿のところにあるであろうサアイ[43]および白麻布の内一等品種のすべての反物および染料、次に蘇木および上質の大皿やほかの陶器を積んだバルク船一、二隻、さらにまとまった量の丁子も〔渡してください〕。貴殿が江戸[44]までの海上〔運搬〕のリスクを負担するという条件で、私はすべての経費に2割を上乗せして支払うつもりです。あるいは、当地での相場価格を私に支払ってくれるならば、私がリスクを負担します。

　さらに、反物を陸路で送付し、それと一緒に来る人がいれば、私はブラウエル[45]氏に私から支払うべきすべての現金および私がさらに販売したほかの商品〔の代金〕もその運搬人に持たせて送ります。次に、私に陶器を送付することを怠らないようお願いします。なぜなら、それら〔の品物〕が来ることを私はすべての領主たちに約束しましたし、貴殿はすべてについて私が十分にもらえることを私に約束したからです。そのため、私はイギリス人に注文していません。

　さらに、一等品種の大羅紗の一山も大坂[46]へ送付するようお願いします。なお、並の物であっても、私はそれらを必要としているため、即座に引き受けます。なぜなら、私は貴殿のために大羅紗の一山を近い内に販売するつもりだからであります。というのも、当地にいる領主たちがそれを要求しているからです。これを後回しにしないようお願いします。

43　毛織物の一種
44　Edo
45　Brouwer
46　Osacca

また、アダムス[47]氏がまだ出発していないなら、一緒にシャムに運ぶために私の使用人に象牙50本、ただし新しいものを渡してください。彼は私のために彼の地で商品と交換する予定であり、私は貴殿にその代金を当地にて相場価格で支払うつもりです。私にそれらの新しい〔象牙〕の証書を送付してくださされば、当地にて貴殿にそれら〔の代金〕を支払います。
　以上、貴殿を主に委ねます。1614年11月2日。

ヤン・ヨーステン・ローデンステイン[48]
敬具

23日に受信、同月26日に返信。

47　Adams
48　Jan Joosten Lodensteijn

8｜メルヒヨル・ファン・サントフォールトより〔ジャック・スペックス宛〕書状、堺、1614年11月2日付

尊敬すべき、思慮深く、とても慎重な殿および特別に良き友

　今月[49]13日付の貴殿の快い書状を同月25日に確かに受け取りました。

　さて、注文された商品について、すべて用意し、マテイス・テン・ブルッケ[50]氏とエルベルト・ワウテルセン[51]氏に手渡しました。牛皮だけはまだ加工されていません。それは、以下でお伝えする理由によるものです。

　次に鹿皮については、半分売却しました。3種類の内、100枚当たり210匁で、もっとも大きいものの内、100枚当たり300匁で売却しました。しかし、代金はまだ受領していません。その理由とは、大坂[52]の大混乱のためです。町の全員が逃げて、その荷物を安全な場所に運んでいます。その原因が何なのかはよく分かりません。皇帝〔家康〕が大坂城を占拠しようとしているとある人たちは言っています。それがどうなるのかは、神がご存じであり、時が教えてくれるでしょう。

　ブラウエル[53]氏の鮫皮はまだ売却されていません。それは、その大きな騒ぎのためです。

　続いて、東インド会社に従事してくれる薬草や鮫皮の知識を持つ適切な青年〔を探すこと〕について貴殿が書かれていますが、この大混乱のため、今のところ〔そのような人が〕見つかりません。

　以上、貴殿を万能神に委ね、貴殿の魂が至福を迎える時まで良い健康の中で貴殿を守ってくれますように。アーメン。

　ヤン・ヤンセン[54]船長に心よりよろしくお伝え願います。彼の渡航が無事であるように神に祈ります。

　1614年11月2日。

49　stanti（今月）とあるが、先月の誤り
50　Mattijs ten Broecke
51　Elbert Woutersen
52　Osacca
53　Brouwer
54　Jan Jansen

敬具

メルヒヨル・ファン・サントフォールト[55]

1614 年 11 月 23 日に受信、26 日に返信。

---

55 Melchior van Santvoort

9｜メルヒヨル・ファン・サントフォールトより〔ジャック・スペックス宛〕書状、堺、1614年〔和暦の〕11月29日〔西暦1614年12月29日〕付

尊敬すべき、とても慎重な殿および特別に良き友

　ご挨拶の後に、当地堺[56]で我々皆が大混乱状態に陥っていることを知らせます。その理由とは、皇帝〔家康〕が大坂[57]を武力で攻囲するために、その全軍を率いて、伏見[58]やその周辺に軍を配置したことであります。大坂方も士気高く皇帝の到来を待ち受けています。大坂と堺の市民たちは大半がその荷物を持ってあちこちへ逃げました。エルベルト・ワウテルセン[59]氏が堺で預けた大羅紗は、貴殿の宿主クロベエ殿[60]が再び大坂へ運び、そこで領主たちに販売しようとしました。クロベエ殿は私にそれについて何も言いませんでしたが、それを預けていた宿主がそれを私に伝えて来ました。というのも、彼はそれに驚き、〔私に〕その理由を尋ねたからです。

　皮はまだ堺にあります。なぜなら、それはこの混乱状態の中で現在では売れない商品だからです。すでに売却された皮の代金回収については、ほとんどすべての人々が離散していますので、〔それは〕非常に不確実です。それがどうなるのか、それはすべてを支配する神のみが知っています。

　この書状を届ける人物は、エルベルト・ワウテルセン氏が堺にて大羅紗を預けた人の使用人すなわち「代官」[61]です。その〔堺の〕人は、彼の使用人すなわち「代官」に適切な価格で最良品の大羅紗3〜4反を販売してくれることを望んでいますので、貴殿に書状を書くようにと私に依頼しました。彼は私がよく知っている者の一人です。以上、貴殿を万能神に委ね、貴殿の魂が至福を迎える時まで良い健康の中で貴殿を守ってくれますように。アーメン。マティス・テン・ブルッケ[62]氏、エルベルト・ワウテルセン氏およびすべての良き友だちによろしくお伝え願います。

56　Sackaij
57　Osacca
58　Fissemue
59　Elbert Woutersen
60　Crobedonne
61　原文には dijckquam とあり、「代官」を指すと思われる。手代のことか。
62　Mattijs ten Broecke

日本の暦で 1614 年 11 月 29 日。

　　　　　　　　　　　メルヒヨル・ファン・サントフォールト[63]
　　　　　　　　　　　　　　　　　　　　敬具

12 月 27 日に受信、1615 年 1 月 9 日に返信。

63　Melchoir van Santvoot

9｜サントフォールト　1614 年〔和暦の〕11 月 29 日〔西暦 1614 年 12 月 29 日〕付

10｜メルヒヨル・ファン・サントフォールトより〔ジャック・スペックス宛〕書状、堺、1614年〔和暦の〕11月18日〔西暦1614年12月18日〕付

尊敬すべき、とても慎重な殿および特別に良き友

　先月23日付の貴殿の快い書状を、ヤン・ヨーステン[64]宛の書状および貴殿の宿主クロベエ殿[65]宛の書状と共に11月18日に確かに受け取りました。しかし、ヤン・ヨーステン宛の書状を届け、ましてやまた貴殿の宿主クロベエ殿宛の書状を届ける時間が今はありません。なぜなら、大きな戦争と大きな騒動があり、皇帝〔家康〕自らが全軍を率いて大坂[66]に来て、周りを包囲しているため、今のところ誰も出たり入ったりすることができないからです。

　さらに、残りの皮の売却について貴殿が書いていますが、当地では今のところ、皆が自分の身と持ち物を避難させるのに精いっぱいであるため、商売をする状況ではありません。というのも、当地は完全に混乱状態です。すべてを支配する神が我々に逃げ道を与えてくれますように。次に、貴殿の宿主クロベエが貴殿を助言や行為で支援してくれることについてです[67]。エルベルト・ワウテルセン[68]氏およびマテイス・テン・ブルッケ[69]氏が堺[70]で預けた大羅紗は、貴殿の宿主クロベエが私に何も言わずに再び大坂へ運びました。しかし、保管先の主人がそのことを私に伝えに来ました。というのも、彼はその理由〔つまり、クロベエが大羅紗を大坂へ運んだ理由〕が分からず、それに驚いていたからです。

　まだ売却されていない皮は堺にあります。なぜなら、今のところは流通できない商品だからです。協定あるいは和平が結ばれない限り、それはかなり不確実ですが、鮫皮および大羅紗は大坂で大きな危険に晒されています。売却された皮について、その代金を回収するのはかなり不確実です。なぜなら、

64　Jan Joostens
65　Crobedonne
66　Osacca
67　この一文は文法的に正しい文章として成立していない。筆写係が一行を書き写し忘れたと推測される。
68　Elbert Woutersen
69　Mattijs ten Broecke
70　Saccaij

大坂の人々の大半は荷物を持って逃げたからです。

　次に、パタニに派遣するための、東インド会社に従事してくれる適切な青年について、この大混乱のため、現在〔そのような人が〕見つかりません。牛皮の加工について、現在見通しはありません。なぜなら、そこで働いている人は誰もいないからです。彼らは巡回して、泥棒や放火犯に対して警備しています。というのも、そこ〔大坂〕では、そのような者たち（泥棒や放火犯）は現在不足していないからです。

　以上、貴殿を万能神に委ね、我々の魂の至福のために貴殿と我々を災難から守ってくれますように。アーメン。

　エルベルト・ワウテルセン氏およびマテイス・テン・ブルッケ氏によろしくお伝えください。

　日本の暦で1614年11月18日。

メルヒヨル・ファン・サントフォールト[71]
敬具

通行が可能となり次第、ヤン・ヨーステン宛の書状を最初の機会ですぐに届けるつもりです。

1615年1月6日に受信、同月9日に返信。

71　Melchijor van Santvoort

11｜マテイス・テン・ブルッケより〔ジャック・スペックス宛〕書状、〔大坂〕、1615年2月9日付

拝啓

　これらの書状を本日受け取り、（貴殿の〔事前の〕許可を得て拝読したうえで、）速達で貴殿へ送付することを〔ワウテルセンと〕共に決定しました。というのも、その中に、〔長谷川〕左兵衛殿[72]より貴殿宛および〔長谷川〕権六殿[73]宛の鉛に関する書状が含まれているからです。ほかに〔書くこと〕はありません。

　以上、神の恩寵によって守り続けられますように。至急。1615年2月9日。

敬具

マテイス・テン・ブルッケ[74]

これを書いている際に、イートン[75]およびヒースブレヒト・デ・コーニング[76]が当地を通過航行しましたが、別れの挨拶も言わずに上へ出発しました。

1615年2月12日に長崎[77]にて受信。

72　Saffia Donne　長谷川藤広
73　Gonrockondonne
74　Mattijs ten Broecke
75　Hijton
76　Sijbrecht de Coninck
77　Nangasacq

12｜エルベルト・ワウテルセンより〔ジャック・スペックス宛〕書状、堺、1615年1月29日付

尊敬すべき、思慮深く、とても慎重な殿

　今月25日に道中つつがなく無事に堺[78]に到着しました。大変残念なことに、大坂[79]の町の大部分が焼けたことをそこで知りました。しかし、私が同月26日に乗物で大坂へ赴いた時に、我々の宿主であるクロベエ殿[80]から聞いたことがよく分かりませんでした。彼は以前に2回に分けて堺へ人を派遣して、そこに保管されていた大羅紗を大坂へ運ぼうとしました。なぜなら、秀頼様[81]が堺の町を焼き討ちさせようとしているとの根強い噂が前述の大坂で広まっていたからです。堺の人々がそれをとても恐れていたとメルヒヨル・ファン・サントフォールト[82]からも聞いた通りです。したがって、大羅紗を取りに行くための最初の派遣時に5反が、そして2回目の派遣の時に7反が大坂に運び込まれましたが、これらは川を越えることができませんでした。というのも、そこでは誰ももう出入りが許されなかったからです。そのため、それらは同クロベエ殿の義理の兄弟の家に運ばれました。これは川の西側に位置しており、その5～6日後に焼かれました。というのも、秀頼の指示と命令の下に15,000軒以上の家が焼かれ、その結果、大砲の射程よりも広い四角形の空地ができました。これによって、会社が大羅紗7反および肉桂2箱を失うことになりますが、神よ、どうかそうでないように祈ります。

　さらに、我々の宿主クロベエ殿に渡されたものの残りのうち、4反がまだ堺にあり、ほかの分は彼が大坂と堺で割合安い価格で売却しました。つまり、1間当たり120、125、130、そして160匁まで〔の価格で〕。しかし、代金はまだすべて回収されているわけではありません。そのうちの一部、つまり1000タエルはウィレム・ディルクセン[83]に持たせて下〔平戸〕へ送付します。

78　Ozaccaij
79　Ozacca
80　Crobijoyedonne
81　Fiderijsamma
82　Melsen van Santvoort
83　Willem Dircxsen

我々の宿主は鉛を1ピコル当たり70匁で売却しました。私は我々の宿主とまだ支払い処理をしていません。なぜなら、それを主に貴族〔領主〕に売却したからであり、彼のところにいる間に50名以上の人が訪れて、自分の家や土地が返還されるように彼らのために弁明してほしいと頼んでいたからです。というのは、彼はその町内の年寄[84]であり、秀頼様の家臣である修理殿〔大野治長〕[85]と親交があるからです。なぜなら、秀頼様が避難者の家々や家庭菜園を没収したからです。そのため、彼は私と支払いの処理をするための時間の余裕がありませんでしたが、売却された大羅紗の値段を最初の機会で下〔平戸〕にいる貴殿へ書き送るでしょう。

　同様に、京都[86]で大羅紗16反が売却されました。しかし、大坂および堺のような値段では売れませんでした。というのも、そこ〔京都〕では商人に販売され、当地〔堺〕では貴族〔領主〕に販売されたからであり、また、京都に取りに行かなければならない代金を今下〔平戸〕に送付することは無理です。なぜなら、皇帝〔家康〕がまだその周辺に40,000人を駐屯させているからです。

　貴殿が私に預けた1600匁のうち、1000匁を貴殿に返送します。しかし、我々の宿主クロベエ殿から受け取った現金の増加分を簿記に記帳します。

　いくらかの現金を利子付きで借りるために最善を尽くしましたが、それは得られませんでした。

　ヤン・ヨーステン・ローデンステイン[87]がばらまいた大きな嘘には、神を讃え感謝していますが、何の真実も含まれていません。それは、同封している同ローデンステインの書状からもお分かりになるでしょう。その中で、彼は何反かの大羅紗について書いていますが、それらを敢えて送付しませんでした。なぜなら、道はまだすべて自由に通行できるわけではない上、貴殿がそのように[88]命令を与えていたからでもあります。

　当地での販売については現時点で貴殿に確かなことを書くことができませ

84　tousuri
85　Siredonno
86　Meaco
87　Jan Joosten Lodensteijn
88　つまり、ヤン・ヨーステンに大羅紗を送らないということ

ん。なぜなら、この戦争が終わった今、しばらくの間は特別なことは何も起こらず、現在日本のお正月だからです。そして、今後再び改善することに疑いの余地がないことは確かです。それゆえ、私が間違っていなければ、そして貴殿がよろしければ、陶器一揃い、丁子、胡椒、大羅紗の積荷一揃いが上へ送付されることが得策であると思います。そうすれば、貴殿のより詳細な命令に従い、その中から何かをヤン・ヨーステンに送付できます。

　堺に到着したその日に、当地にいた〔長谷川〕左兵衛殿[89]に貴殿から預かった書状を手渡しました。それに対する貴殿宛の彼の返書と共に彼の代理人である〔長谷川〕権六殿[90]宛の書状を同封します。けれども、同左兵衛殿によると、鉛の値段の変更は認められません。というのも、その値段で支払うように皇帝陛下〔家康〕の側近である上野介殿〔本多正純〕[91]から彼に命令されたからです。

　当地〔堺〕への到着に先立つ5日前に、秀頼と将軍様[92]との間に勃発した戦争が停止され、和解に至りましたが、それについて様々な話がされています。というのは、秀頼様の知行が半分増やされたであろうと言われています。これは、内裏様およびほかの日本の司祭〔公家〕の仲介によって成し遂げられたとされています。

　伏見[93]から大坂を通って流れる川は完全に土で埋められるでしょう。というのも、〔大坂の〕町中ではすでに堰き止められ、埋められているからです。そして、大坂の外側を回って流れ、堺まで行く新しい川が改めて開かれるでしょう。それがどうなるのかは時が教えてくれるでしょう。

　左兵衛殿は皇帝〔家康〕によって堺奉行に任命されましたが、聞くところによると、それは1年間だけであり、その後、〔堺は〕秀頼様の支配下となります。

　上野介殿のために貴殿から預かった複数の書状および遠視用眼鏡を本書状に同封して貴殿に返送します。神を讃え、感謝していますが、〔その眼鏡は〕

89　Saffiadonno
90　Gonrockedonne
91　Cosequedonne
92　Siongosamma
93　Fussemi

不要でした。

　末筆ながら、尊敬すべき、賢明で、とても思慮深い貴殿、最高神の保護の中で貴殿を委ね、至福を迎える時まで永続的な健康の中で貴殿および貴殿の仲間を守ってくれますように。アーメン。堺にて、1615年1月29日。

敬具

エルベルト・ワウテルセン[94]

長崎[95]にて2月12日に、マテイス・テン・ブルッケ[96]の書状に挿入された形で受信。1615年4月22日に返信。

94　Elbert Woutersz
95　Nangasacq
96　Matthys ten Broecke

13｜ヤン・ヨーステン・ローデンステインより〔エルベルト・ワウテルセン宛〕書状、1614年12月23日付

大坂[97]あるいは京都[98]におられる尊敬すべき思慮深い方

　厚くご挨拶申し上げます。

　さて、貴殿あるいはクロベエ殿[99]のところにあるすべての大羅紗、つまり、上質のもの、粗いもの、スタメット織のもの、黒色、色物、そこにあるものすべてをすぐに当地に送付してください。というのも、それらはすべて売却されるはずだからです。

　次に、ここに現金 4000 ないし 5000 銀貨デュカートがあり、それを当地の私のところに大羅紗を運んで来てくれる貴殿に渡すつもりです。今は需要がありますので、すぐに送付してください。

　以上、貴殿を主に委ねます。1614 年 12 月 23 日。

ヤン・ヨーステン・ローデンステイン[100]
敬具

長崎[101]にて（前回の書状と共に）2 月 12 日に受信、1615 年 4 月 23 日に返信。

97　Oseka
98　Meaco
99　Crobedonno
100　Jan Joosten Lodensteijn
101　Nangasacq

14｜メルヒヨル・ファン・サントフォールトより〔ジャック・スペックス宛〕書状、堺、1615年1月27日付

尊敬すべき、思慮深く、とても慎重な殿および特別に良き友

　去る9日付の貴殿の快い書状を同25日にエルベルト・ワウテルセン[102]を通じて確かに受け取りました。エルベルト・ワウテルセンに会った時、私は驚きました。というのも、皇帝〔家康〕と秀頼様[103]との間に成立した和平についてまだそちら平戸[104]にいる貴殿に伝えられていなかったことはよく分かっていましたし、道中に泥棒や盗賊の大きな危険もあったはずです。それでも、エルベルト・ワウテルセンはちょうど良い時に到着しました。とはいえ、貴殿にはエルベルト・ワウテルセンを派遣した十分な理由があります。つまり、ヤン・ヨーステン[105]がばらまいている悪い嘘が原因であり、これは堺[106]でヤン・ヨーステンから確かに聞きましたが、あまりにも嘘っぽくて、良く分からなかったため、〔それについて〕貴殿に書きたくありませんでした。それについては貴殿は安心して良いでしょう。貴殿の商品はヤン・ヨーステンによってほとんどすべてが売却され、現金化され、領主や兵士たちがそれぞれ自分の領地に戻って、道中がもう少し安全になれば、彼がすぐにその現金を送付してくれると私は確信しています。

　次に、貴殿の宿主クロベエ殿[107]について、彼は大羅紗を再び大坂[108]へ運び、堺に約40間[109]分残しましたが、当時、私はそれを知りませんでした。その後に、大羅紗の保管をしてもらっていた宿主が私にそれを伝えに、つまり警告に来ました。しかし、そのことについて貴殿の書状を通じて初めて〔その裏の意味が〕理解できました。堺でこんなに立派な人として知られているのに、二枚舌を使っているとは、私には聞くに信じがたいことでした。私は大羅紗の保管をしてもらっていた前述の人を呼び、クロベエ殿が大羅紗を大坂に運んだ時に、クロベエ殿が大羅紗を全部持ち去ったかどうかと質問しま

102　Elbert Woutersen
103　Fideresamma
104　Firande
105　Jan Joosten
106　Saccaij
107　Crobedonne
108　Osacka
109　40間は約72.72メートルである

した。彼はそれを肯定し、クロベエ殿が大羅紗をすべてまとめて大坂へ運んだとエルベルト・ワウテルセンおよびウィレム[110]とヤーコプ[111]がいる前で言いました。私は彼を2度目に呼び、同じ質問をしました。彼は再び否定して、クロベエ殿は自分のところに大羅紗をまったく残さなかったと言いました。さらに、私は彼に3度目の質問をして、クロベエ殿が大羅紗を大坂に運んだ時にまだ40間分が残っていたと彼の使用人、すなわち代官[112]が平戸にて貴殿に伝えたということを私は彼に言いました。彼の代官が平戸にて貴殿に言ったこのような言葉を私が彼にそのまま聞かせた時に、彼は驚いて、40間分がまだ残っていると認めました。これはエルベルト・ワウテルセンおよびウィレムとヤーコプのいる前で行われました。彼らは、つまりクロベエ殿のことですが、大羅紗を大坂へ運んだことで貴殿に大きな損害を与えました。大坂が包囲された時に大羅紗は堺において300および350匁の値段が付いていました。なぜなら、全国のすべての領主たちが大坂の前に陣地を敷いたからです。その上、クロベエ殿は、貴殿の大羅紗のうち7反が焼失したと言っていますが、それは大きな嘘です。というのも、彼の家は城の防御柵の内にありました。また、彼はそれらを彼の兄弟の家に預けたと言っていますが、それは信じられません。そこは、その当時、商品を保管するべき場所ではなかったからです。

したがって、貴殿の書状においてエルベルト・ワウテルセンに、それについて強めに主張し通すように忠告した方が良いです。つまり、大羅紗7反のことであります。というのも、クロベエ殿はその件で正当な行為をしておらず、すでにさらなる不正が発覚しているからです。

次に、8000タエルを借りることについて、これは今すぐには当地堺で入手できそうもありません。市民たちはまだ戻っておらず、その上、現在平和になったため、商人たちはカラック船の品物を購入するためにほぼすべての現金を下の長崎[113]へ送付しました。これによって、貴殿もその機会を利用し

110　Willem　ウィレム・ディルクセン（Willem Dircxsen）を指す。エルベルト・ワウテルセンより1615年1月29日付の書状を参照。
111　Jacop　ヤーコプ・アドリアーンセン（Jacop Adrijaensen）を指す。エルベルト・ワウテルセンより1616年2月29日付の書状を参照。
112　原文にはdijckquamとあり、「代官」を指すと思われる。手代のことか。

て、自分の商品を売ることができることを私も疑っていません。

　さらに、助言と行動においてエルベルト・ワウテルセンと親交を保つようにとの貴殿の依頼について、それは私の方で怠らないつもりです。

　次に、4枚の牛皮について、これらはまだ加工されていませんが、正月以後に加工される予定です。

　次に、パタニにおいて〔東インド〕会社に従事してくれる、薬草や鮫皮の知識を持つ適切な青年について、そのようなことでその人を煩わせることは避けたいです。なぜなら、日本人がパタニに入国することは禁止されているからです。ファン・デン・ブルッケ[114]が昨年サンゴラからパタニに連れて行った者は一切外出が認められませんでした。したがって、そこから何かの災難が起これば、私にとって問題になります。というのも、その事情を確かに知った上でそういうことをすると、私の良心が痛むからです。悪く思わないでください。

　また、一本のスペイン・ワインおよびオランダ産のチーズについて貴殿にとても感謝しています。エルベルト・ワウテルセンより確かに受け取り、それを重宝しています。

　以上、貴殿を万能神に委ね、我々の魂の至福のために良い健康の中で守ってくれますように。アーメン。

　貴殿の同僚であるマテイス・テン・ブルッケ[115]およびすべての親友に心からよろしくお伝えください。堺にて、1615年1月27日。

敬具

メルヒヨル・ファン・サントフォールト[116]

クロベエ殿の件において、貴殿の利益のため、あるいは会社のために私が何をやったのかについては、ウィレムに尋ねていただいて構いません。

長崎にて2月12日に受信、1615年4月23日に返信。

113　Nangasackij
114　Van den Broecke
115　Mattijs ten Broecke
116　Melchior van Santvoort

15｜アドリアーン・コルネーリセンよりジャック・スペックス宛書状、〔長崎、1615年3月11日以前〕

尊敬すべきスペックス殿

　貴殿に〔次のことを〕お知らせします。

　ゴンロク殿[117]に貴殿の書状を届けました。彼は私から大羅紗を購入しようとしましたが、貴殿が私に指示したような販売価格では欲しくありませんでした。私は丁寧に断りました。なぜなら、彼が望んだ値段はあまりにも安すぎたからです。それでも大羅紗は当地できっと売却できるはずです。というのも、当地には多くの商人がいるからです。また、三官[118]の現金を貴殿に送付する予定でしたが、それをまだ受け取っていません。しかし、〔彼が〕2〜3日以内に支払うことを約束してくれ、その時にその現金を信頼できる使者に持たせて送付します。以上、〔貴殿を〕主に委ねます。

アドリアーン・コルネーリセン[119]

貴殿よ、当地にて生糸がとても高値であることを貴殿にさらにお知らせします。最上等の生糸は当地にて2600匁、三等品は2400匁です。また、さらに高くなった時は貴殿に書状で伝えます。

1615年3月11日に受信、返信。

117　Gonrockedonne
118　Sanquan
119　Arijaen Cornelissen

16｜アドリアーン・コルネーリセンよりジャック・スペックス宛書状、〔長崎〕、〔和暦の〕2月14日〔西暦1615年3月13日〕付

尊敬すべきスペックス[120]殿

　貴殿の書状を受け取ったことをお知らせします。

　例の商人に対して6000匁を支払うようにと貴殿は私に書いていましたが、彼はまだ私の宿に来ていません。彼がここに来れば、私は彼に支払う予定です。というのも、大羅紗の一部を売却したので、現金の一部を受け取ったからです。また、当地に多くの知り合いがいますので、近いうちにすべて売却できると思います。半反分の黒色の大羅紗12反は1間当たり110匁でほぼすべて売却されました。また、茜色のものは130匁で売却されました。貴殿の送り状には茜色4反と書かれていましたが、完全な3反と4尋5フート1ダイムの端切れしかありませんでした。なぜそのようになったのかが分からないので、これは気がかりです。というのも、そのうちの1反が完全でなかったことについて、私が荷物を開けた時に、宿主にも我々のバルク船の舵手にもそれらを確認させたからです。

　また、今貴殿に現金の一部を送るはずでしたが、さらに大羅紗の一部が売却されるまであと3〜4日待って、それから信頼できる使者を使ってそれを送付する予定です。

　生糸は現在高値のままですが、カラック船のものが完売すれば、さらに高くなると思われています。商人たちは私に2500〔匁という値段〕を提示しましたが、2600あるいは2700〔匁〕がもらえる時になってから彼らに応じるつもりです。以上、末筆ながら貴殿を主に委ねます。2月[121]14日。

アドリアーン・コルネーリセン[122]

1615年3月15日に受信、16日に返信。

120　Specx
121　Nieuwaes
122　Arijaen Cornelissen

17｜アドリアーン・コルネーリセンよりジャック・スペックス宛書状、〔長崎〕、〔和暦の〕2月19日〔西暦1615年3月18日〕付

尊敬すべきジャック・スペックス[123]殿

　貴殿が私に2度目に送付してくれた黒色の大羅紗を115匁、120匁、そして125匁で売却したことをお知らせします。貴殿が私に持たせた、あるいは送付してくれたすべての大羅紗はほぼ完売されました。しかし、紫色1反および深紅色2反だけは当地で売却できません。なぜなら、赤色の値段が高すぎるからです。

　黒色や青色、黄色のものがまだあれば、すぐに我々に送付してください。というのも、商人たちがすぐにまた出発してしまうからです。

　生糸はここ2、3、4日の間に当地であまり需要がありませんでした。ポルトガル人が商品をかなり安く売っていたからです。彼らはその商品をマカオで購入した値段よりも安く売りました。

　以上、貴殿を主に委ねます。2月[124]19日。

　　　　　　　　　　　　　　　　　　　　　　　アドリアーン・コルネーリセン[125]

〔長谷川〕権六様[126]からの書状の包みを同封します。

1615年3月20日に受信。返信。

123　Jacop Specx
124　Nieuwaes
125　Arijaen Cornelissen
126　Gonrocken Samma

18｜アドリアーン・コルネーリセンよりジャック・スペックス宛書状、〔長崎〕、〔和暦の〕3月4日〔西暦1615年4月1日〕付

尊敬すべきスペックス[127]殿

　生糸の市場価格が再び少し上昇したことをお知らせします。現在2480匁で売り出されていますが、我々はそれをより高く売ることを望んでいます。しかし、さらに〔高い値段が〕得られない場合には、それを売却することが最善であると私は思います。我々は1ピコル当たり2490匁で150ポンドを売却しました。キサエモン殿[128]と私はそれらをできる限り高く売りたいと思っていますが、2480匁以上の値段が得られなければ、売却することが得策であると我々両人は考えています。というのも、市場価格は現在もうこれ以上は上昇しないだろうからです。大羅紗は現在、需要が皆無ですが、〔状況は〕きっと再び改善するでしょう。現在取引がないことは残念です。我々が関東で造った船に付いていた素晴らしい錨が当地で売りに出されています。その重量は900あるいは1000ポンドであり、250匁で購入できます。貴殿がそれを購入したいのであれば、書状でご連絡ください。以上、貴殿を主に委ねます。3月[129]4日。

アドリアーン・コルネーリセン[130]

敬具

1615年4月4日に受信。

127　Specx
128　Kijseijmondonno
129　Sanwaes
130　Adrijaen Cornelissen

19｜エルベルト・ワウテルセンより〔ジャック・スペックス宛〕書状、堺、1615年2月9日付

写し

尊敬すべき、思慮深く、とても慎重な殿

　小早船の出発後に商人の訪問が複数回ありました。持参した反物および麻布を彼らに見せましたが、売却できませんでした。なぜなら、反物については定価よりも低い値段が提示され、麻布についてはまったく値段が提示されなかったからです。

　皇帝〔家康〕は今月4日に京都[131]から出発しましたが、彼の息子の将軍様[132]は、開始された川の埋め立て工事が適切に進められるように天王寺[133]にまだ残っています。

　聞くところによると、同将軍様は2～3日以内に京都へ出発し、内裏様に拝礼するためにそこで10日ないし12日は滞在します。そのため、神が許せば、私は明日京都へ赴き、そこで商人たちに見せられるように、平戸[134]から持参したすべての反物および持参した麻布のいくつかの見本を持っていこうと思います。

　クロベエ殿[135]によって売却された大羅紗ならびにまだ私の手元にある大羅紗の数量と色および焼失した大羅紗の種類についての覚書を同封します。

〔Th＝丁銀タエル〕

生糸の現在の価格　1ピコル当たり	Th 230–240
大粒の胡椒　1ピコル当たり	Th 8
小粒の胡椒　1ピコル当たり	Th 7
丁子　1ピコル当たり	Th 23–24
ナツメグ	Th 18
赤い精錬銅	Th 9½

131　Meaco
132　Siongosamma
133　Teneusic
134．Firando
135　Crobedonno

未精錬銅	Th 7½
赤色の木つまり蘇木　1ピコル当たり	Th 35匁

　また、我々の宿主クロベエ殿がしばらくの間、当地堺[136]で家を借りているため、私もその家に一緒に滞在しています。それは、現在大坂[137]には住むことができないためです。なぜなら、それは都市というよりも荒れ地のように見えるからです。というのも、全焼していない家屋はその街路に面した部分が壊され、また、現在、川の埋め立てのために、家屋の修理ができないからです。私およびクロベエ殿とその家族が宿泊している家の宿主の名前はソディン殿[138]といい、水落町[139]という町内に住んでいます。以上。

　以上、末筆ながら、尊敬すべき、慎重で、とても思慮深い貴殿、神の保護の中に貴殿を委ね、至福を迎える時まで永続的な健康の中で貴殿および貴殿の仲間を守ってくれますように。アーメン。堺にて、1615年2月9日。

敬具
エルベルト・ワウテルセン[140]

136　Zaccaij
137　Osacca
138　Sodindonno
139　Minseno outsi　堺・水落町か
140　Elbert Woutersz

20 | エルベルト・ワウテルセン、覚書、堺、1615年2月9日付

写し

 1614年11月および12月に、堺[141]と大坂[142]で我々の宿主クロベエ殿[143]によって、そして京都[144]で同クロベエ殿の息子によって売却された大羅紗、スタメット、鉛についての覚書。

 まず、堺でクロベエ殿によって〔売却されたもの〕。

〔Th＝丁銀タエル：匁：分〕

12番	深紅色の大羅紗の半分の長さのもの1反　長さ7½間　1間当たり180匁　合計	Th 135：－：－
153番	黒色の大羅紗の半分の長さのもの2反　合わせて15間　1間当たり157½匁	Th 236：2：5
313番	橙色の大羅紗の半分の長さのもの1反　長さ7⅔間　1間当たり138匁	Th 105：3：－
	次頁へ繰り越す額の合計	Th 476：5：5
	前頁からの繰り越し額	Th 476：5：5
324番	同上　半分の長さのもの1反　長さ7⅔間　1間当たり130匁	Th 99：2：－
177番	同上1反　長さ7½間　1間当たり135匁	Th 102：2：5
274番	同上　黄色の半分の長さのもの1反　長さ6⅙間　1間当たり133匁	Th 81：9：－
288番	同上1反　長さ6½間　1間当たり135匁	Th 87：7：5
1番	同上　茜色の半分の長さのもの1反　長さ6½間　1間当たり130匁	Th 84：5：－
2番	同上　1反　長さ6⅔間　1間当たり140匁	Th 92：8：－
	189番から〔切り取った〕黒色の大羅紗の端切1片	

141　Saccaij
142　Osacca
143　Crobioijedonne
144　Meaco

　　　　長さ1間5ダイム　売却額　Th13：5：-
　　　　同上　315番から〔切り取った〕橙色の〔大羅紗の〕
　　　　端切1片　長さ1間　虫食い有　売却額　Th10：-：-
　　　　同上　黄色　1エル　Th 3：-：-
　　　　黒色のスタメットの端切1片　長さ3間5ダイム　Th 34：5：-
　　　　黒色のカルサイ　1⅚間　Th 9：-：-
　　　　同上　緑色の〔大羅紗の〕端切1片　1⅔間　Th 7：3：5
　　　　これら6片の合計　Th 77：3：5　　　　　　　　Th 77：3：5
　　同人によって大坂で売却されたもの
218番　黒色の大羅紗の半分の長さのもの1反　長さ7⅓間
　　　　次の通りに売却された
　　　　2間　1間当たり150匁　Th 30：-：-
　　　　同上1間　160匁　Th 16：-：-
　　　　同上1間　180匁　Th 18：-：-
　　　　同上1間　200匁　Th 20：-：-
　　　　同上1間　220匁　Th 22：-：-
　　　　同上1⅓間　Th 22：4：-
　　　　7⅓間　合計　Th 128：4：-　　　　　　　　Th 128：4：-
34番　青色の大羅紗1反　長さ8間　次の通りに売却された
　　　　2間　1間当たり135匁　Th 27：-：-
　　　　同上1間　140匁　Th 14：-：-
　　　　同上1間　140匁　Th 28：-：-
　　　　同上1間　140匁　Th 14：-：-
　　　　同上1間　140匁　Th 14：-：-
　　　　同上1間　150匁　Th 15：-：-
　　　　8間　合計　Th 112：-：-　　　　　　　　Th 112：-：-
　　　　次頁へ繰り越す額の合計　　　　　　　　　Th 1341：7：0
　　　　前頁からの繰り越し額　　　　　　　　　　Th 1341：7：0
331番　青色の大羅紗1反　長さ6½間　次の通りに売却された
　　　　1間　1間当たり150匁　Th 15：-：-

同上2間　1間当たり155匁　Th 31：－：－

同上1間　160匁　Th 16：－：－

同上1間　160匁　Th 16：－：－

同上1½間　Th 22：－：－

6½間　合計　Th 100：－：－　　　　　　　　Th 100：－：－

249番　同上1反　長さ7½間　次の通りに売却された

1間　1間当たり160匁　Th 16：－：－

同上1間　160匁　Th 16：－：－

同上2間　1間当たり165匁　Th 33：－：－

同上1½間　1間当たり170匁　Th 25：5：－

同上2間　1間当たり180匁　Th 36：－：－

7½間　合計　Th 126：5：－　　　　　　　　Th 126：5：－

274番　黄色の大羅紗1反　長さ6⅙間　次の通りに売却された

2間　1間当たり130匁　Th 26：－：－

同上1間　130匁　Th 13：－：－

同上1間　140匁　Th 14：－：－

同上1間　160匁　Th 16：－：－

同上1⅙間　Th 16：－：－

6½間　合計　Th 85：－：－　　　　　　　　Th 85：－：－

180番　橙色の大羅紗1反　長さ7½間　次の通りに売却された

1間　1間当たり150匁　Th 15：－：－

同上1間　150匁　Th 15：－：－

同上1½間　1間当たり160匁　Th 24：－：－

同上1間　170匁　Th 17：－：－

同上1間　185匁　Th 18：5：－

同上1間　210匁　Th 21：－：－

同上1間　230匁　Th 23：－：－

7½間　合計　Th 133：5：－　　　　　　　　Th 133：5：－

一、　鉛の塊2371斤

　　　鉛の板1135斤

	3506斤　1ピコル当たり70匁		Th 245：4：2
	同クロベエ殿の息子によって京都で下記のものが売却された		
208番	黒色の大羅紗の半分の長さのもの1反　長さ7⅓間		
	1間当たり135匁		Th 99：－：－
	次頁へ繰り越す額の合計		Th 2131：1：2
	前頁からの繰り越し額		Th 2131：1：2
185番	同上1反　長さ6½間　1間当たり137匁		Th 89：－：－
72番	同上1反　長さ8間　1間当たり150匁		Th 120：－：－
178番	橙色の大羅紗の半分の長さのもの1反　長さ6½間		
	1間当たり125匁		Th 81：2：5
314番	同上1反　長さ7½間　1間当たり125匁		Th 93：7：5
294番	同上1反　長さ7⅓間　1間当たり130匁		Th 95：－：－
314番	同上1反　長さ7½間　1間当たり130匁		Th 97：5：－
313番	同上1反　長さ7⅔間　1間当たり135匁		Th 103：－：－
317番	黄色の大羅紗の半分の長さのもの1反　長さ7⅝間		
	1間当たり120匁		Th 93：5：－
317番	同上1反　長さ7⅔間　1間当たり125匁		Th 95：5：－
22番	同上1反　長さ6½間　1間当たり130匁		Th 84：5：－
182番	褐色の大羅紗の半分の長さのもの1反　長さ7½間		
	1間当たり130匁		Th 97：5：－
282番	同上　洋紅色1反　長さ5⅝間　1間当たり140匁	Th 81：5：－	
178番	同上　橙色の半分の長さのもの1反　長さ6½間		
	1間当たり130匁		Th 84：5：－
	赤色のスタメット1反　長さ8½間　1間当たり175匁		Th 148：7：5
	同上　緑色1反　長さ10½間　1間当たり115匁		Th 120：7：5
	同上　黒色1反　長さ10間　1間当たり125匁		Th 125：－：－
	同上　黄色1反　長さ10⅓間5ダイム　1間当たり120匁		Th 125：－：－
	同上　1反　長さ10½間　1間当たり123匁		Th 129：1：5

合計　　　　　　　　　　　　　Th 3996：2：7

　大坂で次の大羅紗が焼失
286番から〔切り取った〕橙色のもの2反
288番から〔切り取った〕黄色のもの2反と270番から1反
93番から〔切り取った〕青色のもの2反と328番から1反
同上　黒色40番からの切端1片　長さ3⅙間と5ダイム
　したがって、堺および京都でまだ私の手元にあるのは次の通り
267番　褐色の大羅紗1反
300番　同上　淡い紫紅色1反
305番　同上　紫紅色1反
284番　同上　青色1反
橙色のスタメット1反
同上　黒色1反
同上　すみれ色1反
同上　紫色1反
　以上、堺にて記す。1615年2月9日。

　　　　　　　　　　　　　　　　　　　　　　　敬具
　　　　　　　　　　　　　　　　　　　エルベルト・ワウテルセン[145]

145　Elbert Woutersen

21｜エルベルト・ワウテルセンより〔ジャック・スペックス宛〕書状、堺、1615年2月28日付

尊敬すべき、慎重で、とても思慮深い殿

　私が貴殿に最後に送付した書状は今月9日付であり、同月10日に京都[146]へ赴き、そこで12日間滞在し、同月15日に下記の物を売却しました。

　267番　褐色の大羅紗1反、長さ5½間　1間当たり125匁

　300番　淡い紅紫色の大羅紗の半分の長さのもの1反、長さ6⅓間　1間当たり130匁

　橙色のスタメット1反、長さ10⅝間　1間当たり118匁

　　赤色、黒色、橙色の大羅紗には大きな需要がありました。

　さらに、赤色の中国産天鵞絨1反を80〔匁〕で、また、黒色の最上等の繻子1反を70匁で売却しました。そして、ばら積貨物の鮫皮3000枚を100枚当たり80匁で売却しました。それらは虫食いが酷かったため、この値段ですべて売却できることが望ましかったのです。

　皇帝〔家康〕が堰き止めさせた川を、秀頼様[147]が1～2ヶ月のうちに再び開かせるという噂が当地でかなり広まっています。それがどうなるのか、時が教えてくれるでしょう。

　筆記用紙300枚を同封します。その価格は100枚当たり12匁です。

　以上、末筆ながら、尊敬すべき、慎重で、とても思慮深い貴殿、万能の神の手の中に貴殿を委ね、至福を迎える時まで永続的な健康の中で貴殿および貴殿の仲間を守ってくれますように。アーメン。

　堺[148]にて、1615年2月28日。

敬具

エルベルト・ワウテルセン[149]

2月9日付の前便と共に4月15日に受信、同月22日に返信。

146　Meaco
147　Fiderij sama
148　Saccaij
149　Elbert Woutersz

22 | エルベルト・ワウテルセンより〔ジャック・スペックス宛〕書状、堺、1615年3月14日付

尊敬すべき、慎重で、とても思慮深い殿

　前記は私が最後に貴殿宛に送付した書状の写しであり、その後こちらではほとんど何も起こりませんでした。唯一、3～4日前に商人の訪問がありました。彼らは50枚ずつ束ねた鹿皮の残りの100枚について165匁の値段を提示しました。これは不適当で、とても低い価格です。なぜなら、同様の物が去年我々の宿主であるクロベエ殿[150]のところで210匁で売却されたからです。しかし、それらは虫食いが酷かったので、彼らに200匁で売り渡しました。それらをどの値段であれば売却しても良いのかについて私に指示を送ってください。なぜなら、5番目あるいは6番目の月にシャムから新鮮な皮が運ばれると、年を越したものは大きく値引きされるはずだからです。そのため、私が間違っていなければ、〔在庫として〕持っておくよりも、190あるいは180〔匁〕で売却した方が良いように思います。

　当地でメルヒヨル・ファン・サントフォールト[151]から聞き知る限りでは、鹿皮の虫食いが酷い理由は、中に撒いた灰の量が不十分であったこと、十分慎重に扱われなかったこと、そして〔一緒に入れた〕鮫皮がまだ湿っていた状態で梱包されたことにあるようです。

　当地、上でイギリス人によって1反当たり22～23匁で売却された数反の織物の見本として一枚の小さな布片を同封します。私の記憶によれば、同様のものを平戸[152]にある我々の倉庫でも見かけました。したがって、貴殿が妥当と思われましたら、そのうちの何点かを上へ送付していただけるようこのサンプルを送付します。このような織物は上着[153]や大羅紗の上着の袖口として使われています。

　上へ持って来た麻布については新たに注文しません。というのも、これま

150　Crobedonno
151　Melsen van Santvoort
152　Firando
153　mantels　陣羽織か

でにそれに対する買値が提示されていないからです。

　なお、バンタム、パタニおよびシャムの商館は毎年銅を注文し続けるに違いないので、貴殿が妥当と思えば、少しずつそれを蓄えた方が良いのではないかと思います。なぜなら、それを一気に購入しなければならないということになると、値段が5〜6パーセントあるいはそれ以上跳ね上がる可能性があるからです。したがいまして、これについてのご指示を待ち望んでいます。

　クロベエ殿によって売却された鹿皮の代金はまだ受け取っていません。これらの半分は今月、残りの半分は来月もらえると確実に約束されました。

　以上、末筆ながら、尊敬すべき、慎重で、とても思慮深い貴殿、最高神の保護の中に貴殿を委ね、至福を迎える時まで永続的な健康の中で貴殿および貴殿の仲間を守ってくれますように。アーメン。

　堺[154]にて、1615年3月14日。

敬具
エルベルト・ワウテルセン[155]

4月15日に受信、同月22日に返信。

154　Saccaij
155　Elbert Woutersz

23 | エルベルト・ワウテルセンより〔ジャック・スペックス宛〕書状、大坂、1615年4月11日付

尊敬すべき、慎重で、とても思慮深い殿

　先月14日の最後の書状以降、貴殿に書状を書かなかった理由は、一つには、平戸[156]行のバルク船が見つからなかったからです。また他方で、我々の宿主であるクロベエ殿[157]が焼失したと言っている大羅紗の弁償を要求するために、貴殿が誰かを上へ派遣するつもりであることを、貴殿がメルヒヨル・ファン・サントフォールト[158]に送付した書状から知ったからです。その〔派遣された〕人物を昼夜心より待ちわびています。偽善者であるクロベエ殿に、彼が焼失したと偽っている大羅紗の代金を支払わせることができるためです。それを成し遂げることに疑いはありませんが。

　彼〔クロベエ〕が大羅紗について偽の証人を用意しないように、これまで彼にはこのことについて何も言っていません。

　先月25日に鹿皮2650枚を、50枚ずつ束ねた形で、100枚当たり200匁で売却しましたが、その後、残り〔の鹿皮〕への注文はありませんでした。

　イートン[159]というイギリス人が今月2日に堺[160]に到着しましたが、彼が持って来たものについては、貴殿が平戸で確かに把握していると思いますが、当地においてはまだその確認ができていません。彼は同月4日に京都[161]へ赴き、また同月11日に大坂[162]に戻りました。彼が京都で何かを売却できたのかは、これから分かるでしょう。

　前述のイートンは現在堺へ赴き、上〔堺〕へ渡航する時に使ったバルク船を再び利用して、江戸へ渡航し、そこで未売却の商品を売り込む予定です。

　同イートンを通じてヤン・ヨーステン[163]宛に、江戸でどのような品物がイ

156　Firando
157　Crobedonno
158　Melsen van Santvoort
159　Eijton
160　Saccaij
161　Meaco
162　Osaccka
163　Jan Joosten

ギリス人のために売却されたのか、また今後イートン自らによって売却されるであろうものについて、彼〔ヤン・ヨーステン〕から貴殿に知らせてくれるように書状を書く予定です。
　ヤン・ヨーステンからの書状1通を同封します。同書状の裏面に記されている通り、以前に彼から受信したものです。
　貴殿が上へ送る商品を保管するために、我々の宿主であるクロベエ殿が堺にて家を借りました。大坂では彼の家の前を通って流れる川が堰き止められたため、また、彼が我々にした大きな悪事のために、私はほかの家に宿泊しに行かなければなりません。
　彼の仕出かした悪事が露見したことを彼に気取られないように、私は10～12日前に彼とその家族と一緒に再び大坂へ赴きました。
　秀頼様[164]のお城にあった二つの石垣は取り壊されました。したがって、現在、彼自身が居住している場所の周りには一つの石垣しか巡っていません。
　以上、末筆ながら、尊敬すべき、慎重で、とても思慮深い貴殿、神の手の中に貴殿を委ね、至福を迎える時まで永続的な健康の中で貴殿および貴殿の仲間を守ってくれますように。アーメン。
　大坂にて、1615年4月11日。

敬具
エルベルト・ワウテルセン[165]

1615年4月28日に受信、5月4日に返信。

164　Fideris
165　Elbert Woutersz

24 | ヤン・ヨーステン・ローデンステインより〔ジャック・スペックス宛〕書状、〔江戸〕、1615年2月7日付

尊敬すべき、非常に思慮深きスペックス[166]殿

　私が商品を切望していることを知らせます。そのために貴殿に書状を送るようにと私は2回にわたって大坂[167]のクロベエ殿[168]、そしてまたメルヒヨル・ファン・サントフォールト[169]に書きました。というのも、大坂には私に送付してもらえる商品がなかったからです。

　続いて、貴殿の手元にある粗製の大羅紗をすべて私に送ってください。つまり、1間当たり12タエルの黒色のもの、また黒色の最上等の大羅紗5反、さらにすべての青色および橙色の大羅紗、茶黄色5反、そしてすべてのスタメット。商館にあるどんな色のものでもそれらをすべて当地に送ってください。さらに、商館にある天鳶絨、サアイ、麻布、海黄、パタニ産括り紐、そして反物、商館にあるものすべて。

　さらに、ハンベエ[170]が樟脳と交換した反物も。また、私はヤーコプ[171]に250ドゥカートを渡しました。これは、ハンベエに渡して、そこで皇帝〔家康〕用に内匠殿〔牧野信成〕[172]のために麻布あるいはサアイを購入するため〔の代金〕です。これらの商品をすぐにこちらに送ってください。なぜなら、当地では大きな需要があり、また、貴殿に送るための、すでに売却したものの代金が4000ないし5000ドゥカートもあるからです。そのため、それらの商品をすぐに当地に送ってください。また、その商品を運んで来る者に〔託して〕すべての現金を一緒に貴殿に送るつもりです。

　以上、末筆ながら、貴殿を主に委ねます。1615年2月7日。ご機嫌よう。

　　　　　　　　　　　　　　　　　　　　ヤン・ヨーステン・ローデンステイン[173]

166　Specx
167　Oseca
168　Crobedonnen
169　Melser van Santvoort
170　Vanbe
171　Jacop
172　Taegawadonnen
173　Jan Joosten Loodensteijn

敬具

追伸
なお、皇帝〔家康〕が購入した大砲と鉛について、〔長谷川〕左兵衛殿[174]がその代金を支払ったかどうかは〔確かではありません〕。また、〔上記の注文において〕深紅色のものを忘れていました。大羅紗2ないし3種類を5反ずつ送ってください。一方、スタメットについてはすべての色のものを当地へ送ってください。水銀があれば、それも染料と共に遠慮なく当地に送ってください。ご機嫌よう。

1615年4月28日に受信、5月4日に返信。

174　Saffedonnen

25 | エルベルト・ワウテルセンより〔ジャック・スペックス宛〕書状、大坂、1615年5月1日付

尊敬すべき、慎重で、とても思慮深い殿

　前回貴殿に書状を送った後に、私の方では、何も特別なことは起こっていません。ただ、50枚ずつ束ねた鹿皮を1000枚売却したのみです。100枚当たり200匁でした。

　スケサエモン殿[175]が貴殿にまだ支払っていなかった、黒色の大羅紗47間分およびバター皿2000枚分の代金6880匁を彼から受け取りました。それを私の手元にあるすべての現金と共に、メルヒヨル・ファン・サントフォールト[176]を通じて貴殿に送りたいと考えていましたが、前述のメルヒヨルはその現金を受け取ろうとしませんでした。というのも、それを強奪しようと狙うかもしれない何人かの日本人によって、彼に何らかの災いがもたらされるのではないかと彼が考えていたからです。とはいえ、現金があることが疑われないように、その現金をバルク船に積むことは十分可能であると同メルヒヨルに指摘した通りです。というのも、それを、お米を入れるための俵に梱包し、その俵には藁および現金のみを詰め、その俵が誰にでも米俵に見えるようにすればいいと思っていたからです。しかし、彼に対するこの説得では貴殿に現金を送付できる方策を得られませんでした。この件について辛抱が必要です。

　メルヒヨル・ファン・サントフォールトが下〔長崎〕へ行く理由は、一方では、皇帝〔家康〕が下〔大坂〕へ来るという噂が当地で再び広がっているからです。というのも、〔大坂〕城の攻囲において皇帝が堺[177]の町を利用することができないように、秀頼様[178]が堺を焼き討ちするであろうからです。他方では、長崎[179]に滞在することにより、新鮮なパン、肉、鶏等の必要なすべての食料をそこで入手することができると前述のメルヒヨルは考えているか

175　Schiesaijmondonno
176　Melsen van Sanvoort
177　Saccaij
178　Fiderijsamma
179　Nangasacquj

らです。また、〔長崎では〕当地よりも外国人に慣れています。なぜなら、〔当地で道に出ると〕子供たちが声を上げたり、追いかけたりするという日本の悪い習慣があるため、常にまるで囚人のように家に留まらなければならず、外出することができないからです。

　皇帝が再び下〔大坂〕へ来る理由は、私の理解する限り、これまでに下記の領主の収入〔知行〕を没収した結果、彼らが秀頼様の保護を受けに行き、前述した秀頼の城の攻囲の際に必要に応じて助言や行為で立派に責務を果していたからということのみです。そのため、皇帝は同秀頼にそれらの人物たちを退去させるよう伝えました。また、それが実現しなければ、再び彼〔秀頼〕に対して戦争を仕掛けに来るとの考えを〔家康が〕もっていました。したがって、前述の秀頼はそのような人物たちを彼の元から退去させることを望んでいないので、皆が言っていることによれば、戦争が再び勃発するという可能性は非常に高いです。それがどうなるのかは時が教えてくれるでしょう。

　皇帝〔家康〕が収入〔知行〕を没収し、現在秀頼様のところにいる領主の名前
　つまり、
　真田左衛門殿[180]、関東[181]に 300,000 石〔の領地〕を所有していた
　後藤又兵衛殿[182]、博多[183]に 30,000 石〔の領地〕を所有していた
　長宗我部宮内少輔〔盛親〕殿[184]、土佐[185]に 200,000 石
　明石掃部殿[186]、関東に 80,000 石
　高山南坊〔右近〕殿[187]、淡路[188]に 60,000 石
　さらに、200,000 石ずつを所有するもう二人がいますが、彼らの名前は今

180　Sannada Saijemondonno
181　Quanto
182　Goto Matabedonne
183　Facatta
184　Chiosogabou Cuneijnosquedonne
185　Toza
186　Accassi Cammondonno
187　Tackaijsamma Minaminebodonne
188　Owazi

のところ分かりません。

　再び何らかの問題が起こるならば、私の手元にある物と堺に置いてある物をすべて携えて、近いうちに京都[189]へ赴くつもりです。というのも、そこでは火事や損害を受ける心配から解放されるからです。

　当地で大羅紗30ないし40反が私の手元にあったら良かったのにと思います。というのは、それらは戦時中に最も需要があるからです。

　我々の宿主が去年売却した鹿皮の代金はまだ回収できていません。なお、再び新たな戦争が勃発しそうであるため、回収が非常に遅れそうです。なぜなら、その場合、各人が離散するからです。同様に、メルヒヨル・ファン・サントフォールトは去年の分の彼の売却済みの皮〔の代金〕の残りの3000匁もまだ回収できていません。

　以上、末筆ながら、尊敬すべき、慎重で、とても思慮深い貴殿、最高神の保護の中に貴殿を委ね、至福を迎える時まで永続的な健康の中で貴殿および貴殿の仲間を守ってくれますように。アーメン。

　大坂[190]にて、1615年5月1日。

敬具
エルベルト・ワウテルセン[191]

1615年5月15日に受信、同月21日に返信。

189　Meaco
190　Osacca
191　Elbert Woutersz

26｜マテイス・テン・ブルッケより〔ジャック・スペックス宛〕書状、室津、1615年5月10日付

尊敬すべき、慎重で、とても思慮深い殿

　先月24日に我々がそちら〔平戸〕から出発した後、5月2日に牛窓[192]を通過したところ、そこに投錨していた平戸のバルク船〔の船員たち〕が叫んで、上〔大坂〕ではすべてが戦争状態で非常に混乱しているため、先に進まないように我々に警告していました。貴殿が以前からすでにご承知の通り、堺[193]はすでに全焼している、あるいは、もうすぐ確実に焼き討ちされるだろうとの噂が広がっています。そのため、直ちに小さなバルク船1隻を借りて、情報を収集するために京都[194]へ渡航しました。そこに到着してからすぐに再び〔もう1隻の〕バルク船を得て、それで堺へ渡航し、両バルク船に荷物を積んで室津[195]に向かうように指示しました。なぜなら、そこ〔室津〕の方が牛窓よりも安全な港だからです。

　堺に到着したところ、クロベエ殿[196]はすでに再び自分の家に戻っていることが分かりました。エルベルト[197]氏も彼と一緒に行きました。したがって、我々はとりあえずスケサエモン殿[198]のところに泊まり、次の日にエルベルト氏を我々のところに呼び出し、持って来た積荷をどうするのが最善であるかについて議論しました。秀頼様[199]がその町を焼き討ちするという恐れから、ほとんどの商品がそこから避難させられたため、堺に持ち込むことはもっての外ですので、スケサエモンおよびシチロウエモン殿[200]と長く議論した結果、大羅紗一山および反物を尼崎[201]経由で京都へ運ぶことを決定しました。というのも、道はまだ開通していて使えると聞いており、そして、現在何も商品取引が行えていないのに対して、領主たちが上に来ると、これら前述の商品を改めて販売できる見込みがあるためです。この決議を受けて、エルベルトは大坂[202]にまだ残っていたすべての商品および堺にある商品を次の日に尼崎

192　Oussimado
193　Saccaij
194　Meaco
195　Mouro
196　Crobiondonno
197　Elberte
198　Scheseijmondonno
199　Fideorijsamma
200　Stroijmondonno
201　Amangusacq

経由で京都へ避難させるために、直ちに再び大坂へ赴きました。我々も夜に出発しようとしましたが、強い逆風のため、それは実行できませんでした。というのも、その夜に、荷物を積んだバルク船や空のバルク船が70隻も浜辺に打ちつけられて難破したからです。

　同5日に、出発できる追い風をなおも待っていたところ、皇帝〔家康〕が確実に上へ向かって来ている途中であるという知らせを受けたため、スケサエモンおよびシチロウエモン殿に相談しに行きました。風のために室津へ出発することは無理でしたので、現金を受け取るためにまず京都へ行き、現金を受け取れば、それをすぐに下へ運ぶつもりでした。このようにして、いくつかの商品を上へ運ぶ前に自分で道〔の安全〕を確認しようと思っていました。そのため、直ちに大坂へ出発し、次の日にさらに京都へ赴きましたが、そこで、彼の約束、貴殿の意見および私の希望に反して、現金は準備されていなかったことが判明しました。私のところを2〜3回訪れたヨエモン殿[203]およびその仲間によると、現状では1日2日でそんな大金を準備できないが、30日あるいはそれ以上待って、これらの反乱がその間に少し静まれば、回収することを試みて、一方、今4000ないし5000匁が必要であれば、今それを届けることは可能であるとのことです。それを知ったうえで、全額を待つことは現状において賢明ではないと思い、そのため、道がまだ比較的自由に通れる間にすべての大羅紗および反物を上へ運ぶことが賢明であると考えました。その理由は上述の通りです。残りはこのバルク船で返送します。これについては同封の覚書をご参照願います。それにシモン・ワウテルセン[204]も同行します。というのも、現在商業がまったく行われておらず、そして未加工品を上へ運ぶには馬とバルク船はどこでも桁違いに高いからです。

　前述の決議に従って、同月9日に京都より尼崎経由で室津へ出発しました。債権および証書をエルベルト・ワウテルセンの手元に残しました。それは、我々が不在の間、〔ワウテルセンが〕例のお金を回収できるかどうかを確かめるためであり、〔回収できれば〕それを一緒に下へ持って行きます。スケサエ

202　Osacca
203　Joijemondonne
204　Simon Woutersen

モン殿の返済金は以前に堺でエルベルト氏によって受け取られたと〔彼は〕言っていました。また、キュウサエモン殿[205]の返済金は私の到着直後すぐに受け取ったので、私がそれを下へ持って行きます。

　京都に到着したところ、サクエモン[206]というヤン・ヨーステン[207]の使用人とそこで出会いました。彼はエルベルト・ワウテルセン宛の書状を持っていました。貴殿のためにその抜粋を同封します。同使用人によると、大羅紗の大半が売却され、ヤン・ヨーステンが下に赴くために6月初旬に出発します。そのため、間違っているかもしれませんが、江戸[208]へ行くことは賢明ではないと判断しました。〔江戸へ行くことを〕やめる主な理由は、前述のサクエモンが言う道中の危険と現在通行が非常に困難であることであります。というのは、皇帝〔家康〕が大坂に来るためにすでに出発していることは確かな情報として出回っています。毎日、多くの領主や人員が当地に到着し、彼らは伏見[209]と大坂の間で宿泊しています。そのため、京都の人々は現在、焼き討ちに遭う恐れが無くなっています。というのも、これまでそれがひどく恐れられており、多くの荷物を避難させていました。クロベエ殿の件については残念ながら現在あまり何もできないと思います。なぜなら、迫り来る戦争により民衆の大半が再びあちらこちらに逃げてしまっているからです。大羅紗が焼失していないことを証言してくれる人を現在当地で見つけるのは困難です。シチロウエモン殿が彼〔クロベエ〕にそれについて問い正したところ、焼失していないと彼〔クロベエ〕に証明することができれば（実際そうなのですが）、それを支払う用意があると彼〔クロベエ〕は答えました。しかも、それ〔大羅紗の代金を支払うこと〕を我々〔東インド会社〕自身のお金で行おうとしています。というのも、彼の覚書に記載されている大羅紗の定価に上乗せされた分が彼に帰属し、彼が渡した計算書はその〔上乗された〕分に基づいており、もしも彼が裁判で敗訴しても、その分をもって我々に対して支払おうと彼は考えているからです。それが彼の意見であることを彼は公然とエルベルト氏に対して断言しました。これについて彼〔ワウテルセン〕はあ

205　Kussimaijadodem
206　Sackuemon
207　Jan Joosten
208　Edon
209　Fussimi

まりにも動揺していたため、彼〔クロベエ〕との清算に応じず、次のように言いました。つまり、貴殿〔スペックス〕が自ら上に来て、彼と清算する予定であり、また、貴殿が来なくても、彼と清算するためにすでにヤン・ヨーステンを呼び出した。なぜなら、彼〔ヤン・ヨーステン〕の方が彼〔ワウテルセン〕よりも日本の習慣をよく知っているからであると。これを聞いた彼〔クロベエ〕は恐れをなしました。彼〔クロベエ〕が京都に来ることを望みます。そこに妻と息子がすでに避難しています。そこに来れば、機会を見て、貴殿の指示に従って、決着するように最善を尽くすつもりです。ご報告まで。

　以上、尊敬すべき、慎重で、とても思慮深い貴殿、最高神の恩寵の中に貴殿を委ね、至福を迎える時まで貴殿および我々皆を守ってくれるように私は祈ります。

　1615年5月10日、室津にて記す。

敬具
マテイス・テン・ブルッケ[210]

本バルク船に載せて返送された物の覚書。そちらから持参した送り状にある通りにすべてが梱包され、番号が付されています。
30番から34番までのショウブ5箱
35番と36番の小カルムスすなわち銀杏2箱
100枚の袋に収納されているバンタム産の胡椒50ピコル
蘇木25包み　各包みの正味重量180斤
中国産生糸12俵　前述の送り状と一致
陶器皿54樽　各樽の内容物は送り状の通り

1616年〔1615年〕5月18日に受信、同5月21日に返信。

210　Matthijs ten Broecken

27｜エルベルト・ワウテルセンより〔ジャック・スペックス宛〕書状、京都、1615年5月17日付

尊敬すべき、慎重で、とても思慮深い殿

　貴殿に最後に送った書状は5月1日付のものであり、メルヒヨル・ファン・サントフォールト[211]を通じて送付しました。なお、それ〔その書状が貴殿の手元に届くこと〕が確実であるため、その写しは送りません。その後に、先月4月22日付の貴殿の書状を、マテイス・テン・ブルッケ氏[212]を通じて本月5日に無事に受け取りました。以下は貴殿の書状に対する回答です。

　マテイス・テン・ブルッケが堺[213]に到着して、すぐに私に次のことを知らせました。つまり、彼が室津[214]に運び、そこに残してきた積荷をどうするかについて相談するために、私が彼のところへ赴くようにとのことでした。というのも、彼が同地〔室津〕に到着した時に、堺の町が焼き討ちされたこと、なおかつ、秀頼様[215]と再び新たな戦争をするために皇帝〔家康〕が近日中に下に赴くだろうということを聞いたからです。しかし、堺の焼き討ちがまだ実行されていないにせよ、皇帝の到来は確実ですので、彼〔テン・ブルッケ〕によって前述の場所に運ばれたすべての大羅紗および反物を直ちに尼崎[216]経由で京都[217]へ運ぶために同マテイス・テン・ブルッケが再び室津へ向けて出発することを一緒に決定しました。というのも、堺においては商品が安全ではなかったからです。なぜなら、皆が言うように、皇帝が再び下に赴くと、秀頼様が前述の町〔堺〕を焼き打ちすることは確実であるからです。その理由とは、そうしなければ同秀頼の城の攻囲において皇帝にとってあまりにも有利になるからです。

　また、胡椒や蘇木等のほかの品物を早めに下へ運ばせます。なぜなら、以後これらの品物には需要がない上、この状況では京都へ運ぶにはあまりにも

211　Melchior van Santvoort
212　Mattijs ten Broecke
213　Saccaij
214　Mouro
215　Fiderisamma
216　Amangascquj
217　Meaco

多くの費用がかかるからです。

　ところが、強風のためにマテイス・テン・ブルッケが出発できなかったので、彼は本月6日に大坂[218]の私のところに来ました。皇帝の到来が確実であったので、彼がまず京都の数人の商人から受け取るべき代金を回収しに行き、その後すぐに室津へ行き、回収された代金を下に送り、大羅紗および反物を上へ持って来るのが最善ではないかと〔彼は私に相談しました〕。これについてしっかりと協議し、シチロウエモン殿[219]およびスケサエモン殿[220]の意見を聞いた後、上述の通りに行動することを決定しました。したがって、マテイス・テン・ブルッケは同月7日に京都へ出発しました。また、私は尼崎へ向けて出発し、皮を積んだまま堺からそこに到着していた2隻のバルク船を京都へ連れて行きました。このようにして、私は同月8日に京都に到着し、そこでマテイス・テン・ブルッケと合流しました。彼は返済すべき代金について商人に問い合わせました。しかし、現況でこのような大金を急遽用意して支払うことは難しいが、20,000ないし30,000匁は4～5日以内に、そして残金は1ヶ月後なら支払いたいとの回答を得ました。そういうわけで、マテイス・テン・ブルッケは代金を待つことが無駄であると考え、室津からの前述の商品を取ってくるために同月9日に再び京都から出発して、彼の不在中に〔私が〕代金の回収を行えるように、債権証書を私の手元に残しました。

　同月15日にマテイス・テン・ブルッケは京都に戻って来て、次のものを運んで来ました。1番から23番までの番号が付いた23個の俵、37番、38番、39番の番号が付いた革製の箱3個。その中には反物および織物が入っており、送り状に記載されている通りです。40番と41番の番号が付いている樽2個には、樟脳の入っている陶器製ポットが一つずつ入っています。42番は4斤の伽羅の入っている小さな編み袋。43番の番号が付いている各種染料の小箱。さらに24番、25番、26番、27番、28番および29番の番号が付いている、各種の反物やリネン製品が入っている木箱6個。それらはすべてマテイス・テン・ブルッケより私に渡され、それらに買い手が付くように

218　Osacca
219　Stroijemondonne
220　Scheseijmondonne

全力を尽くすつもりです。

　現在、皇帝が数人の領主と共に京都に来ています。江戸[221]の王である彼の息子がさらに多くのほかの領主と共に近日中に当地京都に到着すると予想されています。伏見[222]にはすでに150,000人以上の人々がいて、またさらにそれと同じ数の人々が来ます。彼らは皆、秀頼様に対して戦争を仕掛けるために皇帝への軍務を全うするのでしょう。これがどうなるのか、時が教えてくれるでしょう。

　我々の宿主であるクロベエ殿[223]が焼失したと言っている6½反の大羅紗の清算を彼と行うことについては、現況において決着しないと考えています。その上、彼はまだ大坂にいます。

　注文された銅については、この迫ってきている戦争が終わり次第、購入に取り組みます。灰吹銀についても同様です。

　同月17日に遠視用眼鏡および重量50匁の樟脳を献上するために上野介殿〔本多正純〕[224]のところへ赴きましたが、本日面会できなかったので、〔献上を〕明日行わざるを得ません。

　マテイス・テン・ブルッケは当地で回収すべき代金の半分あるいはほぼ半分を明日回収する予定であり、機会があり次第すぐにそれを持って下へ行きます。

　以上、末筆ながら、尊敬すべき、慎重で、とても思慮深い貴殿、神の保護の中に貴殿を委ね、至福を迎える時まで永続的な健康の中で貴殿および貴殿の仲間を守ってくれますように。アーメン。

　京都にて、1615年5月17日。

敬具

エルベルト・ワウテルセン[225]

1616年〔1615年〕6月7日に受信、6月16日に返信。

221　Edon
222　Fussimi
223　Crobedonne
224　Coseqedons
225　Elbert Woutersz

28 | エルベルト・ワウテルセンおよびマテイス・テン・ブルッケより〔ジャック・スペックス宛〕書状、京都、1615年5月28日付

尊敬すべき、慎重で、とても思慮深い殿

　前記は貴殿宛の最後のものであり、その後、我々の方で商品の販売において特記することはありません。ただ、307番の深紅色の大羅紗1反を1間当たり225匁で売却し、さらに307番の同深紅色のもの1間を230匁で、61番の同茜色のもの1間を190匁で、赤色の天鳶絨1反を80匁で、7枚の天鳶絨の枕カバーを1枚当たり7匁で売却したのみです。

　ヨヒョウエ殿[226]という当地における我々の宿主は、二条室町〔蛸〕薬師ノ町[227]に住んでいます。彼は彼に預けたもののうち、これまで次のもの、つまり、305番の深紅紫色の大羅紗1反を1間当たり140匁で、300枚の鮫皮を100枚当たり80匁で、同〔鮫皮〕750枚を100枚当たり95匁で、8番の5反の黒色の繻子を1反当たり70匁で、7番の同4反を1反当たり50匁で、4反の天鳶絨を1反当たり80匁で売却しました。

　現在、当地〔京都〕に関東のほとんどの貴族〔領主〕が集まっているのに、今これ以上売れないことが不思議です。というのも、今月20日に当地に到着した皇帝〔家康〕および王であるその息子〔秀忠〕が250,000人以上の兵士を連れて来ていると皆が言っているからです。

　皇帝はまだ京都[228]に、そしてその息子〔秀忠〕は伏見[229]に構えています。彼らは秀頼様[230]に対して戦争を仕掛けるために、明後日、全軍を率いて大坂[231]へ行く予定です。当地では、秀頼様が持っているとされる大軍について非常に妙な噂が流れています。というのも、彼のところに150,000人以上の兵士がいると言われています。したがって、同秀頼の城が奪取されるよりも、再び合意に達するだろうと考えられています。これがどうなるのかは結果から

226　Joffioyedonno
227　Nisio Mouromatsji Jacussinochio
228　Meaco
229　Fussemi
230　Fiderijsamma
231　Osacca

分かるでしょう。

　我々の宿主であるクロベエ[232]と係争中の問題について、まだまったく何も進んでいません。彼が 7〜8 日前に当地に到着した時に、我々と清算するために彼を呼びましたが、彼が焼失したと言っている 6½ 反の大羅紗の代金を支払ってほしいと思っていることを彼が聞いた時に、彼は我々と新たな契約を結ぼうとしました。これについては以前に貴殿に報告しました。つまり、彼は〔それらの大羅紗の代金〕を私に請求しました。なぜなら、定価よりも高く販売された分についてはすべて彼に帰属すると言って、6½ 反は焼失したのであるから、その販売価格を我々に請求するからです。このように彼とは裁判による以外の解決はないでしょう。

　我々の宿主ヨヒョウエ殿から聞いたところ、今我々が滞在している京都の家においてクロベエ殿の息子によって売却された大羅紗およびスタメット合わせて 19 反は、帳簿に付けられた価格よりも約 3000 匁高く売却されていました。このことは裁判の時に我々に役に立つでしょう。なぜなら、前述の我々の宿主はそれが何月何日に誰にいくらで販売されたかを記録し、それを我々に見せてくれたからです。また、上野介殿[233]、板倉殿[234]、〔長谷川〕左兵衛殿[235]等のような、この件について我々に好意を示してくれそうな人物に面会できないというこの現況においては、彼を訴訟に引き出すことができなかったので、より良い機会が得られるまで、それについて様子をみる必要があるでしょう。

　ショウサエモン殿[236]は我々に全面的に助力することを約束してくれ、クロベエ殿を当地で逮捕させるようにと助言してくれましたが、前述の理由のために、それを実行できませんでした。というのも、我々は上野介殿の屋敷を三度も訪れたにもかかわらず、彼に面会することができなかったからです。

　堺[237]の町は一昨日秀頼様側の兵士たちに焼き討ちされました。また、当地

232　Crobioije
233　Cosequedonne
234　Itakradonno
235　Saffioyedonno
236　Sjoseijmondonno
237　Saccaij

〔京都〕では、昨日 15 人が捕まりました。彼らは京都の町の様々な場所で放火するために同秀頼より派遣された者です。彼らはそのため全員磔にされました。

また、現在、当地において相当な積荷があるため、シチロウエモン殿[238]および我々の宿主であるヨヒョウエ殿からの助言を聞いた上で、マテイス・テン・ブルッケ[239]が貴殿のところでとても必要とされているにもかかわらず、マテイス・テン・ブルッケおよび前述のシチロウエモンが当地にあと 7〜8 日残ることを相互に決定しました。とはいえ、今現在、下へ旅することはあまりにも危険すぎます。また、一人でいると、どのような災いに遭遇するか分かりません。というのも、当地には多くの悪党と盗賊がいるからです。そのような人々は毎日捕まっていて、京都の町に放火することしか考えていません。その上、〔テン・ブルッケの出発を延期したのは〕8 日以内に当地に来るはずであるヤン・ヨーステン[240]の到着を待つためでもあります。というのも、クロベエ殿の事件で我々に助力してくれるように本月 18 日に彼に速達書状を送付したからです。

本書状を〔貴殿に〕特別に送付したのは、室津[241]でバルク船を待たせることによって大きな出費がかかりますので、そのバルク船を平戸[242]へ渡航させるためであり、また、前回我々が貴殿に書状を書いた時以降の当地の出来事について貴殿に報告するためです。貴殿はその情報を大いに待ち望んでいるに違いありません。

66,000 匁のうち、20,000 匁しかまだ回収できていません。現況の下で、残りは 1 ヶ月以内にはまだ回収できないと予想しています。

貴殿がヨエモン殿[243]に渡した生糸から織る絹織物の完成は、現況の下でかなり遅れると予想しています。なぜなら、同ヨエモン殿が現在不在であるからです。しかし、彼が戻って来たら、絹織物をできるだけ早く完成させるよ

---

238 Stroijemondonno
239 Mattijs ten Broecke
240 Jan Joosten
241 Mouro
242 Firando
243 Joijemondonno

う彼に大いに念を押すつもりです。

　ヤン・ヨーステンより貴殿宛の書状を同封します。

　以上、末筆ながら、尊敬すべき、慎重で、とても思慮深い貴殿、最高神の保護の中に貴殿を委ね、至福を迎える時まで永続的な健康の中で貴殿および貴殿の仲間を守ってくれますように。アーメン。

　京都にて、1615年5月28日。

敬具
エルベルト・ワウテルセン[244]
マテイス・テン・ブルッケ

1616年〔1615年〕6月14日に受信、6月16日に返信。

244　Elbert Woutersz

29 | ヤン・ヨーステン・ローデンステインより〔ジャック・スペックス宛〕書状、1615年5月19日付

神を讃えよ。1615年5月18日。

尊敬すべき、とても思慮深い殿、そして良き友

　昨日、貴殿の書状を無事に受け取りました。また、貴殿に現金を送付するようにと、ハンベエ[245]を通じて貴殿が私に送付してくれた書状については2月19日にようやく当地に届きました。

　また、貴殿が私からの書状を受け取らなかったとのことですが、私は貴殿に3回書状を送っていました。その上、当地に現金がたくさんあること、貴殿が低価格の大羅紗を私に送り提供してくれるであろうこと、貴殿が商品を持って行かせる者に当地にある現金を渡すこと。というのも、この戦争のため私は当地で現金を送付する勇気がないからです。貴殿たちは私よりも良く知っているはずです。というのも、京都[246]から当地に来ることは必要ではないからです。さて、低価格の商品の件は重要ではありませんが、宿主[247]との問題の方は大きいです。また、価格については口頭で伝えるつもりです。というのも、貴殿のところへ行くために、神が許せば、8日あるいは遅くとも10日以内に出発するつもりであるからです。

　以上、末筆ながら、万能神が我々皆を守ってくれますように。アーメン。また、〔神が〕我々皆に祝福を与えてくれますように。
　1615年5月19日。

敬具
ヤン・ヨーステン・ローデンステイン[248]

同封の二通の書状を長崎の宿主に渡すように取り計らってください。ジャン

245　Vambe
246　Meaco
247　アマノヤ・クロベエのこと
248　Jan Joosten Loodensteijn

ク船が私よりも先にそこ〔長崎〕に到着した場合に、シャムから私宛に来る商品を受け取ってもらうためです。神に守られますように。

平戸[249]にて6月16日に受信。

249　Firando

30｜エルベルト・ワウテルセンより〔ジャック・スペックス宛〕書状、京都、1615年6月28日付

尊敬すべき、慎重で、とても思慮深い殿

　この短い文章をどうかお許しください。3～4日以内に追って出発するヤン・ヨーステン[250]を通じてすべてについて詳細に報告します。

　以前貴殿に書いたように、板倉殿[251]が連日大変多忙であったため、これまで面会できていませんでした。そのため、ヤン・ヨーステンの到着を待つしかありませんでした。ヤン・ヨーステンは今月12日に当地に到着しました。我々は我々の宿主クロベエ殿[252]との問題を彼に説明した後、彼は同月13日に同クロベエ殿のところに行き、彼がどのような形で我々と清算してくれるかを探りました。しかし、焼失した6½反の大羅紗の代金を我々が要求していることについて我々の宿主クロベエ殿は強く苦情を述べていました。これについてヤン・ヨーステン、シチロウエモン[253]、そして我々の〔京都の〕宿主ヨヒョウエ殿[254]の仲介により、証人を連れて来るかどうかについてのさらに詳しい回答にあたって、焼失した大羅紗が3500匁〔の価値があったということ〕に初めて辿り着きました。しかし、その前述の金額の支払いについて言及したところ、2500匁しか渡さないつもりであると彼は言いました。それは売却された大羅紗の〔金額の〕約半分です。つまり、〔彼に〕渡された大羅紗の覚書で提示されているものに基づいている価格〔の半額〕です。これについて我々は不満であったため、彼に訴訟を起こしました。その結果、下へ来た時に彼に提示した価格に従って、焼失した6½反の大羅紗の代金を彼が支払うことが我々に認められました。売却された皮についてもクロベエ殿が本来支払うべきでしたが、販売契約書にメルヒヨル〔ファン・サントフォールト〕[255]の名前が連名として記載されているため、それ〔その支払いの要求〕を同メルヒヨルが上に来るまで延期しました。

　私が以前に回収した6880匁はマテイス・テン・ブルッケ[256]氏を通じて下

250　Jan Joosten
251　Ijtakaradonno
252　Crobedonno
253　Stroijmon
254　Joffioijedonno
255　Melsen

へ送付します。また、当地で回収したもののうち 6392 匁およびまだ私の手元にあるそのほかのすべての現金はヤン・ヨーステンを通じて下へ送付する予定です。肥前様〔松浦隆信〕[257]には現金で 7640 匁およびそのほかに 10,000 匁相当の黒色の呉絽服綸を渡しました。つまり、最良品 20 反および下級品 20 反です。1 反当たり最良品は 68 匁で、下級品は 50 匁と計算しましたが、彼の下への到着時に貴殿とそれについての値決めをするでしょうから、それは確定した価格ではありません。

　また、肥前様はさらに 1000 匁相当の反物を求めており、彼の強い要求により、すぐにそれを支払うと我々に約束してくれるという条件のもとで、我々はそれを彼に認めました。

　以前に購入した 4000 斤の銅のほかに、20,000 斤分を追加で購入しました。つまり、15,000 斤を 1 ピコル当たり 85 匁 8 分で、1000 斤を 1 ピコル当たり 85½匁で〔購入しました〕。

　クロベエ殿は我々に 72 番および 185 番の黒色の大羅紗 2 反および長さ 10 間の黒色のスタメット 1 反を返却しました。当地の出来事についてはマテイス・テン・ブルッケが貴殿に口頭で詳細に報告します。したがって、本状を終えます。

　以上、尊敬すべき、慎重で、とても思慮深い貴殿、万能神の恩寵の中に貴殿を委ね、至福を迎える時まで永続的な健康の中で貴殿および貴殿の仲間を守ってくれますように。アーメン。

　京都[258]にて、1615 年 6 月 28 日。

敬具
エルベルト・ワウテルセン[259]

7 月 7 日に受信、同月 8 日に返信。

256　Mattijs te Broeck
257　Figensamma
258　Meaco
259　Elbert Woutersz

31｜マテイス・テン・ブルッケおよびエルベルト・ワウテルセンより〔ジャック・スペックス宛〕書状、京都、1615年6月11日付

尊敬すべき、慎重で、とても思慮深い殿

　先月28日付で貴殿に送付した我々の最後の書状の後に、先月5日付および21日付の貴殿からの書状を今月10日に無事に受け取りました。本書状はそれら〔の書状〕に対する回答としてのものです。

　皇帝陛下〔家康〕およびその息子である江戸[260]の王〔秀忠〕がほかの領主たちと共に来ていることについては以前に貴殿へ書状で報告しました。彼らは秀頼様[261]に戦争を仕掛けるために当地の京都[262]および伏見[263]に来ています。当月〔6月〕2日に皇帝、その息子および全軍は、同秀頼の城を攻囲するために大坂[264]へ向けて出発し、同月3日にそこに到着しました。そして、前述の秀頼の数人の領主が赦免を得ることを望んで、皇帝側に寝返るためにその城に火を付けましたが、彼らは逃げることができるよりも先に秀頼方によってその場でそれぞれ打ち殺されました。また、その火事を消すことは不可能であったため、戦う勇気を失った秀頼とほかの武将たちは切腹し、それによってその後間もなく皇帝は、自軍における死傷者数が少ないままその城を奪取しました。それに対して、秀頼の家臣のほとんどすべてが、約10,000人もの兵士やそのほかの人員と共に命を落としました。また、同様に、大坂の川の東側にあったほとんどの家屋が焼失したと言われています。

　これまでにヨエモン殿[265]とその仲間から20,000匁しか受け取っていませんでしたが、現在すべての分〔の代金〕が支払われるように要求しました。というのも、彼らが盾にしていた戦争が終結したからです。彼らは互いに「談合」[266]して、我々に対して完済すると我々に言ってくれました。ソーカ[267]の代

260　Edon
261　Fiderisamma
262　Meaco
263　Fussemi
264　Osacca
265　Joijemondonno
266　dancko
267　Soka

金は 59 タエル以外は受け取りました。その分は明日か明後日受け取る予定です。

　クロベエ殿[268]の件に関してはまだ何も成し遂げていません。なぜなら、誰にも面会できなかったからです。というのは、4 日前に我々は板倉殿[269]の代理人であるゾウキ[270]に訴訟の請願書を渡し、その中で、クロベエ殿によって売却された大羅紗、焼失した分、また売却された鹿皮の間数を伝えました。それは板倉殿にそれを同ゾウキから示してもらうためでした。しかし、それはこれまで延期されてきました。なぜなら、現在領主と面会する機会がないからです。というのも、彼ら〔領主〕は現在あまりにも多忙だからです。したがって、我々にとってほかにより良い手段がないので、ヤン・ヨーステン[271]の到着を待つしかありません。彼は近日中に到着するはずです。我々が訴訟のために何かを要請しなければならない領主への謁見も彼の助けによりきっと獲得できるはずです。

　戦争が終わったため、貴殿にクロベエ殿の虚言について詳細に書き、なおかつ当地で我々に全面的な協力を約束してくれていたショウサエモン殿[272]にその件において協力を要請したところ、今になって彼は我々に協力をしようとしません。彼の偽りはほかの人から聞いたことであり、自分はそれ以上知らないと彼は言っています。したがって、日本人の言葉は、吹き去る風ほども当てにすべきではありません。

　我々は当地で 4000 斤の精錬銅を購入しました。つまり、1 ピコル当たり 83 ½ 匁で 1000 斤および 1 ピコル当たり 84 匁で 3000 斤です。〔相場は〕現在 90 匁になりましたが、再び下がることを望みながら、あと 2～3 日注視します。なぜなら、戦争のために多くの銅が〔安全な場所に〕避難され、まだ〔市場に〕戻って来ていないからです。

　粗銅については、貴殿の命令に従って購入を差し控えます。貴殿があんなに安い値段でそれを入手できたことは幸いです。なぜなら、当地では 1 ピコ

268　Crobedonno
269　IJtakuradonno
270　Zoockij
271　Jan Joosten
272　Soseijmondonno

ル当たり 7 タエル以下の値段では入手できないだろうからです。
　灰吹銀への両替に伴う危険に関しては、それが発覚するおそれもなく十分に実現できると思います。というのも、近いうちに 50、60 あるいは 70 タエルでそれを両替できそうだからです。しかし、現在、両替するには灰吹銀の値段が高すぎます。なぜなら、それは今 10 パーセント〔の手数料が〕かかっているからです。発覚する心配があるかどうかについて当地で我々の宿主の意見を聞く予定です。
　現在当地に皇帝、その息子および大勢の貴族〔領主〕が当地にいるのに、商業に関しては驚くほど軟調です。しかし、皇帝は早くとも 8 月か 9 月にしか出発しないと言われていますので、〔商業が〕良くなることが期待されます。これがどうなるのか、時が教えてくれるでしょう。
　マテイス・テン・ブルッケ[273]とシチロウエモン殿[274]ができるだけ早く下へ行きます。当地の我々の手元にあるすべての現金およびヨエモン殿から回収される望みがまだあるものを彼らが持参します。また、現在クロベエ殿に対しては何もできず、ヤン・ヨーステンの到着まで延期しなければなりません。
　以上、末筆ながら、尊敬すべき、慎重で、とても思慮深い貴殿、万能の神の手の中に貴殿を委ね、至福を迎える時まで永続的な健康の中で貴殿および貴殿の仲間を守ってくれますように。アーメン。
　京都にて、1615 年 6 月 11 日。

敬具

マテイス・テン・ブルッケ

エルベルト・ワウテルセン[275]

1616 年〔1615 年〕6 月 19 日に受信、7 月 8 日に返信。

273　Mattijs ten Broecke
274　Stroijemondonno
275　Elbert Woutersz

32｜アドリアーン・コルネーリセンよりジャック・スペックス宛書状、山口、1615年6月28日付

神を讃えよ。日付1615年6月28日、山口[276]にて。

尊敬すべき、良き友、ジャック・スペックス[277]殿

　私とヤスベエ殿[278]は6月27日に貴殿の書状を受け取りました。それにより私たちは嬉しくなりました。というのは、我々は6月25日に讃岐[279]から到着しました。なぜなら、毛利殿〔毛利輝元〕[280]が我々の大羅紗と絹をすべて購入したがっていたからです。しかし、我々は合意に至りませんでした。なぜなら、彼〔毛利殿〕は十分に払おうとしなかったからです。そして、我々は6月25日にそこから出発するつもりでしたが、そこでまだ1000匁を受け取る必要がありました。それは、6月28日か29日に我々に支払われると約束されています。我々はそれを受け取ったらすぐにそこから出発します。というのも、神が許せば、3～4日以内に家に戻れると考えています。鉛は当地では非常に高く、貴殿が船一隻分〔の鉛〕を売却しなければならないとしても、100ポンド当たり80匁の値段です。以上、末筆ながら、善き神に貴殿およびすべての良き友人たちを委ねます。

アドリアーン・コルネーリセン[281]

1616年〔1615年〕7月4日に受信。

276　Jamma coetse
277　Jacop Specx
278　Jassebeedonno
279　Sanghi
280　Moijrijdonne
281　Adrijaen Cornelissen

33 | メルヒヨル・ファン・サントフォールトより〔ジャック・スペックス宛〕書状、長崎、1615年〔和暦の〕6月11日〔西暦1615年7月3日〕付

尊敬すべき、非常に思慮深い殿かつ格別に良き友

　ご挨拶の上、ヤン・シモンセン[282]が6月10日に長崎[283]に到着したことを貴殿に知らせます。貴殿に送付するためのマールテン・ハウトマン[284]氏からの書状一通を彼から受け取りました。

　このほかに特に書くべきことは私にはありません。ただ、いくらかの皮や象牙および鉛を積んでいる4～5隻の新たなポルトガル船が来航しています。

　私がこの手紙を日没の頃に書いていたところ、そこに中国のジャンク船一隻が来航しました。そして、そこにさらにルソン[285]のジャンク船が到着しました。そのジャンク船はルソンで越冬しましたが、逆風のためにロサマ[286]に入りました。

　以上、万能神に貴殿を委ねます。そして、我々の魂と至福のために貴殿および我々を守ってくれますように。アーメン。貴殿の仲間の方々すべてによろしくお伝えください。

　1615年6月11日。

敬具
メルヒヨル・ファン・サントフォールト[287]

282　Jan Simonsen
283　Nangasacki
284　Marten Houtman
285　Losson
286　Lossama　未詳
287　Melsen van Santvoort

34｜マールテン・ハウトマンより〔ジャック・スペックス宛〕書状、シャムの河口、1615年5月18日付

神を讃えよ。日付 1615 年 5 月 18 日、シャムの河口にて。

尊敬すべき、賢明な、慎重で、とても思慮深い殿

　ご挨拶の後に、貴殿が継続的な健康において良い状態でいらっしゃることを望んでいます。

　貴殿が再度改めてそちらに無事に到着したことを知り、私は嬉しく思いました。しかし、ヤサエモン殿[288]のジャンク船あるいは中国人船長[289]ペッケイ[290]のジャンク船を通じて貴殿からの書状を一通も受信しなかったことを妙に思います。その〔ペッケイの〕ジャンク船で私は去年かなりの量の蘇木をヘンドリック・ブラウエル[291]氏へ送付しました。同ペッケイは、私が同蘇木と共に同ブラウエル宛の私の書状に同封して送ったその〔蘇木の〕船荷証券をその決済のために確かに持ち帰り、当地にいる私に渡してくれました。しかし、そのほかに彼を通じて書状を1通も受け取りませんでした。これは当地にいる我々にとって非常に気を悪くすることでした。ヤヒト船ヤカトラ号[292]およびイギリスのジャンク船についてこれまでのところ何も知らせがありません。一方、長崎[293]から当地に向けて出発した第3のジャンク船については、それが中国に漂着し、船長は中国人であるために、中国人である彼の船員たち全員と共に拘束され、船は没収されていると、中国人から聞きました。同ヤサエモン殿とペッケイは当地から両ジャンク船で、聞き知った限りの情報によると、推定で約 4000 ピコルの蘇木および 30,000 枚以上の鹿皮を運んでいます。ご参考までに。

　3月1日にフォルタイン号[294]という総合東インド会社のジャンク船がパタ

288　Jassemmendonno
289　Anachoda
290　Peckheij　初期の徳川家の外交文書の覚書である「異国日記」では「べつけい」
291　Hendrick Brouwer
292　Jaccatra
293　Langasacca
294　Fortuijne

ニから当地に無事に到着しました。その船長はアントワープ出身のウィレム・フェルヒュルスト氏[295]でした。同ジャンク船には、私が集められる限りの日本向けの商品を当地で満載しました。それについては、同封している送り状から貴殿には十分にお分かり頂ける通りです。詳細はそちらを参照してください。そして、同ジャンク船は一昨日当地の波止場からサンゴラあるいはパタニに向けて出帆しました。そのジャンク船が適切な時に無事に彼の地へ到着するよう神に祈ります。私は今年さらに大量の鹿皮を入手できると思っていたのですが、当地におけるアヴァ国王[296]との戦争によりそれは実現できませんでした。ほとんどすべての人々が強制的に戦いに行かされ、それにより国が戦争状態のままですので、今年も皮の供給が少ないという恐れがあります。しかし、時が我々に教えてくれるでしょう。できるだけ多くの量を集めるために常に最善を尽くすつもりです。大量そして最大量の鹿皮が捕獲される最も良い時期は高水位の8月、9月、10月、11月、12月です。上〔北〕で多く入手できる小さな皮は、ペグー[297]の近くに位置している境界線上で一年中最も多く獲れます。しかし、それらの場所のほとんどすべての人々は王の招集のために現在町へ来なければならないので、今年はその地からもあまり多くの鹿皮が来ないことが明らかです。

　蘇木は、前述のジャンク船でパタニあるいはサンゴラへ送付したもののほかにさらに、今年かなりの量が入手できるかもしれません。約1300ピコルの蘇木が入荷待ちであり、私は当地で下〔南〕にいる[298]ので、それはウィレム・クニンヘン氏[299]によって受領されます。したがって、その間にさらに入手できるかもしれない鹿皮などで、次の季節風までに、つまり8月に、ほぼジャンク船1隻分の積荷になります。ただ、蘇木だけでは投資資金が少ないので、一定量の〔鹿〕皮を追加できなければ、大きな経費がかかる割に、その積荷は小さなものになってしまいます。ご参考までに。

　今年当地に4隻の中国のジャンク船が来航しましたが、積荷はわずかでし

295　Willem Verhulst
296　Auwaer　現在のビルマにあったタウングー王朝のアナウペッルン王
297　Peghu
298　シャムの河口のところ
299　Willem Ceuninghen

た。つまり、全部で20ピコル分の生糸も持って来ませんでした。国王がその大部分の生糸を入手し、そのほかの残りは、1ピコル当たり140中国タイルで売却されました。1中国タイルはシャム銀10匁、つまり1½レアル銀貨です。それは桁違いに高価です。そのため、我々は一つも購入しませんでした。天鵞絨、緞子、繻子などの絹製品はほとんど持って来ませんでした。〔彼らは〕いくつかの粗製および上質の陶器を持って来ていて、その中から少量を妥当な値段で購入したので、送り状をご参照ください。これは、日本でも、〔コロマンデル〕海岸地域でも、祖国でも需要があります。中国人が持って来た積荷が今年かくも少なかった理由は、去年当地から出発したジャンク船を失ったためです。言うなれば、彼らの5隻のジャンク船のうち、1隻しか無事に中国に到着しませんでした。それにより、多くの商人が貧乏になりました。彼らが言うには、来年は十分な量の生糸を運んで来る予定です。同中国人が当地から運ぶ帰り荷は主に蘇木です。彼らはそれを優先的に入手しています。なぜなら、それ〔蘇木〕は生糸、繻子、緞子、天鵞絨、鉄などの品物の対価として、彼らに支払われているからです。それらをオプラー・ラビシット[300]が国王のために同中国人から、自分が良いと思うような価格で購入します。同中国人は当地で、去年と同じ価格で、かなりの量の象牙も購入しました。しかし、シャム産の象牙が入手できる限り、我々のものには関心を示しません。我々は今年これまでのところ10ピコル分以上は販売していません。さらに何をするのかは、時が教えてくれるでしょう。

　パタニ商館から複数のコロマンデル産[301]の布を入手しました。当地では需要がない品物が大半であり、また、取るに足らない粗製品であったにもかかわらず、そのうちの大部分はまずまずの利益で売却しました。したがって、シャム向けの適切な布が届けば、それは8月に予定されていますが、会社のために当地において毎年かなりのお金を稼ぎ出すと信じています。そのために神がその慈悲深い祝福を与えてくれますように。アーメン。

　当地で丁子およびメースの一山をグジャラート人[302]に1中国斤当たり2½

300　Oprae Rabijsit 「オプラー」はアユタヤ王朝の官位
301　Coromandelsche
302　Gusseraetten

匁で売却しました。しかし、彼らは丁子ほどメースを好みません。そういうことですので、もしも、貴殿のところに売れない丁子がいくらかあるのなら、対応してください。メースについてはまだ6籠が残っています。また、パタニ商館はまだ複数の籠を蓄えています。ご参考までに。

日本の樟脳は、ジャンク船が当地にいる間に1ピコル当たり5タエルで、そしてジャンク船が来航する以前は1ピコル当たり6タエルで、当地において、グジャラート人に売却されました。

コップ型の赤銅は、今年は昨年ほどの需要がありませんでした。中国人に資金が不足していたからであると私は思います。日本人が当地で売却したものは1ピコル当たり4¾タエルでした。もしも貴殿の方でいくらかの鏡が不要であれば、1〜2ダースを我々に分けてくれるように貴殿にお願いします。というのも、当地では鏡は贈答品としてしばしば大変役に立つからです。現在、人々が求めているのは、ほとんど鏡ばかりです。

貴殿には、ヤン・ヨーステン[303]の渡航がどうなったのかについて、次の書状で私に少し知らせてくれるようにお願いします。とりわけ、ブラウエル氏の指示に従って当地で私が彼に渡した象牙に関する彼と同ブラウエルとの間の支払いのこと、ならびに彼を通じて当地から日本へ送った商品の配送のことについてです。

当国に関しては、現在あまり良くない状態にあります。アヴァ国王はこの国を包囲し、徐々にピッサヌローク[304]の周囲に近づいています。彼はチエンマイ[305]およびその周辺に位置するほかの多くの都市を支配下に置き、そして女性の住民たちを彼の新しく建設した町ホンサー[306]に連行しました。しかし、私が聞いたところによると、〔アヴァ国王は〕誰にも迷惑を掛けていません。彼に毎年朝貢するという条件の下でラーンサーン国王[307]はアヴァ国王と連合しています。

シャムの国王は約5か月間ピッサヌロークに数千の兵士と共に駐屯してい

---

303 Jan Joosten
304 Poeceloeck
305 Jangemeijleghon
306 Hongsa
307 Langhsander　現在のラオスに位置しているメコン川中流域にあった王朝

ましたが、上〔北〕では何も成し遂げないまま、現在当地からあまり遠くないところにいます。オヤ・リゴール〔リゴールの王〕[308]は一度だけその軍と共に、アヴァ国王が奪取したプレー[309]と呼ばれる小さな町の前に来て、それを登らせようとしましたが、撃退されました。500人もの兵士を失いました。ペグーとの間の国境の近くに位置するすべての都市の住民については国王が都市に来させました。したがって、彼は上〔北部〕の地を諦めました。そして、彼は明らかに大きな恐怖を抱いています。彼が人民や軍と共に上にいた時に、彼の側の凄まじい数の人々が餓えや病気で死にました。米は軍において1フアング[310]当たり4チュップ[311]以下、つまり1フアング当たり7～8ベートル[312]になっています。そして、ほかの物も似たような値段です。それは国王自身の所為です。というのも、当地の都市では米は安価であるからです。当地において今後アヴァ国王に関してどうなるのか、神が知っています。いずれにせよ、アヴァ国王が今年当地まで来ることが実現するとは私は思いません。しかし、来る2月までに当地の町の周辺までは来るかもしれません。

　以上、尊敬すべき、賢明で、慎重で、非常に思慮深い殿、本状を終えます。ご挨拶の上、最高神の保護の中に貴殿を委ねます。神が我々の至福に資するものを貴殿および我々皆に与えてくれますように。アーメン。

敬具
マールテン・ハウトマン[313]

308　Oijgeligor　Oijge（Oya）は「王」の意、リゴールはシャム王国南部の都市国家、現在のナコーンシータンマラート県
309　Pree
310　シャムの通貨の単位、タエルの32分の1
311　tioepe　米俵の種類か
312　beetels　米俵の種類か
313　Maerten Houtman

35｜エルベルト・ワウテルセンより〔ジャック・スペックス宛〕書状、京都、1615年6月29日付

尊敬すべき、思慮深く、とても慎重な殿

　先月29日付の貴殿の書状を今月16日に無事に受け取りました。下記はそれに対する返答として記すものです。

　クロベエ殿[314]と係争中の件について、ヤン・ヨーステン[315]の到来を長く待った後で一昨日ようやく終結しました。その結果、焼失した6½反の大羅紗に関しては、彼に対して設定した価格に従うことで我々は満足せざるを得ませんでした。つまり、1間当たり〔の価格〕は、青色の大羅紗が125匁、オレンジ色のものが120匁、黄色のものが115匁、黒色のものが128匁です。

　肉桂についても、同クロベエがその代金を支払わなければならないという裁定が我々に与えられました。しかし、その代金としていくらを受け取ることになるのかは、時が教えてくれるに違いありません。というのも、その商品が悪くなっていたと彼は言うでしょうからです。実際そうですが、それに対して品質の良い肉桂だったと私は言うつもりです。

　そして、同肉桂は、ほとんど金銭的な価値はなかったはずでした。なぜなら、香りも味もなく、まったく芳香もなかったからです。

　私は本日ヤン・ヨーステンと共に板倉殿[316]および代理人のサブロウサエモン殿[317]のところに行きました。我々に対して正当な判決をしてくれたことで彼らに感謝しました。そのために板倉殿に対して繻子3反、つまり8番の黒色1反、赤色1反、黄色1反および樟脳半斤、そして彼の家臣には呉絽服綸1反、赤色の無地の繻子1反、模様のある同様の繻子1反から成る贈物を渡しました。それによってクロベエ殿が肉桂に高い値段を支払わなければならなくなると希望しています。また、皮の販売のところにいた仲買人たちは次の通りに言っています。つまり、皮の販売について、クロベエの関与してい

314　Crobedonno
315　Jan Joostens
316　Ijtakaradonno
317　Sabbrijoijedonno

るのは、代金が届くまでのみです。というのも、販売契約書にメルヒヨル〔ファン・サントフォールト〕[318]の名前が記載されていなかった場合、クロベエ殿はその支払いもしなければならなかっただろうからです。

　我々はヤン・ヨーステン、シチロウエモン殿[319]、そして我々の宿主ヨヒョウエ殿[320]の仲介によって、クロベエ殿が焼失した大羅紗の代金として3500匁を渡すというところまできました。もし、これらが焼失していなかったと我々が当地で彼にその後に証明することができれば、彼が全額を支払わなければならないはずです。しかし、支払いについて話したところ、返答として彼の方から2500匁以上は渡さないとのことでした。それについて当月23日に彼に対して訴訟を起こしました。彼に請求すべきことすべてに関する我々の書類を提出しました。その結果、同27日に裁決が行われました。この都市京都[321]の裁判官、つまり所司代の謁見が得られる前に、板倉殿ととても親しい商人ソウケイ殿[322]には白色の繻子1反を贈りました。同様に、同板倉殿には、〔商品番号〕8番のうち黒色の繻子1反、最上等の絹製の呉絽服綸1反、白色の繻子1反、そして彼の二人の家臣には、黒色の大海黄5反を贈りました。それは裁判において我々に大変有利に働きました。

　ヨカ[323]とヨエモン殿[324]のお金はマテイス・テン・ブルッケ氏[325]によってすべて受領されました。

　ご注文のあった精錬銅は、貴殿の命令に従って、20,000斤分まで購入しました。つまり、貴殿宛の我々の最後の書状以降、〔残りの〕16,000斤〔を購入しました〕[326]。そのうち、15,000斤は1ピコル当たり85匁8分、同1000斤は1ピコル当たり85½匁〔の価格でした〕。それらが〔平戸〕領主のバルク船で下に運搬されるよう試みます。

318　Melsen
319　Stroijemondonno
320　Joffioijedonno
321　Meaco
322　Soockijdonno
323　Joca
324　Joijemondonno
325　Matthijs ten Broecke
326　マテイス・テン・ブルッケとエルベルト・ワウテルセンによる1615年6月11日付の書状ではすでに4000斤分の精錬銅を購入したとある。

我々は貴殿の命令に従って、肥前様〔松浦隆信〕[327]に10,000匁を渡しました。つまり、現金で7640匁および1反当たり68匁の最上等の絹製の呉絽服綸を20反、そして1反当たり50匁の少し品質の劣る同品を20反です。しかし、この価格になるかは確かではありません。というのも、彼が下に到着した時にそれについて貴殿と値決めをするからです。その上、同肥前様に彼の強い要求によりさらに1000匁を約束しました。つまり、反物の形で〔渡す〕ということです。ただし、その反物が彼に届けられたことについて貴殿に知らされ次第、すぐにその支払いが実施されると我々に約束してくれるという条件の下にです。

　現行の取引の状況は非常に軟調です。というのも、貴殿宛に書いた私の最後の書状以降、次のものを売却しました。つまり、

1反当たり43匁の最粗製の白色の繻子5反

1反当たり8匁の上質のダンガリー2反

1反当たり5匁の粗製の同品12反

1間当たり123匁の黒色スタメット2間

1反当たり75匁の〔商品番号〕8番の黒色の繻子4反

1反当たり70匁の同品40反

1反当たり80匁の天鳶絨2反

1反当たり7匁の天鳶絨の枕カバー3枚

100枚当たり82匁の積荷用鮫皮950枚

100枚当たり200匁の50枚1束の鹿皮500枚

100枚当たり180匁の50枚1束の同品1700枚

100枚当たり305匁の40枚1束の同皮1000枚

　したがって、鹿皮は25枚を残しているだけで、ほかは完売されました。それら〔25枚〕は、ひどく虫食いがあるため、ほとんど、あるいはまったく売り物にならないでしょう。売却された鹿皮の山全体で50枚が足りないことが判明しました。それらは梱包の際に数え間違いがあったに違いありません。

327　Figensamma

鮫皮は完売し、良い結果となりました。私が間違っていなければ、上記のように鹿皮と鮫皮を平戸[328]で売却する方が良いと思います。なぜなら、鹿皮を販売すれば、25タイルのうち、最も粗悪な灰吹銀2½タイルを引き受けなければならないからです。それをスホイト銀に交換しようとすると、20パーセントの差額が出ます。

　今後、皇帝〔家康〕と彼の息子が出発すれば、すべてにおいてきっと需要が出ると確信しています。皇帝は早くて9月か10月に、彼の息子、将軍様[329]は8月に出発するという噂が当地で盛んになっています。彼〔秀忠〕には内裏様[330]から別の称号が与えられることになっています。

　皇帝陛下は、秀頼様[331]の側にいた領主たちを捕らえて処刑するために大捜査を行っています。

　長宗我部〔盛親〕殿[332]は当地で同月〔6月〕11日に処刑され、秀頼の7歳の庶子〔国松〕も同月17日に処刑されました。その上、秀頼の命令を受けて堺[333]の町を焼き討ちした道賢殿〔大野治胤〕[334]も当地で捕虜となっています。彼は火あぶりの刑にされると皆は言っています。

　まだ持っている現金は、灰吹銀の購入において何かを成し遂げることができるという望みで私のところで保持しています。

　ヤン・ヨーステンには次のものを渡しました。半分の長さのオルトスタール[335]黒色の大羅紗8反、茶褐色のもの3反、紅紫色の大羅紗3反。それらは貴殿がマテイス・テン・ブルッケ氏を通じて送ってくれた注文品です。そして、長さ31½エルの黒色のスタメット1反。それについては、当地で彼と値決めをしませんでした。というのも、彼自身が下へ行くからです。

　スケサエモン殿[336]から受け取った現金をマテイス・テン・ブルッケに渡し

328　Firando
329　Siongosamma
330　Daijrii
331　Fiderijsamma
332　Chiosegamidonno
333　Saccaij
334　Dockindonno
335　oltstael　未詳、紺色の地色か
336　Schieseijmondonno

ました。つまり、6880 匁です。同様に、当地で私の手元にあるものから 6392 匁をさらに渡しました。

　ヨエモン殿は私に 30½斤の生糸を返却しました。それは、彼が当地で羽二重および綾を作らせることができるように貴殿が彼に渡していた 60 斤の一部です。

　ヤン・ヨーステン・ファン・ローデンステイン[337]氏は私に 612 枚の小判を渡しました。これは金の価格が再び高くなる時に当地で交換する予定です。というのも、現在は 1 枚当たり 65½匁にしかなりません。

　マテイス・テン・ブルッケを通じてほんの数行〔の書簡〕を貴殿に送付しましたが、その写しは取っていません。なぜなら、本状の方がより詳細だからです。

　当地で起こった事についてはマテイス・テン・ブルッケが貴殿に詳細に伝えます。以上、末筆ながら、尊敬すべき、慎重で、とても思慮深い貴殿、最高神の保護の中に貴殿を委ね、至福を迎える時まで永続的な健康の中で貴殿および貴殿の仲間を守ってくれますように。アーメン。

　京都、1615 年 6 月 29 日。

敬具
エルベルト・ワウテルセン[338]

337　Jan Joosten van Lodensteijn
338　Elbert Woutersz

36 | メルヒヨル・ファン・サントフォールトより〔ジャック・スペックス宛〕書状、〔長崎〕、1615年7月20日付

尊敬すべき、非常に思慮深い殿、かつ格別に良き友

　当月19日付の貴殿の快い書状は、同20日にマテイス・テン・ブルッケ氏[339]を通じて無事に私に渡されました。貴殿の書状を通じて、また、マテイス氏からも、クロベエ殿[340]の大きな偽りと言い逃れ、あるいはごまかしについて承知しました。とはいえ、このことを、私は以前にも様々な人から実際に聞き及んでいました。

　さらに、クロベエ殿が〔鹿〕皮の販売に関与していなかったということ、そしてそれは私によってのみ行われたはずであるということについて、そのことは全く逆であり、偽りです。また、ある程度の地位の商人がその宿主の助言やそのために指定された仲買人なしで商品を売るという習慣は日本にはありません。彼らがその代金を回収しましたが、そのことをクロベエ殿はあまり気に入りませんでした。彼は自分で〔鹿〕皮と鮫皮を販売しようとしました。彼は仲買人を必要としていませんでした。このように、自分の使用人をもっと利用できるように仲買人を拒否・拒絶しました。これは正義と合理に違反します。そのような理由により、証人を介在させるように私はこの件に通常よりも介入しました。なぜなら、彼はそれを自分だけで売ろうとしていたからです。私はそのことに反対していました。というのは、私は何らかの面倒を恐れていたからです。なぜなら、彼の意地の悪さについて少しばかり知らされていたからです。しかし、仲買人および私の宿主であるショセエモン[341]という証人が確実にいるため、今はこの件で面倒はないでしょう。そして、仲買人の手中にある販売証書によって、私がそれを一人で販売したかどうか、そして私がその件で何をしたかを証明してもらいます。

　上へ来てくれるようにという貴殿の依頼については、私には非常に難しく、都合が悪いです。私の妻が病気という理由のためであります。そして、そこ

339　Mattijs ten Broecke
340　Crobedonno
341　Schoseijmon

〔長崎〕は知らない土地であり、私が信頼できる人は誰もいません。というのも、私の持ち物すべてがそこにあるからです。それは私が長年身を粉にして働いた僅かの家財道具です。貴殿の問題がきっと解決することを疑わないでください。私はスケサエモン殿[342]にその件を依頼し、すべての状況について彼に書き伝えておきます。そして、ヤサエモン殿[343]にもその件を依頼し、すべてについて伝えます。彼は4ないし5日以内に堺[344]へ赴き、その後平戸[345]の貴殿のところに行きます。貴殿は彼とその件をある程度処理してください。

　以上、万能神に貴殿を委ね、我々の魂と至福のために貴殿および我々を良い健康の中で守ってくれますように。アーメン。

　本日 1615 年 7 月 20 日。

敬具

メルヒヨル・ファン・サントフォールト[346]

342　Scheseijmondonno
343　Jaseijmondonno
344　Saccaij
345　Firando
346　Melchior van Santvoort

37｜ヤン・ヨーステン・ローデンステインより〔ジャック・スペックス宛〕書状、〔長崎〕、1615年7月22日付

尊敬すべき、とても慎重な殿

　当地長崎[347]の近くにカラック船、つまり船舶1隻があることをお伝えします。それは当地でそのように言われています。それゆえ、私は貴殿にそのことを知らせます。

　また、バルク船は当地で非常に高く付きますので、アユタヤ[348]のバルク船をできるだけ安く借りるようによろしくお取り図らいください。彼〔バルク船の主〕に現金の全額を当地で渡すことになっています。そして、彼にそれ〔バルク船〕をすぐに装備させてください。彼には別のバルク船で当地で木材を提供することになっています。

　以上、末筆ながら、貴殿を主に委ねます。1615年7月22日。

敬具

ヤン・ヨーステン・ローデンステイン[349]

347　Nangasacqui
348　Judeij
349　Jan Joosten Lodensteijn

38 | エルベルト・ワウテルセンより〔ジャック・スペックス宛〕書状、京都、1615年7月13日付

尊敬すべき、思慮深く、とても慎重な殿

　ヤン・ヨーステン[350]を通じて去る6月30日付の私の最後の書状を送った後に、去る同月16日付の貴殿の書状を〔7月〕1日に無事に受け取りました。下記はそれに対する返答です。

　ヤン・ヨーステンが江戸[351]でイギリス人イートン[352]氏を手伝ったのは、同イートンとその宿主との問題以外のことであったはずであろうということについて、貴殿がマテイス・テン・ブルッケ[353]からきっとお聞き及びになる通りです。私は〔それ以上のことは〕聞き知ることができませんでした。しかしながら、前述のイートンは江戸でまだ保有していたすべての商品を妥当な価格で引き渡すことをヤン・ヨーステンに提案しました。彼〔ヤン・ヨーステン〕はそれを引き受けたくありませんでした。そのため、イートンはそれをバルク船で下に送りました。

　ヤン・ヨーステンの協力によって、我々はクロベエ殿[354]と係争中の問題の解決をもうすぐ得ることになります。肥前様〔松浦隆信〕[355]が皇帝陛下〔家康〕のために我々に要求していたテーブルクロス1反およびナプキン2反については、それを彼〔隆信〕に渡しました。そのことでヤン・ヨーステンは立腹していました。なぜなら、彼は皇帝のためにそれらを自ら持って行きたかったからです。それは、その機会を利用して大坂[356]で領地を与えてもらうように請願できるためでした。そのことを貴殿はマテイス・テン・ブルッケからきっとお聞き及びでしょう。しかし、彼の出発の前に、〔私は〕その件について彼が満足するよう取り計らいました。それゆえ、彼はその後になお私と一緒に板倉殿[357]および彼の家臣のところに行ってくれました。そのことにつ

350　Jan Joosten
351　Edon
352　Eijton
353　Matthijs ten Broecke
354　Crobedonno
355　Figensamma
356　Osacca

いては貴殿に以前に書きました。

　皇帝陛下はナプキン 2 反を受け取ったのみで、テーブルクロス 1 反は返却させました。

　イギリスのジャンク船が五島[358]に到着したということをマテイス・テン・ブルッケが尼崎[359]から私に書きました。それは彼らにとって経費のかかる渡航でしょう。〔彼らが〕シャムへ渡航しようと思っていたところ、琉球[360]までしか行けませんでした。それについてイギリス人たちがアダムス[361]氏の所為にする根拠はあります。なぜなら、同アダムスがヤン・ヨーステンの敵ではなかったら、ヤン・ヨーステンのものであったジャンク船がきっと購入されたはずだからです。それ〔ヨーステンのジャンク船〕を使っていたら、神を讃えよ、渡航を無事に成し遂げ、水漏れに悩まされなかったはずでしょう。さらに肥前様には 20 番の緞子 15 反および同 23 番のもの 25 反を渡しました。それについての彼との値決めは当地ではしていません。

　カンベエ殿[362]が平戸[363]に到着次第すぐに貴殿にその代金を渡すとタロウサエモン殿[364]および同カンベエ殿は私に堅く約束してくれました。その時に貴殿が妥当であると思う通りにその値段を付けることができます。この 40 反の緞子は 1000 匁をかなり超えています。これは領主側が約束しました。しかし、支払いの確実な約束はあまり詳細に詰めることができませんでした。

　同カンベエ殿に 8 番の黒色の繻子 1 反を渡しました。彼は貴殿にその支払いをする予定です。そして、必要であれば皇帝陛下の勝利〔大坂の陣〕を祝うために皇帝陛下〔家康〕、上野介殿[365]〔本多正純〕あるいはほかの誰かに対して贈物を献上すべきであること、そして、それを適切にできるだけ最小限の経費で行うべきであることを貴殿が最新の書状で私に指示していたので、私はそれについてタロウサエモン殿およびカンベエ殿に相談に行きました。

357　Itakaradonno
358　Ghouto
359　Amangasackij
360　Lequeos
361　Adams
362　Cambedonno
363　Firando
364　Tharraseijmondonno
365　Cosequedonno

皇帝陛下にその勝利を祝うために貴殿自らがぜひとも上に来るつもりであったが、貴殿が近日中に 1、2 隻の船を待ち受けているので、今はそれが実現できないと貴殿が書いている書状を受け取ったことを私は彼らに伝えました。それについて、もしも、上野介殿へ贈物を献上して、貴殿自らが皇帝陛下にお祝いをしに来ようとしたが、前述の理由のために取りやめたので、私が〔上野介〕殿にお祝いをするように貴殿が命令したのだと彼〔上野介〕に言うとしたら、どう思うかについて私は彼らに意見を尋ねました。そのことを彼らは気に入りました。なぜなら、皇帝陛下がそれを聞けば、気に入るだろうからです。しかし、私は今のところ彼〔上野介〕のところにまだ行っていません。彼が多忙であるためです。

同上野介殿へ献上しようと思っている贈物は、繻子 3 反および重さ 100 斤分の選りすぐりの樟脳になるでしょう。

辰砂に関しては、これまで 1 斤当たり 12 匁の付け値しか私に提示されていませんでした。辰砂は請負人以外の誰にも買い占めることが許されていません。というのは、これには厳罰が科せられています。緑青の染料には 1 斤当たり 6 匁の付け値が私に提示されました。それはまったく満足のいくような価格ではありません。なぜなら、彼らの方ではその染料がとても高く評価されているからです。日本で毎年販売される量はまちまちです。ある年は 3000〜4000 斤であり、また別の年には 2000 斤にすぎません。というのは、それは屏風や領主たちの屋敷のために利用されます。日本で生産される緑青の染料は現在 1 斤当たり 1½ 匁の値段です。しかし、それは我々のものと比べものになりません。

貴殿に 1 斤当たり 30 匁の付け値で提示された龍脳について、私には 10 匁の付け値しか提示されませんでした。

商品の販売については、私の最後の書状以降まったく何も販売できていません。

皇帝陛下の親族である松平下総殿〔松平忠明〕[366]は大坂城の城主となります。それは 100,000 石を有しています。しかし、今年はその城の修復が行われる

366　Mattsoudarij Simosadonno

ことはありません。というのも、皇帝は領主たちに少し休息を与えたいからです。イギリス人イートン氏は今月 11 日に当地に到着しました。彼は江戸から出るのに大変な苦労をしました。なぜなら、彼の地で彼はポルトガル人あるいはスペイン人の聖職者と見なされていたからです。

江戸ではフランシスコ派の修道士が牢獄に入れられました。同修道士は商人の服を着ていました。彼に宿を貸した宿主は殺害されました。そして、修道士についても同じ運命を辿ることが確実です。

前述のイートンは、江戸から送ったバルク船について確認するために昨日堺[367]に向けて出発しました。そして、その後に再び京都[368]に戻り、当地にまだ持っているすべての商品 3 反の大羅紗と数枚の布地を下〔平戸〕に持って行く予定です。

貴殿がモルッカ諸島から知り得た情報を私に伝えてください。というのも、それ〔モルッカ諸島におけるスペイン艦隊との戦い〕についての良い結果を心の底から祈っているからです。

貴殿が依頼している、貴殿の書状の写しを貴殿宛に同封します。

以上、末筆ながら、尊敬すべき、慎重で、とても思慮深い貴殿、最高神の保護の中に貴殿を委ね、至福を迎える時まで永続的な健康の中で貴殿および貴殿の仲間を守ってくれますように。アーメン。

京都、本日 1615 年 7 月 13 日。

敬具

エルベルト・ワウテルセン[369]

367　Saccaij
368　Meaco
369　Elbert Woutersz

39｜マールテン・ハウトマン書状に附属する送り状、シャム、1615年4月30日付

〔本状は〕前掲フォリオ25のマールテン・ハウトマンの書状[370]に附属している。

本日1615年4月30日、シャムのアユタヤ市[371]にて。

シャムにおける総合連合オランダ東インド会社の代理としての上級商務員である、私、マールテン・ハウトマン[372]によって、神のご加護を願ってフォルタイン号と名付けられたジャンク船に舶載したすべての商品の送り状。

そのジャンク船の監督者は助手ウィレム・フェルヒュルスト[373]であり、当地からパタニに赴きます。受領者は、総合連合オランダ東インド会社の代理としてのパタニ、サンゴラとシャムの各商館の統轄者で、パタニ商館に駐在しているヘンドリック・ヤンセン[374]です。

〔※ 以下の送り状明細については省略する。品目としては、各色の大羅紗、中国産粉砂糖、ビール用グラス、各種銅製品、鮫皮、中国産ショウガ、陶器、蘇木、鹿皮、バラスト用塩等が記載されている。〕

370　本書34番の書状参照
371　Judea
372　Marten Houtman
373　Willem Verhulst
374　Hendrick Jansen

40 | エルベルト・ワウテルセンより〔ジャック・スペックス宛〕書状、京都、1615年7月29日付

尊敬すべき、思慮深く、とても慎重な殿

イギリス人イートン氏[375]を通じて〔私が〕貴殿宛に最後に書き送った書状は今月26日付のものです。そして、今月8日付の貴殿の書状は今月26日夜の2時頃に無事に受け取りました。それに対して貴殿に詳細に回答したかったのですが、そのイギリス人が出発するところでしたので、それ〔詳細に返事を書くこと〕は実現に至りませんでした。そのため、本状をもって簡潔な回答として間に合わせます。

貴殿の命令に従って、新しい指示が来るまで、精錬銅のさらなる買い占めを差し控えます。なぜなら、貴殿がヤサエモン殿[376]を通じてシャムから受け取った書状によると、彼の地に来航した中国人が少なかったため、彼の地において今年の銅の需要が非常に少なかったということだったからです。それにもかかわらず、私はこれまで200ピコルを買い増す機会があり、それを8タエル以下で入手できるならば、それを実行するつもりでした。というのも、それは害にならないと私は考えたからです。しかしながら、現在それを9タエル以下では入手できません。

シャムに行っていたヤサエモン殿の到着はすでに聞き知っています。しかし、彼は2隻のジャンク船で来航したと当地で言われています。貴殿の書状によると、そうではありません。また、マニラから来航しているらしい1隻のジャンク船について〔の噂〕も同様です。

灰吹銀の購入で大きな利益が出ることを私は望んでいます。というのも、現在〔手数料が〕すでに7パーセントに達しているからです。というのは、4ないし5パーセントに成り次第、すぐに小さな分量で徐々に両替し始めるつもりです。

鹿皮の販売の経緯をメルヒヨル・ファン・サントフォールト[377]と話すため

375　Eijton
376　Jassemondonno
377　Melsen van Santvoort

にマテイス・テン・ブルッケ氏[378]が長崎[379]に赴くことについてですが、皇帝〔家康〕への拝謁をする貴殿あるいはほかの誰かと一緒に上に来ることを同メルヒヨルが受け入れてくれれば、好都合でしょう。そうすれば、疑いなく〔鹿〕皮の件に終止符を打てるでしょう。

肥前様〔松浦隆信〕[380]は当地で非常にうまくやっています。というのも、彼が陛下〔家康〕に拝謁した時に彼に大きな名誉が与えられたからです。なぜなら、皇帝は、共に拝謁していた 10 ないし 20 人の領主を通り越して彼を行かせたからです。

そして、同肥前様に対して、反物の形で 5、6 あるいは 100 タエル分をさらにくれるように彼が強く要求して、〔それを渡さないことで彼を〕困らせてしまう場合を除いて、彼に約束された反物 1000 匁分以上は渡さないようにと貴殿が命じていますが、最後に彼に渡した反物はすでに 1000 匁をいくぶん超えているので、〔彼が〕これ以上要求することはないと考えています。

テーブルクロスおよびナプキンが入っている番号 A および B の 2 つの箱は鉛筆が入っている袋と共に無事に受け取りました。

タロウサエモン殿[381]は、陛下が引き取ることになるテーブルクロスおよびナプキンについて、しみが付いたままで渡し、価格がまちまちであるということについては言及せず、以前の価格通りに提供するようにと言っています。

チュウベエ殿[382]は体調がよくないので、テーブルクロスおよびナプキンが上〔京都〕に到着したということは皇帝にまだ伝えられていません。

カンベエ殿[383]には下級品の緞子 2 反および 30 斤の丁子を渡しました。彼はその支払いを貴殿にする予定です。しかし、以前に彼に渡した黒色の繻子 1 反は、彼の息子シチロウエモン殿[384]が支払う予定です。

同カンベエ殿を通じて 5600 斤の精錬銅を下〔平戸〕に送ります。

378　Matthijs ten Broecke
379　Nangasacqui
380　Figensamma
381　Tarrosemondonno
382　Chubidonno
383　Cambedonno
384　Stroijemondonno
385　Edon

皇帝と江戸[385]の王〔秀忠〕が数日以内に出発するという噂がかなり強く出回っています。

　以上、末筆ながら、尊敬すべき、慎重で、とても思慮深い貴殿、最高神の保護の中に貴殿を委ね、至福を迎える時まで永続的な健康の中で貴殿および貴殿の仲間を守ってくれますように。アーメン。

　京都[386]、本日1615年7月29日。

敬具
エルベルト・ワウテルセン[387]

386　Meaco
387　Elbert Woutersz

41｜ヤン・ヨーステン・ローデンステインより〔ジャック・スペックス宛〕書状、〔長崎〕、1615年8月頃

尊敬すべき、とても慎重な殿

　カラック船が当地長崎[388]に到着したことを貴殿に知らせます。加えて、私が日本人から聞いたところ、もう一隻が海上に見えるとのことです。ご参考までに。

　さらに、当地で需要がありそうな樟脳やほかの品物について、当地で交換するために送付してください。また、貴殿が持っている私の現金も送付してください。というのも、それをポルトガル人に対してうまく活用したいからです。さらに、貴殿が何らかの商品を送付する場合、それを売却できるように、最も低い値段を書いてください。

　以上、貴殿を主に委ねます。

敬具

ヤン・ヨーステン・ローデンステイン[389]

388　Nangasackij
389　Jan Joosten Lodensteijn

42 | ウィレム・ヤンセンおよびレナールト・カンプスよりジャック・スペックス宛書状、ヤヒト船ヤカトラ号、1615年8月18日付

ジャック・スペックス殿

　本状はヤヒト船ヤカトラ号[390]が女島[391]という島の付近でポルトガルのジャンク船を拿捕したことを貴殿に手短に伝えるためのものです。そのうちのポルトガル人は我々のヤヒト船の中にいます。そして、乗組員の残り、つまり黒人および中国人、その数約50人は、彼らを我々と共に平戸[392]へ連れて行くためにジャンク船に留めおきました。なぜなら、それ〔そのジャンク船〕に我々の人員を配置するには〔我々の〕人数が足りないからです。そして、これについてどうするのが望ましいのかについて貴殿からの指示を得るまでジャンク船およびその乗組員の確保をより高めるために河内[393]〔の浦〕に入津することを考えています。したがって、何をすべきか、何をすべきでないかについて、直ちに我々に指示を下さるようによろしくお取り計らいください。なぜなら、平戸における状況がどうなっているのかをまだ知らないからです。すべてがうまくいくことを、また貴殿と貴殿のすべての友人の健康と繁栄を神に祈ります。

　取り急ぎ、1615年8月18日にヤヒト船ヤカトラ号にて記す。

ウィレム・ヤンセン[394]
レナールト・カンプス[395]

390　Jaccatra
391　Meaxuma
392　Firando
393　Choscho
394　Willem Jansen
395　Lenaert Camps

43 | ヤン・ヨーステン・ローデンステインより〔ジャック・スペックス宛〕書状、〔長崎〕、1615年8月17日付

尊敬すべき、とても慎重な殿

　当地でポルトガル人が大羅紗を反物と交換したがっているということを貴殿に知らせます。したがって、貴殿が交換のために大羅紗を送りたいならば、その場合、貴殿が私に送る大羅紗の値段を私は後で現金で支払います。その場合、私もそこから少しばかりの利益を享受できるように、私に対して値段をできる限り低く設定してください。あらゆる色のもの、白色と黒色、上級品および下級品を送ってください。上級品のリネンがあれば、〔取引成立にあたっての〕合意ができるかどうかを見極めるためにその一部も送ってください。皮についても〔送ってください〕。上質の樟脳一壺も、値段をできる限り低く設定して送ってください。

　もしも、1ポンド当たり2匁半あるいはそれと同等の品物と交換で砂糖漬生姜をご所望であれば、その旨を書き送ってください。当地では本日ルソンなどから5隻のジャンク船が来航しました。それによって、すべての物が非常に安くなっています。というのも、需要がないからです。カラック船は700ピコルもの生糸および400箱もの反物、またいくらかの金、さらに大量の香辛料、山積みの陶器を積んでいます。さらにほかに何があるのかについては分かりません。

　また、ヌエバ・エスパーニャの銀を積んだ3隻の船がマニラに来航し、そのうちの1隻をオランダ人が拿捕したと当地に停泊しているブランガリース[396]のジャンク船の乗組員が言っています。しかし、そのジャンク船は到着したばかりですので、私はまだ正確な情報を聞いていません。

　末筆ながら、貴殿を主に委ねます。8月17日。以上。

敬具

ヤン・ヨーステン・ローデンステイン[397]

396　Blangarijs　未詳
397　Jan Joosten Lodensteijn

本状をエルベルト・ワウテルセン[398]に送るようよろしくお取り計らいください。それが江戸[399]に送られ、そこで銀を購入するための金を受け取ったかどうかを確認するためです。

398　Elbert Woutersen
399　Edo

44｜〔ヤン・ピーテルスゾーン・クーン〕より〔ジャック・スペックス宛〕書状、バンタム、1615年4月10日付

　去る2月1日にスヒップ船アウト・ゼーランディア号[400]が神のお陰で無事に当地に到着しました。しかし、望んでいたような帰り荷はありませんでした。この状況では節度のある態度が求められています。なぜなら、我々はあらゆる方面でやり損なったからです。しかし、会社の繁栄のために用いられた慎重さとリスク回避[401]も重くのしかかっています。それについては後述します。そのせいで希望を失ってはならず、より一層勇気をもつべきです。というのも、衰退へ向かう状態をそのまま放っておくよりも、その状態を維持し、向上させる方がより多くの名誉を得ることができるからです。12月29日付の貴殿の書状は我々のところに届きました。その内容については了解しました。そして本状の一部はその返答のためのものです。

　シャムと日本の事業およびそれに付随するすべてのことについてパタニの委員会および貴殿によって採択された決議を実行するために我々は最善を尽くすつもりです。なぜなら、その決議が非常に良く、その方法が最善であると考えているからです。

　敵がマラッカとマカオ、そしてマカオと長崎[402]の間で行っている交易に関する貴殿の報告についてですが、彼らがそれをどんなに快く思わないとしても、神が許せば、我々が近いうちにそれに参加できることを信じ、希望しています。

　もしも、以前にブラウエル[403]が購入したジャンク船がまだ貴殿のところにあり、銅を入手できなければ、それに日本人男性を乗せて、あらゆる食糧とほかの必需品と共にモルッカ諸島、つまり、バッチャン[404]、アンボイナ[405]あるいはバンダ[406]へ送っていただければ幸いです。そこから再びジュパラ[407]や

400　Out Seelandia
401　オランダ本国から十分な資金が送付されなかったこと
402　Nangasackij
403　Brouwer
404　Betsian
405　Amboijna
406　Banda

当地で使うためです。というのも、これが最良の手段としてだけでなく、会社にとって非常に役に立つことでもあると思うからです。ともかく、今後それについてより詳細に指示します。貴殿の方ではその間にそのための準備をさせておいてください。

貴殿がヤヒト船ヤカトラ号[408]に関して行っている要求およびシャムとコーチシナ[409]の件について、ならびにバンダにおいて日本人を配置して利用する日本のバルク船について、最初の機会でヤヒト船とスヒップ船を当地に派遣してくれるようにと我々はすぐに総督殿に書きました。このうちのどちらか1隻が着き次第、それはそんなに長くはかからないだろうと思いますが、前述の点についての、総督殿あるいは我々による最終決定が貴殿に伝えられることになります。もしも資金的に余裕があれば、貴殿の計画には好感を持っているととりあえず伝えておきます。貴殿が前述のヤヒト船ヤカトラ号を強化し、修繕させたのは良いことです。それについて、前述のヤヒト船の二重外板に使用されたような板はもう使わないようにブレークフェルト氏[410]が今後注意を払います。

貴殿がポルトガル人マルティンス[411]と行った取引について、もしも、麝香が本物であり、生姜は根が十分大きく、そして砂糖漬されているならば、貴殿はそれ以外のものを受け取らないと信じていますが、それで良い取引条件を引き出しました。しかし、まだお互いに確約していないので、そのような合意を契約としてみなしてはいけません。もしも、貴殿が前述の商品について伝えてくれた値段でより多くの数量を入手できれば、それらのまとまった量を我々に送ることを怠らないでください。なぜなら、それらはこれまで当地では入手できなかったからです。砂糖については今のところそれで何かをすることは得策ではないと思います。なぜなら、その価格は高すぎますし、そちらで都合も良くないからです。我々も当地でまとまった量の乾燥した粉砂糖を10ピコル当たり31レアル銀貨にて掛買で入手しました。

407　Jappaere
408　Jaccatra
409　Couchichina
410　Breeckvelt　バンタムにおける資材購入担当の上級商務員
411　Martins

アウト・ゼーランディア号で運ばれてきた麝香の入った番号1の箱および赤銅と鉄一山を受け取りました。銅は我々の借金の返済としてパンゲラン[412]に渡しました。そして、鉄は現在1ピコル当たり5レアル銀貨で売れます。したがって、我々にもう一山を供給してくれれば幸いです。もしも、貴殿の方で一山の鉈を作ってもらうことができるならば、ソロル[413]向けに大きな一山を我々に供給してくれることが適切であると思います。言わば、たとえそれが5000や10,000本であろうと、多すぎることはありません。それらを注文するならば、粗く仕上げるだけで十分であり、それをもって太い白檀が切り倒せるぐらいの大きさで作らせてください。これらの鉈は我々に必要であり、それらは我々の思い通りには十分入手できません。

　貴殿が合金から抽出し、当地に送付してくれた68.8タエルについては、392 3/4レアル銀貨分を再び帳簿から差し引きました。貴殿が送り状で発見したと述べている誤りも修正されました。貴殿は毎年の賃借対照表だけでなく、仕訳帳の写しも我々に送付する必要があります。そして、貴殿に最初の船で何人かの助手を派遣します。壺はヤカトラで使用されており、それらは会社にとってとても役に立ちます。

　錨綱の見本は見当たりません。硫黄は見本として最初の機会で送ります。貴殿が樟脳あるいは沈檀を安い値段で入手できれば、それらのうち約100ピコル分を祖国用の見本として我々に送ってください。そのほかの雑品も受け取りました。パンゲランのための馬2頭も届くことを願っていたのですが。絹織物の見本も我々の元に届き、それについて検討する予定です。

　貴殿が行っているさらなる検討すべき議論に関しては、それらを十分に検討します。そして、最初の機会で、すべてについての完全な返答また、本状に欠けているものや、訳あって割愛したものについての満足のいく返答も期待してください。

　当地域で起こったこととしては、去る11月に祖国からレインスト[414]総督殿がアムステルダム号[415]、モーリシウス号[416]およびホランディア号[417]で当地

412　pangaran　ジャワの王子の称号
413　Solor　ティモール島の西に位置していた地域（現・クパン）
414　Reijnst

に到着しましたが、それらは 17 ヶ月もかけて航海しました。その後にヤヒ
ト船ナッサウ号[418]〔も到着しました〕。そのヤヒト船は総督殿によって艦隊
からアラビアへ派遣されていました。同ヤヒト船はあちらへ実際に来航し、人
員を残しました。我々は総督殿からそれほど多くの現金をもらわなかったの
で、何も発送することができず、パンゲランに対して、積み出した胡椒の関
税として大金の負債状態が続いています。中国から当地に 5 隻のジャンク船
が渡航してきました。約 200 ピコル分の上質の白色の生糸および数枚の美し
い絹織物や様々なほかの中国産品物を運んできました。その後の 3 月 13 日
に祖国からエンクハイゼン号[419]と呼ばれるスヒップ船が、レアル銀貨 1 枚も
持って来ることなく到着しました。我々の上司の働き〔のなさ〕および我々
がいかに素晴らしい状況に置かれているかを考慮するように貴殿にお願いし
たいものです。去る 2 月に当地にイギリスから 3 隻の船が到着し、さらにスー
ラト[420]へ渡航した 4 隻のほかの船が来航することをイギリス人は日々待ち受
けています。これらの 4 隻にはイギリスの会社が約 70,000 レアル銀貨を現
金で積んでいましたが、前述の 3 隻は現金をまったく運んで来ませんでした。
したがって、当地での貿易は完全に止まっています。我々は毎日中国人によっ
て悲しい顔つきで少なからず責められ、なじられています。要するに、我々
およびイギリス人はいずれも 10 レアル銀貨を支出できる、あるいは敢えて
支出する手段をほとんど持っていないような状況にいます。前述のスヒップ
船エンクハイゼン号は 1614 年 5 月 13 日にテクセルから出帆し、次の知らせ
をもたらしました。つまり、その〔エンクハイゼン号の〕前に当地に向けて
出港したのは、アムステルダムからは指揮官としてヤン・ディルクセン・ラ
ム[421]を乗せたスヒップ船ワーペン・ファン・アムステルダム号[422]、ゼーラン
ドからは指揮官アドリアーン・ワウテルセン[423]を乗せたスヒップ船フリシン

415　Amsterdam
416　Mourijtsius
417　Hollandia
418　Nassou
419　Enckhuijsen
420　Suratte
421　Jan Dircxsen Lam
422　Waepen van Amsterdam

ヘン号[424]およびワルヘレン号[425]、デルフトからはエンヘル号[426]というスヒップ船、ホールンからはヤヒト船オラニエ号[427]でした。神が彼ら皆を無事に導いてくれますように。そのすべての船で積んできた資金があまりにも少ないので、それではまったく何も成し遂げられません。もしも我々が今年祖国からほかの船で別の資金を、あるいは貴殿から大量の銀を入手できないならば、私は会社の状態と名誉をいかに維持するのか分かりません。我々が総合会社に良い奉仕をすることを重役殿たちが防ごうとしているようです。重役殿たちは、マゼラン海峡経由で当地に派遣するために祖国の最高の軍艦のうち4隻を装備している最中であり、同諸船が秋に出発する予定であると我々に伝えています。神がそれらを無事に貴殿の元へ導いてくれますように。

去る1月2日にボット総督殿[428]がスンダ海峡から祖国に向けてスヒップ船バンダ号[429]、デルフト号[430]、デ・プロフィンシエン号[431]およびヘルデルラント号[432]で出帆しました。渡航不能と判断されたオラニエ号はヤカトラで処分されました。ロッテルダム号[433]については、再びこの海域へ送り返す必要があったので、パタニのすべての生糸およびそのほかの様々な品物が残ってしまっています。もしも我々が貴殿からいくらかの銀を入手していたら、我々に祖国からの現金が不足していても、同船を派遣する方法を見つけていたでしょう。

バンタムを優先するようにと命令したのに、貴殿は我々よりもパタニの方をより重視したようです。今年パタニにもサンゴラにも中国のジャンク船が来航していないと聞いていますが、それが本当かどうか分かりません。もしそうであれば、貴殿がそこから出発する際に保有していて、その後ヤヒト船

423　Adrijaen Woutersen
424　Vlissingen
425　Walgeren
426　Engel
427　Orange
428　Both
429　Banda
430　Delft
431　de Provincien
432　Gelderlant
433　Rotterdam

ヤカトラ号で送付できたはずのすべての現金がそこで無駄に放置されることとなります。

　前回の季節風の時に我々の船のうち7隻がモルッカ諸島からマニラへ渡航し、途中でオトン[434]という要塞を占領し、スペイン人にさらなる注意を払っているという知らせを中国人が我々にもたらしました。この知らせにより、マニラへ渡航しようとしていたすべての中国のジャンク船はその渡航を中断したと彼らは言っています。レインスト総督はアンボイナおよびバンダで10隻の船をその配下に持っており、そこからモルッカ諸島へ向かいますが、その後何をするつもりなのかは分かりません。

　デ・ハーゼ氏[435]はレーウ・メット・ペイレン号[436]で現金なしで無事に海岸[437]に到着しました。ブラウエル氏はアウト・ゼーランディア号でこの海域へ航行し、彼が予定した通り、最初の〔帰還〕船で祖国に向かうために、最初の機会で当地に戻る予定です。当地には去る8月に祖国から通信用ヤヒト船が現金なしで到着し、去る11月の初めに再び彼の地に戻りました。その船にはコルネーリス・コルネーリセン・ヘット・ハルト船長[438]が乗っていました。我々は毎日同様のヤヒト船を待ち受けています。なぜなら、重役殿たちが6ヶ月ごとに通信用ヤヒト船を派遣すると決議しているからです。

　当地にいるイギリスの船長から我々は次のことを聞きました。つまり、貴殿がスヒップ船ゼーランディア号[439]で日本へ渡航している途中で、3隻の中国のジャンク船を拿捕したと、彼は平戸[440]にいる彼の仲間から知らせを受けました。それにはとても驚きました。というのも、貴殿はそれについて何も言及しておらず、ブラウエル氏やほかの人員からもそのようなことを聞いていないからです。

　バンタムにて、1615年4月10日付。

434　Otton　パナイ島にあったスペインの要塞の置かれた場所
435　De Haese
436　Leeuw met Pijlen
437　コロマンデルの海岸か
438　Cornelis Cornelissen t'Hartt
439　Zeelant
440　Firando

45 | ヤン・ピーテルスゾーン・クーンより〔ジャック・スペックス宛〕書状、バンタム、1615年6月10日付

尊敬すべき、とても思慮深い殿

　本状と共に送っている書状はイギリス人を通じて仮のものとして書き送ったものの写しです。原本がなければ、こちらを参照してください。モルッカ諸島に向けて派遣したスヒップ船エンクハイゼン号[441]がマカッサル[442]から再び当地に戻って来たので、その理由は友人たちを通じてお分かりになる通りですが、それ〔エンクハイゼン号〕をパタニ、サンゴラおよびそちらに送付することを承認しました。それをもって、我々の命令に従って、そちらの地区における商業の案件についてパタニにいる友人たちによって採択された決議を有効にするためです。私はこの船の出発前に、総督殿に書いたことに対する総督殿からの助言をぜひとももらいたかったのですが、時間が迫っていたために、航行を続ける必要がありました。

　パタニあるいはサンゴラから、まとまった量のシャムの積荷および日本で需要があるだけの量の生糸とそのほかの中国産品物が貴殿に提供されます。パタニで何らかの中国産品物が手に入っていたのかどうかを疑問に思っていたので、当地から十分な量の生糸を送るつもりでした。しかし、ただ最善を期待して、それを取りやめ、送り状の通り、貴殿にきっと役に立つと我々が考えるいくつかの小物だけを送りました。その分を8081：13グルデンの金額で我々の貸方として記入すると共に、〔それらの小物が〕気に入るかどうかを教えてください。

　このスヒップ船を貴殿はただちに当地に再び派遣し、かき集められるだけの最上質の精錬銀、ならびに同封する覚書に記したもの、およびそのほかにモルッカ諸島で必要かつ役に立つと貴殿が思うものをそのスヒップ船で我々に送ってください。もしも、来年、中国産品物の十分な量の積荷を期待できると貴殿がパタニのヘンドリック・ヤンセン[443]を通じて聞き知ったならば、

441　Enckhuijsem
442　Maccasser
443　Hendrick Jansen

貴殿はエンクハイゼン号またはその後にヤヒト船ヤカトラ号[444]でまとまった量の銀を彼の地に送付してください。しかし、それが疑わしい場合、かき集められるものすべてを当地に送ってください。なぜなら、アジア全体で銀が大きく不足しているからです。ヤヒト船ヤカトラ号がそのために必要でない場合、貴殿が役立つ積荷を持ち合わせていれば、そのヤヒト船でコーチシナにおいてどのような事業が可能で、損失を回復できるのかを調査させるというのは不得策ではないと思います。ただし、そのヤヒト船を使ってほかの場所でももっと役立つことができるということを貴殿がヘンドリック・ヤンセンから伝えられた場合は除きます。これについて注視するよう〔私から〕彼に指示している通りです。スヒップ船、ヤヒト船が不足し、資本の余剰がある場合、この資本については神のお陰で切迫していませんが、貴殿が特別なジャンク船でコーチシナとシャムに危険を冒して少額の資本を送ることは不得策ではないと思います。それは、前述の場合において資本を利子で目減りさせないためであるだけでなく、シャムとパタニに供給するためでもあります。しかし、そのようなことは今回は必要ないと思います。

　戦争が交易の経過を一時的に妨げはするが、原料の消費や消化を妨げることができないということを考慮すれば、貴殿がその後、持っているあらゆる種類の品物で消費先および良い市場に出会ったであろうことを我々は望んでいます。そうでなければ、それに到達するためにあらゆる可能な努力をしてください。不要な品物については、もしもほかの商館でより良い成果が得られないのであれば、値引きしてください。

　すべてがより良くかつ秩序正しく実行できるように、我々は貴殿に2人の下級商務員および複数の助手を補助として〔派遣する〕つもりです。彼らは貴殿の役に立つと思います。それぞれの人を適材適所で使ってください。エルベルト・ワウテルセン[445]を会社のためにまだ必要とするならば、そして同人を適切な昇給と上級商務員の地位で留め置くことができるならば、委員会の勧告をもとに彼をそのような形で雇用してください。条件としては、〔彼

444　Jaccatra
445　Elbert Woutersen

が〕貴殿の指揮下に引き続き置かれることです。そして、その条件以外では認めません。

　ほかの人員の昇給に関しては、〔彼らの〕給料が低いので貴殿はそれを申請していますが、貴殿がそのために語っている理由は、決められた契約期間が満了する前には、重役殿たちには十分理解されないでしょう。しかし、だからといって〔彼らの〕優秀さと良き奉仕が無報酬なのではなく、褒美で報われることを貴殿に保証します。

　ブラウエル[446]氏が購入したヤン・ヨーステン[447]のジャンク船については、もしもそれがまだそこにあって、売却されていないならば、貴殿は同ジャンク船を装備させ、米や、同封する覚えにおいて記述されている通りにモルッカ諸島に役立つそのほかの必需品を積んで、バンダ、アンボイナあるいはモルッカ諸島に派遣してください。そして、そのためにその船で船長として指揮するのに適切な人員が必要ですので、我々はそれにハーゼウィント号[448]の船長ヤーコプ・ヨーステン・ローデンステイン[449]を指名しました。彼をそのために特別にそちらに派遣しています。

　貴殿は同ジャンク船に日本人を適切に配置すると共に、委員会で承認される通りの大砲、弾薬およびそのほかに何人かのオランダ人を配備してください。また、それについて、諸船や貴殿の商館に関して起こりうる司法などにおける主要な案件についてのすべてのことも、その手配と管理を貴殿に任せます。同ジャンク船で、アンボイナやバンダに居住してもらうために、数人の既婚の日本人およびその妻と子供、あるいは未婚の女性も送ることができるのなら、それを怠らないでください。

　京都[450]で、20ないし30挺の櫂の付いた軽装バルク船を約350グルデンで入手できるということを我々はブラウエルから聞き知りました。ソロルにおいて、またバンタム、ヤカトラおよびほかの場所との間で用いるために、スヒップ船エンクハイゼン号あるいは前述のジャンク船で2ないし3隻を日本

446　Brouwer
447　Jan Joosten
448　Hasewindt
449　Jacop Joosten Lodensteijn
450　Meaco

人〔の乗組員〕と共に我々に送ってくれると幸いです。バンダとアンボイナのためには、可能であれば、少し大きめのものをもう2隻送ってください。そして、その船で何台かのバス小型砲および射石砲が使えるように装備させてください。それらがバンダのコレコレ船に劣らないように人員を配備してください。

　二重外板を施すためにそちらに数隻の船が来航するかどうかを貴殿が事前に知りたがっていることに関して、今のところあるいは近々に貴殿のところに来航する予定の船はないと我々は言っておきます。マゼラン海峡を経由して航行した5隻の船またはそのうちの何隻かが平戸[451]に寄港する場合を除いては。

　しかしながら、貴殿がいくらかの備蓄を用意しておくことは悪くないでしょう。

　重役殿たちは今後アジアにおける要塞向けの大量の食糧を送ることを決議しましたが、それは当地で供給すべきであるということを貴殿に告げます。この命令を出しながら、彼らは、直後に、豊富な帰り荷を送るように付記しています。しかし、経費の補充のために必要とするだけの現金は送ってくれません。このスヒップ船エンクハイゼン号あるいは前述のジャンク船で、主として、なんとか可能な限りの量の肉、ベーコンと魚の塩漬けならびに乾燥品、そして食用油があれば食用油を送ってください。また、今年の送付量の多寡にかかわらず、来年までにそれらを大量に備蓄してください。我々がそれに従って調整できるように、これについて何ができるのか詳細に我々に報告してください。

　総合会社がその重い負担をいくらか軽減できるように、長崎[452]に向かって航行するマカオのカラック船をどのように捕らえることができるのかについて、貴殿が何らかの手掛かりを我々に与えることができるのであれば、それを我々に知らせることを怠らないでください。今日までモルッカ諸島が総合会社にもたらした損失が、以前に当地で採択された決議に従ってレインス

451　Firando
452　Nangasaccque

ト[453]総督殿によって利益に変えられることを私は望んでいます。もしも、このスヒップ船が同カラック船の前に、そのカラック船に遭遇することなく到着すれば、前述のカラック船を捕らえるために、可能な限りすぐに、そのスヒップ船を再び出航させてください。

　イギリス人を通じて送られ、幾分不明瞭に書かれていた我々の書状の最初の趣旨の説明として、次のことを貴殿に教えます。つまり、我々はレインスト総督殿から約10,000レアル銀貨を受け取りました。それは、このパンゲラン[454]に対して未払いであった、船で積み出した胡椒の関税の残額に充てるものでした。そして、新たな船は到着しませんでしたが、5隻もの中国のジャンク船が約300ピコルの上質の白色生糸、十分な量のポイル生糸および撚糸、ならびに絹織物およびそのほかの様々な中国産品物を積んで来航しました。推定約300,000レアル銀貨に上ります。

　そこで、我々はイギリス人の先を越すために、〔オランダの〕諸船の到着時払いで、すべての上質の生糸および我々が気に入る美しい絹織物すべてを秘密裡に購入しました。近日中に何隻かの船が祖国から到着するでしょうし、あるいは少なくとも、貴殿からは十分な量の日本の銀を、またソロルからは十分な量の蘇木も確実に得られると思っています。その後、まず3隻のイギリス船が到着しましたが、現金を積んでいませんでした。その後、スヒップ船ゼーランディア号[455]、そしてその後にスヒップ船エンクハイゼン号が到着しましたが、1レアル銀貨も運んでいませんでした。また、1614年5月に祖国から出帆したほかの諸船のうち何隻かも現れることはありませんでした。そこからはたった64,000レアル銀貨しか期待できなかったのですが。ソロルからはその後約700ピコルの蘇木を得ましたが、遅すぎました。いかに見事に塩漬け状態のままであったのか、貴殿はここからお分かりになるでしょう。我々と契約を結んでいた人々が帰らざるを得ないぎりぎりのところでした。なぜなら、我々は我々の借金を支払うために100レアル銀貨の貸し付けも当地で得ることができなかったからです。多くの中国人は今年このために

453　Reijnst
454　pangaran　ジャワ島において、君主の子息や兄弟を指す称号
455　Seelandia

不機嫌になりました。したがって、取引が再び無になる恐れがあります。バンタムおよびパタニが位置しているような非常に遠く離れたところよりも手近なところで中国人と貿易する方がより良いということについて私は貴殿に同意します。しかし、我々が行っていることは、これらの場所に我々を縛り付けるためではなく、彼らから信用と良い評判を得るためであり、また、彼らと取引する気があり、これまでにポルトガル人とスペイン人によって彼らが信じ込まされているように略奪目的で来ているわけではないことを示すためです。その〔ポルトガル人とスペイン人の偽証の〕ためにこれまでずっと彼らによって差別され、疑いをもたれてきました。というのも、彼ら自身によって彼らの方へと彼らの国により近く位置する場所に〔我々を〕引き寄せてもらえると確信しているからです。そこでは完全な安全のもとで束縛されず自由に互いに取引ができるでしょう。もしも今年我々に現金が不足していなかったならば、次の年に、これまでマニラに来たこともないほどの素晴らしい積荷を運んで来たはずだということも我々は確かなものとして考えています。重役殿たちは自らを責めるがよろしいです。これはもう終わったことです。もしも我々が今年祖国から何隻かのほかの新たな船を通じて、そして貴殿から、まとまった量の銀を入手しなければ、我々がどのようにして何隻かの船を祖国に派遣するのか私には分かりません。というのも、現在15,000レアル銀貨が未払いであり、そして兵士の支払いと経費の補填のための前述の64,000レアル銀貨の残額は存在していないからです。ましてや、どうやって中国人と貿易を行い、ほかの商館に供給するのかは分かりません。

　アドリアーン・コルネーリセン[456]という人によって書かれた書状を同封します。彼がどういう人物であるのか、我々には分かりません。したがって、それについて最終的な回答を与えることはできかねます。彼がそちらで会社に有用であり、留まる気があるならば、彼を再び新規に雇用してください。彼が娘を結婚させたいのであれば、その娘をオランダ人に嫁がせ、アンボイナへ送るか、あるいは、未婚のままで彼の地でキリスト教の教育を受けさせても構いません。彼への未払い分あるいは彼が欲しがるだけの額を持参金と

456　Drijaen Cornelissen

して彼女に支払います。これについては、重役殿たちの判例に従って、総合会社にとっての最善策および申請者の十分な満足ならびに子供の保護を図って処理してください。

　この地域における情報に関して言えば、モルッカ諸島からスヒップ船セイロン号[457]が3月□□日にレアール[458]総督殿の書状を携えてヤカトラに到着しました。総督殿は10隻の船でマニラへ向かう途中でした。彼らはオトンおよびほかのいくつかの拠点を破壊し、そしてまた、彼の地で建造途中であった敵の船舶のうち数隻を焼き討ちしました。しかし、イギリス人の舵手を失ったことおよび逆風の大嵐のために戻らざるを得ませんでした。そのほかには彼の地で相互に攻撃は仕掛けられませんでした。総督殿は現在、我々はそう望んでいますが、総数10隻の船でバンダにいます。しかし、いまだに総督殿から報告を受けていません。ソロルから792ピコル分の蘇木を受け取り、それを1ピコル当たり25レアル銀貨で売却しました。彼の地のすべてのキリスト教徒が我々の敵になりました。グレシック沖[459]でアイオルス号[460]がポルトガル人の5隻のジャワのジャンク船から約20,000フローリン分の商品を奪い取りました。それに対してアチン[461]では約6000フローリンを失いました。なぜなら、高波で土地が浸水したので、商館およびその中にあったものが流されたからです。ハーゼウィント号は〔コロマンデル〕海岸に無事に到着しました。彼の地では現金以外は不足していません。スーラトのムガルの将軍によってポルトガル人は激しい戦争を仕掛けられています。したがって、我々が聞いたところによると、〔ポルトガル人は〕彼の地で手一杯です。当地バンタムでは硬直状態です。我々がこのパンゲランの要求を満たすか、あるいは彼がその屁理屈をやめるならば、我々は良き友になるでしょうが、それまでは違います。イギリス人が当地にもたらした情報によると、バンタムとアチンの拠点を強力な艦隊で攻撃し、そしてさらにあらゆる方法でオランダ人とイギリス人をアジアから叩き出すために注力することがスペインの

457　Ceijlon
458　Reael
459　Grissi
460　Aijolus
461　Atchin

宮廷で決定されたとのことです。オランダから我々が伝え聞いているのは、フランスの国家が王妃摂政マリー・ド・メディシス[462]のもとでしかるべく統治されているということ、コンデ[463]公〔アンリ2世〕がすべての血族の王子たちを代表して、改善を要求していると共に、それが行われなければ、必要な対処を行使すると抗議しているということです。それは王妃が防ぎたいようです。したがって、ヨーロッパでは戦争が再び勃発しそうです。主がその神聖な慈悲および教区民の繁栄に従って万事を治めてくれますように。

　以上、尊敬すべき、とても慎重な殿よ、本状を終えます。心からの挨拶の後で、神が貴殿に良きことすべてを与えてくれますように。

　本日1615年6月10日、バンタムにて執筆。

敬具

ヤン・ピーテルスゾーン・クーン[464]

462　Maria de Medichij
463　Conde
464　Jan Pietersen Coen

46 | ヤン・ピーテルスゾーン・クーンよりジャック・スペックス宛覚書、バンタム、1615年6月10日付

　ジャック・スペックス[465]氏がスヒップ船エンクハイゼン号[466]を通じて直ちに当地へ送付しなければならないものの覚え。あるいはスヒップ船エンクハイゼン号でそれを完全に実行できない場合、アンボイナへのジャンク船を通じてそれを完遂すること。

- つまり50,000ないし100,000本の鉈。大部分は一緒に送る3本の見本と同様のもの。しかし、そのうちのいくつかは1.5倍の長さのものですが、少数〔にしてください〕。また、1.5倍の大きさより少し大きめのものと少し小さめのものも。これら〔の見本〕が作られているのと同様のものに限ります。
- スヒップ船ゼーランディア号[467]を通じて当地で受け取ったような最上級品で下級品ではない鉄500ピコル。それは1ピコル当たり5レアル銀貨で売却されました。
- 塊状の粗銅200ピコル
- 棒状の精錬された同品100ピコル
- ゼーランディア号を通じて受け取った分はパンゲランが我々の借金の返済として受け取りました。〔彼が〕それで我々に勘定上で清算してくれると私は思っています。つまり、粗製のものは1ピコル当たり25レアル銀貨、精錬されたものは30レアル銀貨です。というのも、それより高い値段を要求しているからです。
- 祖国向けの漆器一揃
- なんとか可能な限り多くの最上級品質の銀
- 船や家屋の建設に使用するための数枚の美しい板
- もしも船に場所があれば、我々の書状で述べたような漕ぎ船
- インデン[468]つまり樟脳100ピコル

465　Jacques Specx
466　Enchuijsen
467　Seelandia

砂糖漬生姜および麝香。前回のものと同様に品質が良くかつ値段が適切であれば、どれだけ送ってくれても構いません。

何本かの綱となんとか製造できるのであればいくつかの錨も。

パンゲランのために、赤みがかった色の雄と雌の2頭の馬。もしもなんとか可能であれば、これらの馬〔の送付〕は怠るべきではありません。それは、この大いなる人でなしに暇つぶしを与えるためです。

同パンゲラン、若い王やほかのバンタムの貴族のために、日本刀12振、品質の良いもの、ヤーコプ・ヨーステン・ローデンステイン[469]に持って行かせた木製の雛形と長さ、幅、反りおよび厚さが同じもので、峰に沿って溝〔樋〕のあるもの4振、ほかのものより少し長めで指1本分幅の広いもの4振、さらにおよそ指1本分幅が広くて、前述の雛形と同じ長さのもの4振も。最初の4振のうち、2振は、峰および溝が平らで、峰に沿って金で優美に象眼あるいは彫刻されているもの。そして2振は銀を使ったもの。この若い王の剣と同様のものです。それはローデンステインが見たことがあり、指示してくれるでしょう。

さらに見本として硫黄一山。以前に送付された分は最初の機会でコロマンデル海岸に送り、その時に貴殿に所感を伝えます。

もしもいくらか入手できるならば、モルッカ諸島向けにいくらかの鋼鉄

塩漬けおよび乾燥させた肉

塩漬けおよび乾燥させたベーコン

塩漬けおよび乾燥させた魚

入手できる限りかつスヒップ船あるいはジャンク船で運搬できる限りの量。その上に、これらについて来年に向けて大量の備蓄を行ってください。

もしもそちらで入手できるならば、十分な量の食用油

米、十分な量もしくは、ジャンク船あるいはスヒップ船で運搬できるだけの量。ただし、パン、小麦粉、オオムギあるいは同種のものについてはまったく無しか極少量。いくらかのさや豆、えんどう豆や大豆につ

468　inden　未詳
469　Jacob Joosten Lodensteijn

いてはその限りではありません。

さらに、モルッカ諸島において要塞や諸船に役立つと貴殿が思う各種の小物類

いくらかの豚の脂

つるはし、斧、シャベル、鍬の一山、そして十分な量の釘も。

バンタムにて、本日 1615 年 6 月 10 日。

ヤン・ピーテルスゾーン・クーン[470]

470　Jan Pietersen Coen

47｜相場表、バンタム、1615年5月付

1615年5月のバンタムにおける下記の商品の相場表

中国産生糸　ジャンク船の到着時の売値 190 ないし 200 レアル銀貨 1 ピコル当たり 150 レアル銀貨まで値下がり
ポイル糸　1 ピコル当たり 250 レアル銀貨　200 レアル銀貨まで値下がり
毛羽を刈った生糸　同上 250〔レアル銀貨〕
白色撚糸　250 レアル銀貨　200 レアル銀貨まで値下がり
同上色物　1 ピコル当たり 210 から 150 レアル銀貨に
真綿　1 ピコル当たり 250 レアル銀貨
天鵞絨　1 反当たり 4 レアル銀貨
カファ織　品質に応じて 5 から 8 レアル銀貨
無地の色付繻子　1 反当たり 4 レアル銀貨
同上柄物　4½ レアル銀貨
平たく折り畳まれた白色繻子　重量のもの　5 レアル銀貨　中量のもの　3½
同上小さいもの　1 反当たり　2½ レアル銀貨
緞子　品質に応じて 2½ から 6 レアル銀貨まで
呉絽服綸　3½、4 ないし 5 レアル銀貨
縞織の綿布　1 束当たり　複幅 30 レアル銀貨、中間幅 22、単幅 15 レアル銀貨
サネ[471]と呼ばれる上質の黒色大海黄　1 束当たり 35 レアル銀貨
安息香　1 ピコル当たり 23 レアル銀貨
辰砂　1 ピコル当たり 80 レアル銀貨
広東産砂糖漬生姜　1 壺当たり 2½ ないし 3 レアル銀貨
白粉砂糖　1 ピコル当たり 3 レアル銀貨
角砂糖　3½ レアル銀貨
明礬　1 ピコル当たり 1 レアル銀貨

471　sane　上質のベンガル産布

土茯苓　1ピコル当たり4レアル銀貨

ショウブ　1ピコル当たり10レアル銀貨

白檀　1ピコル当たり20ないし25レアル銀貨

陶器

上質の大皿　10枚当たり6レアル銀貨

同上　半分　20レアル銀貨

⅓のもの　15レアル銀貨

¼のもの　12レアル銀貨

上質のバター皿　3レアル銀貨

すべてのほかの種類も同様

48 | ヘンドリック・ヤンセンよりジャック・スペックス宛書状、パタニ、1615年7月12日付

ジャック・スペックス[472]
1615年7月12日、パタニにて

　思慮深い殿へ。貴殿の書状つまり小包はヤヒト船ヤカトラ号[473]を通じて去る4月10日に無事に私のところに届きました。同ヤヒト船の長期遅延により、事故に遭い、中国船100隻も失わせた嵐に巻き込まれたのではないかと我々は疑念を抱いていました。〔ヤカトラ号が〕それでも願っていた時期に当地に無事に到着しました。そのことで神を讃えます。積み荷を無事に受け取り、送り状の通りであると確認しましたが、例外的に5番の箱にはちょうど2タエル入りの日本〔銀〕の小さな包みが一つだけ足りないことが判明しました。それは精錬所で誤って起こったと私は考えます。しかし、それにもかかわらず全額を簿記に記帳しました。それを〔バンタム〕本部の借り方にするかどうかについて貴殿の指示をぜひとも期待しています。

　まず最初に、日本銀、そしてそれに対して中国人がどのように関心を持っているのかに関する限りは、本状で貴殿はその答えがお分かりになるでしょう。彼らが純度の最も低いものよりも純度の高いものの方に常により関心をもつというのが堅固な法則です。しかし、それをその品質と純度に応じて、そんなに高い値段では受け取ろうとしません。〔彼らは〕灰吹銀をレアル銀貨に対して4%上乗せした価格以上には評価しません。そして、5番の箱の中の精錬済み未鋳造のもの6包みについて、同じ重量ならば、むしろレアル銀貨の方を受け取りたいと言っています。板状に鋳造された三等級品のものには彼らはそれなりの関心があります。そして、レアル銀貨に対して10パーセント差し引いた値段より高くはそれを評価しません。それは見映えこそ美しく見えても、割れると、かなり赤みがかかってしまうので、それに対する購買欲が半ば消えていきます。しかし、今年中国から来航した商人および商

472　Jacques Specx
473　Jaccatra

品がわずかであり、また、当地のイギリス人は今年レアル銀貨を十分に備蓄していたということが、前述の銀に対するこの脆弱な需要の原因であると思います。なぜなら、同イギリス人は、舶載された数少ない中国産品物を信じられないほどの高額につり上げたからです。彼らがリゴールから入手した標準等級の生糸 1 ピコルの購入価格は 1 ピコル当たり 225 レアル銀貨であり、ほかのすべての絹製品も同様です。このことが中国人をあまりにも盲目にしているので、我々の板銀にまったく関心を示さず、ほとんど評価していないほどです。要するに、今年サンゴラでは、この尻尾たち[474]がレアル銀貨を秘密裡にマレー人を通じて彼の地に送ったため、我々に非常に損害を与えたにもかかわらず、彼らにとって利益になりませんでした。したがって、彼ら〔中国人〕が品質に対する交換率に応じてどの等級に最も関心を持つのかについて、今年は的確な確信を抱くことができません。なぜなら、小規模の商人でしかなく、それについては、鋳造されたレアル銀貨以外の知識をほとんど持ち合わせていないからです。

　それゆえに、以前に起こったように何人かの裕福な人たちが十分な量の生糸および絹製品の山をもって来航し、彼らが銀に関する知識を持っていれば、疑いなく食いついてくると確信しています。イギリス人がレアル銀貨を備蓄していないのであれば、我々が以前に、そしてバンタム商館が今年、その供給を受けていることが望ましかったのですが。それら〔レアル銀貨〕は彼ら〔中国人〕にとって、腐敗した象牙や彼らの商品の販売を 1 年間待たされることよりも旨味があったはずです。貴殿の方で、前述の銀を均一で二ないし三等級品を入れずに、単一の〔品位の〕合金で精錬させて、純度の高さに差がないものを送付してくれることが適切かつ得策であると我々は当地で判断しています。つまり、貴殿が今回送付してくれたのと同じように鋳造された板であり、それらは貴殿の書状によると 13½ パーセントの滅失分があります。それらを 15 パーセントの滅失分で一致するように精錬すると良いでしょう。なぜなら、それらは前述のようにまだかなり赤みを強く帯びているからです。そうすれば、それらをレアル銀貨と同じ重量での引き換えで問題なく

474　イギリス人のことを指す表現

彼ら〔中国人〕に請求することができますし、また、しなければなりません。我々が考えるところでは、中国人は現在よりも年々それについてより良い知識を得て、より関心を持つようになるでしょう。レアル銀貨は、もしも獲得できるのなら、間違いなく最も利益が上がります。しかし、それについてあまり何もできないとはよく分かっています。とはいえ、このパタニおよびサンゴラの商館は、前述の日本銀を持っていても、レアル銀貨なしでは、それは今現在金庫に1枚もありませんが、特にイギリス人が当地で現金を蓄えている場合には、支障をきたすと共に商業において少なからず損害を被るだろうということを、貴殿には留意すると共に理解して頂きたいです。なぜなら、吊りズボンたち〔中国人〕はレアル銀貨と叫ぶばかりで、それら〔レアル銀貨〕はまさに中国の神様と呼んでもいいからです。

　前述の銀には大きな損失が生じます。それゆえに、それを15パーセントで精錬すれば、それがレアル銀貨と同じ重量での引き換えで我々の勘定に計上されるのは理にかなっています。そして、その銀の精錬および溶解における損失分を〔簿記上で〕利益から差し引く方が良いと私は思います。なぜなら、空中に楼閣を建てているからです。つまり、簿記上は豊かであっても、金庫は乏しいです。そして、そのような場合、一方はすべての利益を得て、他方はすべての損失を被らなければならないということは、完全に不平等であると我々は考えます。したがって、貴殿が最後に送付してくれたものについては、その分に対して調達した帰り荷〔の価格〕に、損失分を基準率に準じて上乗せせざるを得ません。今のところ前述の日本銀についての意見として貴殿に与えることができることは以上です。

　467ピコル分の銅があるので、これについては今年当地およびシャムで十分な蓄えでしょう。本当はその山全体が精錬されていたらよかったのですが。なぜなら、未精錬のものよりも精錬されたものにより引き合いがあるからです。そのうち、これまでのところ、約130ピコル分しか売却していません。精錬されたものは1ピコル当たり1¼タエルで、未精錬のものは1ピコル当たり15匁でした。すべて女王に対して売却され、それにはほかの誰からも引き合いがありませんでした。そして、精錬されたものはやはり前述の通り、未精錬のものよりも需要があります。シャムでどのような需要があるのか、

時が教えてくれるでしょう。ハウトマン[475]氏が毎年1000ピコル分の銅と日本の火縄銃400丁を要請していることは、彼がそれについて事前に経験を積もうとすることもなく、5年に1回ではなく、毎年〔注文〕しようとしているのであれば、誠に根拠のない注文です。大量に注文するだけでは不十分です。イギリス人と日本人もそれなりの量の同品を舶載していることは分かっていますので、それが消費され得るのかも考慮しなければなりません。そして、これらの商品を倉庫に保管しておくには、現金の方が有利であるし、前述の商品の利子は大きすぎます。そして、我々が当地で経験から学んだところによると、貴殿には、毎年これらの3つの商館に約400ピコルの精錬銅および100丁ないし150丁の火縄銃を供給してもらいたいです。そして、それは追って通知があるまでのことです。精錬銅の価格が高すぎず、そしてその状況で入手可能であれば、それにはできるだけ未精錬銅を混ぜないことが望ましいです。そして、モルッカ諸島の〔商館の〕人々はパタニ製およびスペイン製バス小型砲のうち最大級のものを書状で強く要求しています。それは当地では輸出も売却も許されていないにもかかわらず、いくつかを秘密裡に入手し、見本として送りました。一度、前述の未精錬銅を試し、当地でそこからいくつかを鋳造させて、それが適切かつ何らかの利益が出る形で行われるかどうかを見極めてみます。ご参考まで。

　去年の中国における大嵐は、今年、我々に中国の商業における極めて悪い市況をもたらしました。それが原因で、当地にもたらされた中国産品物は、反物も生糸もごく僅か、言ってみれば、皆無でした。というのも、当方〔パタニ〕、コーチシナおよびマニラからのほとんどすべてのジャンク船が難破し、数多くの人々が溺れたからです。その中には我々が生糸、砂糖などの先物買いを行った取引相手もいました。彼らは当地で我々にそのために現金を担保に残していました。ジュパラ[476]行きのジャンク船が逆の季節風のために当地に来航していなければ、パタニには今年中国のジャンク船が1隻も来航しなかったでしょう。そのジャンク船が運んで来たのは鍋釜類、わずかな上

475　Houtman
476　Jappara

質の陶磁器と大量の粗製の陶磁器、我々およびイギリス人が購入した生糸1½ピコル分のみでした。これは、間違っているのかもしれませんが、我々にとってはほとんど商品とは呼べません。中国のジャンク船がサンゴラに到着したことで、我々は十分な量〔の商品〕も期待していました。そこからナイエンローデ[477]氏が入手したものは、同封の送り状で貴殿がお分かりになるように、我々が希望する観点から、そして去年彼の地で中国人が我々にした大きな約束に照らすと、それもあまり大したものではありません。彼らは前述の嵐のために再来航を放念しました。これは確かに双方にとって悲しいことです。というのは、この新たに来航した中国人は未経験で、我々の貿易および方法についてほとんど知識がなく、そしてそのためには軽薄で貧しい半人前の輩であり、彼らとは販売の面においてはほとんど何もできないでしょう。しかしながら、中国人を完全には落胆させないために、また、今年バンタムで生じていた現金不足のためにも、それは中国にいる中国人の間で大絶叫と小心を引き起こすでしょうが、そのために財源を探さなければならず、好調に始まった事業が完全に消えないように、それを維持することを怠ってはなりません。したがって、前述の事業をなんとか支えるための十分な担保を条件にいくらかの象牙、メース、丁子などで彼らに対してリスクを取ることが決議されました。それを彼らは喜んで引き受けようとすると共に、来年、200ピコル分の生糸を供給するという大きな確約と保証を我々に与えてくれようとしています。特段の障害が生じない限り、それが行われると我々も堅く信じています。したがって、貴殿は、我々に日本銀を供給するように、また、〔我々の〕配分が完全に減らされないように調整してください。なぜなら、バンタムの商務総監殿が〔注文の〕覚書の中でそれ〔日本銀〕を求めて強く書くであろうということを私はよく分かっているからです。

　裁決された決議録および当地からの貴殿の出発時にシャム貿易について我々が決定したことに従って、実行に移し、当地で約140コヤンの大きさの頑丈なマレーのジャンク船を750レアル銀貨で購入し、3人のオランダ人とそのほかの忠実なマレー人と中国人の水夫を総勢25名配置しました。その

477　Nieuwenroode

船を去る2月15日に当地からシャムに向けて派遣しました。そして、我々が彼の地から来た数人の人々およびバロヴィウス[478]から口頭で聞き知ったことによりますと、同ジャンク船はすでに2ヶ月以上前に（鹿皮および蘇木を大量に積載して）彼の地から出発したとのことです。それについて今のところ何も情報を得ていません。それがどこでこんなに長く遅延あるいは漂着しているのかについては神がご存知です。主がその船を無事に導いてくれますように。至るところで我々の思う通りにいきませんが、神よ、それを改善してくれますように。会社のために何かの利益を出すには何に手を付けたらいいのか、私には今現在分かりません。コロマンデルの布にはまったく需要がありません。それゆえに、1隻ないし2隻のジャンク船を使ってジャンビ[479]に向けてまとまった量を送るリスクを冒すつもりです。なぜなら、長く保管したままにするには金利が大きすぎるからです。シャムにおける戦争も、我々が伝え聞いているところでは、日に日に拡大していますので、恐れられるのは貿易においても良いことにはならないということです。そういうわけで、悪魔が今放たれたようにみえます。主である神が我々に今後より良いことを与えてくれるようにと私は望んでいます。

　今月3日にスヒップ船エンクハイゼン号[480]が当地に到着しました。そこには船長としてディルク・アレルセン・デ・フリース[481]および商務員としてクラース・ハルマンセン[482]氏が乗っています。〔その船は〕そちらに向けて渡航するためにバンタムのクーン[483]商務総監殿によって派遣されました。その中に、〔商務総監〕閣下の指示に従って、生糸および絹製品についてこの二つの商館にあったすべてのものを積みました。送り状で確認できる通りです。これ以上の量にはならなかったこと、そして貴殿が書状を通じて依頼しているような絹製品および商品を私が供給できないことを私は残念に思います。努力は欠かしていませんし、決して欠かさないつもりです。中国人にはそれ

478　Balouius
479　Jambij
480　Enckhuijsen
481　Dirck Allersen de Vries
482　Claes Harmansen
483　Coen

〔生糸購入の希望〕について再び改めて十分伝えましたし、それらの各商品についての見本を彼らに渡すつもりです。それについて、彼ら皆の間で中国における深紅色の撚糸の値段の高さが非常に問題視されています。とはいえ、私が言おうとしているのは、約束は大きいということです。彼らが何をしてくれるのかは時が教えてくれるでしょう。それは希望がないわけではありません。

　大量の反物、陶磁器、そして、あまりにも少量の生糸がカラック船でそちらに舶載されたことに我々は大いに驚いています。以前とはまったく逆であり、これにより、生糸がこんなに少量しかなかったという中国人のこの最近の2年間の苦情については、いくらかの信憑性を多少なりとも彼らに与えなければなりません。今年マカオから船が来航しないだろうという貴殿がお持ちの意見は、貴殿がそれについて出している理由により、部分的に我々も信じるようになっています。このような場合には、我々の〔積荷の〕山が現在もう少し大きなものであることが望まれます。我々の目の前で果実を味わうことなく見ているようなものです。すべては辛抱をもって待つべきです。我々の雇い主である重役殿たちが一度この方面から果実を味わっても良い時はとうに来ています。

　我々の国および日本の趣味に合わせて非常に美しく作られた絹製品つまり反物を我々がポルトガル人のように中国人から入手することは不可能です。なぜなら、貴殿が言うように、彼らがそのためにマカオで適切な手段を持っているからです。というのも、（これに関する）すべてを彼らの望みと意志の通りに、満足のいくまで入手し、自分たちの監視の下で作らせることができるからです。我々もいつかそれを享受できることを神が与えてくれますように。

　今年、コーチシナ向きに中国から10隻以上のジャンク船がかなりの量の生糸を積んで航行したということが確かなこととして言われています。それについて日本人が彼の地で相当な貿易を安定化させ始めています。その前述のジャンク船は3月にならないと彼の地に到着しません。そして、我々が認識できる限りでは、貴殿はヤヒト船ヤカトラ号[484]を来年彼の地に航行させる意向のようです。もしも、日本人に倣って彼の地で貿易を行おうと、あるい

はコーチシナ人に対して復讐として何かを企てようと貴殿が思っているならば、そのような場合にヤヒト船を彼の地に派遣することはまったく得策ではないと我々は考えます。というのも、資本は十分ではなく、また同ヤヒト船もコーチシナ人に対抗するのに十分な防御がないからです。決議録からお分かりになる通り、同中国のジャンク船を探すためには、そして、何隻かと遭遇すれば、そこからすべての生糸および絹製品を取り上げるか、あるいはそれをジャンク船でサンゴラに運ぶためには、同ヤヒト船が3月初旬あるいは2月末にコーチシナの湾の前に航行することが適切で得策であると我々は当地で考えています。初回としては、それが中国でかかったおおよその経費に応じて彼らに支払うことができるでしょう。ただし、それらがポルトガルの商品ではない限りにおいてです。というのも、多くのポルトガル人が同ジャンク船で彼の地に来航していると考えられているからです。そうすれば、サンゴラの商館について中国人によりよく教えることができるでしょう。そうすれば、間違いなく別の時に彼らはその鼻をもう少しきちんとそちらに向けてくれるでしょう。

ウィレム・ヤンセン[485]は復路において湾の前で1隻を追いかけました。神の思し召しによって彼がその船を捕まえることができていれば、当地あるいはサンゴラでその船に十分な支払いを与えたでしょう。（彼らを当地に引き寄せるために顕著に損害を被った後で）彼らに無理強いしてこちらへの道を指し示すことができるかどうかを一度試すべきです。悲しいことに、我々の雇い主が現在再びコーチシナで受けた損害を聞き知りました。それには一度は報復を試みるべきです。この損失と殺戮が無作法で高慢な尻尾たち〔イギリス人〕によって引き起こされたということを私は貴殿と共に固く信じています。というのも、我々は当地でそのような例をあまりにも多く目の当たりにしているからです。会社がこれだけ多くの不運に見舞われているということは嘆かわしいことです。主が別のものを与えてくれますように。

商務総監閣下がマカオのカラック船の拿捕に関して与えた命令について、

484　Jaccatra
485　Willem Janssen

当地ではそれについてあまり指示を与えることができません。我々の決議録で明記されている通り、すべては貴殿の知るところであり、貴殿の考えに従って判断されなければなりません。主がそのことに勝利を与えてくれますように。

　ペラク[486]あるいはジョホール[487]の錫は、今のところ入手できる見込みはまったくみられません。なぜなら、海路はアチェ人とベーコン食い〔スペイン人〕によって非常に狭く閉じられているからです。バルク船やバリャウ船〔小型プラウ船〕一隻も通過することができません。言うならば、丸一年プラウ船の往来はありません。そして、それを陸上に運ばせるには遠すぎますし、運賃を支払う価値がありません。しかし、我々は現在ジョホールに再び人員を配置しているので、最初の機会でそれについての指示を与える予定です。中国人にはトゥタネゴ〔中国産の錫〕つまり錫について問い合わせました。そして、その一山を来年、前払いでぜひとも購入するつもりでした。彼らは1ピコル当たりの値段を提示し、12レアル銀貨以下では持って来るつもりはありませんでした。それは利益を上げるにはあまりに高すぎる値段です。それゆえ、貴殿はこの2匁分[488]も手に入らないままになります。

　アチェ人ならびにジョホールの人々はパタニを依然として激しく脅かしています。彼らはその軍隊をなおしっかりと準備しているところです。それは約300隻の帆船から成っています。彼らがその頭をどこに向けるのかは、神が知っています。もしも、噂通りに、彼らが当地に来るならば、会社にとっても有利にはならないと予想されます。これについてはジョホールで十分な事例を見てきました。しかしながら、そこ〔パタニ〕から最大の宝物を奪うためには〔アチェ人は〕努力を惜しまないでしょう。我々にとって祝福となるものを主が与えてくれますように。

　貴殿が注文している粗製の胡椒つまりパタニ産の胡椒については、今年当地および国全体で産出されたのは30バハールにもならないということを貴殿にお知らせします。未加工のままであり、関税と課税であまりにも高いの

486　Pera
487　Jhoor
488　maesen

で、それらは日本に輸出すると大きな損失を与えるでしょう。そして、その上、入手することができるのは5ピコルにもならないでしょう。イギリス人が今年そちらへ粗製の胡椒を送付しないということを貴殿は十分に確信しておいても構いません。あるいは、明日続いて出発するこのスヒップ船ホジアンデル号[489]にいくらかのプリアマン産[490]の胡椒を積んでいるかもしれません。一粒を持っているとも私はまだ聞き知ることができません。というのも、大羅紗およびそのほかのイギリス産の品物を積んでいると彼らは言っているからです。そのことについては確実だと考えてください。

　日本におけるローマ・カトリックのキリスト教徒の壊滅は、我々にとってほとんど信じがたく、一つの夢であるように思われました。それにはことのほか驚きました。これは実際に顕著に重要な案件であります。それはヨーロッパにおいて鳴り響き、彼の地のローマの座に嘆きをもたらし、大きな叫びを引き起こすだけではなく、この東西アジア地区のすべてにおいてもこの聖職者たちが大きな恐怖と危険に晒されるでしょう。異教徒やムーア人の何らかの従属下にいるものは特にそうです。つまり、それは、このローマ・カトリック教徒たちにとって予想していなかったことです。彼らはその名声に空虚な栄光をまとわせていました。日本は短期間のうちにルシファーから三冠〔三堕天使〕のベルゼブブの配下に置かれることになるはずでした。この暗闇の中に座しているすべての者に幸福な結末と啓蒙を万能神が授け与えてくれますように。アーメン。

　深紅色大羅紗は現在当地にはまったくありません。献上品として使うためにシャムから10ないし12反を注文しました。なぜなら、当地で行わなければならないレアル銀貨での通常の献上に対して、大羅紗では我々にとって経費が全体の半分に減るからです。それは大きな差です。女王およびその華僑が黒色の大羅紗を1エルも税金として受け取りたくないならば、それらをオランダ産のリネン布および駱駝毛織物と共に長く倉庫に保管することになるのを私は心配しています。

489　Hosiando
490　Prijamansen

中国産アラック酒30壺については、貴殿の出発後にその分を日本商館の借り方に記入しました。そして、今になってそれについての貴殿の指示を受けましたので、それを再び〔簿記上〕〔バンダムの〕商館本部に付け換えました。これによってそれは相殺されました。

　鮫皮は今春、パタニ人およびほかの国の人々によって大量に求められ、買い占められ、そしてシャムに運ばれました。その後にあまりにも大きな需要があったので、皮一枚もほとんど目にすることができませんでした。貴殿が当地から最後に運んだものと同じ種類について、金4ないし5匁で取引されており、それ以下では購入できませんでした。そして、少し〔劣等に〕みえるものについては引き合いがありませんでした。それらは、私とヤン・フェルナンデ[491]がそれについて有している経験と知識からすると、利益を出すには値段が高すぎると我々には思われました。それに利益を出さなければならないことを考慮して、一枚も購入させませんでした。船長ウィレム・ヤンセンがそちら平戸[492]で日本の11匁で購入し、剣の鞘に巻かせた皮は、当地で容易に3ないし4レアル銀貨の値が付いたのでしょう。つまり、鮫皮はシャムで金に化けるかのようでした。彼らがそれでどうなったのかは、彼ら自身が一番よく知っています。ジャンク船とこれらの皮の買い付け人が当地からシャムに向けて出発した後で、再びそれへの問い合わせを開始し、貴殿が送り状でお分かりになる通りの価格で一山を入手しました。販売者の意見によると、私はそれを実に半額にしてもらったとのことです。そして、私の考えでは、実に極めて高額です。しかしながら、試しとしてそれよりも少ない額では入手できませんでした。それについて貴殿の返答を待ち受けています。日本人を派遣することについては必要ないと思います。鹿皮がこんなに高い値段であり続けるので、あるいはあり続ける場合、それについてすべきことはほとんどありません。そして、ある程度安ければ、それらをヤン・フェルナンデの知識に基づいて思い切って購入してみます。ご参考まで。

　貴殿のところにあるジャンク船を当地に送ることができたらと貴殿は望ん

491　Jan Fernande
492　Firando

でいましたが、それよりも〔私が〕望んでいるのは、そのジャンク船からも、サンゴラでハウトマン氏がオヤ・リゴール[493]から購入したものからも、我々の雇い主である重役殿たちがその失われたお金〔を回収すること〕です。なぜなら、何らかの損失なしではそれを手放せない恐れがあるからです。ハウトマン氏は、その〔ジャンク船の〕購入が取り消され、そしてそれを今オヤ・リゴールに返却したとは言っています。しかし、この交換がどのような形で行われたのかについては述べていません。私は彼にはもう少し礼儀正しく振る舞って欲しかったのですが。同オヤ・リゴールつまりサンゴラにおけるリゴールの王から我々に対してどれだけの友情が与えられたかを〔ハウトマンは〕少しも考慮しませんでした。彼〔王〕はそれについて非常に不快な思いをしました。それらすべては（サンゴラにおける自由を失う危険がなくはありませんでしたが）我々の耳に入りました。したがって、我々はこれに注意し、その案件を十分に検討した上で、王の怒りを買うよりも同ジャンク船を再び引き受けるか、あるいは友好的に同王に贈物を献上する方が良いと決定しました。その指示を我々は同ハウトマンに（我々のジャンク船で）送付しました。そして、それをもって、そのジャンク船が我々の手に残るのか、あるいはそうでないのかについての報告を再び待ち受けています。もしもそれが売却されなければ、モルッカ諸島で食料品運搬用に使うためにそれをバンタムに送るようにと商務総監殿は書いていますが。それもまた実に諸スヒップ船でより適切かつより少ない経費で行うことができますが、今それらを購入したからには、最大の利益で使わなければなりません。

　蝋は貴殿の書状が来る前に日本向けにかなりの量を購入しました。それは、複数の理由により当地に残すべきではありません。したがって、貴殿の商館向けに25ピコルを送付し、そして残りの約50ピコルはバンタムとシャムに供給するつもりです。

　樟脳や陶器も、貴殿の指示に従って、送付しません。当地にはかなりの量の粗製と上質の陶器が商館にありますが。それは祖国向けに舶載することができます。陶器と蝋に需要がこんなに乏しいということに我々は非常に驚い

493　Oija Lijger

ています。それは疑いなく戦争とローマ・カトリックのキリスト教徒の壊滅が原因だったのでしょう。なぜなら、そちらの国〔日本〕は、非常に人口が多いので、そのような品物は手許に残らないはずだからです。ともかく、何事にも原因があるはずです。我々のジャンク船がもしかすると、まだ〔鹿〕皮および蘇木をもって現れてくるのではとの希望を持って、当スヒップ船エンクハイゼン号およびヤヒト船ヤカトラ号をできるだけ長く引き留めましたが、〔ジャンク船の行方について〕何も伝え聞きませんでした。これについて非常に心配しています。最初の渡航にはこのように変更が生じています。ジャンク船が難破したと私は疑っているわけではありませんが、これだけの資本では利子があまりにも高く付きすぎるでしょう。そのジャンク船が強い南風でカンボジア[494]の前に辿り着いていることを私は恐れています。それを神が防いでくれますように。もう一度述べますが、日本への渡航の機会を完全になくさないために、このスヒップ船とヤヒト船をこれ以上長く引き留める勇気はありません。もしもそちらでカラック船を拿捕する見込みがないならば、同スヒップ船エンクハイゼン号を至急そして季節風の最初期に当地に向けて派遣してくれるようお願いします。それは、帰り荷としての重さのあるものを当地で積み込むためです。

　生糸の入った箱を積み込む際に水夫の不注意により小舟が転覆し、生糸の入った4番の箱が完全に濡れました。我々はそれを再び開けて、乾かしました。ご参考までに。

　小麦粉20ないし25袋および小麦1ムツェ分[495]を、サンゴラの旧統治者のためには十分な量で筆記用紙を我々に供給してください。貴殿が商品として送ってくれる火縄銃のうち、貴殿がパドゥカ・シレナラ[496]のために送ったようなもの15ないし20丁を選別してください。彼は貴殿に丁重な挨拶の言葉を伝えさせ、彼に火縄銃を送る労を取ってくれたことに感謝の意を表しています。それらは彼にとって非常に喜ばしいものでした。そして、それゆえに、残金でそのような火縄銃および美しい早具(はやこ)、そして彼が本状に同封している

494　Camboijdia
495　mudden　体積の単位、約150センチリットル
496　Paducka Sirrennara

ようなものを購入してくれるよう依頼しています。しかし、火縄は不要です。覚書をご参照ください。

　ヤヒト船ヤカトラ号の補修工事のために使われた経費は実のところ、悪い出費ではありませんでした。それは、私の意見では、アジアにあるどの船よりも丈夫で頑丈です。そして、この海域において非常に役立つでしょう。我々に供給するための銀を積んで同ヤヒト船が当地に派遣されるということ、そして、貴殿の側から少なくとも 20,000 ないし 25,000 レアル銀貨を我々に供給してもらう必要があることを貴殿が考慮に入れるということを貴殿に今一度お願いすると共に注意を促します。なぜなら、そうしなければ、当地の諸商館が確実に危機に陥るからです。そして、この積み込んだ積荷の利益が我々の商館に計上されることが公平であると考えます。なぜなら、バンタムの商館は我々よりも常により良い供給を受けることができるからです。それは船なしでは無理です。ご参考までに。

　ウィレム・ディルクセン[497]には、貴殿の要望に応じて、十分快適でいられるような待遇を与えます。というのも、彼はそれに相応しい若者だからです。ロークー[498]氏が亡くなりました。それによって会社は本当に忠実な職員を失いました。もし、同ロークーが存命で我々のジャンク船に乗っていれば、頭がどこに向いているのか分からないような若造ほど悪い状況にはならなかったと私は確信しています。しかし、時には、もっている櫂で漕がなければなりません。

　殿よ。本状をここまで書いてきたところで、灰吹と呼ばれる銀を貴殿の都合と満足のいくようにそちらで十分に入手できるはずだということについて何人かの人々から確かな情報を得ました。そして、我々が当地で聞き知ったことによると、貴殿はそれを通用丁銀に混ぜて溶かしてもらっています。私の考えでは、銅をそれに混ぜることなく当地に送付してくれる方がよろしいでしょう。というのも、これらの鋳造板の間にも非常に大きな差があるからです。つまり、あるものはほかのものよりもきれいになっています。中国人

497　Willem Dircxsen
498　Rookoe

は銅を銀としてその手に掴ませるにはあまりにも疑り深すぎます。1粒単位まで（ボレデロング[499]やリゴールの貨幣鋳造官との差がなく）その価値を割り当てることができます。ご参考までに。

　以上、尊敬すべき、慎重で、とても思慮深い殿、本状を終え、貴殿および貴殿の仲間を最高神の保護の中に委ね、我々全員より心から挨拶を送ります。アーメン。

敬具
ヘンドリック・ヤンセン[500]

499　Bordelongh
500　Hendrick Janssen

49 | ヤン・ピーテルスゾーン・クーンよりヘンドリック・ヤンセン宛書状、バンタム、1615年6月10日付

尊敬すべき、非常に思慮深い〔殿〕

　本状に同封する写しの原本は、ホジアンデル号[501]というイギリスのヤヒト船で送付されましたが、今回のものと同一です。その後去る2月23日付の貴殿の書状を受領しました。そして、モルッカ諸島に向けて派遣していたスヒップ船エンクハイゼン号[502]がマカッサルから再び当地に戻ったので、その理由は貴殿が友人たちを通じてお分かりになる通りですが、同スヒップ船をそちらに派遣することを決議しました。それは、そちらから日本へ、そして日本からまた直ちに当地に派遣してもらうためです。その船にシャムの積荷、ならびに貴殿が日本向けに準備した生糸およびそのほかの中国産物物を積んでください。しかし、それを取り止めるべきであるという日本の状況に関する何らかのさらに詳細な情報を得ない限りにおいてです。我々は当地に十分な量の生糸およびそのほかのいくらかの絹製品もかき集めましたが、日本には一つも舶載しませんでした。それは貴殿がその後何らかの生糸およびほかの良品を入手したはずだとの望みをかけていたからです。これについてぜひとも聞きたいものです。

　今年当地に、これまでかつて来たことのないほどの見事な積荷が中国から到着しました。そして、それは最悪の状況においてでした。というのも、我々もイギリス人もあらゆる局面で機会を逃していたからです。神が重役殿たちを許してくれますように。なぜなら、総合会社はその〔資金〕不足により、これまでスペインの全勢力が与えることができた以上の不利益と妨害を引き起こしたからです。我々は去年無駄に働き、他者のために、言ってみれば我々の不利益のために計画を立てました。今回のことで、しばらくは当地に渡航しないと中国人が考える恐れがあります。生糸を適正な価格に保ち、事業を保持するために、我々は可能な限りのことをしました。それで我々はすべて

501　Dosiander
502　Enckhuijsen

使い果たしてしまいましたので、金庫にレアル銀貨1枚も残っておらず、食費として必要なだけも入手し難いほどです。その上にパンゲランに対して10,000レアル銀貨の借金が残っていたのですが、〔資金が〕不足していましたので、出荷した胡椒の関税の未払金として、それを彼に支払いませんでした。というのも、祖国からあるいは日本から何らかの援助を得られると思っていたからです。そして、我々はすべてを逃しました。それにより、このパンゲランは我々に対して少なからず失望していて、我々は目標を達成することができませんでした。というのは、約100ピコルの生糸が残っていて、中国人はその上に生糸の販売分としてその後に得た現金に対してパンゲランから5パーセントの関税を課されました。彼らはすでに行っている通り、再びほかの財源を探さなければなりません。中国産品物がいくらの価値であるのか、あるいはより適切に言えば、どの価格で売りに出されているのかを同封する相場表でお分かりになるでしょう。というのも、ほとんどすべての中国産品物は、〔我々に〕現金がないゆえに、まったく売却できていないからです。そのため、多くの商人は来年まで当地に留まることを必要に駆られて決定しました。アジア全体に現金が不足していて、今回1614年5月に祖国から出帆し、いまだ待ち受けている船団からは64,000レアル銀貨以上は得られないでしょう。それでは我々が我々の借金を支払い、船団を祖国に向けて派遣する経費の調達までは賄えません。

　ヤカトラから我々の命令に従って、一山の布と丁子が貴殿のところに届けられます。受領についてぜひとも聞かせてもらいたいです。完全に寝かせたままにせず、帰り荷を入手できるように販売に励んで、臨機応変に値引きしてください。〔コロマンデル〕海岸から届くのを待っている何らかのシャム用の一揃いと共に別の一山を来年再び送ります。

　ブラウエル[503]の指示によって購入されたジャンク船について、それがまだ所有され、かつ売却されていなければ、同ジャンク船を当地に送ってくれると幸いです。もしも可能であれば、貴殿がモルッカ諸島用に入手できる食糧やそのほかの必需品を積んでください。貴殿が同封の写しで確認できる通り、

503　Brouwer

スプリンケル[504]はそれについて重役に対して詳細に報告しました。しかし、それが事実であるかどうかは疑わしいです。なぜなら、そのことを貴殿から伝え聞いていなかったからです。貴殿はこのジャンク船を季節風の初期に、何人かのオランダ人の長および士官の監督下で中国人とマレー人の乗組員を配置して当地に送るべきです。貴殿がそのために利用する中国人あるいは何らかのほかの国の人は、バンタムに向けて、そしてそこからアンボイナあるいはバンダに向けて航行し、その上で、ジュパラ[505]で積荷を積み込み、ジャンク船をふたたびアンボイナから当地に戻すために雇い入れられなければなりません。なぜなら、当地で人員を雇用するのは経費がいくぶん高く付くだろうからです。

　貴殿にいくらかの現金が残っているならば、同ジャンク船を通じてその現金で我々を支援してくれることは悪くないでしょう。

　もしも貴殿が、当地に運ばなければならないいくらかの胡椒あるいはほかの積荷を持っているならば、その積荷を当地に運ぶためにスヒップ船エンクハイゼン号が早めに日本から出発し、帰路にパタニに寄港するように指示してください。なぜなら、今年は待ち受けるべきほかの船がないからです。前年に〔私が〕指示したように、その後にいくらかの銀をそちらに運ぶために、ヤヒト船ヤカトラ号[506]がスヒップ船エンクハイゼン号の後にある一定の期間日本に留まらなければならないかどうかは、私には分かりません。スペックス[507]はこのヤヒト船でコーチシナへの渡航をぜひ行わせたいようです。そして、もしも、来年あまり多くの中国の積荷を期待しておらず、いくらかの日本銀を持つ必要があり、そして祖国から期待していて、来年の3月に当地から送付できるものを貴殿が頼りにできないならば、日本から彼の地に渡航が行われるということは得策であると思います。したがって、これに注意し、それを派遣し、また総合会社に最善の奉仕ができるような助言をスペックスに与えてください。

504　Sprinckel
505　Jappara
506　Jaccatra
507　Specx

蘇木は今のところ持っていません。象牙の売却についてぜひとも聞かせてください。我々には現金と蘇木が不足していたので、イギリス人はかなりの量の象牙を中国人に1ピコル当たり65レアル銀貨で交換しました。そうでなかったら、それは実現しなかったでしょう。バス砲と銅製品はアンボイナへ送付されました。感想はしかるべき時に貴殿に知らせるつもりです。紙は当地では持っていません。

貴殿が行った人員の雇用を我々は承認します。もしも、ウィレム・クニンヘン[508]が本状の受領時にさらに5年間会社に勤めることに同意する場合、月に6フランドル・ポンドの額まで、それだけに値するなら、昇給させてください。それは、総督殿および我々によって同等の条件下の複数の下級商務員に昇給が与えられるのと同様です。我々が平戸[509]に派遣した2人の下級商務員を除いて、この船に複数の助手が乗船しています。何人か必要であれば、配置しても構いません。しかし、スペックス氏の方であまり不足し過ぎないようにしてください。

イギリスの依頼については了解しました。当地で彼らのせいでどのような苦労をしたのかについては、同乗の友人たちから貴殿はきっと伝え聞くでしょう。

ポルトガル人がマカオから長崎[510]への彼らのカラック船で事業を継続しているかどうかを調べてくれませんか。

そのカラック船を見つけて拿捕できるようなあらゆる情報と指示をこのスヒップ船エンクハイゼン号になんとか可能な限りのあらゆる方法で与えてください。スーリ[511]の尽力によってヤヒト船アイオルス号[512]がグレシック付近で、去る12月にマラッカから彼の地にジャンク船で航行していたポルトガル人の商品すべてを奪い取ったのと同じように。しかし、その資本は大したことはありませんでした。とはいえ、それが良き始まりになることを望んでいます。

508　Willem Kunningen
509　Firando
510　Nangasacqui
511　Surij
512　Ajolus

アンボイナのクーテールス[513]によって貴殿の名義で振り出された6000レアル銀貨がマカッサルでステルク[514]によってインポー[515]の未亡人に対して完済されました。そこから、インポーがパタニ商館に借金をしていた簿記上の残金を差し引きました。この未亡人はステルクによってパタニのオランカヤから引き離されましたが、イギリス人のところに赴き、ヘスター・ジャクソン[516]という人に結婚を申し込みました。この二人をジョルダン[517]船長が当地で直ちに、我々にとって残念なことですが、武器を手にして、門を閉じた状態で夜明け前に結婚させました。それは、我々によって引き離されないようにするためでした。それにもかかわらず、複数の理由により、さらに多くの自由を与え、インポーが遺書で彼の子供に残した$1/3$の取り分を差し引くことなく、スヒップ船エンクハイゼン号に彼らが積み込んだものすべてをその女性に与えました。私はそれを要求させましたが、まだ言い訳以外には、返答を得ることができていません。前述の未亡人が、貴殿に振り出している1100レアル銀貨の手形をエルデルト・エルデルセン[518]から受け取っているということを我々は伝え聞いています。それはインポーから購入したいくらかの大砲の代金としてのものです。もしも、イギリス人たちあるいは前述のジャクソンが（我々が聞いたところによりますと、彼はインポーの遺産の残りを代理で請求するために、彼らによってパタニから移されたジャンク船で数日後にそちらに赴きますが、）それらを要求すれば、インポーの子供に帰属する$1/3$の取り分が我々のところに預けられたと証明するまでは、それを支払わないでください。そして、もしもパタニにまだ何かの公正証書があるならば、その子供のために別の$1/3$の取り分を代理で請求してください。その子供が当地でもらわなければならない$1/3$の取り分は$2119\ 2/3$レアル銀貨の額になります。ご参考までに。スヒップ船エンクハイゼン号でラウレンス[519]と呼ばれる黒人がそちらに赴きます。彼については自分たちの奴隷であると前述のヘス

513　Couteels
514　Sterck
515　Inpon
516　Herter Jacxsen
517　Jardin
518　Eldert Eldersz
519　Laurens

ター・ジャクソンとインポーの未亡人は主張しています。しかし、同人はヘーラルト・ル・ロワ[520]によってアチンで購入され、ワーウィック[521]提督によってインポーに引き渡され、そしてキリスト教徒にもされたと聞いていますので、同人を彼らに引き渡したくありませんでした。しかし、彼の要請に応じてそちらへ行かせました。もしも彼が奴隷であるならば、彼をその子供の取り分として確保してください。あるいはその取り分がほかのもので得られるのでしたら、彼に対して行われている訴訟がまず和解されるという条件の下で解放してください。しかし、もしも同人が自由でかつキリスト教徒であり、あるいはほかの点で会社に関係があるならば、彼およびその所有物を貴殿の保護下に置き、そして、彼が何らかの害を受けることを絶対に許さないでください。現金がなく、胡椒の収穫高が今年あまり大きくならないでしょうから、財源を探すために、10日後にジャンビに向けて出発する予定であるシムスアン[522]のジャンク船で、数人の人員を布の積荷を持たせて胡椒一山の収集を行うために派遣することを我々は承認しました。シムスアンは彼の船頭のためにジャンク船に載せられるだけの積荷を送っています。したがって、前述のジャンク船をシャムから当地に派遣する際にジャンビに寄港させてください。それは彼の地でできる限り多くの胡椒を積み込むためです。そして、十分な量の胡椒を入手できれば、ヤカトラへ航行し、バンタムには寄港しないよう指示してください。我々が聞いているところでは、このジャンク船は河口内で積み込むことができません。したがって、できるだけ〔河口の〕近くに投錨すべきです。その上で、胡椒を積荷として外に積み出すことができるように、直ちにその到着について我々の人員あるいは、川の上流にいるシムスアンのジャンク船に知らせてください。我々に説明されたところによると、彼の地で胡椒は不足しないでしょう。しかし、貴殿がたまたまより良い情報を持っているのでしたら、それに従ってください。

　エンクハイゼン号が大きな積荷を持たずに当地に戻ってくる場合、当地に向けて戻る際に同船が危険を冒さない程度で、あるいは可能な程度で前述の

520　Gerrart le Roij
521　Warwick
522　Simsoan

場所にも接近することは悪くないでしょう。なぜなら、そうしなければ、我々は当地であらゆるものに不足するだろうということを恐れているからです。このスヒップ船エンクハイゼン号を我々は数日間引き止めました。なぜなら、〔総督閣下に〕書き送ったいくつかの点についての指示を総督閣下からエンクハイゼン号の派遣の前にぜひとももらいたかったからです。したがって、出発がこんなに長引いたことを貴殿は悪く思わないでください。この理由のために、ジョホールを通過することを我々は特別に命令しました。機会があれば、その商館にちょっとした資本となる布ならびに、ジルベルト・バーリ[523]の補助として一人の助手と甲板長を提供してください。スヒップ船がジョホールを通過した場合、そのことを、そしてさらに貴殿がその時点で総督閣下から聞き知ったことを国王に伝えてください。というのも、〔総督〕閣下が心積もりしていた通りに今年彼の地に赴くことができるかどうかは疑わしいからです。

新たな便りやこの周辺で起こったことについては、スペックス氏宛に書いた我々の書状で報告したことをご参照ください。その写しを本状に同封します。

本状と一緒に、ある中国人宛の書状および番号の付いていない小さな藁包み4個を送ります。それらを渡してくれるように我々は貴殿にお願いします。もしも同人が20ないし30レアル銀貨を必要としていて、当地にジャンク船あるいはスヒップ船に乗船することを依頼するならば、前述の額を彼に前貸しし、乗船させてください。

以上、尊敬すべき、とても慎重な殿よ、本状を終えます。心からのご挨拶の上で、神が貴殿にすべての良きことを与えてくれますように。

本日1615年6月10日にバンタムにて執筆。

敬具

ヤン・ピーテルスゾーン・クーン[524]

523　Gilbert Bali
524　Jan Pietersen Coen

50｜パタニ商館委員会の決議録、パタニ、1615年7月6日付

　本日1615年7月6日に当地の商館の委員たちおよびスヒップ船エンクハイゼン号[525]とヤヒト船ヤカトラ号[526]の委員が当地の陸上で会議を行い、次の通りに決議しました。

　今月2日に当地の停泊地にスヒップ船エンクハイゼン号が到着しました。この船は、当地およびサンゴラにおいて今年の分として会社のために獲得し、購入したすべての生糸および絹製品を積み込んで、日本に舶載するようにとのバンタムの商務総監殿の命令を携えてバンタムから来航しました。しかし、あいにく当地パタニにおける中国人との今年分の貿易がうまくいきませんでした。その原因は、我々が去年契約を結んだ同中国人が約束を守らず、来航しなかったからです。したがって、これを受けて、ヤヒト船ヤカトラ号が今月4日にサンゴラから当地の停泊地に生糸および絹製品の入った約30ないし34箱を舶載して到着したので、また、我々が待ち受けていたスヒップ船の到着が非常に長く遅れていたこともあり、それ〔そのヤヒト船〕で日本へ行くことを考えて、前述の商品のさらなる安全のために、1から26までの番号が付けられた26個の箱をそれ〔そのヤヒト船〕から降ろし、スヒップ船エンクハイゼン号に積み替え、そして、日本向けに有用な蘇木と鹿皮の貿易に用いるために当地から去る2月にヘンドリック・ヤンセン[527]氏によってシャムに派遣されたジャンク船〔がパタニに戻る〕ので、今月12日時点まで留まり、待つことを我々は決定し、承認しました。というのも、彼の地から来航している何人かのマレー人から、同ジャンク船が彼らより先に当地に向けて出発したということを聞き知ったからです。それによって、同ジャンク船が前述の期間内に到着して来る可能性があるというわずかな希望をまだ持っています。それは我々の重役殿たちにとって非常に有益でしょうし、その利益に資するでしょう。なぜなら、それ〔その積荷〕を丸一年間置いてお

525　Enckhuijsen
526　Jacatra
527　Hendrick Janssen

くと、大部分が腐敗し、虫に食われることになり、その結果、それらが半分の金額の価値にしかならないと推測されるからです。しかし、同ジャンク船が前述の期間内に到着しない場合には、同スヒップ船とヤヒト船は、会社にとって非常に重要である日本の渡航を逃さないようにするためには、それらをそれ以上停泊させることができないので、出帆します。彼らが偶然にも何隻かのカラック船あるいはポルトガル船に遭遇すれば、それらを敵対的に攻撃し、そして我々の重役殿たちのために拿捕することを試みるために、その針路はマカオの海岸に沿って維持します。しかし、1隻にも遭遇しなければ、それを探すのに時間を無駄にしません。去年、日本に来航したカラック船が彼の地で留まり、越冬したので、今年に関してはそのうちの何隻かがその周辺にいるということが不明であるゆえに、ひとまず同諸船は日本の平戸[528]への渡航の実行を試みます。彼の地に到着したら、我々が推測しているように彼の地にまだ留まっている前述のカラック船を、しかるべき時に海上で待ち伏せ、攻撃するためにあらゆる努力を向けることとします。それについては平戸の商務員ジャック・スペックス[529]氏が同船を最も有効な形で拿捕するために貴殿たちに十分に教示してくれるでしょう。彼に相談し、協議することとします。

そして、同カラック船が出発あるいは出帆する準備に取りかかるということが分かった場合、それを特別に注視し、見張ることにします。言うならば、適切な時期がすでにかなり過ぎているとしても、同船を捕えることができる見込みが認められさえすればということです。逆に、それに対する希望がまったくなければ、同スヒップ船は最も速やかに再び派遣され、当地に渡航し、この商館に寄港するためにあらゆる努力を向けるべきです。なぜなら、当地およびサンゴラには、積み込まれるために陶器および安息香の一山がまだ残っているからです。ただし、天気や風がそれを許してくれない場合を除いてです。そのために来たる11月10日までと期限を設定します。なぜなら、その時期に到着しなければ、それに向けて努力することはもはやまったく得

528　Firando
529　Jaques Specx

策ではないはずだからです。というのも、その後になると、〔季節風のために〕当地から出るのが非常に難しくなり、非常に重要であるバンタムへの渡航の機会が容易に奪われることになるからです。

同スヒップ船で当地に寄港することを時間が許さない場合、それでもついでにジャンビに寄港することを試みることにします。それは、彼の地で積荷として胡椒一山を積み込むためです。それは彼の地でそのスヒップ船に供給可能なはずです。というのも、布一山をもたせて会社の職員のうちの数人を彼の地に派遣することを考えているからです。それは、彼らが彼の地で見つけて、巡り会う胡椒と交換するためです。それ〔胡椒を見つけること〕はほぼ確実です。なぜなら、総督閣下もその意図でバンタムから彼の地に〔人員を〕派遣することを考えているからです。したがって、見逃すはずがなく、そのうちの何人かに出会い、見つけるはずです。

そしてバンタムの総督閣下は、ヘンドリック・ヤンセン氏への最新の書状を通じて、毎年コーチシナに頻繁に渡航し始め、毎年彼の地に渡航してくる数人の日本人と彼の地で交易を行っている中国のジャンク船について、この貿易によって日本との貿易が我々にとっていとも簡単に損なわれうるので、彼の地コーチシナあるいはほかのところで交易するためによく注視すべきであると指示しています。しかし、それ〔コーチシナで交易すること〕を実行できることは非常に困難でしょう。というのも、同コーチシナの人々はあらゆる形で我々の敵として振る舞っているからです。それは、彼の地において2隻で停泊していたカスパル・グルースベルヘン[530]の時にすでに明らかになっていた通りです。そのうちの一団の人員を彼らは殺害しました。そして、ほかの人員の命を毒で奪いました。また、さらにその後、ジャック・スペックス氏によってシャムへ派遣され、逆風のために彼の地に流された我々の人員のうちの何人かに対して、彼らは略奪を行い、奴隷として売りました。そして、さらに最近、ヘンドリック・ブラウエル[531]氏によって日本から資本をもたせて交易のために彼の地に派遣された我々の人員2名にも、彼らは同様の

530　Casper Groesbergen
531　Henderick Brouwer

扱いをして、殺害し、そして彼らに渡された資本を奪い取りました。以上〔の総督の指示〕に基づいて、ヤヒト船ヤカトラ号が帰航する時に同湾において、そこに入るつもりである中国のジャンク船を待ち受けることを決議し、承認しました。それはそれら〔中国のジャンク船〕を捕え、それらに乗船している商人と共に当地に連れて来るためです。彼らには当地あるいはサンゴラで彼らの商品に対して適切な支払いを行います。それは、そのような方法で我々の敵であるコーチシナの人々の貿易を損なうことができるかどうかを見極めるためです。そして、同ヤヒト船が商品をその中国のジャンク船から積み出す能力がある場合、それを実行し、それを積んでサンゴラに入港し、その商品の所有者である商人を連れて行き、彼の地で彼らに満足のいくように支払うこととします。

　また、同ジャンク船の何隻かが前述のヤヒト船に対して抵抗し、それに従おうとしない場合には、それらの商人たちがそれは彼らのものであり、ポルトガル人の商品ではないと証明したとしても、同ヤヒト船がそのジャンク船を敵対的に攻撃し、それを拿捕することを試みることとします。彼らが当地に来れば、十分満足のいくように支払うこととします。また、同ヤヒト船が当地から出帆するに当たって、スヒップ船エンクハイゼン号の側にいなければならず、同スヒップ船から離れてはいけないということも決議されました。

　当地からジャンビへ派遣されるジャンク船のために、また商館のためにも、スヒップ船エンクハイゼン号が当地で火薬2樽分を陸上に引き渡すことが決議されました。

　日本人であるベンテン[532]に対して、彼の稼いだ月給が当地で彼に支払われなければならないという証書を彼が所持しており、彼がいくらかのお金を要求しているため、彼に6ヶ月分の給料が支払われることも承認されました。それは合計で72グルデンの現金になります。

　スヒップ船エンクハイゼン号から助手のコルネーリス・ラウエルセン[533]およびヤヒト船ヤカトラ号から甲板長一人を当地の陸上で留めることも承認さ

532　Benten
533　Cornelis Louwersen

れました。

　以上、パタニにて記しました。日付は上記の通り。

ヘンドリック・ヤンセン、ディルク・アレルセン・デ・フリース[534]、コルネーリス・ファン・ナイエンローデ[535]、ウィレム・ヤンセン[536]、マテイス・デ・メーレ[537]、クラース・ハルマンセン[538]、ヤーコプ・ローデンステイン[539]、ヤン・ピーテルセン・ホエル[540]、レナールト・カンプス[541]、ヤン・ファン・ハーゼル[542]、レナールト・トーマセン[543]

---

[534] Dirck Allersen de Vries
[535] Cornelijs van Nieuroode
[536] Willem Jansen
[537] Matthijs de Meere
[538] Claes Harmansen
[539] Jacop Lodesteijn
[540] Jan Pietersen Hoijer
[541] Lenaert Camps
[542] Jan van Hasel
[543] Lenart Thomassen

51｜エルベルト・ワウテルセンより〔ジャック・スペックス宛〕書状、京都、1615年7月26日付

尊敬すべき、慎重で、とても思慮深い殿

　前記は貴殿宛に送った私の最後の書状の写しです。それ以来、当地では商売がほとんど行われてきませんでした。というのは、ナツメグを100個当たり1½匁で、1ピコル分の胡椒を6タエルで、そしてヨエモン殿[544]が私に戻した生糸を1斤当たり25匁で販売したのみです。

　同ヨエモン殿は、貴殿から購入した生糸を当地にて1ピコル当たり2475匁で販売しましたが、丁子についてはまだまったく売却していません。なぜなら、現在1ピコル当たり230～240匁しか値段が付かないからです。

　蘇木は現在1ピコル当たり31～32匁の価格です。

　ヤサエモン殿[545]が2隻のジャンク船でシャムから長崎[546]へ到着しているようであるという知らせを2～3日前に当地で受け取りました。同様に、マニラからの1隻のジャンク船も〔到着しました〕。その船はマカオに寄ったので、カラック船が日本に来航するために確実に積荷を積み込んでいるという知らせをもたらしたそうです。それが本当かどうかについては貴殿が最もよく知りうるでしょう。

　同封の写しで報告している通りに今月21日に上野介殿〔本多正純〕[547]へ贈物を献上しました。それを彼は非常に喜んでいたようです。彼はいつも夜明けと共に出かけるので、私、タロウサエモン殿[548]、通詞および我々の宿主ヨヒョウエ殿[549]は夜明けの1時間も前に彼のところに赴きました。乗物に乗って来た何人かの領主の家臣が20名以上彼の側に座っていたにもかかわらず、我々は彼の家臣に渡した丁子2ポンド分、モロー[550]1反および黒色の大海黄1反から成る贈物のおかげで彼に謁見しました。そして、私が彼の前に出た

544　Joijemondonno
545　Jasseseijmondonne
546　Nangasacqui
547　Cosequidonno
548　Tharrosemondonne
549　Juffijoijedonno
550　当時の日本では無量と呼ばれた絹織物の一種

時に、彼は通詞に私が何者であるのかと尋ねました。そこでオランダ人であると通詞が言ったところ、彼はすぐに貴殿〔スペックス〕が元気であるのか、そして今年オランダ船が来ないのかと尋ねました。貴殿の知る限りでは一隻〔の船〕が来るはずだと私は言いました。そして、どのような理由で彼に拝礼しに来ているのかを通詞が説明した後に、彼は立ち上がって、彼の手が私の身体に十分届くぐらいに私のすぐ近くに来て、彼は我々の宿主ヨヒョウエ殿に「私はオランダ人の友である。それゆえ、彼らに十分におもてなしをしなさい」と言いました。そして、もし私〔ワウテルセン〕に何か足りないものがあれば、我々の宿主が彼〔上野介〕のところに来るようにと。

　イギリス人は堺[551]の焼き討ちで約5000〜6000匁を失いました。つまり、大羅紗まるまる2反、白色の綿布120枚および鉛1000斤。したがって、イギリス人は堺の宿主とこれについて訴訟になるでしょう。

　イギリス人のイートン[552]氏は肥前様〔松浦隆信〕[553]に対して100枚の小判を〔1小判当たり〕68匁で渡しました。同イートンは現金で約8000匁を下に持って行きます。

　我々の宿主クロベエ[554]からのお金はまだ受け取っていません。とはいえ、2日前に板倉殿[555]の家臣を訪問したところ、彼は、クロベエ殿が我々に間もなく支払うように手段を講じるので、支払いについて心配する必要はないと私に約束してくれました。

　私は以前にある人を堺へ派遣し、我々の皮を以前に販売した仲買人に渡すように書状をその者に持って行かせました。その中で、彼らが京都[556]まで来る気があれば、私が彼らの旅費を支払うと書きました。これによって皮の件に終止符を打てるかどうかを見極めるためです。しかし、仲買人のうちの一人が私の書状に対する次の回答を私に書きました。つまり、4人のうち堺に戻って来たのは彼だけであり、皮の販売にメルヒヨル[557]がまったく関与して

551　Saccaij
552　Eijton
553　Fijgensamma
554　Crobe
555　Ingadonne
556　Meaco
557　Melsen

いないとのことです。しかしながら、間違っているのかもしれませんが、我々がそれに終止符を打とうと思うのならば、メルヒヨルが上に来る必要があると私は思います。

私はスケサエモン殿[558]に対して、もしも木材が妥当な価格で入手できれば、貴殿が私に命令していた通りにできるだけたくさん購入してくれるようにと書状を書きました。しかし、それは現在入手できないけれど、それが入手できるようになり次第、彼がそれを購入し、下へ送ると彼は私に書きました。

肥前様のバルク船で貴殿に 5100 斤の精錬銅を送りました。それには取り急ぎ書かせた日本語の書状を付しました。とはいえ、イートン氏がその同じバルク船で下に赴くと私は思います。肥前様のバルク船が再び下に向けて出発次第、その船で再び 5000〜6000 斤を送ろうと思っています。

以上、末筆ながら、尊敬すべき、慎重で、とても思慮深い貴殿、万能神の手の中に貴殿を委ね、至福を迎える時まで永続的な健康の中で貴殿および貴殿の仲間を守ってくれますように。アーメン。

京都にて、本日 1615 年 7 月 26 日。

敬具

エルベルト・ワウテルセン[559]

558　Schieseijmondonno
559　Elbert Woutersen

52｜エルベルト・ワウテルセンより〔ジャック・スペックス宛〕書状、京都、1615年8月5日付

尊敬すべき、慎重で、とても思慮深い殿

　この数行は、去る7月20日付の貴殿の書状を今月4日に、豊後様〔松浦信実〕[560]を通じて、無事に受け取ったことを知らせるためだけのものです。貴殿の命令に従ってその書状の内容に従うつもりです。

　肥前様〔松浦隆信〕[561]の件については、以前に貴殿に書いた通りであり、彼の知行に何らかの変化が生じるかどうかについては分かりません。

　イギリス人イートン氏[562]は今月1日に再び堺[563]から京都[564]に来ました。というのも、アダムス氏[565]の使用人が上に来て、その上、コックス氏[566]は彼が持っているすべての金を銀に両替するように命令したからです。したがって、彼は当地で180枚の小判を1枚当たり63½匁で両替しました。

　江戸[567]の王〔秀忠〕は数日以内に関白[568]の称号を得るために内裏様[569]に拝謁する予定です。

　皇帝〔家康〕および王がいつ出発するかについては確かなことを書けません。というのも、ある人は1ヶ月以内と言い、ほかの人は3〜4ヶ月の後と言っているからです。

　商人たちが現在大羅紗を買わない理由は、領主たちがお互いをもてなすためにそのお金をたっぷりと使っているようだからです。

　さようなら。本日1615年8月5日に京都にて取り急ぎ記しました。

　　　　　　　　　　　　　　　　　　　　　　　　　　　　敬具
　　　　　　　　　　　　　　　　　　　　　エルベルト・ワウテルセン[570]

560　Bongosamma
561　Fijgensamma
562　Eijton
563　Saccaij
564　Meaco
565　Adams
566　Cocx
567　Edon
568　Quanbacqsamma
569　Dairijsamma
570　Elbert Woutersen

53｜メルヒヨル・ファン・サントフォールトより〔ジャック・スペックス宛〕書状、長崎、1615年8月27日付

尊敬すべき、とても思慮深い殿、かつ特別に良き友

　今月26日付の貴殿の快い書状は、2つの包み、つまりパイ[571]、そして『演説』[572]と題する古い本の入っている1つの包みと共に同月27日に無事に私に届けられました。貴殿のご尽力にとても感謝しています。特に船長ウィレム・ヤンセン[573]および一緒に到着したすべての良き友たちに挨拶を伝えると共に、心より歓迎します。次に、その船が祖国を出てから14ヶ月になり、多くの様々な新しい便りをもたらしたと貴殿が書いていることについてです。貴殿が日本においてかくも名の通った人であるにもかかわらず、このような拙い書状を書くことに私は驚いています。貴殿が私に何も新しい便りを伝えてくれず、ただただ貴殿には時間がないということを多くの言葉で下手に言い訳しています。貴殿がこの3〜4行の多大な言い訳をする間に、祖国からの新しい便りを3〜4行でも私に伝えることができたはずです。とはいえ、貴殿次第ではありますが。当地に伝わってきた情報について。ルソン[574]からは次のことが言われています。ルソンで準備している艦隊の支援のためにヌエバ・エスパーニャから現金を積んでいる3隻の船がルソンに到着し、船乗りと兵士も〔乗せて来ました〕。そして、彼らは来る12月に武力をもってモルッカ諸島に行こうとしています。そして、すべての商館を全滅させるようにと〔スペイン〕国王がマニラ総督に特別に命令しました。さらに、彼らによると、モルッカ諸島に向けて航行するために22隻の船から成る艦隊がオランダから出帆しました。それについてスペイン人が知らせを受けて、マーヨ島[575]の辺りで18隻の大型ガリオン船でオランダ人を待ち受けており、オランダ船18隻を撃沈させました。オランダ船のうち4隻は逃げ切りました。また、彼らによると、我々の船のうち2隻がセント・ヘレーナ[576]で撃沈されました。

571　parsteerten
572　de Oratie　16〜17世紀にOratieと題する本が複数刊行されていたので、特定不能
573　Willem Jansen
574　Losson
575　Illie de meij

また、同様に彼らによると、イギリスとスペインとの間に戦争が起こり、オランダとスペイン国王との間の平和条約が破られ、アルブレヒト[577]がオランダで4つの都市を奪取しました。これが今現在長崎[578]に伝わった情報です。

さらに、貴殿と共に上に赴くようにと貴殿が書いていることについては、この度は実現できません。その理由とは、私がマテイス氏[579]を通じて前回貴殿に送った書状で書いた通りです。家を留守にする際に私が信頼することができる人は長崎で誰もいません。もしも留守にするならば、女性一人で家を守れるのでしょうか。今はマテイス氏が上にいた時と〔状況が〕変わりました。スケサエモン[580]は今堺[581]にいますし、大坂[582]の商人に貴殿の皮を販売した仲買人たちもそこにいます。すべてにおいて望ましい方向に向かうように、私は貴殿の用件についてスケサエモンに特別に書状を書きました。そして仲買人たちにも同様に書きました。それは、貴殿が書いているほど重い問題ではありません。最悪の場合、取り立てるために販売済みの商品の証書があります。私の売却された皮について約800グルデン分が大坂で未回収です。それは、私が前年に私の宿主スケサエモンおよび仲買人を通じて販売したものです。しかし、その原因は何かについて、率直に言うと、戦争です。もしも戦争が起こらなかったら、私は私のお金をすでに9月に受け取っていましたし、貴殿のお金は11月に受け取られていたことでしょう。

以上、万能神に貴殿を委ねます。神と人民に資するために我々の名誉と我々の啓発に向けて、神が貴殿および我々を守ってくれますように。アーメン。本日1615年8月27日。

敬具

メルヒヨル・ファン・サントフォールト[583]

---

576 Santelena
577 Albertus　アルブレヒト・フォン・エスターライヒ（1559-1621）、1595～1621年にスペイン領ネーデルラント総督
578 Nangasacqi
579 Matthijs
580 Scheseijmon
581 Saccaij
582 Osacca
583 Melsen van Santvoort

54｜エルベルト・ワウテルセンより〔ジャック・スペックス宛〕書状、京都、1615年8月15日付

尊敬すべき、慎重で、とても思慮深い殿

　貴殿宛の私の最後の書状はカンベエ殿[584]を通じてのもの、およびその後今月5日にイートン氏[585]を通じてのわずか数行のものでした。その写しは取っていません。それ以降、次の商品を売却しました。つまり、

1反当たり80匁で赤色の天鳶絨3反
1反当たり7匁で上質のダンガリー8反
1反当たり70匁で商品番号8の黒色の繻子2反
1反当たり19匁でモロー4反
1斤当たり6匁で象牙32¾斤
1反当たり50匁で商品番号14の黒色の繻子2反
50匁で赤色の紗綾1反
1反当たり9匁でインド更紗12反
28匁で商品番号241番の緞子1反
40匁で下級品の白色の繻子1反および
1間当たり223匁で商品番号263番の深紅色の大羅紗2反

　当地には現在領主がかくも大勢いるのに、大羅紗やほかの商品の需要がかくも少ないのは悲しいことです。とはいえ、領主たちはお互いをもてなすのにお金をたっぷりと使っているようです。というのは、現在商売が少ないことに皆が文句を言っています。したがって、辛抱をもって別の時を待つべきです。

　私は昨日タロウサエモン殿[586]のところに行って、テーブルクロスおよびナプキンを陛下〔家康〕が受け取ってくれるかどうかについてチュウベエ殿[587]

584　Cambedonno
585　Eijton
586　Tharosemondonno
587　Chubiondonno

がまだ知らせてくれていないかを問い合わせました。そうしたところ、同タロウサエモン殿は、チュウベエ殿のところに行き、チュウベエ殿が彼に答えたことによると、テーブルクロスおよびナプキンを上に持って来たことを陛下に知らせたが、陛下はカンブレー産リネン布がそこに含まれていないのかと尋ねたと私に伝えました。というのも、陛下にテーブルクロスおよびナプキンを所望する気持ちはもうなくなっているようだからです。したがって、彼がどちらも受け取らないだろうとチュウベエ殿は思っています。それについてどうなるのか、時が教えてくれるでしょう。

　板倉殿[588]およびその家臣サブロウサエモン殿[589]のところへ数回訪れて、我々がクロベエ[590]から受け取るべきものが支払われるようにと彼らに請願した後で、4日前に2000匁を帳簿上で受領しました。同サブロウサエモン殿は、我々がクロベエに対していくらかの情けをかけるべきであると私に言いました。なぜなら、彼が支払わなければならないのは200～300匁ではないからです。また、秀頼[591]の妻〔千姫〕の家臣が板倉殿のところに来て、クロベエ殿が支払いの猶予をもらえるように彼に請願したということも彼は言いました。しかし、それでも、私は、10日から12日が過ぎた時に再び懇切丁寧に支払いを要求するつもりです。

　昨日私はスケサエモン殿[592]からの書状を受け取りました。そこには、彼が木材を購入したと書かれていましたが、その数量も価格も書かれておらず、長さと幅と厚さのみが書かれていました。とはいえ、100本当たりおよそ120～130匁の値段だろうと私は思っています。その木材を最初の機会で下へ送付してもらえるように、彼の書状を持って来た人を通じて、即座に回答しました。

　皇帝〔家康〕とその息子がいつ出発するかについては確かなことは何も聞き知ることができません。貴殿に以前に書いた通りに、ある者は1ヶ月以内、またほかの者は2～3ヶ月後だと言っています。

588　Ingadonnes
589　Sabbroseijmondonno
590　Crobioije
591　Fideris
592　Scheseijmondonno

以上、末筆ながら、尊敬すべき、慎重で、とても思慮深い貴殿を神の保護の中に委ね、至福を迎える時まで永続的な健康の中で貴殿および貴殿の仲間を守ってくれますように。アーメン。

　京都[593]、本日 1615 年 8 月 15 日。

敬具
エルベルト・ワウテルセン[594]

593　Meaco
594　Elbert Woutersen

55｜エルベルト・ワウテルセンより〔ジャック・スペックス宛〕書状、京都、1615年8月25日付

尊敬すべき、慎重で、とても思慮深い殿

　前記は私が貴殿宛に書いた最後の書状の写しです。これ以降に、ギヘエモン殿[595]が今月23日に当地京都[596]に到着し、彼を通じて、貴殿が風袋込みでそれぞれ54斤分の胡椒20袋および商品番号1と2の大羅紗半反のもの4つから成る包み2つ、そして410匁5分の重さの金を送ってくれました。しかし、現時点では彼は私に金だけを渡しました。というのは、ほかの商品はまだ尼崎[597]にあるバルク船の中にあります。したがって、それらを当地に運搬するために一人の人員を彼の地へ派遣します。

　金は現在低い価格で推移しています。というのは、小判は現在たったの63½匁で取引されています。したがって、貴殿が上に送った金の値段は、つまり、245匁分については、その重量1匁当たり12½匁の銀になり、そして165匁分については、13⅓匁の銀にしかならないでしょう。しかし、2〜3日以内に届くことになっている貴殿の書状に私は従うつもりです。同様に皇帝〔家康〕の出発をも指南にします。なぜなら、皇帝と関東の領主たちが出発しない限り、金はほとんど上がらないからです。それとは反対に、皇帝と領主たちが出発したら、小判は間違いなく再び66〜67匁にもなるでしょう。なぜなら、その重量ゆえに、領主たちは道中で銀を携帯しないからです。

　胡椒は現在1ピコル当たり50〜55匁の値段です。

　今月21日に当地において、マカオのカラック船が長崎[598]に到着したようであるという知らせを得ました。これによって、生糸が1ピコル当たり200匁以上値下がりしました。しかし、当地で40,000斤と言われていますが、そのカラック船がそれ以上の生糸を運んで来ていなければ、再び1ピコル当たり2400〜2500匁にもなるでしょう。

595　Giegemondonno
596　Meaco
597　Amangasackij
598　Nangasacqui

今月16日に江戸[599]の王〔秀忠〕が内裏様[600]に拝謁しましたが、関白様[601]という称号は彼に与えられませんでした。なぜなら、同内裏は、秀頼[602]の頭も身体の手足も出て来ていないので秀頼が生きているか死んでいるか分からないと言っているからです。

同秀頼については当地で様々な噂がされています。ある人は彼が死んだと言い、またある人は彼が多くの武将たちと共に薩摩[603]へ逃げたと言っています。しかし、彼と彼の武将の大半はその城の火事で死んだということが最も信じられています。

薩摩の領主、島津殿〔島津忠恒〕[604]は数日前に陛下〔家康〕から自分の領国へ再び戻って良いという許可を得ました。しかし、同島津殿は、陛下を駿河[605]まで護衛したいと陛下に返答しました。

私は今月18日に豊後様〔松浦信実〕[606]に1000匁を現金で渡しました。同豊後様は、当地でしばらく体調を崩していたので、8〜9日以内に下に行く予定です。彼はその体調不良を京都の町のせいにしています。

肥前様〔平戸藩主松浦隆信〕[607]のバルク船の船頭の一人であるスヒョウエ殿[608]を通じて貴殿に6600斤の精錬銅を本状と共に送付します。

貴殿が糸屋ヨエモン殿[609]に作らせるように命じた大海黄は、10反分を除いて準備ができています。その残りは20日以内に準備が整う予定です。

それらを染める色付けについては、紫色以外はすぐに行われるでしょう。なぜなら、同染料の価格は通常のものよりも倍も高いからです。つまり、以前にそれを染めるのに1反当たり10匁しか支払わなかったのに対して、今は20匁を支払わなければなりません。したがって、これについての貴殿の

599　Edon
600　Dairijsamma
601　Quanbacksamma
602　Fideri
603　Xassima
604　Chimasdonno
605　Surringou
606　Bongosamma
607　Figensamma
608　Suffioijedonno
609　Itoija Joijemondonno

返答を待たなければなりません。

　当地における取引については、あまり進んでいません。というのも、最後に送った書状以降に以下のものしか売却できなかったからです。

　1反当たり45匁で商品番号3番の白色縮子31反

　20匁で粉末状の緑青の染料1斤および175匁で半反の駱駝毛織物1枚

　スケサエモン殿[610]が3〜4日前に私の宿のところに来ました。彼はアカマツ板を500枚および杉板60枚を貴殿宛に下へ送付したと私に伝えました。そのうち、アカマツ板100枚は1枚当たり1匁□分の値段であり、杉板30枚は1枚当たり□匁、そして同杉板30枚は1枚当たり□匁です。

　ヤン・ヨーステン[611]の使用人が、例の銅を積んだバルク船で下へ赴きます。

　以上、末筆ながら、尊敬すべき、慎重で、とても思慮深い貴殿を万能の神の手の中に委ね、至福を迎える時まで永続的な健康の中で貴殿および貴殿の仲間を守ってくれますように。アーメン。

　京都、本日1615年8月25日。

敬具

エルベルト・ワウテルセン[612]

610　Scheseijmondonno
611　Jan Joosten
612　Elbert Woutersen

56｜ヘンドリック・ヤンセンより〔ジャック・スペックス宛〕書状、パタニ、1615年7月18日付

1615年7月18日付、パタニにて。

愛すべき殿、そして友

　今月12日に当地から貴殿の商館に向けてスヒップ船エンクハイゼン号[613]およびヤヒト船ヤカトラ号[614]が出発しました。それらの船には当商館にあった物すべてを積みました。その金額は32,682グルデン13ストイフェル7ペニングです。それを貴殿がすでに無事に受け取っていることを望んでいます。それ以降に報告に値することは当地で何も起こっていません。すべてについて、同船で送付した私の前便を参照してください。シャムから〔戻るはず〕の我々のジャンク船についてはこれまでのところ何も伝わっていません。ご参考までに。これをもって、これらのわずかな数行を終えます。

　至福を迎える時まで永続的な健康の中ですべての友人たちを守ってくれるよう神に祈ります。アーメン。

敬具
ヘンドリック・ヤンセン[615]

613　Enckhuijsen
614　Jaccatra
615　Hendrick Jansen

57｜エーフェラールト・デインより〔ジャック・スペックス宛〕書状、スカンダ[616]、1615年5月24日付

神を讃えよ。スカンダにて。本日 1615 年 5 月 24 日。

尊敬すべき友

　ご挨拶の後に、本状は、バンタムから貴殿宛の書状および祖国からもう 1 通の送り状としてのものです。これらはソウエサエモン[617]という日本人に手渡されましたが、彼は当地で酔っ払って水の中に飛び込んで、前述の書状が濡れてしまいました。そういうわけで、私はそれを当地で開封し、可能な限りにそれを完全な形で再送できるかどうかを確かめたところ、それがまずまずの状態であることが分かったので、それらを我々が確認した状態のままでイギリス人の商人を通じて貴殿に送付しました。

　以上、末筆ながら、最高神の保護の中に貴殿および貴殿の仲間を委ねます。
　取り急ぎ、〔場所と日付は〕上記の通り。

敬具
エーフェラールト・デイン[618]

616　カリマンタン（ボルネオ）
617　Soijsaem
618　Everart Deijn

58 | ラウレンス・バックスより〔ジャック・スペックス宛〕書状、バンタム、1615年4月10日付

尊敬すべき、思慮深く、とても慎重な殿

　これらのわずかな行は日本人であるタケナベ・ソウセエモン[619]に携帯させるためだけのものです。彼は祖国に戻るために前回の季節風でモルッカ諸島から来ました。彼は〔給料の〕計算書を持って来なかったので、彼の賃金は去る5月末までの分が彼の地で彼に支払い済みであることを確信しています。彼には、現在のイギリスの船で出発する許可が与えられました。彼は当地にて現金などの形で22レアル銀貨を受け取りました。その分を彼に支払われるべきものから差し引いて、残りの分を彼に支払ってください。

　当地で起こったことは商務総監殿の書状から貴殿に伝えられますので、これ以上述べることは不要かと存じます。

　以上、尊敬すべき、思慮深い、とても慎重な殿、心よりのご挨拶の上、貴殿を主に委ねます。

敬具

ラウレンス・バックス[620]

バンタム、1615年4月10日。

619　Tackenabe Soseijmon
620　Laurens Backx

59 | エルベルト・ワウテルセンより〔ジャック・スペックス宛〕書状、京都、1615年9月2日付

尊敬すべき、慎重で、とても思慮深い殿

　貴殿宛に送った私の最後の書状は去る8月25日付のものでした。その後、去る同月14日付の貴殿の書状を今月1日に無事に受け取りました。下記はそれに対する返答としてのものです。

　板倉殿[621]および彼の家臣に対して渡した十分な贈物によって、訴訟でクロベエ殿[622]から勝ち取った金銭が支払われるのに大いに有利に働くはずだと期待していましたが、貴殿に以前に書いた通り、これまでのところ彼から2000匁以上は受け取っていません。私は催促を緩めていませんが、板倉殿の家臣は日本流の丁重さをもって絶えず私をなだめています。それゆえ、私は大羅紗と肉桂の代金が近いうちには回収できそうもないと考えています。秀頼[623]の妻〔千姫〕の家臣による弁護は同クロベエ殿に支払いの猶予のために大いに有利に働いています。

　もし、販売済みの鹿皮の件を終わらせたいならば、メルヒヨル・ファン・サントフォールト[624]が何としてでも上に来なければなりません。なぜなら、彼がいることで、そして仲買人の証言があれば、クロベエ殿が前述の鹿皮の代金を支払わなければならなくなることは疑いないからです。それゆえ、彼が上に来るように貴殿は彼にしっかりと要請すべきです。なぜなら、仲買人が当地にすでにいるならば、クロベエ殿は常にメルヒヨルの名を引き合いに出すはずだからです。したがって、メルヒヨル自身が当地に来るまでは、クロベエ殿が受けている強力な弁護によって板倉殿がこの件を決着させないと私は思います。

　訴訟において私に協力するよう同メルヒヨルが彼の宿主であるスケサエモン殿[625]に書いたとの旨を彼が貴殿に書いたということはまったく当てになり

621　Itakuradonno
622　Crobedonno
623　Fideris
624　Melsen van Santvoort
625　Scheseijmondonno

ません。なぜなら、日本人はそのような件においてほかの人の代わりに話すことをあらゆる方法を使って断ろうとするからです。それゆえ、前述の通り、メルヒヨルが上に来るべきだと言っているのです。

　仲買人の1人が最近私に次の旨の書状を書きました。つまり、そのほかの3人の仲買人が堺[626]に来て、そこで彼らが我々の皮を購入した人を見ました。彼らは、その人に支払いについて話しかけました。しかし、もしも彼らから代金を回収しなければならないのであれば、それらの支払いには長い時間がかかることになります。それゆえにクロベエ殿が支払ってくれることを私は希望しています。貴殿がスケサエモン殿およびヤサエモン殿[627]宛に送っている書状を私は昨日彼らに送付しました。同様に同スケサエモン殿および仲買人たちにも、皮の件が終結できるかどうかを判断するために当地に来てくれるかどうか〔を問い合わせる〕書状を書きました。それに対する彼らの返答を待っているところです。

　貴殿が受け取った51俵の銅のうち、約16斤が不足している俵が2つあったと貴殿は書いています。これは確実に盗まれたに違いありません。しかし、私がその後に送ったものに関しては合っていることを望みます。そして、20,000斤分の銅のうち残りが2〜3日以内に準備できるので、残りを最初の機会で下に送る予定です。ギヘエモン殿[628]がバルク船の船長にそのことをきっと強く指示してくれるので、貴殿はそれが不足するという心配をする必要はありません。

　アドリアーン・コルネーリセン[629]が宮島[630]および山口[631]で1000タエル分の非常に純度の高い精錬銀を4ないし5パーセントの手数料で交換したことは良いことです。私は5日前に6000匁分を6パーセントの手数料で交換しました。というのは、カラック船の到着により、今のところそれより低くならないからです。しかし、私は貴殿のさらなる指示〔が来る〕まではこのよう

626　Saccaij
627　Jassemondonno
628　Giegeijmond^e
629　Adrijaen Cornelissen
630　Meagima
631　Coetsijamma

な価格ではもう交換しないつもりです。

　〔銀の両替における〕危険についてはまったく問題ありません。なぜなら、我々の宿主の義兄弟が20ないし30タエルをすぐに両替してくれますし、クロベエ殿がそれを知ることはなく、その件で我々に何らかの面倒をかけることはないはずだからです。

　宿主の息子たちが貨幣鋳造者の仲間であるはずだと貴殿が書いていますが、それはまったく違います。なぜなら、義兄弟はお金の両替と再両替にのみ携わっているからです。彼は、糸屋ヨエモン殿[632]が貨幣鋳造者の仲間であることを私が知っていることを知らずに、彼〔糸屋ヨエモン〕に灰吹銀については言及してはいけないと私に自ら言いました。したがって、4ないし5パーセント〔の手数料〕でそれを両替で得ることができれば、心配なく続けられるでしょう。

　マティス・テン・ブルッケ[633]氏が下に持って行った現金の中に1800タエル分の駿河[634]のものやチョウブキ[635]のものが混ざっていたことについて大変驚いています。というのも、前述の現金は二度までも確認されたからです。しかし、我々の宿主の義兄弟は、知らずに起こったことであり、すべての現金が確認されていなかったに違いないと説明しています。

　下へ送付する予定の現金はすべて古いスホイト銀になります。

　これまでのところ、江戸[636]からはヤン・ヨーステン[637]のお金がまったく来ていません。そして、彼が当地において売却したリネン布で得た代金を彼の使用人サクエモン[638]が平戸[639]へ持って行きました。その額は3000ないし4000匁です。

　彼の金については、貴殿の命令に従って処理します。彼がそれを江戸あるいは駿河で両替していたら、とても好都合であったのでしょう。なぜなら、

632　Itoija Joijemondonno
633　Matthijs ten Broecke
634　Suringa
635　Chiobucq：
636　Edon
637　Jan Joosten
638　Sacjemon
639　Firando

現在当地で小判1枚は63½匁だからです。

　ヨエモン殿から戻された絹織物は、1斤当たり25匁ですでに売却しました。ちなみに、貴殿はそれには裏地が付いていないと書いていますが、それには少し裏地が付いていました。あまり大したことではありませんが。

　2日前にタロウサエモン殿[640]が私のところに来ました。彼はチュウベエ殿[641]の指示によりテーブルクロス1反およびナプキン2反を取りに来させたのです。それらを陛下〔家康〕に見せるためでしたが、陛下がそれらを受け取るか否かについては私に言うことができませんでした。なぜテーブルクロスおよびナプキンが肥前様〔平戸藩主松浦隆信〕[642]の指示によって陛下の前に運ばれないのかと私は以前にも今回にもタロウサエモン殿に尋ねました。しかし、陛下の前に運ぶことはチュウベエ殿の指示であると彼は私に返答しました。しかし、私はそれが御金改役〔後藤庄三郎〕の仕業であると思います。彼はオランダ人の靴を履きたがっていますが、彼にはオランダ人の靴が合わないことを私は望んでいます[643]。

　イギリス人がジャンク船をシャムへ派遣するために再び装備しているということについて、再び無駄な渡航に終わるだろうと私は思います。それがどうなるのか、時が教えてくれるでしょう。

　上野介殿〔本多正純〕[644]へ献上した贈物を彼はとても喜びました。したがって、もしも船が来ることなく、また貴殿が我々のジャンク船をシャムに派遣したい場合、そのための朱印状1通をもらうために貴殿自身が上に来る必要はないと私は思います。なぜなら、それはヤン・ヨーステンおよび私によって十分得られるからです。しかし、イギリス人のコックス[645]氏が陛下に拝謁するために上に来る場合、私が間違っているのかもしれませんが、貴殿も陛下に拝謁しに来ることは悪くないと私は思います。とはいえ、貴殿はご自身の思慮のある判断に従ってこれに対処すべきです。

640　Tharosemondonno
641　Chubiondonno
642　Figensamma
643　本来オランダ人が直接家康にテーブルクロスとナプキンを献上しようとしているところ、後藤庄三郎がその役割を横取りしようとしているとワウテルセンは推測している。
644　Cosequedonno
645　Cocx

辰砂について、貴殿に以前に書いた通りの価格以外にはまだほかの価格は私に提示されていません。龍脳についても同様です。したがって、貴殿が言う通り、価格が変わるのを待たなければなりません。そして、これまでのところ緑青の染料1斤分を20匁で売ったのみです。シャムからパタニへ送られる今年の分の鹿皮および鮫皮が〔本年中に〕当地に運ばれるということは望ましいことであったはずです。なぜなら、年を越した残りものはあまり売れないはずだからです。

　平戸に停泊しているジャンク船に買い手が付かないということは残念です。というのも、それは本当に経費のかかる木造物で、波止場に置いたままにすれば無駄になるからです。そして、どのような理由から貴殿が同ジャンク船を艤装したがっているのかは、貴殿の書状から非常によく分かりました。同様に、貴殿がむしろ同ジャンク船の買い手を望んでいるということも〔分かりました〕。それは、その艤装に必要になるだろうと貴殿が恐れている費用の大きさのためであり、またブラウエル[646]氏が作成した艤装の費用計算が貴殿の作成したものと大きく異なっているためです。というのは、ブラウエル氏にあのような費用計算を渡したヤン・ヨーステン側に大きな誤りがありました。したがって、同ヤン・ヨーステンが時々計算をかなり粗雑にしているということを貴殿は真実として言っても構いません。しかし、貴殿がジャンク船の艤装のための計算をヤサエモン殿に任せるのが最善であるということにはしっかりした根拠があります。というのも、彼は日本人であり、かつ高慢ではないので、可能な限り費用を抑えてやりくりしてくれるからです。それゆえ、先述の理由から、もし我々の雇い主殿からスヒップ船あるいはヤヒト船が来ない場合、ジャンク船がシャムへ使われること、また、貴殿が妥当と思うだけの現金、銅などをそれで送付することに少しも反対していません。同様に、日本の経費の重さが、貴殿が言う通り、少し軽減できるように、冒険賃借や会社のために購入する商品に振り向けるために、別の頑丈なジャンク船でそれだけの現金をあちらこちらに送ること〔にも反対していません〕。というのも、資金を寝かしておいては利益が期待できないからです。

646　Brouwer

貴殿がコーチシナに派遣した日本人を通じて、ブラウエル氏が彼の地に送った積荷の代わりに何らかの帰り荷が来るだろうと私は望んでいました。しかし、コーチシナの人々が大泥棒であると貴殿が言うのももっともです。というのも、貴殿が派遣した人は、国王がいかなる理由で我々の人員を殺害し、商品を没収したのかについての彼〔国王〕からの返答を持って来なかったからです。したがって、彼の地へのオランダ人の渡航はできなくなりました。

もしも貴殿が何らかの新しい確かな便りを入手したら、それを近いうちに知らせてくれることを望んでいます。万能の神よ、我々の人員が今年モルッカ諸島で勝利を勝ち取れるようにしてください。

貴殿が豊後様〔松浦信実〕[647]に渡した200タエル分の債権証書に基づいて、彼に100タエルを渡しました。したがって、貴殿のところでその現金が受領されるように前述の100タエル分の彼の債権証書を下へ送付します。というのも、彼自身が下へ赴くからです。

大袋20個分の胡椒および大袋2個分の大羅紗を無事に受け取りました。商人たちに胡椒、黄色と青色の大羅紗を入手したと知らせたにもかかわらず、その買い手はまだいません。

大羅紗には現在まったく需要がありません。というのも、領主たちがそれにまったく関心を示さず、商人たちはまだ十分在庫があるからです。また、スペイン人が〔伊達〕政宗殿[648]の領地で船を造って、同政宗がその造船のために資金を立て替えましたが、その船でヌエバ・エスパーニャへ渡航し、今回浦賀[649]に戻り、いくらかの大羅紗とガラス窓を運んで来たという知らせが当地に届きました。しかし、大羅紗の数量については聞き知ることができませんでした。したがって、大羅紗の値段は下がるでしょう。

例の金を本日再び見てもらいましたが、それには以前に貴殿に書いた以上の値段は提示されませんでした。したがって、陛下の出発に伴って、値段が上がるかどうかを見極めます。というのも、当地において、彼が遅くとも12

647　Bongosamma
648　Massamnedonno
649　Wouringouw

ないし 14 日以内に出発するということが事実として言われているからです。江戸の王である彼の息子についても同様のことが言われています。それがどうなるのか、時が教えてくれるでしょう。

　ギヘエモン殿が 10 ないし 20 タエルを必要としているならば、貴殿の指示に従って彼にそれを渡すつもりです。同ギヘエモン殿は 200 ないし 250 石のバルク船を購入するようにとの指示を貴殿が彼に与えたと私に伝えました。しかし、彼は今、尼崎にいるので、私は彼がそれを購入したか否かは分かりません。

　ヤサエモン殿は陛下〔家康〕への拝謁を行い、マニラへ渡航するための御朱印を得ました。なぜなら、シャムへの渡航は大したことができないからです。

　私が肥前様のための緞子をカンベエ殿[650]およびタロウサエモン殿に届けた時に、私は彼らに最下級品のものに対して 1 反当たり最低 3 タエルを支払わなければならないと言いました。それに対して彼らはそれが高いと答えました。しかし、値段については議論するつもりはありませんでした。なぜなら、カンベエ殿が自らそれを貴殿と清算することになっているからです。双方の側からそれ以上何も言いませんでした。しかし、今後、不満を防ぐために、まず、その定価が決定するまでは、貴殿の命令に従って、誰にもどんな商品も渡さないことにします。

　次の品物について私は最安値を取引所[651]つまり問屋[652]で調べさせました。つまり、　　　　　　　　　　　　　　　　　〔Th＝丁銀タエル〕

マカオから舶載された生糸　1 ピコル当たり　　　　　　　Th 231–230
ルソンから舶載された同上生糸　1 ピコル当たり　　　　　Th 234–233
我々が舶載した同上生糸　1 ピコル当たり　　　　　　　　Th 238–237
黒色の無地の天鵞絨　1 反当たり　　　　　　　　　　　　Th 11–10
同上色物　1 反当たり　　　　　　　　　　　　　　　　　Th 8–7
8 番の黒色の繻子　1 反当たり　　　　　　　　　　　　　Th 7–6½

650　Cambedonno
651　bancke
652　toija

同上14番と7番の下級品　1反当たり	Th 4-3½
色物無地の繻子　1反当たり	Th 5½
模様入り繻子　1反当たり	Th 5
黒色の大海黄　1反当たり	Th 1½
モロー　各種混在　1反当たり	Th 1½
白色の繻子　1反当たり	Th 3½-4
胡椒　1ピコル当たり	Th 5-4½
丁子　1ピコル当たり	Th 20-21
ナツメグ　1ピコル当たり	Th 10-10½
蘇木　1ピコル当たり	Th 3
蝋　1ピコル当たり	Th 14-13½
チンチャウ[653]　1ピコル当たり	Th 17-16½
甘草　1ピコル当たり	Th 10-9½
白砂糖　1ピコル当たり	Th 5-5½
同上黒砂糖　1ピコル当たり	Th 4
癒瘡木　1ピコル当たり	Th 5½
水銀　1ピコル当たり	Th 145
バラ積みの鮫皮　100枚当たり	Th 8-7
1束40枚入りの鹿皮　100枚当たり	Th 31-30
1束50枚入りの同皮　100枚当たり	Th 25-24

　また、ビスケット入りポット、オリーブオイルの入った陶製の瓶1本、燻製ハム2個、そして燻製肉2個を貴殿に感謝します。というのは、それは本当に〔日本の食糧と〕違うものだからです。

　ヤーコプ・ヨーリッセン[654]が食中毒で重病だったということを知って、気の毒に思います。しかし、現在再び快方に向かっているので、再び喜ばしく思います。善き神が彼の至福に向けて再び完全な健康を彼に与えてくれますように。

653　仙草か
654　Jacob Jorissen

以上、末筆ながら、尊敬すべき、慎重で、とても思慮深い貴殿、貴殿を主の保護の中に委ね、至福を迎える時まで永続的な健康の中で貴殿および貴殿の仲間を守ってくれますように。アーメン。

　京都[655]、本日 1615 年 9 月 2 日。

敬具
エルベルト・ワウテルセン[656]

655　Meaco
656　Elbert Woutersen

60 | エルベルト・ワウテルセンより〔ジャック・スペックス宛〕書状、京都、1615年9月5日付

　本状を書いたところ、肥前様〔松浦隆信〕[657]の指示により、タロウサエモン殿[658]が夜の3時にもなって、私のところに来て、去る8月19日付の貴殿の書状を私に届けてくれました。その書状から、ヤヒト船ヤカトラ号[659]が、チャンパ[660]から渡航したポルトガルのジャンク船を女島[661]付近で拿捕したこと、また、そのジャンク船を保持できるかどうかについて貴殿が心配していることが分かりました。

　これを受けて、昨日肥前様が陛下〔家康〕[662]に謁見してくれたので、〔その後〕陛下の指示により、上野介殿〔本多正純〕[663]から本日回答が得られました。つまり、同ジャンク船が陛下の朱印状を携帯していないなら、戦利品として保持して構わない〔とのことです〕。

　〔長谷川〕左兵衛殿[664]は、〔同ジャンク船が〕日本の領土内で拿捕されたことを理由に、その船が返還されるための努力を惜しみませんでした。しかし、どうすることもできませんでした。というのも、皇帝〔家康〕は、我々が海上でポルトガル人〔の船〕に遭遇すれば、拿捕して良いという以前に出した約束を変えようとしなかったからです。

〔Th＝丁銀タエル：匁：分〕

黒檀の現在の価格は1ピコル当たり	Th －：－
錫は1ピコル当たり	Th 14：－

　スケサエモン殿[665]の書状を同封して貴殿に送ります。貴殿が彼に送付した書状に対する返答です。さらにもう2通。1通は前述のスケサエモン殿から、

657　Figensamma
658　Tarrosemondonno
659　Jaccatra
660　Champa
661　Meaxima
662　keijser
663　Cosequedonno
664　Saffioijedonno
665　Scheseijmondonno

そしてもう1通は我々の皮を販売した仲買人からのものです。これらは3日前に彼ら宛に送付した私の書状に対する返答です。さようなら。本状を運ぶ者がこの書状を待ち受けているので取り急ぎ認めました。京都[666]にて。本日1615年9月5日。

敬具
エルベルト・ワウテルセン[667]

---

666 Meaco
667 Elbert Woutersen

61｜エルベルト・ワウテルセンより〔ジャック・スペックス宛〕書状、京都、1615年9月10日付

尊敬すべき、慎重で、とても思慮深い殿

　肥前様〔松浦隆信〕[668]が下に送った速達を通じてヤヒト船ヤカトラ号[669]によるポルトガルのジャンク船の拿捕に関する皇帝〔家康〕の回答と共に貴殿に送った書状が最後のものです。そして、私がその書状と共に貴殿に送った品物の値段については、依然として同じ値段のままです。そのため、本状でそれについてこれ以上の言及はしません。

　北[670]と南[671]の領主たちは、陛下〔家康〕から許可を得たので、近いうちに出発するでしょう。そして、陛下は彼の息子である江戸[672]の王と共に12月に京都[673]に再び来ます。というのは、彼〔秀忠〕は内裏様[674]から新しい官位を授けられるからです。しかし、関白様[675]の官位にはなりません。

　皆が言うところによると、皇帝が13ないし14条からも成る御法度を日本中に布告させるということです。

　つまり、領主であろうと商人であろうと、誰も乗物に乗って担いでもらってはいけません。

　誰も紫色の日本の大海黄の小袖、綾織りまたは平織りの白色の緞子の小袖を着てはなりません。また、自身の小袖を皇帝と同じ紋で染めてはいけません。

　商人は刀あるいは脇差を携帯してはなりません。

　3日前に私は再び板倉殿[676]の家臣のところへ行って、彼には貴殿からの書状を受け取ったと伝えました。その書状の中で、どのような理由でクロベエ殿[677]から受け取るはずのお金を私が受け取っていないのかが貴殿には分から

668　Figensamma
669　Jaccatra
670　東国大名
671　西国大名
672　Edon
673　Meaco
674　Dairisamma
675　Quanbacksamme
676　Itakuradonno

ないと貴殿は書いていました。また、貴殿が陛下〔家康〕に謁見するために今月上に来るということも私は伝えました。それゆえ、それまでに私はクロベエ殿から支払いを受けられるように彼に要請しました。なぜなら、そうでなければ、貴殿が上に来た時にクロベエからの支払いをもらっていなければ、貴殿があまり満足しないだろうからです。それについて、貴殿が来る前に同クロベエがすべての支払いを完了していることを彼は私に固く約束してくれました。

大粒の胡椒の現在の価格は1ピコル当たり6タエル、そして小判は64匁です。

本状と共に2700斤の精錬銅を貴殿に送ります。これは20,000斤のうちの残りです。

皇帝の二人の息子は、上述した理由で江戸の王〔秀忠〕が再び京都に来るまでの間、当地に留まる予定です。

常陸様〔徳川頼宣〕[678]と呼ばれる一人は当地京都に、もう一方の右兵衛督〔徳川義直〕[679]は伏見[680]に滞在することになります。また、〔江戸の〕王が当地に来たら、すべての南の領主たちは再び上京しなければなりません。

次の通りの5通の証書を同封して貴殿に送付します。貴殿のところでその現金が受け取られるようにするためです。というのも、当該人物が全員これから下へ行くからです。

平戸[681]の殿[682]である肥前様に対して渡した緞子40反分の証書1通
豊後様[683]〔松浦信実〕に対して渡した現金100タエル分の証書1通
タロウサエモン殿[684]へ渡した丁子20斤分の証書1通
肥前様の弟、主殿[685]〔松浦信辰〕に対して渡した現金20タエル分の証書1通
そして同肥前様に対して〔渡した〕蝋31斤分の証書1通

677　Crobedonno
678　Staatssamma
679　Fioijesamme
680　Fissemi
681　Firando
682　Thonno
683　Bonghesamma
684　Tarraseijmondonno
685　Tonnomondonno

ギヘエモン殿[686]に対して丁子 7 斤および粗製の胡椒 5 斤を渡しました。これについては彼が貴殿に下で支払いをする予定です。

　陛下に見せるために以前にタロウサエモン殿に渡したテーブルクロス 1 反およびナプキン 2 反が本日私のもとに戻されました。というのも、陛下はこれ以上のテーブルクロスもナプキンも購入する気がなくなったからです。

　マテイス・テン・ブルッケ氏[687]が当地にいた時に陛下が購入したナプキン 2 反について、長崎[688]で代金を受け取ることができるようにタロウサエモン殿が私にそれについての証書 1 通を渡してくれる予定です。また、陛下は鉛筆 3 斤分を 1 斤当たり 3½ 匁で購入してくれました。

　肥前様とタロウサエモン殿はそれぞれ 1 斤分の鉛筆を購入しました。それについて彼らは上記の値段で私に支払いをしてくれました。

　以上、末筆ながら、尊敬すべき、慎重で、とても思慮深い貴殿、神の保護の中に貴殿を委ね、至福を迎える時まで永続的な健康の中で貴殿および貴殿の仲間を守ってくれますように。アーメン。

　京都、本日 1615 年 9 月 10 日。

敬具

エルベルト・ワウテルセン[689]

　本状を書いている最中に、20 タエル分の現金を貸してもらうために主殿からの連絡がきました。そのため、20 タエルを持たせて通詞を彼のところに派遣しました。しかし、彼は必要がないと言い、それを受け取りませんでした。

686　Giegeijmondonno
687　Matthijs ten Broecke
688　Nangasacqui
689　Elbert Woutersz

62 | ジャック・スペックスより〔マテイス・テン・ブルッケとレナールト・カンプス宛〕書状、相島、1615年9月15日付

神を讃えよ。1615年9月15日付。
真夜中に相島沖[690]に停泊中のバルク船にて。

尊敬すべき、とても慎重な殿たち、かつ特別に良き友たち

　送別の時に私に示してくれた尊敬、尽力および友情に対して、貴殿たち二人およびそれぞれに感謝をした上で、本状は肥前様〔松浦隆信〕[691]と出会ったことについて手短にそして状況に応じて貴殿たちに知らせるためのものです。それは特別に誠実で友好的でした。したがって、貴殿たちも彼をできるだけ誠実かつ壮麗に歓迎してください。つまり、ディルク・アレルセン[692]、クラース・ハルマンセン[693]およびマティアス[694]と共に最も立派な衣服を着たトランペット奏者たちを立派に揃えたバルク船で彼を迎えに行ってください。そして、彼のバルク船の後ろに回ってから歓迎の言葉を述べた後に、できるだけ早く前に回って、並んで航行してください。彼〔のバルク船〕を追い越す時、あるいは商館の中に入る時に、陸から3台の大砲で歓迎の祝砲を撃ってください。そして、その後、先例に従って、彼のバルク船がスヒップ船およびヤヒト船の前に来たら、射程外になるように〔祝砲を撃ってください〕。くれぐれもバルク船あるいは人々に当たらないように注意してください。そして、イギリス人よりも尊敬が得られるように整然とすべてを行うべきです。

　ジャンク船については、〔長谷川〕左兵衛殿[695]および彼の仲間からまだ何らかの妨害がありそうです。しかし、それは大したことではありません。それ〔ジャンク船〕が我々のものであることを、貴殿たちは私と共に確信して良いです。ただ、それを秘密にしておいて、ポルトガル人をしっかりと監禁して

690　Aynossima
691　Fighensamma
692　Dirck Allersz
693　Claes Harmansz
694　Matthias
695　Saffiadonno

ください。

　肥前様が〔城に〕到着次第、貴殿たち二人が相応の同伴者と一緒に、3ないし5本のワインおよびチーズ1個を持って彼に歓迎の挨拶に行き、日本の慣習に従って最高の敬意を表しながら彼にあらゆる奉仕を示すのがいいと私は思います。これはマテイス[696]ができるでしょう。

　殿〔隆信〕が何らかの商品あるいはほかのものを見るために何かを要請すれば、完全に妥当な範囲内で彼を満足させてください。すべてにおいて、経費ではなく、礼儀に関してイギリス人を上回ってください。それ〔経費〕に関しては、彼らに先を越されても構いません。ご参考まで。

　同封しているエルベルト氏[697]の書状および証書を貴殿たち、〔つまり〕マテイスおよびレナールト[698]がきちんと保管し、貴殿たちの参考に役立ててください。

　肥前様は船に対してあらゆる尽力を提供してくれます。彼に依頼した時に彼がそれを約束してくれた通り、砲弾鋳造師のために場所を要求してくれると幸いです。良い秩序、司法の適用および友情を、貴殿たち二人に引き続き推奨します。それを完全に頼りにしています。

　江戸の王〔秀忠〕は出発し、皇帝〔家康〕も同様ですが、不確かです。最初の機会で私は貴殿たちにすべてについて詳細に報告する予定です。以上、引き続き最も万能な神に貴殿を委ねます。神が貴殿たちにその神聖な祝福を与えるように。アーメン。

　取り急ぎ。

敬具
ジャック・スペックス[699]

696　Mattijs
697　Elberte
698　Leenaert
699　Jacques Specx

63｜ジャック・スペックスより〔マテイス・テン・ブルッケとレナールト・カンプス宛〕書状、京都、1615年9月25日付

尊敬すべき、慎重でとても思慮深い殿たち、かつ特別に良き友たち

　貴殿たち宛の私の最後の書状は平戸[700]の領主肥前様〔松浦隆信〕[701]を通じてのものでした。〔我々は〕7日で順調に上に着き、今月24日に京都[702]に到着しました。そこで2時間後に皇帝〔家康〕、上野介殿〔本多正純〕[703]および後藤庄三郎殿[704]への拝謁を行いました。すべてが完全に満足いくように行われました。しかし、我々はジャンク船などについての完全な決裁がまだ得られていません。それゆえ、現在皇帝陛下〔家康〕を大津[705]まで追っていく必要があります。そこで我々に決裁が与えられることを希望しています。それについての経過を必要に応じて早飛脚で貴殿たちに知らせる予定です。また、江戸[706]への私の参府は上野介殿の好意により今回は免除されました。したがって、すぐに貴殿たちの元に戻ることを希望しています。その間に引き続き貴殿たち二人がすべてにおいて良い秩序を保ってください。また、大工工事および食糧の調達の実行を最優先で推奨します。それを私は完全に頼りにしています。

　マテイス[707]およびレナールト[708]よ、現在の状況により私は貴殿たちに商品などの販売についての覚書を約束した通りにはこれまでのところ送っていません。それは、皇帝の移動を追っていかなければならないので、本状ではまだ実現できません。とにかく、すべての物についてできるだけたくさん売却するようにしてください。貴殿たちはそちらで市場価格を把握できるでしょう。生糸は現在当地で52½斤当たり1200と1300匁の間の値段です。ご参考まで。私が当地に戻った時に、すべてについてより詳細に知らせることを

700　Firando
701　Fighensamma
702　Miaco
703　Cosequidonno
704　Gotso Sabbroudonno
705　Woots
706　Edon
707　Matthias
708　Leenaerdt

怠らないつもりです。以上、すべてについてしっかり管理と監督を行うように推奨した上で、貴殿たち二人を最高神の恩寵の中に委ねます。

　京都にて、本日 1615 年 9 月 25 日。

敬具

ジャック・スペックス[709]

709　Jacques Specx

64｜マテイス・テン・ブルッケとレナールト・カンプスより〔ジャック・スペックス宛〕書状、平戸、1615年9月19日付

尊敬すべき、慎重で、とても思慮深い殿

　9月15日付の貴殿の快い書状は本日17日に我々のところに無事に届きました。その内容は了解しました。肥前様〔松浦隆信〕[710]との誠実で友好的な面会について聞くのは、我々にとって嬉しいことでした。この肥前様を、貴殿が書いていることに従って、我々は早朝にトランペット奏者と共に〔小舟で〕一緒に出迎えに行き、彼に恭しく敬意を表しながら歓迎の意を伝えました。また、彼が商館の前を通った時には、3発の礼砲を捧げるとともに陸上にいる時に、スヒップ船エンクハイゼン号[711]の大砲から15発を、さらにマスケット銃から複数回に渡る祝砲の一巡を捧げました。ヤヒト船もすべてにおいて努力することを怠りませんでした。まとめると、領主の肥前様を恭しく敬意を表しながら迎えに航行し、火薬をできるだけ消費しないで歓迎の意を伝えました。

　今月17日の午後に我々は皆でワイン5本とチーズ1個を持って領主のところを訪れて、ジャンク船に関して殿が取ってくれた骨折りおよび努力に恭しく敬意を表しながら感謝し、何なりと奉仕すると申し出ました。同領主は、拿捕されたジャンク船のポルトガル人のうち2人を我々の面前で尋問するために、明日商館に来ることを依頼しました。なぜなら、彼が言うには、トラー[712]あるいは皇帝〔家康〕の朱印状について彼ら〔ポルトガル人〕に尋ねるように皇帝から命令を受け、それは彼に許可されたからです。翌日の朝に領主が商館に来なかったので、拿捕したジャンク船の2人のポルトガル人とともに殿のところへ呼び出されました。そこで我々の面前で、彼らは皇帝のトラーあるいは朱印状の有無について尋ねられました。〔ポルトガル人は、朱印状を〕持っていないし、一度ももらったことがないと答えました。彼らは強く苦情を訴え、現在は彼〔隆信〕の管轄下にいて、船での待遇があまり良くない

710　Fighensamma
711　Enckhuijsen
712　tra　朱印状を指すタイ語

め、どうか彼らを彼の保護下で陸に上げてくれるように殿に請願しました。これに領主は笑いながら答え、それは自分の知ったことではなく、何か要求があれば、長崎[713]でポルトガル人を擁護し、管轄している〔長谷川〕左兵衛殿[714]に頼めば良いと言いました。

イギリス人たちはまだ〔城〕内には行っていません。また、殿を船で迎えに行ってもいません。ただ、10ないし12発の祝砲だけを彼に捧げただけでした。それにより、しばしば長く引きずる彼らの尻尾が今は短すぎて、どこにも近づくことができなくなりました[715]。

砲弾鋳造師のための場所を要求することを怠らないつもりです。それはすでに主馬殿〔佐川主馬〕[716]にも依頼しました。そして、肥前様がもうすぐ戻って来るので、彼はそれを彼〔肥前様〕に提案することを約束してくれました。その場におられれば、すでに我々に許可されていただろうと〔彼は〕確信しています。

エルベルト・ワウテルセン氏[717]が送っている銅はまだ受け取っていません。受け取り次第、ただちにその感想について貴殿に報告するつもりです。同人は証書5通について言及していますが、4通だけしか見当たりません。現金をできる限り早く回収することを怠らないつもりです。

長崎のルイス・マルティンス[718]宛の貴殿の書状に対する回答を今月18日に受け取りました。貴殿によって送られた1000タエルを〔彼が〕無事に受け取りました。本状の持参人、つまり彼の使用人であるマルクス[719]を通じて、1斤当たり22タエルで19斤13両3匁の麝香、1斤当たり3匁で、44ピコル75斤の砂糖漬生姜を我々に送付してくれました。これは、彼の書状によると、極めて美しいとのことです。同人は再び1000タエルを要求し、金銭のために頭から両目を引き抜こうとしていると不平を述べています。した

713　Nangasacqui
714　Saffiadonno
715　尻尾は儀式を意味している。いつも長々と儀式をやっているのに、今回は短く切り上げている。中世においてオランダでは、イギリス人を「尻尾のある人」と軽蔑的に呼んでいた。
716　Simedono
717　Elbert Woutersz
718　Lnˢ Maˢ
719　Marcus

がって、(彼にまだ 2000 タエル以上の負債があるので)、彼を援助するために、そして我々が完全には蓄えがなくならないように 600〔タエル〕を送ることをせずにはいられませんでした。

　銅の価格について、長崎では銀と交換した場合 7½ タエル以上、商品と交換した場合 8 タエル以上にはならないと同マルティンスは書いています。したがって、入手できるならば、100 ピコル分の砂糖漬の生姜を銅と交換するように彼に指示を与えました。ただし、その銅が 8 タエルを下回らず、そしてその生姜が最後に送った分と同様に美しいもので、また可能な限り正当な値段で入手できるという条件の下でということです。

　ジャンク船の補修に関しては特別に書くことはありません。木材はまだ来ていません。それに対する我々の努力および会社の全般的な業務において行う必要のあることを怠らないつもりです。

　イギリスのヤヒト船が何を運んできたのかは、これまでのところ確実には突き止めていません。ただ、今月 16 日に籐および衣料と思われるいくつかの包みが荷降ろしされるのを見ました。というのも、そのヤヒト船がバンタムから出発した時に、彼の地で売却できなかったいくらかの古くなった衣料品があったからです。また、いくらかの胡椒もあります。大羅紗もいくらかの絹製の反物も運ばれて来なかったと確信しています。なぜなら、(貴殿が知っているように)〔彼らは〕いくらかの天鵞絨および繻子を求めて我々のところに来たからです。

　ダミアン・マリーニ[720]および彼の仲間の両人が捕まってマニラへ連れて行かれるとイギリス人から聞きました[721]。なぜなら、彼の地では人手がとても必要とされているからです。

　以上、末筆ながら、我々とすべての友人たちからの心よりの挨拶の上で、尊敬すべき、慎重で思慮深い貴殿を引き続き神の恩寵の中に委ねます。神が貴殿に順調で幸運で無事の旅を与えてくれますように。アーメン。

　本日 1615 年 9 月 19 日平戸にて記す。

720　Damian Marini
721　イタリア人のダミアン・マリーニはイギリス人のために働いていたため、長崎でポルトガル人によって捕まえられた。その後アダムスが家康に請願した結果、解放された。

敬具
マテイス・テン・ブルッケ[722]
レナールト・カンプス[723]

2700 斤の銅を無事に受け取りました。

722　Matthijs ten Broecke
723　Lenardt Camps

65 | ヤン・ヨーステン・ローデンステインより〔ジャック・スペックス宛〕書状、〔発信地不詳〕、1615年11月7日付

尊敬すべき、とても思慮深い殿

　貴殿の書状を無事に受け取り、そのほかの書状を確実に届けました。次に例のトラー〔朱印状〕については、私がそちらに行く時に貴殿にお話します。私が貴殿から26匁で購入した例の木材は20匁より高くなりません。しかし、さらに安く売らざるを得ませんでした。というのも、100ピコル当たり60ドゥカートの差額が出るからです。なぜなら、そのような高い値段を支払う理由がないからです。というのは、市場価格はそれより高くならなかったからです。貴殿のところにいる水夫および私が貴殿のところに連れていく水夫については、貴殿は不満に思わないでしょう。以上、ご機嫌よう。アーメン。

　1615年11月7日。

敬具

ヤン・ヨーステン・ローデンステイン[724]

キダイ殿[725]のバルク船を再び渡航させてください。彼に当地で100ドゥカートを支払い、残りを江戸[726]で支払うことになっています。

少量のオリーブオイル。

724　Jan Joosten Loodensteijn
725　Kijdeijdonno
726　Edo

66｜メルヒヨル・ファン・サントフォールトより〔ジャック・スペックス宛〕書状、長崎、1615年11月5日付

　尊敬すべき、とても思慮深く、慎重な殿、かつ特別に良き友
　今月1日付の貴殿の快い書状は同月3日に私のところに無事届きました。その書状から私は京都[727]からの貴殿の帰還を知りました。貴殿が皇帝〔家康〕およびほかの領主たちの前で貴殿の思い通りにかくもうまくいったこと、そして特に貴殿が非常に心配していたクロベエ殿[728]の件のことを聞いて、私はとても嬉しいです。しかし、〔その心配は〕根拠がないわけではありませんでした。とはいえ、正当な訴訟では神は法を導きます。というのも、神は法だからです。
　貴殿よ、私から1000ないし2000タエルを利子付で借用したいという貴殿の依頼については、今のところ私には都合がよくありません。その理由としては、私が現在いくらかの現金をこの季節風の機会で投資しているからです。しかし、私は堺[729]からスケサエモン殿[730]あるいはヤサエモン殿[731]を通じて現金を待っているところです。それが早く来るか遅く来るか分かりません。それが届けば、貴殿にそのことを知らせるつもりです。
　次に、蘇木をヤン・ヨーステン[732]に売却することについて、貴殿が私に平戸[733]から現金を送ってくれるという条件に私は非常に満足しています。なぜなら、ヤン・ヨーステンが上へ行くならば、6月か7月にしか戻らないからです。それは私にとって待つには長すぎます。そういうわけで、それが平戸から私に送付されるようにするとヤン・ヨーステンは当地で私に約束してくれました。
　今年シャムへ渡航するジャンク船は何隻なのか、噂では4隻が行くということですが、2隻は不確かです。2隻は確かに渡航します。そのうちの1隻

727　Meaco
728　Crobedonno
729　Saccaij
730　Scheseijmondonne
731　Janseijmondonno
732　Jan Joosten
733　Firando

のジャンク船は陰暦24日あるいは11月15日に出帆します。もしも、届けるべき何通かの書状が貴殿のところにあれば、その時までに準備してください。そして、貴殿がよろしければ、シャムへ行く私の使用人を通じて送ります。その者は私のために今までに3回シャムに行ったことがあります。彼は信頼できる男であり、マールテン・ハウトマン氏[734]がとてもよく知っています。以上、万能神に貴殿を委ねます。彼が我々の名誉と我々の魂の至福に向けて、貴殿と我々を守ってくれますように。大型スヒップ船の船長とヤヒト船の船長、ヤン・ヨーステンの兄弟、そしてさらにすべての良き友に心よりよろしくお伝えください。

　長崎[735]にて、本日1615年11月5日。

敬具
メルヒヨル・ファン・サントフォールト[736]

734　Merten Houtman
735　Nangasacqui
736　Melchior van Santvoort

67｜メルヒヨル・ファン・サントフォールトより〔ジャック・スペックス宛〕書状、長崎、1615年11月15日付

尊敬すべき、とても思慮深い殿、かつ特別に良き友

　今月14日付の貴殿の快い書状を同月15日に私は無事に受け取りました。シャムにいるマールテン・ハウトマン氏[737]に届ける書状の包みについては、どうぞご安心ください。私は私の使用人マテイス[738]に貴殿の書状を十分慎重に扱うように命じておきます。彼らがマカオに寄港するかどうかは私には分かりません。

　以上、万能神に貴殿を委ねます。彼が彼の名誉と我々の魂の至福に向けて、貴殿と我々を守ってくれますように。アーメン。

　長崎[739]にて、本日1615年11月15日。

敬具

メルヒヨル・ファン・サントフォールト[740]

737　Maerten Houtman
738　Matthijs
739　Nangasacqui
740　Melchior van Santvoordt

68｜ヤン・ヨーステン・ローデンステインより〔ジャック・スペックス宛〕書状、〔発信地不詳〕、1615年11月9日付

尊敬すべき、とても思慮深い殿

　私に最上級の□□１反の半分をこの使用人を通じて送ってくださるように貴殿に伝えます。なぜなら、その半分の長さの最上級品は、オルトスタール色のもの１反の半分と、さらに黄褐色のもの１反の半分と共に売却ないし交換されたからです。もしも、それが当地で売却ないし交換できなければ、私は貴殿にそれを返却するつもりです。あるいは、私に預けたままにしてくれても構いません。

　以上、神が我々皆の側におられますように。アーメン。

　1615年11月9日。

敬具

ヤン・ヨーステン・ローデンステイン[741]

カラック船の書状3～4通を同封します。
私の兄弟および船長によろしく伝えてください。

741　Jan Joosten Lodensteijn

69 | メルヒヨル・ファン・サントフォールトより〔ジャック・スペックス宛〕書状、長崎、〔1615年11月12日以降〕

尊敬すべき、とても思慮深い殿、かつ特別に良き友

　今月11日付の貴殿の快い書状を同月12日に私は無事に受け取りました。貴殿の書状をシャムへ届けるようにとの私への依頼についてはどうぞご安心ください。私の使用人が貴殿のジャンク船に乗船することについては今となっては遅すぎます。準備がすでにできており、船長には約束済みです。良い提案について貴殿に感謝します。次に、貴殿に便宜を図ること、つまり、2000タエルを貸すことについて、上からまだ現金を受け取っていません。しかし、それが到着次第、すぐにそれを貴殿に知らせます。続いて、3000ないし4000タエルを利子付で貸す気のある商人がいるかどうかについては、今現在、長崎[742]に資金のある商人はまだあまりいませんが、〔和暦の〕10月になるとやって来ます。したがって、今回は十分な額の現金が得られない状況です。

　以上、ご挨拶を申し上げ、万能神に貴殿を委ねます。神がその名誉と至福に向けて、貴殿と我々を守ってくれますように。アーメン。

　マテイス・テン・ブルッケ氏[743]によろしくお伝えください。そして彼に渡航の幸運と無事を祈ります。アーメン。

敬具
メルヒヨル・ファン・サントフォールト[744]

742　Nangasacqui
743　Matthijs ten Broecke
744　Melchior van Santvoordt

70｜エルベルト・ワウテルセンより〔ジャック・スペックス宛〕書状、大坂、1615年11月3日付

尊敬すべき、慎重で、とても思慮深い殿へ

　本状の持参人であるシモン・ピーテルセン[745]を通じて貴殿に次の貨幣、銅製品、鋼鉄、火縄、コロマンデル産および日本産布、ならびに金屏風一双を送付します。

　貴殿が京都[746]で利子付で借りた40,000匁のうち、下に送付するのは、

〔Th＝丁銀タエル：匁：分〕

完全な形状の丁銀で	Th 1000：-：-
一、分割された丁銀で	Th 2200：-：-
一、精錬銀で	Th 154：5：2
上記のものを100匁につき7匁9分で交換する手数料	Th 12：2：1
一、1ピコル当たり150匁で支払った3610斤の銅製品として	Th 541：5：-
一、貴殿が下に持参した、1ピコル当たり37匁で支払った200斤の精錬されていない鋼鉄として	Th 7：4：-
一、1ピコル当たり76匁8分で、392斤の最上等の精錬鋼鉄として	Th 30：1：-
一、1ピコル当たり44匁8分で、392斤の少し劣等の精錬鋼鉄として	Th 17：5：6
一、銅および鋼鉄の購入時に支払った1パーセントの手数料として	Th 5：9：6
一、1束当たり3分で、400束の火縄として	Th 12：-：-
一、12反のシマ〔縞〕と呼ばれる日本の布として、つまり1反は28匁で、そして11反は各14½匁で	Th 18：7：5
合計	Th 4000：-：-

745　Simon Pietersz
746　Meaco

そして、私の勘定として、下に送付するのは
完全な形状の丁銀で　　　　　　　　　　　　　　　Th 170 : - : -
一、精錬銀で　　　　　　　　　　　　　　　　　　Th 1695 : 4 : 8
上記のものを100匁につき7匁9分で交換する手数料　Th 133 : 9 : 4
一、鹿皮の販売の際に受け取った貨幣で、三官[747]に帰属
するもの　　　　　　　　　　　　　　　　　　　　Th 130 : - : -
そして、京都で別れた時に私が貴殿に渡したのは、
完全な形状の丁銀で　　　　　　　　　　　　　　　Th 2143 : 6 : 9
精錬銀で　　　　　　　　　　　　　　　　　　　　Th 3800 : - : -
その交換の際に支払った手数料の合計、つまり6000匁
分については6パーセント、そして32,000匁分につい
ては100匁当たり7匁　　　　　　　　　　　　　　 Th 260 : - : -
合計　　　　　　　　　　　　　　　　　　　　　　Th 8333 : 1 : 1

　スケサエモン殿[748]から3149匁5分を受け取りました。それは、マテイス・テン・ブルッケ氏[749]がこの間の戦争の時に彼に預けていた3849匁5分の残りであり、そこに不足している700匁については、貴殿が望んだ通りに、その代わりに木材を購入してくれました。それを彼は貴殿に送付しました。つまり、100枚当たり128匁4分でアカマツ板500枚および1枚当たり9⅔分で杉板60枚。合計、前述の通り700匁。また、それを上記の額から差し引くと3149匁5分になり、それは貴殿に渡した分と今回送付する分の2回分です。まだ8018:1:6タエルが残っています。それをそのように帳簿に記帳するつもりです。

　下記の銅製品、鋼鉄、火縄、コロマンデル産および日本産の布、ならびに7反の日本の大海黄がどのように梱包されたのかに関する覚書は次の通りです。
まず、裁断された銅板
1番　　銅板20枚　合計重量　　　　　　　　　　　　100斤
2番　　銅板20枚　合計重量　　　　　　　　　　　　 98斤

747　Suangam
748　Scheseijmondonno
749　Matthijs ten Broecke

3番	銅板 20 枚	合計重量	100
4番	銅板 20 枚	合計重量	97
5番	銅板 20 枚	合計重量	100
6番	銅板 20 枚	合計重量	98
7番	銅板 20 枚	合計重量	102
8番	銅板 20 枚	合計重量	100
9番	銅板 20 枚	合計重量	100
10番	銅板 20 枚	合計重量	100
11番	銅板 20 枚	合計重量	99
12番	銅板 20 枚	合計重量	99
13番	銅板 20 枚	合計重量	99 斤
14番	銅板 20 枚	合計重量	100
15番	銅板 20 枚	合計重量	98
16番	銅板 20 枚	合計重量	99
17番	銅板 20 枚	合計重量	102
18番	銅板 20 枚	合計重量	99
19番	銅板 20 枚	合計重量	100
20番	銅板 20 枚	合計重量	101
21番	銅板 20 枚	合計重量	100
22番	銅板 20 枚	合計重量	99
23番	銅板 20 枚	合計重量	100
そして、貴殿が下に持っていた銅板 40 枚の重量			195 斤
銅板 500 枚、合計重量			2485 斤

次に〔弾薬装填のための〕匙用に裁断された銅の薄板の一等品

24番	薄板 30 枚	重量	86 斤
25番	同 30 枚	重量	86
26番	同 30 枚	重量	86
27番	同 10 枚	重量	29
100 枚の薄板	重量 287 斤		287 斤

これらの裁断されていない(ママ)銅板 500 枚および匙用銅の薄板 100 枚の合計

2772 斤

前頁から繰り越し　　　　　　　　　　　　　　　　2772 斤
裁断された銅薄板の二等品
28 番　薄板 40 枚　重量　　　　　　　　　　　　　105
29 番　同 40 枚　　　　　　　　　　　　　　　　　99
30 番　同 20 枚　　　　　　　　　　　　　　　　　51
薄板 100 枚　重量　　　　　　　　　　　　　　　　255 斤

裁断された銅薄板の三等品
31 番　薄板 50 枚　重量　　　　　　　　　　　　　109
32 番　同 50 枚　重量　　　　　　　　　　　　　　108
薄板 100 枚　重量　　　　　　　　　　　　　　　　217 斤

裁断された銅の匙の四等品
33 番　薄板 50 枚　重量　　　　　　　　　　　　　100 斤
34 番　同 50 枚　重量　　　　　　　　　　　　　　99 斤
同 100 枚　重量　　　　　　　　　　　　　　　　　199 斤

裁断された銅の匙の五等品
35 番　薄板 50 枚　重量　　　　　　　　　　　　　86 斤
34 番(ママ)　同 50 枚　重量　　　　　　　　　　　81 斤
薄板 100 枚　　　　　　　　　　　　　　　　　　　167 斤
合計　　　　　　　　　　　　　　　　　　　　　　 3610 斤

37 番　最上級の鋼鉄 98 斤
38 番　98 斤
39 番　98 斤
40 番　98 斤

392斤

41番　同上、やや下級のもの98斤
42番　98斤
43番　98斤
44番　98斤
392斤

45番　黒色のビラム布80反
　　　赤色カリカム布20枚
　　　火縄150束

46番　赤色のカリカム布20反
　　　模様入りカンガン布62反
　　　グーロン布10反、丸く巻いたもの
　　　白色のビラム布20反
　　　シマ〔縞〕と呼ばれる日本の布12反
　　　日本の大海黄7反と火縄70束

47番　火縄180束
48番　一双の金屏風

A番　内容物は、分割された丁銀で	Th 1000：－：－
B番　分割された丁銀で	Th 1000：－：－
C番　完全な形の丁銀	Th 1170：－：－
D番　分割された丁銀2000枚およびスアンガム1300匁、ならびに〔ヤン・ヨーステン〕殿に帰属する完全な形の丁銀4630匁、合計	Th 793：－：－
E番　精錬銀13500匁、そのうち5000匁はヤン・ヨーステン[750]に帰属するもの	Th 1350：－：－

| F番　精錬銀 | Th 1000：−：− |

合計　　　　　　　　　　　　　　　　　　　　Th 6313：−：−

　さらに、これらと一緒に、スケサエモン殿が貴殿の命令に従って作らせた3125斤の火薬を、100斤入りの小樽31個および25斤入りの小さな小樽1個にそれぞれ詰めて送ります。

　ヤサエモン殿[751]は4ないし5日以内に追って行きます。それに伴って、普通の火縄銃および用意できる最上級品すべてが下へ届きます。

　スヒップ船エンクハイゼン号[752]が出発するまでには、銀をはめ込む予定の5ないし6挺の火縄銃について、そのうち1挺も用意できないとスケサエモン殿は私に言いました。

　貴殿が私に預けた5俵の良質の生糸および2俵のランカン[753]はまだ売却していません。なぜなら、52½斤に対して私に提示されたのは1180匁でしかなかったからです。生糸の価格はやや下がったようです。というのは、貴殿が京都で売却したような生糸は、今現在1俵当たり10ないし12匁も安くなっています。

　以上、末筆ながら、尊敬すべき、慎重で、とても思慮深い貴殿を神の保護の中に委ね、至福を迎える時まで永続的な健康の中で貴殿および貴殿の仲間を守ってくれますように。アーメン。

　大坂[754]にて、本日1615年11月3日。

敬具

エルベルト・ワウテルセン[755]

750　J. Joosten
751　Jassemondonno
752　Enckhuijsen
753　Iancan　中国産の下級の生糸
754　Osacca
755　Elbert Woutersz

71｜メルヒヨル・ファン・サントフォールトより〔ジャック・スペックス宛〕書状、長崎、1615年11月19日付

尊敬すべき、慎重で、とても思慮深い殿

　ご挨拶の後に、この数行は次のことを貴殿に伝えるためのものです。つまり、この書状は、カラック船の中で捕虜となっているフアン・デ・ビスカヤ[756]から貴殿に転送するように私に密かに送られました。なぜなら、彼らは非常に厳重に監禁されているからです。神が彼らをその厳重な監禁から解放してくれますように。アーメン。

　以上、万能神に貴殿を委ねます。彼が貴殿と我々を良好な健康の中で守ってくれますように。アーメン。

　長崎[757]にて、1615年11月19日。

敬具
メルヒヨル・ファン・サントフォールト[758]

756　Suan den Boskaine
757　Nangasacqui
758　Melchior van Santvoort

72 │ エルベルト・ワウテルセンより〔ジャック・スペックス宛〕書状、大坂、1615年11月25日付

尊敬すべき、慎重で、とても思慮深い殿

　シモン・ピーテルセン[759]を通じて貴殿に送った私の最後の書状以後、私は貴殿に書状を書きませんでした。そして、本状はスケサブロウ殿[760]という名の我々の宿主の息子に託して送ります。彼は何らかの商品を下で購入するために父親の現金のうち約3000匁を持参します。

〔Th＝丁銀タエル：匁：分〕

そして、総合会社用に完全な形の丁銀で下に届く分は	Th 289：9：7
一、精錬銀	Th 500：－：－
そして、同品を両替するための手数料7パーセント	Th 35：－：－
合計	Th 824：9：7

　前述の現金のほかに、京都[761]で注文した漆器のうち、さらに〔下記のものを〕送付します。つまり、

4つないし5つが入れ子になっている洋櫃80個、4個当たり95匁	Th 190：－：－
小さな書箪笥1個	Th 7：－：－
髭剃り用たらい2個、1個当たり15匁	Th 3：－：－
同上2個、もう少し小さいもの、1個当たり12½匁	Th 2：5：－
ワイングラス用盆2枚、1枚当たり10匁	Th 2：－：－
ビールジョッキ20個、5個当たり15匁	Th 6：－：－
	Th 210：5：－

　ルイス殿[762]が製作した小さな書箪笥は貴殿による漆器の注文覚書で書かれている通りにはなっていません。というのも、その〔覚書の〕中で貴殿は、中央の〔観音開きの〕戸がアーチ型でかつ、ほかの引き出しが枠付きで、外

759　Simon Pieterz
760　Schesabbrodonno
761　Meaco
762　Luisdonno

側にも枠を付けるようにと指示しているからです。しかし、その注文した漆器に関する彼の下絵に描かれているのは、同封したものの通りです。というのは、貴殿に対して最初に提示された見本はそのようなものであったと彼は言っています。そして、その種類の残りの5個はすでに黒塗りされているので、そのような見本のうち、あと2個を、貴殿が覚書で指示している通りのほかの3個とともに引き取るということを私は彼と合意しました。

　また、さらに美しい刀12振および槍12本も送ります。それらの代金は全部で2470匁8分です。貴殿が同封の日本語の覚書で確認できる通りです。それをソウハ殿[763]からの書状と一緒に貴殿に送付します。

　同封する298匁の重量の麝香はシンエモン殿[764]に帰属します。彼は貴殿に対して利子付で50,000匁を貸してくれた人物です。これについて彼と値段を決めませんでした。というのも、それがあまりにも湿りすぎていると私は思ったからです。しかし、私がそれを貴殿に送付し、長崎[765]で有効である値段を貴殿が付けてくれるようにという彼の熱心な請願により、それを送ることにしました。というのも、これはあまり重要ではなかった小さなことであるからです。それは、同シンエモン殿〔の助け〕が再び必要となった場合、彼が我々をさらに快く助けてくれるようにするためです。

　同シンエモン殿は、利子付での50,000匁の借金の担保としてほかの商品と共に彼に預けられていたすべての黒色の繻子を4日前に（私から購入）しました。つまり、各種取り混ぜて、1反当たり42½匁です。それは貴殿の指示と対照すると、この分全体では50匁の差が出ました。したがって、それらが次の方法で売却されたものとして私は帳簿を付けるつもりです。7番のもの40反を貴殿の指示に従って1反当たり50匁、そして14番のもの100反を1反当たり39½匁としてです。それは1反当たり半匁安く売却したことになります。そして、7番と14番の繻子のうち、4反を除く残りのものは、貴殿の指示に従って、すべて1反当たり40ないし50匁で売却しました。それゆえ、もしも平戸で貴殿がまだいくつか持っていて、そちらで売れないな

763　Zophadonno
764　Sinjemondonno
765　Nangasacqui

らば、それを上に送ってください。

　私のところにあるだけの胡椒と象牙は売却されました。つまり、胡椒は1ピコル当たり6タエルで、そして象牙は60タエルでした。また、長く置いておいて古くなったものは、1ピコル当たり26タエルでした。

　ポルトガルの生糸のパンカドは15日前に堺[766]で〔長谷川〕左兵衛殿[767]によって取り決められました。1斤当たり16匁7分の精錬銀です。それについてはすでに十分ご存知でしょう。

　以下の品物の価格は現在次の通りです。つまり、

マニラの生糸　1ピコル当たり	2230匁
同上マカオのもの　1ピコル当たり	2190匁
そして、同上我々のもの　1ピコル当たり	2240匁
黒色の平織りの天鵞絨　1反当たり	95匁
同上、色物　1反当たり	80匁
黒色の平織りの繻子　1反当たり	70匁
同上、色物　1反当たり	62匁
同上、模様入りのもの　1反当たり	60匁
白色繻子　1反当たり	40匁
黒色大海黄　1反当たり	14匁
モロー　1反当たり	16匁
胡椒　1ピコル当たり	60匁
丁子　1ピコル当たり	200匁
ナツメグ　1ピコル当たり	110匁
白砂糖　1ピコル当たり	50匁
同上　黒〔砂糖〕1ピコル当たり	30匁
チンチャウ[768]　1ピコル当たり	165匁
癒瘡木　1ピコル当たり	50匁
水銀　1ピコル当たり	1010匁

766　Saccaij
767　Saffioijedonne
768　仙草か

辰砂　1斤当たり	12匁
粉末状の緑青染料　1斤当たり	10匁
ホウ砂　1斤当たり 5〔ママ〕	5匁
錫　1ピコル当たり	130匁
蘇木　1ピコル当たり	30匁
1束当たり40枚のシャムの鹿皮　100枚当たり	300匁
同上　1束当たり40枚の〔鹿〕皮　100枚当たり	240匁
ばら積み鮫皮　100枚当たり	80匁

堺で注文した分のうち、貴殿へまだ送っていない31丁の火縄銃は、来月末にすべて用意される予定です。

　スケサエモン殿[769]は、長崎でスペイン人あるいはポルトガル人に売却できるかどうかを確認するために彼が20,000斤の火薬を3日以内に下に送るということを貴殿に書状で伝えるようにと私に依頼しました。ただし、1斤当たり2匁〔の価格〕で、貴殿が気に入るかどうか、彼はそれをまず貴殿に提示してもらいたいのです。同封している彼の書状において彼が貴殿に書いている通りです。

　京都にいる我々の宿主は、住んでいる家を12,000匁で購入しました。なぜなら、多くの買い手がいたからです。というのも、もしも彼がそれを今再び売りたければ、2000匁も利益が得られるでしょう。貴殿が上へ送るであろう品物が火から守られるように〔家の〕裏の場所に蔵を建てるつもりです。

　イギリス人が駿河[770]と江戸[771]から戻ってきたこと、また、ヤヒト船ヤカトラ号[772]によって拿捕されたジャンク船、積荷および人員を返還してもらうために、ポルトガル人がその通詞を介しての上野介殿〔本多正純〕[773]に対する請願において行った努力がいかなるものだったのか、さらに、ヌエバ・エスパーニャから浦賀[774]に来航したカスティリャ人が運んで来たのがどのような品物だったのか、そして、昨年長崎でスペイン人のほかの商品と共に没収された灰吹銀がどうなったのか、そしてさらにいくつかのほかの便りについても、

769　Scheseijmondonno
770　Surungouw
771　Edon
772　Jaccatra
773　Cosequidonno
774　Wouringouw

私は貴殿に書こうと思いましたが、私にそれを話してくれたウィリアム・アダムス[775]氏から貴殿がそれについてすべてをお聞き及びになるでしょうから、本状ではこれ以上は控えます。そちらを参考にしてください。というのは、彼自らが我々の宿主の息子と共に下に向かうところだからです。スペイン人によってヌエバ・エスパーニャから運ばれて来た商品の写しならびにスペイン国王〔フェリペ3世〕によって日本の君主に対して送付された書状の写し、また、長崎における灰吹銀およびほかの商品の没収について上野介殿へ提示された請願書〔の写し〕を彼から入手できるはずです。

同アダムス氏から聞いたところ、皇帝〔家康〕はイギリス人が持って来た鉛を購入する予定です。しかし、どの値段になるのか私には分かりません。

肥前様〔松浦隆信〕[776]が皇帝の側室の一人に送り届けたある香木のことで皇帝が同肥前様に対して非常に機嫌を損ねたということを前述のアダムスは私に話しました。どうやら、彼〔家康〕はそれをまったく快く思わなかったようです。なぜなら、彼の側室がそれを彼に見せた時に、彼は「これは何だ、肥前は私を馬鹿にしているのか」と言いながら、それを払いのけたからです。その結果、皇帝はその香木を持参した者にそれを返却させました。

イギリスの船長はまだ京都にいます。彼が京都から出発するまでにまだ6ないし7日間はかかると私は思います。

京都の城〔二条城〕が拡大されるということ、そして、その時には皇帝が自らそこに居住しに来るという噂が当地で広く出回っています。これがどうなるのか、時が教えてくれるでしょう。

以上、末筆ながら、尊敬すべき、慎重で、とても思慮深い貴殿を全能の神の手の中に委ね、至福を迎える時まで永続的な健康の中で貴殿および貴殿の仲間を守ってくれますように。アーメン。

大坂[777]にて、本日1615年11月25日。

敬具
エルベルト・ワウテルセン[778]

775　Willem Adams
776　Fighensamma
777　Osacca
778　Elbert Woutersz

73｜メルヒヨル・ファン・サントフォールトより〔ジャック・スペックス宛〕書状、長崎、1615年12月8日付

尊敬すべき、慎重で、とても思慮深い殿、かつ特別に良き友

　ご挨拶あるいは敬礼の後に、この数行は、マゴスケ[779]というヤン・ヨーステン[780]の使用人にサパンつまり蘇木79マール[781]分を渡したことを貴殿に伝えるためのものです。その79マール分のブラジル木〔蘇木〕は現在4542匁の値段です。ヤン・ヨーステンが私から購入した更紗は600匁の値段です。蘇木および更紗は合わせて合計5142匁と半匁になります。最初の機会で、つまり大型船の出発後に、ヤン・ヨーステンの約束通りに、□[782]および駿河[783]からの良質の通用銀の形で私に送ってくれるようにお願いします。

　以上、万能の神に貴殿を委ね、我々の魂の至福に向けて良好な健康の中で貴殿と我々を守ってくれますように。アーメン。

　長崎[784]にて、本日1615年12月8日。

敬具

メルヒヨル・ファン・サントフォールト[785]

779　Mangouska
780　Jan Joosten
781　maeren　蘇木の計量単位は通常ピコルであるので、pikolmaeten（ピコル）のことか
782　ghesteeckennisse　未詳
783　Sarengouwe
784　Nangasacqui
785　Melchior van Santvoort

74 | エルベルト・ワウテルセンより〔ジャック・スペックス宛〕書状、京都、1615年12月18日付

尊敬すべき、慎重で、とても思慮深い殿

　貴殿宛の私の最後の書状は先月25日付けのものでした。その後、私は先月2日付けの貴殿の書状を先月28日に無事に受け取りました。それに対する返事は下記の通りです。

　アドリアーン・コルネーリセン[786]の死亡を聞いて、私は気の毒に思います。しかし、それは神の思し召しでした。

　ギヘエモン殿[787]とのあらゆる親交を保つよう貴殿が私に勧めていることを怠らないつもりです。また、必要な時に我々の手助けをしてもらえるように、以前に彼の父親と親交を深めました。そして貴殿が同ギヘエモン殿をしっかりとした商人と見なしているということについては、彼をそのような者と認めることができると確信しています。時が今後十分に教えてくれる通りです。

　貴殿が彼に渡した生糸を彼は当地において売却しました。いくつかは1ピコル当たり2320匁で、そして〔そのほかは〕2300匁でした。

　私は、スケサエモン殿[788]が貴殿に対して立て替えたもののうち、4000匁を帳簿上で彼に渡しました。

　貴殿へ以前に送付した品物の値段については、ほとんど変更がありません。下に行く前述のスケサエモン殿から貴殿がお聞き及びになる通りです。

　ギヘエモン殿は3ないし4日以内に一緒に下に行く予定です。彼は現金で60,000ないし70,000匁を下に持参する予定です。それは貴殿に支払いをするためのものであり、またいくつかのほかの商品を再び貴殿から購入するためのものです。というのは、我々の船が今後マカオのカラック船を待ち伏せるということを彼は貴殿から聞いたので、彼は今後貴殿と親交を深めたいのです。

　以上、末筆ながら、尊敬すべき、慎重で、とても思慮深い貴殿、神のご加

786　Adrijaen Cornelisz
787　Gingeijmondonno
788　Scheseijmondonno

護に貴殿を委ね、至福を迎える時まで永続的な健康の中で貴殿および貴殿の仲間を守ってくれますように。アーメン。

　京都[789]にて、本日 1615 年 12 月 18 日。

敬具
エルベルト・ワウテルセン[790]

789　Meaco
790　Elbert Woutersz

75 | エルベルト・ワウテルセンより〔ジャック・スペックス宛〕書状、京都、1615年12月22日付

尊敬すべき、慎重で、とても思慮深い殿

前記は、私が貴殿宛に書き、スケサエモン殿[791]を通じて送付した最後の書状の写しです。そして本状はギヘエモン殿[792]を通じて送ります。

同ギヘエモン殿は、彼が貴殿から渡された生糸のうちの一山が我々の宿主ヨヒョウエ殿[793]によって売却され、その価格は前述している通りであるということを貴殿に書状で伝えるように私に頼みました。

貴殿が当地に残した生糸のうち1俵を売却しました。それは52½斤当たり120タエルでしたが、そのうち重量145匁分が不足していました。

ポイル糸は現在52½斤当たり150タエルの値段です。以前に貴殿に日本語の書状で知らせた通りです。

江戸[794]への我々の旅を進めることができるように、ヤン・ヨーステン氏[795]がすでに上に来てくれていたら良かったのにと私は思います。というのも、クロベエ殿[796]に皮に関する支払いを要求するための時間が日に日に迫っているからです。

江戸では6人の領主たちの屋敷が焼失しました。つまり、薩摩様[797]、政宗殿[798]、室殿[799]、タビシマ殿[800]およびそのほかに二人の領主です。

伏見城[801]が取り壊され、京都[802]から1マイル半および淀[803]から1マイル半のところに再建されるという噂が当地で広く流れています。それは、伏見に

- 791 Scheseijmondonno
- 792 Gingeijmondonno
- 793 Jufijoijedonno
- 794 Edon
- 795 Jan Joosten
- 796 Crobedonne
- 797 Xassimas
- 798 Massammadons
- 799 Mourodons
- 800 Tabissimadonno
- 801 casteel tot Fissemi
- 802 Meaco
- 803 Joddo

立ち寄らずに馬に乗って大坂[804]から京都へ来る道のところにあります。

　以上、末筆ながら、尊敬すべき、慎重で、とても思慮深い貴殿、主のご加護に貴殿を委ね、至福を迎える時まで永続的な健康の中で貴殿および貴殿の仲間を守ってくれますように。アーメン。

　京都にて、本日 1615 年 12 月 22 日。

敬具
エルベルト・ワウテルセン[805]

804　Osacca
805　Elbert Woutersz

76｜エルベルト・ワウテルセンより〔ジャック・スペックス宛〕書状、京都、1616年2月5日付

尊敬すべき、慎重で、とても思慮深い殿

　去る12月22日付の私の最後の書状以降、同月16日付の貴殿の書状を去る1月7日にヤン・ヨーステン氏[806]を通じて無事に受け取りました。それに対する返事は以下の通りです。

　36,000レアル銀貨分の精錬銀は、貴殿の意見通り、バンタムでとても歓迎されると思います。そして、貴殿がシャムへ仕向けた4000レアル銀貨ならびにほかの積荷については、彼の地に向かうジャンク船のための帰り荷としては十分であろうと信じています。万能神がこれについてその祝福を与え、すべてが目的の場所に届きますように。

　マテイス・テン・ブルッケ氏[807]が前述のジャンク船で船長としてシャムへ行くよう指示されたことは確かに会社にとって最も利益のあることです。というのも、もし日本人が船長としてそこに乗船して航行すれば、大きな差があるだろうからです。また、そのようにして、シャムと日本との間の貿易がどのような形で最善に行われるべきかに関して、すべてについてより良い知識を得るためでもあります。しかし、同マテイスの不在は貴殿にとって非常に不都合になります。それについては辛抱が必要です。漆職人への書状は彼らに手渡しました。そして、注文された漆器をなんとしてでも美しく丈夫に作るべきであるということや、そうでなければ私はそれを受け取らないということを以前にも、そして今でも毎日彼らに十分に伝えさせてきました。そして、貴殿が貴殿の書状で述べている通りに、すべての付帯事項もそこに付け加えています。なお、彼らにお金を前払いすることについては、なんとか面子を保てるぐらいの額にするつもりです。

　貴殿がソウハ殿[808]宛に送っていた書状は彼に手渡しました。彼が作らせた刀を貴殿がとても気に入ったので、彼はその書状にとても喜んでいました。

806　Jan Joosten
807　Matthijs ten Broecke
808　Sophadonno

貴殿に以前に送付した298匁分の麝香については、シンエモン殿[809]に帰属するものですが、彼にはまだ支払いをしていません。なぜなら、私は長崎[810]での価格に基づいて支払うべくそれを彼から購入したからです。それゆえ、このような麝香が下で1斤当たりいくらであったのかを私に書いてくださるようにお願いします。というのも、ヤン・ヨーステンが上に持って来た麝香には1斤当たり1000匁が提示されたからです。

　同シンエモン殿によって利子付で貸してもらった50,000匁について、貴殿はあと2～3ヶ月は使っても良いようです。しかし、もしも何らかの商品が上に来るならば、彼はかなりのさらなる担保を要求しています。なぜなら、大羅紗がとても安い値段になっているからです。

　160反の黒色の繻子は無事に受け取りました。つまり、7番のもの60反が入っている番号1の革製の箱および14番のもの100反が入っている番号2の木製の箱です。それには今のところまだ引き合いが提示されていません。

　そして、我々の宿主ヨヒョウエ殿[811]が彼の居住している家を購入したので、彼との関係を続けることを私が得策であると考えるならば、できるだけ大きな、頑丈な蔵を彼がすぐに建ててくれるように〔彼に勧めるべきである〕と貴殿が書いているので、彼がすぐに頑丈な蔵の建設に取りかかることができるように私は彼とそれについて相談しました。しかし、彼はまだ5ないし6週間はそれを建てるつもりはないので、その長さと幅を貴殿のために書き記します。もしも貴殿がそれを小さすぎると考えるならば、彼にそう書いて頂きたいです。というのも、彼はそれを長さ4間、幅2½間に造ろうと考えているからです。

　貴殿が前述のヤン・ヨーステンと締めた勘定書は、彼から私に無事に手渡されました。しかし、彼がそれに基づいて支払う義務を負っている28,918匁4分は、彼が京都[812]から出発する前には受領しませんでした。なぜなら、彼が当地で商品を売却できなかったからです。というのは、彼は手持ちの8

809　Singemondonno
810　Nangasacqui
811　Juffioijedonne
812　Meaco

番の黒色の繻子を1反当たり65匁で、白色の紗綾を43匁で、そして綸子を35匁で手放しました。そしてそのほかすべての彼の商品も同様です。それゆえ、彼は京都で私に対して支払う義務のある現金を急遽当地に送るために一昨日江戸[813]へ出発しました。

サガダ[814]はヤン・ヨーステンに代わって長崎で何人かのポルトガル人に支払いをするために現金で15,000匁をもって下に行きます。彼〔ヤン・ヨーステン〕はそれを当地で1ヶ月当たり1パーセントの利子で2ヶ月間借りなければなりませんでした。前述の目的のために10,000斤分の未精錬銅が同ヤン・ヨーステンのために下に届けられます。彼はそれを当地で1ピコル当たり69匁で購入しました。

昨日クロベエ[815]は我々の皮を昨年売却した仲買人のうち3人と共に京都まで来ました。それは売却された同皮の支払いの延期を板倉殿[816]に請願するためでした。なぜなら、彼らは今までにその内の1匁も受領していないからです。しかし、今のところ私も彼らも板倉殿と面会できていません。なぜなら、彼の体調が良くないからです。これがどうなるのか、時が教えてくれるでしょう。

ヤン・ヨーステンが前年に仮に購入し、今完全に彼に引き渡された商品について、貴殿が彼と合意したということは望ましいことです。なぜなら、〔そうでなければ〕貴殿が言う通り、彼が今後帳尻の合わない帳簿を付けることになるだろうからです。

イギリス人イートン氏[817]は平戸[818]から20斤分のバンタム産の胡椒およびいくらかの蝋を受け取りました。胡椒1ピコル当たり53匁、また、蝋は175匁が彼に提示されました。

以上、末筆ながら、尊敬すべき、慎重で、とても思慮深い貴殿、神のご加護に貴殿を委ね、至福を迎える時まで永続的な健康の中で貴殿および貴殿の

813　Edon
814　Sangada
815　Crobe
816　IJtakuradonno
817　Eijton
818　Firando

仲間を守ってくれますように。アーメン。
　京都にて、本日 1616 年 2 月 5 日。

敬具
エルベルト・ワウテルセン[819]

819　Elbert Woutersz

77 | エルベルト・ワウテルセンより〔ジャック・スペックス宛〕書状、大坂、1616年2月17日付

尊敬すべき、慎重で、とても思慮深い殿

　貴殿に書いた最後の書状はサガダ殿[820]を通じて送りました。その後、去る1月31日付の貴殿の書状を今月13日に無事に受け取りました。本状の以下は、それに対する返答としてのものです。貴殿がそちらで生糸を1ピコル当たり230タエルで売却したということは、良い値段です。なぜなら、これまで当地、上ではそれ以上の値段にはならなかっただろうからです。しかし、現在それは少し値上がりしました。というのは、我々の宿主の息子が貴殿から購入した生糸は1ピコル当たり241タエルの値段でしょうし、カラック船の出発後にはさらに上がることは必然的なものだからです。それは時が教えてくれるでしょう。

　ヤヒト船ヤカトラ号[821]を派遣するための現金に貴殿が非常に困っているということを聞いて、私は非常に残念に思っていました。その上、ヤン・ヨーステン[822]およびクロベエ殿[823]から受け取ることになっている現金を近々期待できると貴殿は思っていました。というのも、同ヤヒト船で送付するために貴殿はそれを完全に当てにしていたからです（それも実現できないでしょう）。なぜなら、これまでのところクロベエ殿からお金をまったく受け取っていないからです。また、ヤン・ヨーステンから受け取ることになっているものは、貴殿に以前に書いた通り、彼がそれを江戸[824]から送ることになっていますが、まだ来ていません。しかし、それが来次第、ヤヒト船の出発前にそちらに届くことに望みをかけて、直ちに精錬銀に交換して、下に送るつもりです。

　漆職人たちが5000ないし6000匁をもらうために私を困らせるのを止めなかったので、私が当地でまだ持っていた各52½斤の生糸4俵分を1俵当たり1170匁で以前に売却しました。というのも、日本の正月に近づいていて、

820　Sangadonno
821　Jaccatra
822　Jan Joosten
823　Crobedonno
824　Edon

その時期は借りたお金や債務を清算する習慣があるからです。私はそれを彼らにぜひとも断るつもりでした。しかし、職人は毎日自分の手で稼ぐ以外のほかの収入がほとんどなく、すべての木工品を彼らの家に置いていて、そのほとんどのものは注文された漆器のためのものであり、あるものはすでに完成していて、ほかのものは黒塗りされているので、売却された4俵分の生糸から得たすべての現金ならびにさらに1500匁を彼らに渡さずにいられませんでした。

かなり長い間倉庫に保存されていたナツメグについては、貴殿がそれをすべて売却したということは素晴らしいことです。また、胡椒の売却についても同様です。なぜなら、イギリス人イートン氏[825]の胡椒はすべて堺[826]でまだ売れずに置いてあるからです。というのは、彼はそれをすべてまとめて売却したいので、それには買い手が得られないのです。そして現在、小粒の胡椒1ピコルは5タエル、大粒は6タエル、そしてナツメグは1ピコル7タエルになっています。

もしも我々およびイギリス人によって今年再び胡椒がもたらされたら、極端に低い値段になる恐れがあります。

多くの仕事と様々な不都合により実行するのが難しいので、貴殿が今回王〔秀忠〕に謁見するための江戸参府を取りやめようと考えていることについて、もしも肥前様〔松浦隆信〕[827]がそれを上野介殿〔本多正純〕[828]に申し出れば、それは十分許されるでしょうし、そして謁見を今後しかるべき時に行えば、上野介殿が悪く思わないと信じています。しかしながら、間違っているかもしれませんが、なんとか実行可能であれば、今回謁見を行った方がいいと私は思います。しかし、貴殿はこれについて自分の適切な判断に従って行動すべきです。

貴殿が砲術師の件を心配していることには十分な理由があります。なぜなら、彼のような酔っ払いでは感謝よりも前に反感がもたれるからです。しか

825　Eijton
826　Zaccaij
827　Fijgensamma
828　Cosequidonno

しながら、貴殿が皇帝〔家康〕に砲術師を〔派遣することを〕提案し、彼から要求されたので、彼〔砲術師〕が上に来ることが望ましいでしょう。京都[829]や伏見[830]における城の取り壊しと築造については、以前に書いたこと以外には今現在貴殿に書けません。しかし、皇帝は5月に、王〔秀忠〕は7月にしか京都に来ません。

　私のところにまだ残っている商品、主として大羅紗の売却を貴殿が私に推奨していることについては、それに努力を惜しまないつもりです。しかし、現在、購入してもらうどころか、何かを見に来る商人すら得ていません。それゆえに、ヌエバ・エスパーニャからの船の到来によって、貴殿のところにある大羅紗ならびに私が当地に持っている分において我々の重役殿たちが大きな損を被る恐れがあります。それにはしっかりと辛抱し、より良い状態を待つこと以外にやるべきことはありません。

　マテイス・テン・ブルッケ氏[831]が先月3日にシャムに向けて出発したことを聞き知って、非常に嬉しく思いました。全能の神が、良好な天候で日本に戻れるように彼に渡航の無事を与えてくれますように。また、神がスヒップ船エンクハイゼン号[832]およびジャンク船フォルタイン号[833]に渡航の無事を与えてくれますように。

　陶器を上に送ることについては、貴殿がそれを妥当な価格で売却することができるのであれば、あまり得策ではありません。なぜなら、上への運搬の際にそれにかかる経費だけでなく、破損という大きなリスクもやはりその上に恐れなければならないからです。

　以前に貴殿に送付した湯桶を貴殿が気に入ったことを聞き知って、私は嬉しく思いました。値段の高さのために買い控えられない限り、貴殿がおっしゃる通り、極めて丁寧な細工ゆえに需要が間違いなく出るでしょう。

　そして、我々の勘定を清算するために貴殿が私を近日中に召集しようと考えていることについては、私もそれを望んでいます。なぜなら、それは生と

829　Meaco
830　Fussemi
831　Matthijs ten Broecke
832　Enckhuijsen
833　Fortuijne

死において良いことだからです。

　我々の宿主の大工工事については、貴殿に以前に書きましたが、それについての貴殿の返答を待っています。そして、貴殿が我々の宿主を親切な人物だと考えていることについて、私も彼にはそうでないところを見出せません。それでも、彼をあくまでも日本人の宿主と見なしています。

　ギヘエモン殿[834]が借りた 50,000 匁のうち 10,000 匁を当地で支払ったとそちらで貴殿に話したということに私はあまりにも驚いています。それはまったく逆です。なぜなら、これまでのところ、いつも 50,000 匁の利子の満額を支払っていたからです。しかし、貴殿が言う通り、彼がそちらで購入するものの支払いのためにおそらく現金が足りなくなるので、そのように言ったのではないかと思います。

　蠟 5 包みは我々の宿主の息子が私に無事に手渡してくれました。しかし、日本の正月ですので、それについての定価を貴殿に書き送ることができません。ただ、それは 1 ピコル当たり 180 ないし 175 匁の値段になると思います。なぜなら、イギリス人が当地で 1 ピコル当たり 170 匁で 25 ピコル分を売却したからです。我々の宿主の息子がいくつかの購入商品の残りとして貴殿へ支払っていないものについては、お望みであれば、当地で回収し、貴殿に勘定書きで別途送付します。

　以下の漆器を我々の小早船で一緒に送ります。つまり、

〔Th＝丁銀タエル：匁：分〕

6 個ずつが入れ子になっている洋櫃 30 個　1 個当たり 725 匁合計

Th 362 : 5 : -

大きなテーブル 1 台　　　　　　　　　　　　　　　　Th 23 : - : -
同上二等品 4 台、1 台当たり 14 タエル　　　　　　　 Th 56 : - : -
インク壺と砂入れ箱なしの二等品の小さな書箪笥 4 棹、1 棹当たり 10 タエル

Th 40 : - : -

同上インク壺と砂入れ箱付の小さな書箪笥 4 棹、上記の値段で

Th 40 : - : -

834　Gingemondonno

同上平らなもの4棹、1棹当たり8タエル	Th	32：－：－
小さな書箪筒7棹、1棹当たり7タエル	Th	49：－：－
大型の髭剃り用たらい4個、1個当たり3タエル	Th	12：－：－
同上もう少し小さなもの4個、1個当たり2½タエル	Th	10：－：－
ワイングラス用盆3枚、1枚当たり1タエル	Th	3：－：－
5個で1セットのビールジョッキ	Th	1：5：－
受け皿付き湯桶2組、1組当たり43匁	Th	8：6：－
三等品の盃6個、つまり各2組で、3個当たり3タエル	Th	6：－：－
次頁へ繰り越す額	Th	643：6：－
前頁からの繰り越し額	Th	643：6：－
2個ずつが入れ子になっている小さな櫃14個　2個当たり35匁	Th	24：5：－
4個ずつが入れ子になっている小さな洋櫃36個　4個当たり95匁	Th	85：5：－
合計	Th	753：6：－

　前述の漆器は次の通りに梱包されています。

1番　　6個ずつ入れ子になっている洋櫃6個
2番　　同上洋櫃6個
3番　　大きなテーブル1台
4番　　同上二等品のもの1台
5番　　同上二等品のもの1台
6番　　インク壺および砂入れ箱なしの小さな書箪筒4棹
7番　　同上インク壺および砂入れ箱付のもの4棹
8番　　同上インク壺および砂入れ箱付の平らなもの4棹
9番　　髭剃り用たらい大4個、小4個、ワイングラス用盆3枚、5個から成るビールジョッキ1組、受け皿付湯桶2組、三等品の盃6個、2個ずつが入れ子になっている小さな櫃4個
10番　6個ずつが入れ子になっている洋櫃6個
11番　同上洋櫃6個
12番　二等品のテーブル1台

13番　同上テーブル1台
14番　4個ずつが入れ子になっている小さな洋櫃16個
15番　2個ずつが入れ子になっている小さな櫃10個
16番　小さな書箪笥4棹
17番　6個ずつが入れ子になっている洋櫃6個
18番　4個ずつが入れ子になっている小さな洋櫃20個

　もしも貴殿が今後、商品のあるなしにかかわらず、誰かを上に派遣するならば、大坂[835]の川沿いの淡路[836]と呼ばれる通りに住んでいるコミヤ・クロベエ殿の家にその人を行かせてください。というのも、同人は我々の宿主ヨヒョウエ殿[837]の親戚だからです。彼は当地で大坂の統治者である松平下総殿[838]〔忠明〕にとても気に入られています。

　以上、末筆ながら、尊敬すべき、慎重で、とても思慮深い貴殿、全能の神の手の中に貴殿を委ね、至福を迎える時まで永続的な健康の中で貴殿および貴殿の仲間を守ってくれますように。アーメン。

　大坂にて、本日1616年2月17日。

敬具

エルベルト・ワウテルセン[839]

835　Osacca
836　Awasiassi
837　Juffioijedonno
838　Matchoudari Siomonsadonno
839　Elbert Woutersz

78 | ヤン・ヨーステン・ローデンステインより〔ジャック・スペックス宛〕書状、江戸、1616年2月3日付

神を讃えよ、1616年。

尊敬すべき、とても思慮深い殿、そして格別に良き友

　すべての挨拶の上で、貴殿の健康と繁栄を聞いて、私にとって嬉しいことでした。

　次に、私が貴殿に送るべき、あるいは、私が江戸[840]へ出発する前に当地京都[841]でエルベルト・ワウテルセン[842]に支払うべき現金についてですが、私が何らかの商品を販売するために当地に7ないし8日滞在しましたが、やはり1匁も売れず、誰も問い合わせてくれませんでした。したがって、私は貴殿に送付するために利子付でいくらかの現金を借りるための何らかの手段を探しました。しかし、それもだめでした。このように、私はより良い手段を見いだせず、ほとんどすべての私の商品を当地に残し、私が金庫にいくらかの現金を持っているかどうかを確認するために江戸へ旅立ちました。非常に驚いたことに、それはあまり多くはありませんでした。というのも、そこで売却したものが少なかったからです。したがって、私は自分の品物を保持するために現金を大部分高い利子で借りなければなりませんでした。それは私にとって大きな損失です。というのも、当地でも京都でも売却できないからです。時間が必要です。次に、貴殿に32,000匁を送ります。すべて〔品質の〕確かな現金です。貴殿はそれをそちらで受け取ってください。というのも、私は京都へエルベルト・ワウテルセンに対して二人の者をそれ〔現金〕と一緒に派遣したからです。そして、もしもエルベルト・ワウテルセンがそこにいなければ、あるいは指示を残していなければ、それを平戸[843]に運ぶために天道船を借りるつもりです。それは、経費を節約するためであり、貴殿がそ

840　Edo
841　Miaco
842　Elbert Woutersz
843　Firando

れをヤヒト船で国外に送ることができるようにするためです。それは、貴殿が私の所為で損をしたと貴殿が今後言わないようにするためです。なぜなら、上へ渡航するための出発に長くかかっていて、風向きが我々にとって順風ではなかったため、私の期待通りにいかなかったからです。とはいえ、運命はそのようなものです。しかし、私は白色のカンガン布と青色のものおよびスハウテルス[844]の現金については、私が下に戻るまでは、前払いしないつもりでしたが、勘定がこのように清算されたので、貴殿に完済します。

　次に、メルヒヨル・ファン・サントフォールト[845]が私からもらうべき現金について、私が彼にすぐに送付しなかったと彼が言わないように、私が今ここで貴殿に送る現金から貴殿が支払ってください。また、勘定に従って貴殿に未払いがある分については、当地江戸に来る代理人に対して私が支払います。

　そのほかに書くべきことが私には分かりません。それでは、貴殿および平戸にいるすべての良き友人たちに心よりのご挨拶を申し上げます。

　以上、主が貴殿を守ってくれるように祈ります。

1616年2月3日。

敬具

ヤン・ヨーステン・ローデンステイン[846]

844　schouters　未詳
845　Melchior van Santvoort
846　Jan Joosten Lodensteijn

79 | エルベルト・ワウテルセンより〔ジャック・スペックス宛〕書状、大坂、1616年2月29日付

尊敬すべき、慎重で、とても思慮深い殿

　我々の小早船で貴殿に対して私の最後の書状を送付した後に、ヤーコプ・アドリアーンセン[847]が今月18日に京都[848]に来て、ヤン・ヨーステン[849]に代わって32,000匁を持って来ました。これは貴殿に送付するためであり、かつ私が以前にサガダ[850]を通じて長崎[851]に送付した銅の支払いをするためです。したがって、

〔Th＝丁銀タエル：匁：分〕

前述の総額のうち、我々の宿主の息子スケサブロウ殿[852]を通じて貴殿に精錬銀で送付する分	Th 1900：－：－
そして、それを8パーセントで両替するために	Th 152：－：－
完全な形状の丁銀	Th 48：－：－
分割された丁銀	Th 95：－：－
合計	Th 2195：－：－

そして、前述のサガダを通じて下に送付した銅のために支払った分	Th 690
その上、ヤン・ヨーステンにニゼ[853]で返送した分	Th 309：7：5
そして、現金の再計量の際に見つかった不足分	Th 5：2：5
合計額	Th 3200：－：－

　我々の宿主の息子が彼から購入した生糸は、彼の父が1俵当たり1235匁で売却しました。そして、貴殿が私に送付した蝋は、我々の宿主の息子が貴殿から購入したものと同様に、1ピコル当たり182匁で売却しました。

847　Jacop Adrijaensen
848　Meaco
849　Jan Joostens
850　Sangada
851　Nangasacqui
852　Schesabbrodonno
853　Nize　未詳

私が値段を調べられるように、貴殿が我々の宿主の息子に運んでもらった陶器については、バター皿に6½分、倍の大きさのバター皿に1½匁、半分の大きさの駱駝模様のコップに5分、そして辛子用小皿に2分の値段が提示されたことを貴殿に知らせます。

　錫で鍍金および彫刻された銅製のインク壺8個および砂入れ箱8個を一緒に送ります。そのうち、一番大きな種類の1組は13匁で、一番小さいものは10匁の値段です。それらは貴殿に以前送付した書筆筒用です。

　また、貴殿宛のヤン・ヨーステンからの書状を同封します。

　世間の噂によると、江戸の王の秘書である佐渡殿[854]〔本多正信〕は11日前に死去したらしいです。

　以上、末筆ながら、尊敬すべき、慎重で、とても思慮深い貴殿、全能の神の手の中に貴殿を委ね、至福を迎える時まで永続的な健康の中で貴殿および貴殿の仲間を守ってくれますように。アーメン。

　大坂[855]にて、本日1616年2月29日。

敬具

エルベルト・ワウテルセン[856]

854　Sadadonne
855　Ozacca
856　Elbert Woutersz

80 | ヤン・ヨーステン・ローデンステインより〔エルベルト・ワウテルセン宛〕書状、〔江戸〕、1616年2月28日付

尊敬すべき、とても思慮深い殿、かつ格別に良き友

ご挨拶の上で、本状は、私が32,000匁をヤーコプ・アドリアーンセン[857]を通じてすでに送付したということを知らせるためだけのものです。そのほかは、貴殿が当地〔江戸〕に来た時に、貴殿が受け取るはずの分を引き続き貴殿に支払おうと私は考えていました。

次に、貴殿が長崎[858]で私の代わりに支払うために、サガダ[859]に現金で16,000匁および銅10,000斤を渡したことについて、貴殿に対して返済されなければなりません。貴殿の書付けに従って貴殿がもらわなければならない現金とほかの人々がもらわなければならない現金を求めて、貴殿が昨日当地に使用人を派遣したので、私は〔それを〕できるだけ早く貴殿に送付する予定です。また、私の商品のうちの売れ残っているものすべてについて、それをサガダを通じて送ってください。私は当地で貴殿およびほかの人々に現金をできるだけ早く送るように手配するつもりです。私はまたその書付けに従って、3000ないし4000匁を現金で渡すことをその使用人に提案しましたが、彼はひとりなので、それを持ち運びたくないのです。それゆえ、私は、貴殿およびほかの人々がもらわなければならないすべてをできるだけ早く送付するつもりです。

続いて、江戸[860]の王〔秀忠〕が官位を授与されるために京都[861]へ赴くということを貴殿に知らせます。もしもそうであれば、会社がその大羅紗を手放すことができるように、彼の地にある色物や黒色などの下級品の大羅紗をすべてできるだけ早く京都に送ってもらうように貴殿がスペックス[862]氏宛に書くのがよろしいでしょう。なぜなら、それらはすべて売却されるだろうから

857　Jacop Adrijaensz
858　Nangasacqui
859　Sangada
860　Edon
861　Meaco
862　Specx

です。それゆえ、貴殿が彼にできるだけ早く書状を送るように、私は貴殿にそのことを知らせる次第です。

　さらに、私が王のところへ行ったところ、彼は200ないし300間あるいはそれ以上の大羅紗を所望しています。もしも彼がそれを購入するならば、そちらで担保となっている大羅紗を送ることができるように貴殿は〔それを〕できるだけ早く送付してください。そして、そちらで担保となっている大羅紗の代金を支払うために、当地にあるはずのすべての現金を貴殿に送るつもりです。

　以上、末筆ながら、我々すべてが祝福されることを神が我々に授けてくれますように。アーメン。

1616年2月28日。

ヤン・ヨーステン・ローデンステイン[863]

863　Jan Joosten Lodensteijn

81｜エルベルト・ワウテルセンより〔ジャック・スペックス宛〕書状、京都、1616年3月7日付

尊敬すべき、慎重で、とても思慮深い殿

　貴殿宛の私の最後の書状は先月29日付のものでした。その後、同月17日付の貴殿の書状を今月5日にギヘエモン殿[864]を通じて無事に受け取り、その内容について承知しました。同ギヘエモン殿が貴殿に対して未払いのままにしている勘定書の残金を彼からできるだけ早く受け取るように段取りするつもりです。それは、この分ならびに今後ヤン・ヨーステン[865]から受け取ることになっている分を、貴殿が以前に利子付きで借りた50,000匁のうちの一部返済に使えるようにするためです。

　クロベエ殿[866]から受け取ることになっている現金はまだ受け取っていません。神が改善してくれますように。それは、一方では、京都[867]所司代板倉殿[868]が重病であったので、面会できなかったためです。また他方で、現在日本のお祝いの時期つまり正月であるためです。彼〔板倉〕が現在回復しているにもかかわらず、〔今〕この件について話すのは適切ではありません。しかし、ショウガツつまり正月があと10日で終わるので、漆職人に支払うために〔クロベエ殿から〕支払いを得ることができるように最大の努力をするつもりです。

　ヤン・ヨーステンが上に来る時に乗っていたバルク船に託して貴殿にこれまで〔書状を〕書き送らなかった理由は、サガダ[869]が同バルク船で下へ行くだろうと私は期待していたからであり、また、ヤン・ヨーステンは同バルク船の船頭を京都に連れて来ましたが、私にそのことを言わずに、バルク船を出発させるために、彼が同人を大坂[870]へ再び派遣したからです。

　胡椒は値上がりしてきています。なぜなら、前年にヌエバ・エスパーニャ

864　Gingeijmondonno
865　Jan Joosten
866　Crobedonno
867　Miaco
868　Itakuradonno
869　Sangada
870　Ozacca

から来航した船が再び彼の地へ渡航するからです。というのは、小粒の胡椒は1ピコル当たり現在60ないし65匁の値段です。

　ヤン・ヨーステンから今月5日に受け取った書状の写しを同封します。それは、彼ができる限り多くの現金を下に送ってくれるように、私が以前に速達で彼の地に送付していた書状に対する回答です。

　もしも、ヤン・ヨーステンが彼の書状で述べているほどの量の大羅紗を江戸[871]の王〔秀忠〕に対して売ることができれば、会社にとって素晴らしいことであるに違いありません。

　江戸の王の年寄である佐渡殿[872]〔本多正信〕が亡くなったらしいと以前に貴殿に書きましたが、ヤン・ヨーステンはそれについて言及していないので、そうではないと思います。そして、本状の持参人、つまり前述のギヘエモン殿の使用人が出発しようとしていますので、本状を終えます。

　以上、尊敬すべき、慎重で、とても思慮深い貴殿、神の保護に貴殿を委ね、至福を迎える時まで永続的な健康の中で貴殿および貴殿の仲間を守ってくれますように。アーメン。

　京都にて、本日1616年3月7日。

敬具
エルベルト・ワウテルセン[873]

871　Edon
872　Sadadonne
873　Elbert Woutersz

82 | エルベルト・ワウテルセンより〔ジャック・スペックス宛〕書状、京都、1616年4月2日付

尊敬すべき、慎重で、とても思慮深い殿

　前記は貴殿宛に送った私の最後の書状の写しです。その後、貴殿によって署名された日本語の書状をタロウサエモン殿[874]を通じて去る27日に無事受け取りました。貴殿は時間がなかったため、彼を通じて送っていて、それゆえ、我々の言語で書いていません。以下はそれに対する返答としてのものです。

　借りた現金の利子が高すぎるので、低い値段でも気にせず商品を販売するように貴殿が私に命じていることについて、それを怠らないつもりです。というのは、貴殿に送付した前回の書状以後に次の13反のオルトスタール色の大羅紗および1½反のオルトスタール黒色のものを売却しました。つまり、156番のもののうち、1間当たり120匁で1反

90番　　2反
94番　　同2反
95番　　同2反
167番　　同2反　　　　　　　　　1間当たり110匁で
247番　　同2反
232番　　同2反
185番　　同オルトスタール1½反

　さらにオルトスタール紺色の大羅紗2反、242番と399番を1間当たり120匁で〔売却しました〕。1反は2箇所でかなり傷んでいました。バルク船の中でそこに水が入ったからに違いありません。

　さらに深紅色の大羅紗を5½間売却しました。それは307番の残りの分であり、1間当たり183匁でした。

　したがって、去る29日に、当地において利子付で借りた50,000匁のうちの返済として10,000匁を支払いました。また、数日以内に何らかの商品が

874　Tarrosemondonno

上に来た場合、それを再び担保に入れることをシンエモン殿[875]に約束しました。

　これまでにクロベエ殿[876]から 4000 匁以上は受け取っていません。同クロベエは数日前に、我々の鹿皮を売却した仲買人と共に当地京都[877]に来ました。彼らは前述の 4000 匁を板倉殿[878]の屋敷に持って来ました。クロベエがそこに持って来た現金を受け取るために私はそこに呼び出されました。しかし、こんなに少額では受け取りたくないと私は固く主張しました。その上、クロベエの借用書を板倉殿の家臣に見せました。それは 30 日以上も前に全額完済すべきものでした。それについて同家臣はクロベエになぜ我々に支払わないのかと言いました。それに対して、現金の回収に最善を尽くしたが、これまでのところ、これだけしか受け取ることができなかったとクロベエは答えました。したがって、ヤン・ヨーステン[879]が再び京都に来るまでは、その決着を付けることができないと私は思います。

　ギヘエモン殿[880]は、タロウサエモン殿を通じて貴殿が私に送付した彼の借用書に基づいて、肥前様〔松浦隆信〕[881]に 10,000 匁を支払いました。そして残金、すなわち後 6274 匁 6 分は近日中に私に支払ってくれる予定です。

　同ギヘエモン殿は貴殿から購入したポイル糸を 1 ピコル当たり 2890 匁で売却しました。

　そしてキヤ・スケサエモン殿[882]は貴殿から購入した生糸を 1 ピコル当たり 2466 匁で売却しました。

　〔長谷川〕権六殿[883]から 10 日前に約 3000 斤の生糸が皇帝〔家康〕の勘定として上に届きました。その 1 ピコル当たりの値段は当地では 2515 匁と推定されます。そして、日本の商人がポルトガル人から購入した生糸は 1 ピコル

875　Sinjemondonno
876　Crobedonne
877　Miaco
878　Itakuradonno
879　Jan Joosten
880　Gingeijmondonne
881　Fighensamma
882　Kia Scheseijmondonne
883　Gonrochedoone

当たり2440匁の値段と推定されます。

　イギリス人イートン[884]氏は堺[885]で持っていたすべての胡椒を1ピコル当たり60匁で売却しました。そして、それらは現在もまだ同じ値段です。

　私は貴殿の命令に従ってヤン・ヨーステンに書状を書き、彼が貴殿および当地京都内のほかの人たちに対して借りている現金をまだ当地に送付していないならば、肥前様に10,000匁を渡すように、そして、もしもすべて当地に送付するならば、5000匁を提供するようにと〔伝えました〕。

　我々の宿主ヨヒョウエ殿[886]は、貴殿の命令を受け取るまでは、〔蔵の〕建設を差し控えるつもりです。

　私が貴殿に以前に送付したシンエモン殿の298匁分の麝香を、状態が悪かったために、貴殿がそのほかの山と一緒にはバンタム[887]へ送らなかったことについて、そのことをシンエモン殿に伝えました。その結果、もしも貴殿がそれを気に入らなければ、貴殿はそれを当地に送り返しても構いません。

　当地では、これまでに複数回にわたって、皇帝が重病であるはずだという確かな情報が届きました。しかし、今噂されているところでは、再び快方に向かっています。

　次に、私にとって非常に悲しいことに、ヤヒト船ヤカトラ号[888]ならびにスヒップ船エンクハイゼン号[889]およびジャンク船がすでに出発したということを聞き及びました。したがって、我々の宿主の息子を通じて去る2月29日に送付した現金の到着が間に合わなかったのでしょう。

　タロウサエモン殿に対して、貴殿の命令に従って20タエルを渡しました。

　肥前様のバルク船のうちの1隻で次の漆器を一緒に送ります。それは次の通りに梱包されています。

〔Th＝丁銀タエル：匁：分〕

二等品のテーブル2台、1台当たり14タエルで　　　　　　　Th 28：－：－

884　Eiton
885　Zaccaij
886　Juffioijedonne
887　Bantam
888　Jaccatra
889　Enchuijsen

同上三等品のもの4台、1台当たり75匁で	Th 30 : - : -
大きな髭剃り用たらい7個、1個当たり3タエルで	Th 21 : - : -
同上より小ぶりのもの7個、1個当たり25匁で	Th 17 : 5 : -
合計	Th 96 : 5 : -

　以上、末筆ながら、尊敬すべき、慎重で、とても思慮深い貴殿、最高神の保護に貴殿を委ね、至福を迎える時まで永続的な健康の中で貴殿および貴殿の仲間を守ってくれますように。アーメン。

　京都にて、本日1616年4月2日。

敬具
エルベルト・ワウテルセン[890]

890　Elbert Woutersz

83 | エルベルト・ワウテルセンより〔ジャック・スペックス宛〕書状、大坂、1616年5月12日付

尊敬すべき、慎重で、とても思慮深い殿

　去る4月2日付けの私の最後の書状以降、去る4月9日および13日付の貴殿の書状を我々の宿主の息子スケサブロウ殿[891]を通じて今月2日に無事に受け取りました。以下はそれに対する回答としてのものです。

　私が以前に貴殿に送付した漆器について貴殿がかくも不満であることを知って、私は心から残念に思っています。したがって、私と我々の宿主は貴殿の命令に従って、漆職人たちに次のことを通告しました。つまり、今後受け取る予定である漆器がより良いものでない限り、私がそれを受け取ることを貴殿は望んでいないということ、そして、ごまかしの言葉や言い訳は役に立たないのだということ、その上に、それが彼らの恥にまでつながるだけでなく、さらにこれ以上彼らには仕事を注文しないということ、彼らが以前に鉄で作った書箪笥の脚は今後銅で製作されるべきであること、です。まだ着手されていない髭剃り用たらいを私が作らせないように貴殿が命令していることについて、それは実現できません。なぜなら、すべてすでに着手されているからです。なお、貴殿がギヘエモン殿[892]に注文した湯桶2個を品質に応じた額で支払うことについて、以前に貴殿に送ったもののように木材をもう少しなめらかにさせるように彼に指示しました。漆器の品々に時々ハンエモン殿[893]の名前が付いていることについて、貴殿は彼にそのような作品を注文しなかったとのことですが、彼らがそれをお互いのために製作し合っていて、請け負った漆器のために彼らがハツエモン殿[894]〔ハンエモンのことか〕を仲間に入れたからです。しかし、今後は各自の作品に自分の名前を入れてくれます。

　シンエモン殿[895]に残りの借金40,000匁に対してさらに担保を渡すことにつ

891　Shesabbrodonne
892　Gingemondonne
893　Fane Jemondons
894　Fatsemondonno
895　Sinjemondonne

いては、私がまだ上にいる限り必要ありませんが、下に赴くならば、担保が必要になります。しかし、その間に十分な額を返済できることを望んでいます。というのも、なんとかうまくいけば、大羅紗を売却することができると私は思っているからです。アマノヤ・クロベエ[896]の現金があと1ヶ月以内で受領できるならば、とても役に立つでしょう。というのも、それはまだ16,000匁以上あるからです。しかし、そのうち少ししか返済されないと私は案じています。なぜなら、板倉殿[897]の家臣サブロウサエモン殿[898]へ貴殿が送った書状を私が彼に渡したところ、板倉殿はそれに何もできないと彼が即座に言ったからです。というのも、同クロベエは現在再び大坂[899]に住んでおり、そこでは松平下総殿〔松平忠明〕[900]がその地域を統治しているからです。しかし、同下総殿への板倉殿からの我々に有利な書状を獲得できるように、できるだけ努力してくれることを私は重ねて彼にお願いしました。これは、そのようにして完済が得られるようにするためです。それを受けて、同家臣が板倉殿のところへ行き、これら前述の理由を彼〔板倉殿〕に提示したところ、板倉殿は、下総殿が駿河[901]から戻り次第、下総殿宛の我々に有利な書状を私に渡すと言いました。したがって、それまで待って、その書状で何が実現できるのかを見極めるしかありません。なぜなら、今のところそれについては、ほかに何もできないからです。貴殿が辰砂を灰吹銀職人へ1ピコル当たり100タエルで売却したことを、以前に糸屋ヨエモン殿[902]から確かに聞き及びました。そして、それは不利な値段ですが、それにはどうしようもありません。なぜなら、灰吹銀職人はそれを思いのままに購入しているからです。というのも、彼ら以外には誰もそれを売買してはならないというのが彼らが皇帝〔家康〕と結んでいる契約だからです。

　貴殿がそちらにまだ持っている反物は、今のところ送付することは勧められません。なぜなら、それらは値段が高くなっているというよりもむしろ低

896　Amania Crobe
897　Itakuradonne
898　Sabbrosemondonno
899　Ozacca
900　Matchoudari Simosadonne
901　Surringouw
902　Ito Joijemondonno

くなっているからです。というのは、柄物の繻子は1反当たり50匁の値段にしかなりません。私はギヘエモン殿に対してそれらを各種取り混ぜて1反当たり55匁で手放しました。

ヤン・ヨーステン[903]が当地、上の京都[904]にいる間に彼が当地で私に支払わなければならない現金を私が彼に要求しなかったことに貴殿があまり満足していないことは、至極もっともなことです。なぜなら、彼はポルトガル人には十分配慮したからです。それには私は実際に最初は強く反対しました。その結果、互いに喧嘩になるほどでした。けれども、〔彼が〕江戸[905]に着いたら、彼が当地で払わなければならないのと同じだけの額の現金を持たせて誰かをすぐに派遣すると彼は私に固く約束してくれましたので、もしも彼が約束を守ってくれていたら、それはヤヒト船の出発前にまだ十分間に合って届いていたでしょう。

貴殿が残りの大粒の胡椒を1ピコル当たり8タエルで売却したことについて、この状況ではまずまずの値段です。なぜなら、ギヘエモン殿が貴殿から購入した小粒の胡椒は、彼がヌエバ・エスパーニャへ行く船の日本人船長に当地で1ピコル当たり65匁で売ったからです。

生糸の価格は、貴殿に以前書いた価格と大体ほぼ同じです。そして、それがこれ以上上昇しないことに貴殿が驚いていることについては、貴殿が述べている理由の通りです。つまり、何人かの大商人が2〜3年前の生糸を保有しているに違いありません。しかし、カラック船が来なければ、価格が高くなるでしょう。それは時が教えてくれるでしょう。

江戸の王〔秀忠〕への贈物献上をすることについて、間違っているかもしれませんが、今年来航する予定の船の到来時まで延期した方が今は良いと私は思います。というのも、王ならびにほとんどすべての日本の領主が現在駿河にいるからです。なぜなら、皇帝陛下が重病だからです。それゆえ、彼が病気というより、むしろ死亡したと思われています。それが本当かどうか、確かなことは書けません。というのは、領主たちは陛下の面前に謁見しに来

903　Jan Joosten
904　Meaco
905　Edon

る時に、そこ〔家康〕から30間も離れたところにとどまり、そしてその時に王である彼の息子〔秀忠〕が現れて、皇帝の代わりに彼らに歓迎の意を表しながら、皇帝が横たわっている天幕を上げているのだとソウハ殿[906]が私に言いました。そこからは、前述の通りに、彼が死亡していると推測されています。しかし、4日前にタロウサエモン殿[907]の書状を受け取ったところ、そこでは彼は、肥前様[908]〔松浦隆信〕が皇帝のところで歓待されたこと、そして陛下が快方に向かっていると述べています。また、肥前様に対して支払うために貴殿がヤン・ヨーステン宛に手形を振出した10,000匁はまだ支払われていないと同タロウサエモン殿は書いています。しかし、ヤン・ヨーステンはそれを利子付で借りてでも、すぐに渡すと肥前様に約束しました。

前に述べた理由により、江戸の王の当地への到来については、現在まったく予想されていません。ましてや、伏見[909]〔への到来〕については、当地ではまったく話に出ません。

貴殿が砲術師を再び送り返したことについては、肥前様の方で十分に弁明してもらえるでしょう。なぜなら、スヒップ船エンクハイゼン号[910]の甲板次長が大砲の炸裂により事故死したからです。

貴殿が肥前様に一定の条件の下で売却した大羅紗を彼がすべて保持してくれることが望ましいです。しかし、これまでのところ彼の債権者たちは彼の提示価格を受け入れようとしません。というのは、50,000匁に利子が付いて96,000匁になっているものを、彼は30,000匁で片を付けようとしていますが、それが成功する可能性はほとんどありません。

まだ商館にある紺黒色の大羅紗はもうしばらくは倉庫に保管されることになる恐れがあります。神よ、それを改善してくれますように。今ではすでに長くかかっています。それ〔大羅紗〕にはぜひとも良い買い手が必要でしょう。

いくつかの陶器およびほかの商品を江戸に送付しようと貴殿は考えていま

906　Sopadonne
907　Tarrosemondonne
908　Fighensamma
909　Fussijn
910　Enchuijsen

したが、ヤン・ヨーステンがほとんどすべての品物を在庫として持っていて、彼がたくさん売却したのか否か分からないので、貴殿がそれを取り止めたことについて、数日前に当地に来て、サガダ[911]と一緒に現在再び江戸へ出発した彼の使用人から、ヤン・ヨーステンが一山の陶器に加えて、彼の胡椒を1ピコル当たり75匁ですべて売却したが、大羅紗はあまり売れていないということを私は聞き知りました。したがって、間違っているかもしれませんが、ヤン・ヨーステンの書状を待った方が良いと私は思います。というのも、私は、貴殿に以前にその写しを送ったもの以外には彼からまったく書状を受け取っていないからです。

　江戸の王が京都へ来るのか来ないのかを貴殿が分からない限り、貴殿は私を呼び戻さないとのこと。というのも、〔秀忠が〕そこに来れば、現在よりもすべてにおいてきっと需要が増える可能性があるからです。そして、もしも貴殿が私を呼び戻せば、私が下にいる間に残りの商品を我々の宿主の手に預けることについて私がどう思うのかについては、要するに、前述した理由により当地に王が来る見込みがないことを貴殿に知って頂きたいです。そして、商品を我々の宿主に託すことは、彼がすべてのものを売却するために最善を尽くさないという心配は不要です。

　また、貴殿が残りの蝋をそちらで売却したことについて確かに承知しました。そして、当地、上に運ばれるよりも適切です。なぜなら、現在1ピコル当たり180匁以上の値段にはならないからです。

　私が貴殿に以前に送付した精錬銀がヤヒト船ヤカトラ号[912]の出発後に届いたことについて、十分間に合うことを望んでいたので、私はそれを知って心から残念に思いました。貴殿はそれを2月20日までにもらわなければならないと書いていたのにもかかわらず、3月にようやく受け取り、その結果、貴殿はそれを多額の経費をかけて再び丁銀に交換させ、それをもって利子付で借りたいくらかのお金が返済されました。

　さらに、貴殿の指示に従って、将来的に精錬銀を購入する場合、でこぼこ

911　Sangada
912　Jaccatra

あるいは欠けのある分厚い板のものは受け取らないことに十分注意します。なぜなら、そういうものには通常まだ鉛が多く含まれており、多くの場合、丁銀よりも損をするからです。

そして、ヤン・ヨーステンがヤーコプ・アドリアーンセン[913]を通じて私に送付した32,000匁からサガダによって購入された銅を私が支払ったことについて、それを避けることができませんでした。なぜなら、ヤン・ヨーステンが彼の書状で私に指示していましたし、その上、銅を売った人々が支払いをしてもらうために毎日3～4回我々の宿主のところまで来たからです。正月に近づいており、その時期に支払わなければ、利子を渡さなければならないという慣習があるので、私はそれ〔利子を支払うこと〕を提案しましたが、彼らはそれに耳を傾けませんでした。なぜなら、彼らはほかの人々に借金があったからです。したがって、これがその原因にほかなりません。

革袋12枚を無事に受け取りました。そのうち4枚は我々の宿主に、そして8枚は会社に帰属し、それらを私が当地で購入しました[914]。

将軍様〔秀忠〕[915]およびほかの領主たちが京都に集合する場合、いくつかの小物および、リネン布、駱駝毛織物、モケット、レガトゥーラ織物、縫い合わせた布や刺繍された布、ガラスやメモ帳のようなオランダ産品を上に送付することが得策ではないかどうかを貴殿に助言するようにと貴殿が私に指示していることについてですが、私の意見に関する限り、得策ではありません。なぜなら、それはまだ在庫がありますし、様々な種類がある中で唯一売れたのは、一人の日本人に売却した駱駝毛織物1反、そしてヌエバ・エスパーニャへ向かう船のスペイン人の舵手に数日前に売却した300匁の11反から成る刺繍された寝具用布、120匁の両面に刺繍された布1反、そして1反当たり60匁の一重に縫い合わせた同布5反だけでした。

売却した大羅紗およびアマノヤ・クロベエから受け取った4000匁を含めて約18,000匁を現金で持っていたはずにもかかわらず、利子付で借りた50,000匁のうち、私がこれまで10,000匁しか支払わなかった理由は、6000

913　Jacop Adriaesz
914　原文ghecoft 「売却した」の誤植か
915　Singosamma

匁のみを受け取り、残りはそれより20日も後であったことが原因です。
　貴殿が我々の宿主の息子スケサブロウ殿を通じて送付したものは、私のところに無事に届きました。つまり、
120斤の白色の絹の撚糸　それには今のところ1斤当たり22匁以上の価格は提示されていません。
7番の黒色の繻子25反
同上4番のもの10反
二等品の鮫皮262枚
同上四等品のもの320枚
同上五等品のもの350枚
　上述の鮫皮には、会社がそれにかけた経費よりも低い値段が提示されました。
　我々の宿主の息子が貴殿に対して未払いのままにしている勘定書の残金147匁は、彼から受け取る予定であり、貴殿に別勘定で送ります。
　スケサエモン殿[916]が貴殿に対して未払いであった502匁8分は彼から受け取りました。それを貴殿に対して簿記上で相殺します。
　あらゆる種類の縄および太い綱を綯(な)うのに適した麻糸一山を入手するのには堺[917]でどのような手段があるのかを調べてもらえるように、貴殿が同スケサエモン殿に渡した麻糸の見本については、彼はどうもそれを忘れていたようです。というのは、彼がようやく思い出したのは10ないし20日前だったからです。したがって、彼はその時になって初めて値段について問い合わせをさせました。そして、1ピコル当たり160匁以下では購入することはできないだろうと言っています。したがって、これについての貴殿の指示を待つ必要があります。また、スケサエモン殿の書状を同封します。
　貴殿の指示に従って、中級品の麻の繊維3ピコル分を一緒に送ります。それは1ピコル当たり72匁7分の価格です。最上級品は現在1ピコル当たり160匁で、最下級品は50匁の価格です。

916　Schesemondonne
917　Saccaij

さらに、次の綿ならびに綿糸を一緒に送ります。つまり、1斤当たり2匁6分の最上級の綿10斤、1斤当たり1½匁の中級のもの10斤、1斤当たり3⅖匁の最上級の綿糸10斤、1斤当たり2½匁の中級のもの10斤。三級のものについては、あまりにも品質が悪すぎるので、綿も綿糸も貴殿に送付しません[918]。価格については上下幅においてあまり変動はありません。しかし、前年にあまり〔市場に〕出てこなかったので、現在は高いです。それは戦争に起因しています。というのは、前年は、最上の繰り綿は1斤当たり2匁、二級品は1 1/10匁、そして綿糸の最上級品は1斤当たり2½匁、二級品は1⅖匁の価格でした。大坂で最も安く買えます。なぜなら、それはその周辺で生産されているからです。

約200石の大きさのバルク船を当地で購入することについては、これまで入手できていません。しかし、もしも、一緒に送っている見本のような200石のものを貴殿が1隻注文したいならば、それは3000匁かかりますが、コミヤ・クロベエ殿[919]に指示してください。彼はそれにきっと最善を尽くしてくれるでしょう。

また、12,274匁6分を一緒に送ります。そのうち、6000匁は私の勘定としてのものであり、残りはギヘエモン殿が貴殿に借金をしている分です。それは4日前にようやく彼から受け取りました。

我々の宿主ヨヒョウエ殿[920]は例の蔵の建築を進める予定です。そのために、私は貴殿の指示に従って、彼に500ないし600匁を貸す予定です。

さらに、私の書状に応じて貴殿が何かを上に送る場合、コミヤ・クロベエ殿の家に届けさせるが、彼にしっかりと忠実に従事してもらえると私が確信できる場合を除いて、そこを定宿として考えないように私が十分注意すべきであると、貴殿が私に書いていることについてですが、私の意見では、彼は裕福な人であるにもかかわらず、従事してもらうべき宿主としては大坂中でこれ以上良い〔人〕には出会わないだろうということを貴殿に知って頂きたいです。それは今後時が十分教えてくれるでしょう。

918　否定語が脱落
919　Commia Crobedonne
920　Juffioijedonno

なお、入手できた最上級の杉板150枚を一緒に送ります。それについては、1枚当たり8$\frac{1}{5}$分の値段です。そして、杉の角材200本も送ります。そのうち、最長のものは1本当たり5分、短いものは3$\frac{1}{5}$の値段です。次に、長さ2間、厚さ1ダイム、幅約1フィートのアカマツ板約1500枚、および同品長さ3および4間のアカマツ板200ないし300枚を少しずつ購入するようにと貴殿が私に指示していることについて、それは貴殿の指示に従ってそのように実行します。

　私は貴殿に鉄を送りません。なぜなら、当地では1ピコル当たり16匁の値段だからです。つまり、「マワリ」[921]と呼ばれています。漆職人の書状2通およびギヘエモン殿の書状1通も同封します。

　以上、末筆ながら、尊敬すべき、慎重で、とても思慮深い貴殿、万能神の手の中に貴殿を委ね、至福を迎える時まで永続的な健康の中で貴殿および貴殿の仲間を守ってくれますように。アーメン。

　大坂にて、本日1616年5月12日。

敬具
エルベルト・ワウテルセン[922]

921　manwarij　未詳
922　Elbert Woutersz

84 | ヤン・ヨーステン・ローデンステインより〔ジャック・スペックス宛〕書状、〔江戸〕、1616年3月13日付

神を讃えよ。本日、1616年3月13日。

尊敬すべき、とても思慮深い殿かつ格別に良き友

　貴殿の健康と繁栄が良き状態であることを私は望んでいます。

　次に、貴殿が私の使用人に渡した商品を載せたバルク船を無事に受け取ったことを貴殿にお知らせします。というのは、彼が3月5日に当地に到着したからです。

　そして、もしも貴殿が私に何らかの商品を送りたいならば、スペイン人に売却するために、もう200ピコルの胡椒、10ないし15ピコルのナツメグを私に送ってください。というのも、すべての胡椒が売却されましたが、代金はまだ受け取っていません。そして、新しいものが来たら、〔前回の代金と〕合わせて受け取る予定です。

　さらに大皿100枚、それに次ぐ大きさのもの200枚、バター皿2000枚を私に送ってください。以上です。しかし、鉛があれば、20、30ピコルあるいはそれ以上を送ってください。さらに、鋼鉄ですが、これは至急に送ってもらわなければなりません。そして、バルク船を大坂[923]まで来させてください。それは江戸[924]へ運ぶために、彼の地の伝法[925]に来ている京都[926]の積替用の船に移すためです。なぜなら、それは当地で確実に売れるからです。それゆえに、貴殿は貴殿のところで300ピコル以上を残しておくことを検討してください。次に、私の使用人がそのバルク船に乗って航行するためにすぐにそちらに向かう予定です。そのため、そのバルク船の準備ができているように貴殿はキダイ殿[927]にそれを装備させてください。また、我々の勘定を清算するために私が下に赴けるように、〔バルク船が〕5月あるいは6月の初めに

923　Osacca
924　Edo
925　Dijnbo
926　Miaco
927　Kideijdonne

当地に到着するようにしてください。

　次に、私が用意すべき現金については、最善を尽くすつもりです。なぜなら、私は当地でかき集めるすべての現金をエルベルト・ワウテルセン[928]へ送るつもりだからです。それは、彼が〔その現金を〕貴殿の許可の下で彼の地で使えるようにするためです。次に、貴殿は鮭一山を購入するように私に指示しました。したがって、貴殿に60本の鮭を送ります。19本で金貨1枚です。つまり、5樽のうち、1樽は頭部付、そして4樽は頭部なし、および各俵5本入りの2俵です。それらが十分に塩漬けされていることが分かるでしょう。というのは、それらは当地で2回塩漬けされているからです。さらに、そのバルク船で6本の象牙を送ります。それらを貴殿が返却してほしいならばですが、そうでない場合、売却するためにそれらをエルベルト・ワウテルセンに送ってください。なぜなら、それらは陸路で〔送るのに〕は経費がかかりすぎるからです。

　さらに貴殿に特別に書くべきことは存じ上げません。ただただ、貴殿たちすべてを最高神の慈悲の中で、そして魂の至福に向けて守られるように祈ります。アーメン。

敬具
ヤン・ヨーステン・ローデンステイン[929]

928　Elbert Woutersz
929　Jan Joosten Lodensteijn

85 | エルベルト・ワウテルセンより〔ジャック・スペックス宛〕書状、京都、1616年6月11日付

尊敬すべき、慎重で、とても思慮深い殿

　貴殿宛の私の最後の書状は我々の小早船を通じてでした。それ以後、商売についてはほとんど行われていません。というのは、7番と4番の黒色のすべての繻子を平均42匁で売却したのみです。日本中のすべての領主がこんなに長い間駿河[930]にいたにもかかわらず、反物においてこれ以上の需要が私のところになかったことは嘆かわしいです。

　皇帝陛下〔家康〕は4月の17日、つまり我々の暦では今月1日に亡くなりました。そして、彼は駿河での死去の前に、内裏[931]の最上位の司祭〔公家〕から太政大臣[932]の官職を彼の息子、将軍様[933]に授与してもらっていました。それは、日本の皇帝が名乗ることを許されている最高の官職です。

　皇帝陛下の御金改役である後藤庄三郎殿[934]は、目を開けていても盲目です。それゆえ、彼はこれまで長い間、皇帝の城に姿を現すことができませんでした。同庄三郎殿は陛下の不興を大いに買いました。なぜなら、彼は金の貨幣を独占していて、100枚の小判のうち2枚を取っていたからです。しかし、皇帝の命令では、一つ以上取ってはならないということになっていました。これにより、彼はその役職を務めていた期間に、設定された自分の手数料の上に16,000枚の大判を享受したようです。それは大きな金額です。彼はそれを将軍様に払わなければなりません。それは彼にとって小さなことです。なぜなら、そのような不忠を命で償わなくていいからです。これがどうなるのか、時が教えてくれるでしょう。

　生糸は現在その質に応じて、52½斤当たり1290匁、1300匁、1320匁、1340匁の値段です。

　2台の大型の書箪笥の枠の見本を上に送ってください。というのも、それ

930　Songhwats
931　Daijris
932　Deijzo Deijzin
933　Siongosamma
934　Goto Sosabbrodonno

らは貴殿によって下から送られることになっているとハンエモン殿[935]が私に言ったからです。

　今月11日に肥前様〔松浦隆信〕[936]の家臣であるハヤタ・ギヘエモン殿[937]およびヤマモト・カクエモン殿[938]によって、同肥前様の命令に従って、下記14反の紺黒の大羅紗および8反のオルトスタール黒色の大羅紗ならびに1反の〔未詳〕[939]黒色のスタメットが私に届けられました。つまり、貴殿が彼に平戸[940]において一定の条件の下で渡した大羅紗の山に含まれるものです。その番号と長さは包み〔における記載〕に従って、次の通りであると確認しました。

258番　アムステルダムの紺黒の大羅紗、半分の長さのもの1反、長さ23¾エル
248番　紺黒の大羅紗、半分の長さのもの2反、長さ24¼エル
237番　同上半分の長さのもの2反、長さ23½・23½エル
262番　同上半分の長さのもの1反、長さ23¼エル
166番　同上半分の長さのもの1反、長さ23¼エル
165番　同上半分の長さのもの2反、長さ22½・22½エル
164番　同上半分の長さのもの1反、長さ23¼エル
134番　同上半分の長さのもの1反、長さ23½エル
119番　同上半分の長さのもの1反、長さ23½エル
83番　 同上半分の長さのもの2反、長さ22½・22½エル
231番　オルトスタール黒色の大羅紗、半分の長さのもの1反、長さ22½
257番　同上半分の長さのもの2反、長さ22½・22½エル
93番　 同上半分の長さのもの2反、長さ22½・22½エル
80番　 同上半分の長さのもの2反、長さ23½・23½エル
74番　 同上半分の長さのもの1反、長さ24½エル

そして、〔未詳〕黒色のスタメット1反ですが、私にはその長さが分かりません。なぜなら、長さが示されているはずの鉛の荷札が付いていなかったか

935　Fan Jemondonno
936　Figensamma
937　Faijata Gijemondonne
938　Jammamouto Cakujemondonno
939　ontgonnen
940　Firando

らです。しかし、それは9⅔間として私に渡されました。これらの紺黒およびオルトスタール黒色の大羅紗ならびに黒色スタメット1反については、私および我々の宿主ヨヒョウエ殿[941]が前述のギヘエモン殿およびカクエモン殿に受取証を渡しました。

　以上、末筆ながら、尊敬すべき、慎重で、とても思慮深い貴殿、神の保護に貴殿を委ね、至福を迎える時まで永続的な健康の中で貴殿および貴殿の仲間を守ってくれますように。アーメン。

　京都[942]にて、本日1616年6月10日。

敬具

エルベルト・ワウテルセン[943]

941　Juffioijedonne
942　Meaco
943　Elbert Woutersz

86｜エルベルト・ワウテルセンより〔ジャック・スペックス宛〕書状、京都、1616年7月4日付

尊敬すべき、慎重で、とても思慮深い殿

　タロウサエモン殿[944]を通じて送付した去る6月11日付の私の最後の書状以来、貴殿宛には書いていませんでした。本状は我々の隣人であるギヘエモン殿[945]を通じて送付します。さて、私がまだ持っていたモローは1反当たり14匁ですべて売却したことを貴殿にお伝えします。また、同様に40反の平たく折り畳まれた緞子も1反当たり34匁で〔売却しました〕。

　アマノヤ・クロベエ殿[946]によって売却された鹿皮の代金を得られるように、板倉殿[947]が大坂[948]の統治者松平下総殿[949]〔松平忠明〕へ我々に有利な書状を書いてくれることを以前に私は貴殿に書きました。しかし、今のところ私は彼から書状をもらっていません。というのも、彼の家臣であるサブロウサエモン殿[950]の体調が良くないからです。その上、皇帝〔家康〕が最近亡くなったので、板倉殿は係争や訴訟について受け付けません。したがって、私は、ヤン・ヨーステン[951]が当地に来るまで待たなければなりません。

　貴殿が以前に私に購入するよう命じた松材の板は、ヤン・ヨーステンを通じて下に送ります。そして、その時点で出来上がっているすべての漆器も同様に〔送ります〕。

　なお、下記の品物は次の通りの値段です。

貴殿が今年ギヘエモン殿に売却した種類の生糸、1ピコル当たり	2533匁
ポイル糸、1ピコル当たり	2952匁
ランカン[952]、1ピコル当たり	1238匁
8番の黒色の繻子、1反当たり	65匁

944　Tarrosemondonne
945　Gingeijmondonne
946　Amania Crobedonne
947　Itakuradonne
948　Osacca
949　Matchoudari Simousadonne
950　Sabbrosemondonne
951　Jan Joosten
952　lanckan　中国産の下級の生糸

7番の同上繻子、1反当たり	42匁
14番の同上繻子、1反当たり	38匁
会社に1反当たり6レアル銀貨の経費がかかる黒色の絹呉絽服綸	50匁
そして、会社に1反当たり5レアル銀貨の経費がかかる同上呉絽服綸	38匁
黒色の天鳶絨、1反当たり	100匁
同上色物	70匁
平たく折り畳まれた白色の繻子	45匁
平たく折り畳まれた緞子	34匁
黒色の大海黄	14匁
丁子、1ピコル当たり	300匁
大粒の胡椒、1ピコル当たり	70匁
同上小粒のもの、1ピコル当たり	65匁
ナツメグ、1ピコル当たり	60匁
ショウブ、1ピコル当たり	200匁
琉球すなわち下級のショウブ、1ピコル当たり	60匁
癒瘡木、1ピコル当たり	62匁
白砂糖、1ピコル当たり	45匁
甘草、1ピコル当たり	75匁
水銀、1ピコル当たり	1200匁
蘇木、1ピコル当たり	32匁
40枚1束の鹿皮100枚	400匁
50枚1束の鹿皮100枚	300匁
ばら積みの鮫皮100枚	100匁
棹銅、1ピコル当たり	90匁
銅の塊、1ピコル当たり	70匁

　以上、末筆ながら、尊敬すべき、慎重で、とても思慮深い貴殿、神の保護に貴殿を委ね、至福を迎える時まで永続的な健康の中で貴殿および貴殿の仲間を守ってくれますように。アーメン。

　京都[953]にて、本日1616年7月4日。

敬具
エルベルト・ワウテルセン[954]

953　Meaco
954　Elbert Woutersz

87｜ラウレンス・バックスより〔ジャック・スペックス宛〕書状、バンタム、1615年8月21日付

尊敬すべき、慎重で、とても思慮深い殿

　去る6月10日に当地から出発したスヒップ船エンクハイゼン号[955]を通じて、貴殿に詳細な書状を書き送りました。そちらをご参照ください。それ以来、当地では特に新しいことは起こりませんでした。祖国からはスヒップ船の来航のことも、ヤヒト船の来航のことも聞いていません。本状を運ぶ船は喜望峰で2隻のオランダのヤヒト船と一緒でした。1隻はアラビアへ、もう1隻は当地に向かっていました。〔そのヤヒト船が当地に到着することを〕近日中に確認できるはずです。なぜなら、その船はイギリス人よりも20日前に喜望峰から出発したからです。

　当地にはモルッカ諸島、アンボイナおよびバンダからの複数の船が停泊しています。相当な兵力〔艦隊〕を率いる総督閣下も近日中に待ち受けています。また、祖国からの諸船もです。それは、我々の共通の敵を攻撃することができるための素晴らしい兵力〔艦隊〕となるでしょう。

　神よ、総督閣下とその委員会により決意されることすべてに善き成功を与えてくださいますように。マカッサル、グレシックおよびブトゥンの商館は閉鎖されました。どの船、そして何隻の船が今年帰還するのかはまだ決議されていません。ブラウエル[956]氏は最初の船で祖国に向けて出発するために当地で待機しています。商務総監および当地にいる友人たちが貴殿に丁重な挨拶を申し上げています。

　以上、尊敬すべき、慎重で、とても思慮深い貴殿よ、主の慈悲に貴殿を委ねます。

　バンタムにて、本日1615年8月21日。

敬具
ラウレンス・バックス[957]

955　Enchuijsen
956　Brouwer
957　Laurens Backx

88 | ウィレム・ヤンセンより〔ジャック・スペックス宛〕書状、
女島付近、〔1616年7月頃〕

　尊敬すべき、慎重で、とても思慮深いジャック・スペックス[958]氏
　本状は、ズワルテ・レーウ号[959]および私が乗っているヤヒト船ヤカトラ号[960]
が同月22日に、神のお陰で、女島[961]の東側3マイルの辺りに無事に流れ着
いたことを貴殿に知らせるためのものです。通信用バルク船を探すために、
あるいはカラック船が入港しているか否かについての情報を何隻かのバルク
船から入手してみるために、私がすぐに長崎[962]の海岸に向けて航行すること
を我々はその時に相互に承認しました。コルネーリス・クラーセン[963]が船長
であるズワルテ・レーウ号はその間に、女島と長崎の陸地との間を巡航しま
す。同月23日の正午に我々は長崎周辺にいて、その海岸沿いに航行しまし
たが、通信用バルク船が見つかりませんでした。しかし、平戸[964]へ航行す
るために4タエルでバルク船を雇い入れました。そして、我々が投錨できる黒
島[965]のところ、あるいはそれよりも近い場所に我々を連れて行ってくれる人
をヤヒト船に留まらせました。
　我々は、例のカラック船がまだ入港しておらず、また今年来航しないとも
言われていることを彼らから聞き知りました。そこで、貴殿の指示を待つた
めに黒島に向けて航行を続けました。私は本状と共にパタニ商館の書状のす
べての写しを貴殿に送付しています。そのことで私が間違いを犯していない
ことを望んでいます。もしも可能であれば、バラストとして約3ラストの石
を積んだ商館のバルク船を貴殿が送ってくれることを私はぜひとも望んでい
ます。なぜなら、蘇木が満載されているために、非常に不安定だからです。
そして、ヤヒト船からいくらかの蘇木を降ろすために一人の人員も一緒に派

958　Jacques Specx
959　Swarten Leeuw
960　Jaccatra
961　Meaxima
962　Nangasacqui
963　Cornelis Claes
964　Firando
965　Crussema

遣してください。なぜなら、非常に満杯に積まれているので、多くの雑多な物が上に積み上げられているからです。我々の帰りの渡航については思い通りにはいきませんでした。なぜなら、我々のフォアマストおよび船首斜檣と大きいトップマストを女島とカポ・デ・ソメルとの間で失ったからです。その結果、我々は十分苦労を経験しました。長く国外にいた2人の日本人を私は乗せています。私が彼らを〔そのバルク船に〕乗せて送るべきか否かを私に知らせてください。クラース・ハルマンセン[966]はパタニに留まりました。

　以上、本状を終えます。そして、貴殿を最高神の保護の中に委ねます。

ウィレム・ヤンセン[967]
敬具

イギリスの船が10日ないし12日前に入港したということを私は聞き知りました。そして、昨日さらにもう1隻の船を見ました。我々に少しばかりの情報を伝えてください。ご機嫌よう。

966　Claes Harmansz
967　Willem Jansz

89｜マルティン・ファン・デル・ストリンゲより〔ジャック・スペックス宛〕書状、女島付近、1616年7月23日付

尊敬すべき、非常に慎重なジャック・スペックス[968]殿

　ご挨拶と貴殿の健康を祈った上で、本状は、ほかでもなく、本状の持参人であるウィレム・ヤンセン[969]を通じて、我々の当地への到着を貴殿に知らせるためのものです。我々がどのように行動しなければならないかについての指示を求めるために、彼が直ちにヤヒト船ヤカトラ号[970]で長崎[971]の海岸に向けて航行し、彼の地で貴殿の通信用バルク船を探すことを承認しました。彼がそのために航行し続ける必要がないことを望んでいます。なぜなら、それは、巡航の続行あるいは平戸[972]への航行において我々の妨げとなるからです。

　そして、カラック船が現在長崎にまだ到着していない場合、私は〔到着してい〕ないことを望んでいますが、そしてウィレム・ヤンセンが貴殿の通信用バルク船に遭遇しない場合、彼はやむを得ず指示を得るために黒島[973]に向けて航行を続けることになります。彼の地に着いたら、我々の当地への到着を知らせるために一人の人員を貴殿の方へ派遣します。したがって、我々が平戸への入港あるいは巡航において従わなければならない返答を我々ができるだけ速やかに得ることができるように、あらゆる可能な手段を使うことを貴殿に強く要望します。

　これについて私が詳細に述べる必要はありません。なぜなら、必要とされているのがどのようなことなのかは、貴殿が十分に分かっているからです。私の意見では、カラック船がすでに入港しているにせよ、していないにせよ、さらなる不便を避けるために、我々の意図をいくらか隠すことは不利益にはならないでしょう。我々はその間に、何らかの良い知らせが来るのを待ちながら、当地女島[974]周辺、同島と〔九州の〕海岸地域の間で待機することを試

968　Jacques Specx
969　Willem Jansz
970　Jaccatra
971　Langasacqui
972　Firando
973　Crussima

みます。ただし、我々が危急の必要に迫られて、もはや巡航ができず、平戸に向かわなければならない場合は、その限りではありません。

したがって、貴殿のところの人員たちが〔巡航の〕噂を控えるに越したことはないだろうと思います。

我々が積んでいる商品の短い覚書を同封します。それによってスヒップ船に何が積んであるのかを貴殿は詳細に分かるでしょう。諸書状については、この時点で送るのは得策ではないと思いました。

以上、末筆ながら、万能の主の慈悲の中に貴殿を委ねます。

1616年7月23日、スヒップ船ズワルテ・レーウ号[975]にて執筆。女島という島および日本の陸地の周辺にて。取り急ぎ。

敬具
マルティン・ファン・デル・ストリンゲ[976]

974　Meaxuma
975　Swarten Leeuw
976　Martin vander Stringhe

90｜スヒップ船ズワルテ・レーウ号およびヤヒト船ヤカトラ号の送り状、1616年〔7月23日〕

1616年にスヒップ船ズワルテ・レーウ号およびヤヒト船ヤカトラ号に積載した商品の送り状
28,336斤の重さの明礬入りのカゴ688個、1ピコル当たり1½レアル銀貨
5542斤の重さのショウブ入りのカゴ99個、1ピコル当たり12レアル銀貨
呉絽服綸133反、黒色の繻子48反および黒色のエイアル[977]53反入りの1番の箱1つ
187斤の重さのポイル糸34束入りの2番の箱1つ
229½斤分のポイル糸80束入りの3番の箱1つ
193斤分のポイル糸32束入りの4番の箱1つ
さらに、サンゴラおよびパタニで積み込んだ我々の積荷として船に満載した蘇木、鮫皮および鹿皮

977　eijaul　未詳

91｜コルネーリス・バイセローより〔ジャック・スペックス宛〕書状、バンタム、1616年5月13日付

尊敬すべき、慎重で、とても思慮深い殿

　本状と一緒に6人の日本人を送ります。各人は当商館の給与明細を持っています。1615年10月19日から満了する当月19日までの計算です。〔彼らに〕満額分を支払いました。しかし、バンダで稼いださらに数ヶ月分の給料について、彼らがその給与明細を受けていないと主張しているので、未払いになっているかもしれない分について、そちらで適切な保証のもとで支払われるようにそれを貴殿に任せます。その件がどうなっているのかをそのうち聞き知るでしょう。

　以上、末筆ながら、貴殿を神の恩寵の中に委ねます。

　本日、1616年3月13日、バンタムにて。

コルネーリス・バイセロー[978]

彼らの名前
サゴモ[979]
ケイエモン[980]
タロウジロウ[981]
サスケ[982]
セイトウエ[983]
キュウヒョウエ[984]

　前述の者と共にバンダから当地に到着し、20日後に死亡した日本人があと一人います。彼にも前述の者と共に未払い分があります。貴殿は彼の友人たちに前述の保証の条件の下で支払いを行っても構いません。マチバステ[985]と呼ばれていました。

バイセロー

---

[978] Cornelis Buijsero
[979] Sangomo
[980] Keijomo
[981] Tarogiro
[982] Sanske
[983] Sijtoij
[984] Quefoij
[985] Matibaste

92 | ヤーコプ・ブレークフェルトより〔ジャック・スペックス宛〕書状、ヤカトラ、1616年5月18日付

尊敬すべき、とても思慮深い殿

　本状はマルティン・ファン・デル・ストリンゲ[986]氏を通じて送ります。皇帝〔家康〕に送られるべき地球儀を彼の手に引き渡しました。というのも、〔それが〕そちらで必要であるとディルク・アレルセン・デ・フリース[987]が私に言ったからです。このスヒップ船ズワルテ・レーウ号[988]に薬室の付いていない青銅製や鉄製のバス小型砲11門を積み込みました。それはそちらで薬室を鋳造してもらい、そして我々に送り返してもらうためです。

　私が貴殿にいくつかの新しい情報を伝えることはできますが、商務総監閣下がすべてを貴殿に書き送ったことを確信しています。詳細は友人たちが貴殿に口頭で述べることができるはずです。そちらを参考にしてください。

　以上、尊敬すべき、とても思慮深い殿、貴殿を貴殿の仲間と共に万能神に委ねます。

　本日1616年5月18日ヤカトラにて執筆。

　　　　　　　　　　　　　　　　　　　　　　　　　　　　敬具
　　　　　　　　　　　　　　　　　　　　　　ヤーコプ・ブレークフェルト[989]

986　Martin van der Strenghe
987　Dirck Allersz de Vries
988　Swarten Leeuw
989　Jacob Breeckvelt

93 | ヤーコプ・レープマーケル、ヤン・ヤンセン・ファン・ヘルモント、シモン・ヤーコプセン・スホーンホーフェンより〔ジャック・スペックス宛〕書状、アムステルダム、1614年11月21日付

神を讃えよ。本日 1616〔1614〕年 11 月 21 日、アムステルダムにて。

尊敬すべき、慎重で、とても思慮深い殿
　1613 年 8 月 2 日付の貴殿の書状は、先日神のお陰で首尾良く無事に到着したズワルテ・レーウ号[990]およびテル・フェーレ号[991]の両船で我々に届きました。そちらで 2 棟の倉庫を建設し、それに 14,600 グルデン以上を費やしたことを我々はそこから知りました。それは、そのもの自体においても、また特に、乏しい貿易およびこれまで会社がそちらから引き出した(そして我々がブラウエルの書状および貴殿の書状からも確認できる通り、今後も引き出せる見込みのある) 僅かな利益という観点においても、非常に高い額です。そして、このような大きな経費をかけ、また、それにより、貿易を継続することが得策であるかどうか分からない場所でさらに会社を錨のように多少とも固定させるよりも、より少額で工夫して、むしろ何らかの適切な家屋を借りた方が良かったのです。しかし、それが実施された今となっては、辛抱しなければならず、このような大きな経費が相殺できるような何らかの貿易をそちらで軌道に乗せるためにあらゆる極限の努力と勤勉さを用いることを貴殿に極めて強く推奨します。なぜなら、漆器およびそのほかの日本の工芸品については、当地では我々にとってまったく役に立たず、また何らかの利益で売却することもできないからです。したがって、貴殿たちがその利益について確実に情報を得るまでは、不確かな希望に基づいて何らかの大きな貿易に安易に着手することはせずに、貴殿たちが、あるいは何らかの別の貿易を見つけるか、あるいはその間に貴殿が日本におけるアジア域内貿易、つまり皮、食糧、武器およびモルッカ向けのほかの必需品で工夫しなければなりま

990　Swarten Leeuw
991　der Veer

せん。日本銀を除いて、どのような商品を貴殿たちがそちらから我々に送ることができ、それをもって利益で、つまり、損失なしで売却できるのかが〔我々には〕分かりません。

　職人や兵士といった人員や食糧、武器およびそのほかの必需品を短期間でモルッカ諸島に供給する準備が整っているということを我々が確認する見込みがない限り、そちらで何らかの貿易を継続することが得策であるとは思えません。それゆえ、これについて総督閣下、そして彼が不在の場合、モルッカ諸島の長官と文通し、彼らがそちらから要求するものを常に貴殿から適時に彼らに供給できるようにしっかりと心がけてくだされば幸いです。

　バンタムおよびパタニの人員たちも、我々の命令に従って、貴殿とあらゆる適切な文通を保ち、機会に応じて入手できる商品および現金を継続的に供給します。なぜなら、貴殿の依頼に従って当地から多数の船をそちらに派遣することは、不確実であり、特に会社にとってあまりにも面倒であると我々は考えます。しかし、すべては総督閣下によって彼の地で行われなければなりません。これについて我々は彼の助言と指示に委ねます。

　本状はウィッテ・レーウ号[992]およびズワルテ・レーウ号、テル・フェーレ号で送付した我々の前回の書状の写しです。そちらをご参照ください。

　本日 1615 年 4 月末日にアムステルダムにて執筆。

総合東インド会社の重役の名の下で
敬具
ヤーコプ・レープマーケル[993]
ヤン・ヤンセン・ファン・ヘルモント[994]
シモン・ヤーコプセン・スホーンホーフェン[995]

992　Witten Leeuw
993　Jacob Reepmaecker
994　Jan Jansz van Helmont
995　Simon Jocobsz Schoonhoven

94 | ヤン・ピーテルスゾーン・クーンより〔ジャック・スペックス宛〕書状、バンタム、1616年5月14日付

尊敬すべき、とても思慮深い殿

　我々がバンタムからヤカトラへ出発した時、今年日本から帰り荷を得られないと思っていました。彼の地で4月24日に、バンタムに到着したスヒップ船エンクハイゼン号[996]を通じて書き送られた3月2日付の貴殿の書状を受け取りました。このスヒップ船の到来に我々および中国人は非常に喜びました。なぜなら、金庫は去年と同様にほとんど空でしたので、何らかの援助を非常に熱心に待ち受けていたからです。というのも、当地に去る12月以前に到着した祖国からの少ない現金は、この方面に送ったり、胡椒を購入したりしたからです。

　ほとんどすべての積荷が貴殿によって売却されたということを我々は非常に嬉しく聞き知りました。祖国からは日本向けに役に立つものを受け取っていません。中国からは当地に今年3隻の中国のジャンク船に到着しましたが、いくらかの粗製のジャワ産の商品と僅かな生糸以外は舶載してきませんでした。なぜなら、去年売れずに残った物をそのジャンク船に積み込もうと〔彼らが〕考えたからです。しかし、彼らは失敗しました。なぜなら、その商品はまだ売れてもいないし、当地には胡椒がないからです。それゆえに、現在10袋当たり26ないし28タイルの値段になっています。ヤヒト船ヤカトラ号[997]がポルトガルのジャンク船から奪った商品を貴殿に対する借り方に記入し、それに対してスヒップ船エンクハイゼン号とジャンク船に積まれた積荷を貸し方に記入しました。ヤヒト船ヤカトラ号によって何が実行されるのか、また、ジャンク船でのシャム渡航がどのような結果を出しているのか、あるいは何が最も有益であるのかを我々は是非とも聞きたいです。カラック船を一度攻撃するためにスヒップ船エンクハイゼン号が5ないし6日早くそちらに到着していなかったことは残念です。彼の地にほとんど何も援助を送るこ

996　Enckhuijsen
997　Jaccatra

とができないために、貴殿がパタニ商館のために行っている提案については、彼の地では現金が必要というよりも、むしろ余っていると私は思います。なぜなら、中国人が言うには、今年彼の地にはジャンク船が渡航しなかったからです。とはいえ、新たに祖国から、そして貴殿から受け取ったであろうものは、それでも欠かすことはできません。なぜなら、現金および必要なものの不足が至るところで極端に大きくなったので、まだ不足するであろうと思うからです。

　スヒップ船とジャンク船が〔出帆に〕あんなに長くかかったのは貴殿の怠慢によるものではなく、貴殿の努力とすべての可能な限りの勤勉が十分に行われたということを私はとてもよく理解しています。しかし、それが何の役に立ったでしょうか。諸船がそちらから出発するのは遅すぎました。ご自身でも今になって十分気付いているように、貴殿は勤勉すぎました。というのもジャンク船は残留したからです。そして、このように無事にパタニに到着したことは幸運であると考えてもいいほどです。スヒップ船エンクハイゼン号も大きな危険に晒されました。もしも同スヒップ船も進まなかったら、会社がどんなに大きな損害を受け、貴殿のあらゆる労力が無駄になっただろうということを貴殿は自分で十分に考慮できるはずです。したがって、船をこんなに長くとどまらせることなく、時間通りにこちらに派遣するよう本状をもって勧告します。我々の注文が大きかったとしても、時と状況が許す以上のものを貴殿が満たす必要はありません。ジャンク船フォルタイン号[998]が我々の指示通りのモルッカ諸島、アンボイナあるいはバンダではなく、当地に派遣されたことを我々は確認しました。それは誠心誠意でそのように行われました。しかし、ドン・フアン・デ・シルバ[999]がスペインの全兵力をもってジョホール周辺にいるので、現在さらなる危険が及ぶということを恐れています。とはいえ、主がその運命を定めるでしょう。売却できないシミの付いた緞子および下級品のリネン布を貴殿がモルッカ諸島あるいは当地に送付してくれるとよろしいです。白檀は今のところ送付することができません。

998　Fortuijn
999　Don Joan de Silva

なぜなら、ティモールからの到着が近日中に期待されているヤヒト船ステッレ号[1000]が、まだ到着していないからです。中国産品物については、ティモール向けに大きく不足しています。特に下級品の黄色のタフタ織と黄色のレトラス織ならびにそのほかの小物です。しかし、それらについては日本から供給してもらうのが都合が良いかどうかは分かりません。ヤン・マルティヌス[1001]を通じて 200 ピコルの生姜および 100 斤の麝香を購入したことが会社にとって有益になることを希望しています。それについては、その生姜が非常に高価であるということ以外には、今のところ我々は何も言うことができません。というのも、これまでのところ、エンクハイゼン号によって舶載された積荷のうち全く何も目にしていないからです。というのは、大部分はまだ船内にあり、重役殿たちの評価が分からないからです。そして、入手でき次第、「チョーネ」つまり日本の樟脳の十分な一山を送付することを怠らないでください。既婚の日本人ならびに未婚の女性を適切な時に待ち受けています。エルベルト・ワウテルセン[1002]に与えられたひと月当たり 72 グルデンの昇給は本状をもって承認します。同様に、二人の水夫の雇用も〔承認します〕。輸出する商品に、輸入商品のために献上した贈物の額に応じて一定額を貴殿が上乗せしていることについては、不得策ではないと思います。ただし、銀はそこから除外することが条件です。貴殿の仕訳帳および会計帳簿がいち早く届くのを待ち受けています。

　貴殿がそちらの委員会で事案の審議、統治および司法においてこれまでの秩序と基盤を保ってくれることについて我々は念を押します。日本のバルク船をぜひヤカトラで組み立てさせたいです。しかし、竜骨およびほかの部品がジャンク船の中にあると聞き及んでいるので、そのようなことが可能かどうか分かりません。バルク船の付属品を 2 隻の別々の船に分けたことは失策です。貴殿が日本人および注文されたバルク船について語ったことは承知し、それについては、人の数だけ皆それぞれ違うとだけ言います。私としては、会社がバンダで適切な司令官の統率の下で十分な数の日本人を乗せた数隻の

1000　Sterre
1001　Jan Martijnus
1002　Elbert Woutersz

バルク船を持っていればと願っています。私が思うには、彼らは、きっときちんとした規律の下に置かれ、バンダ人をうまく抑制し、適切な奉仕をしてくれるでしょう。言ってみれば、たとえ、それがアジアの諸国の間にある大いなる空虚な名声をもってのことにすぎないとしてもです。今回来たこれらの者たちについては、まだ多くのことが言えません。なぜなら、彼らとまだ会っていないからです。もしも、準備できると報告されている2隻のバルク船を派遣する手段が貴殿にあれば、人員を乗せてそれらを派遣してくれることが得策であると思います。貴殿が船の大工仕事のためのいくらかの木材の在庫を持っているということは良いことです。そちらで二重外板を施すことができるようにスヒップ船ニーウ・ゼーランド号[1003]を今年そちらに派遣する考えでした。しかし、その計画はジュパラ[1004]で提督および委員会によって変更されました。

　貴殿が毎年要塞および船のための大量の食糧を送ることができるということを私は確信していますが、それが祖国からの食糧よりも会社にとって高く付くことがないのかどうかはまだ分かりません。今のところ、毎年どれぐらいの量を在庫として備蓄し、船で送り出すかについて正確な指示を与えることができません。というのも、そちらにどれだけの資金があるのか、また送付のためのどのような手段があるのかが分からないからです。確実かつ堅固な基盤の安定化に向けての決議ができる以前に、まず敵が我々の軍力によって対峙され、破壊されなければなりません。渡航については、日本からバンダ、アンボイナおよびそこからバンタムに向けて東の季節風で適切に実行できると我々は思います。ただし、当地からおよび貴殿のそちらからも船がより早期に派遣されることが前提です。エンクハイゼン号がしかるべき時に来航していたら、それが当地から実行できていたはずです。

　利子付での現金の借り入れは有害なことです。今のところ、中国人から彼らの商品を買い取るためにはそれをする必要がありません。なぜなら、当地で今2年連続あまりにも大きな打撃を受けたので、我々の資金でそれを十分

1003　Nieuw Zelandt
1004　Jappara

入手できる望みがなければ、彼らは今のところさほど大きな積荷を船載して来ないだろうからです。しかし、もしも我々の船がヌエバ・エスパーニャからマニラに航行する敵船と出会うことができていれば、それらを拿捕するには小さな軍力で十分に可能だったと信じています。我々の諸船が1614年にオトンを占領した時にさらに進んでいたならば、ドン・フアン・デ・シルバが島々の各所で造らせ、今になってそれで出港したすべてのガリオン船を簡単に破壊することができていたということも我々は当地で聞き知りました。しかし、それについて何が言えるのでしょうか。それは神の御心でした。我々はその失敗を改善するよう努めなければなりません。

　マカオからのカラック船を我々の指示に従って狙うことを今年しなかった理由に関する決議を見ました。そして、それについては、注文された商品を送るための貴殿の熱心さが以前と同様に大きすぎたと言わせてもらいます。銀を時間通りに当地に運ぶためにヤヒト船ヤカトラ号には何が欠けていたのでしょうか。食糧はジャンク船で十分運ぶことができました。そして、それが行われたのちに、スヒップ船エンクハイゼン号がそのようなすべての状況において最悪の場合、カラック船を取り逃がし、来航しなかったならば、どのような障害があったことでしょう。しかし、それにもかかわらず、今になって、ジャンク船が必需品を積んだままで残留しました。とはいえ、すべてが善良な勤勉さから最善を尽くして行われたと確信していますので、それに対してこれ以上何も言うつもりはなく、行われた行為をそれにも関わらず賞賛し、それをこれから改善するよう貴殿に勧めます。

　貴殿が中国貿易に関して書いていることについては、重要な議論です。時間と状況が許し、十分な資本をかき集め次第、中国で新たな調査を行う意向、意見、そして希望をもっています。ヤヒト船ヤカトラ号のために船長が同行しています。ウィレム・ヤンセン[1005]が滞在を引き延ばしたくないのであれば、なんとか可能な限りの良い乗船待遇を彼に工面するつもりです。なぜなら、本人とその功績を良く知っているからです。

　ブラウエル氏によってもたらされた諸バス砲は祖国へ送付されました。そ

1005　Willem Jansz

してその代わりのものの返送を来年に待ち受けています。もしも、火薬を作ることのできる有能な砲術師ならびに 12 ないし 18 ポンドの金属製大砲をこの新たな船団で得ることができれば、それらを貴殿に提供します。そして、それについて特別な通知を本状と共に同封します。

　貴殿によって鋳造された 3 門の銅製大砲については今のところ確定的な報告ができません。

　黒檀の残りは最初の機会で送ってください。

　イギリスのヤヒト船ホジアンデル号[1006]は 5 月 7 日に当地に到着し、同船を通じて 3 月 5 日付の貴殿の書状を受け取り、生糸の価格が高騰している様子を確認しました。貴殿に十分な量を供給できたらよかったのですが。

　6 人の日本人が我々のところに到着し、黒檀は近日中に荷降ろしする予定です。

　我々のために送付してくれた食糧について貴殿に非常に感謝します。ヤヒト船のための帆布は送付しません。なぜなら、それは当地で緊急に必要であり、彼らはコレアス布でなんとか工夫することができるでしょう。

　どれぐらいの量の銀およびどれだけの数量の商品、食糧などを送付してもらいたいのか、また、資金不足の場合に、貴殿が送付する、あるいは〔送付を〕控えるものについても、正確かつ明確な指示を出すのがよろしかろうということに我々は貴殿と同意見です。我々はなんとか可能な限り明白かつ明確な報告を出すよう気を付けるつもりです。去年もこれについて十分注意していたのですが。そして、我々が注文した商品が非常に少なく、そしてスヒップ船およびジャンク船が運搬できる以上の食糧を貴殿は送付できなかったので、それは少額のものですが、私が思うには、間違っているかもしれないという前提で言いますが、あれやこれ〔の注文〕をほとんど満たすことができるための手段を持ち合わせ、そのようにも〔貴殿が〕実行しましたが、何を送るか送らないのかについて貴殿が恐れる必要はありませんでした。当時、我々は別の指示を出すことができませんでした。そして、貴殿がそのような場合に資金を欠いているならば、銀、食糧や、注文されうる商品をそれぞれ

1006　Dosiander

いくらか送付し、ほかのものは送付しないよう本状をもって貴殿に指示します。我々の前回の注文の趣旨にも含まれている通りです。これについては、冗長さを避けるため、さらなる話や説明はしないつもりです。

　鉈については、今のところまだ感想を述べることができません。今後数年の間は受け入れる予定はありません。しかし、貴殿が述べている通り、1617年辺りまでに一山は準備させても構いません。とはいえ、追って指示があるまでは、今回のような大きな量は要りません。

　漆器をこれ以上祖国に向けて送ってほしくないと重役殿が指示していることを貴殿に伝えます。日本の漆器は確かに美しいですが、あまりにも高価になるので、そのために出費した金銭を十分に回収できません。したがって、かなりの金銭を失うことになるとしても、購入した分をなんとか可能な限り処分してくれると幸いです。なぜなら、当地へは漆器を送付する必要がない上に、それはまた船において場所を取り過ぎるからです。

　銀について、未精錬あるいは未鋳造の山銀[1007]は中国人が気に入っていますが、ほかのものについては100レアル銀貨の重量で、最高でも90ないし92レアル銀貨の価値よりも高い値段では引き受けたがりません。5パーセントの上乗せをすでに提示しましたが、彼らはそれでは引き受けようとしません。未だに10パーセントを要求し続けています。それゆえに、未だにどの商品についても値決めをしていません。いくらで合意するのかは時が教えてくれるでしょう。そして貴殿は後ほど聞き知ることになるでしょう。

　板も角材もまだ確認していません。しかし、追って指示があるまで、それについてはこれ以上我々に送らないでください。なぜなら、この地域では一般的な木材に不足していないからです。大工が不足していなかったら、非常に美しい大型の船が十分建造できるはずです。ほかの船の修理に加えて、去年当地で6隻の船に竜骨を起点に二重外板張りを施しました。

　馬は会社にとって多額の金銭がかかり、貴殿にも同僚たちにも多くの苦労がかかります。この大きな野獣〔パンゲラン〕はそのために愛想の良い顔を見せています。しかし、そこから鑑みると、（私が思うには、）今我々と仲違いす

1007　berchsilver　上質の灰吹銀

るはずがないと彼は考えています。なぜなら、我々が胡椒の関税を減らそうと思っているにもかかわらず、当地で降ろした象牙と白檀に対する新たな関税を彼は現在要求しているからです。それは以前に断固として拒否しました。同パンゲランは勅令の発布によって、我々からの関税が支払われる前に、つまり、彼らが当地で我々のための輸入税や彼ら自身のための輸出税を支払う前に、誰も象牙と白檀の購入を実行しないよう各人に禁じました。これはご立派な感謝ではありませんか。不合理なことが行われれば行われるほど、我々はより多くの油を火に注ぐことになります。それを恐れています。しかし、総合会社が神の助けによってそこから解放されるのを見る希望はもっています。

　火薬粉砕機2基がアンボイナへ運ばれ、そこに設置される予定ですので、貴殿は毎年我々に十分な量の硫黄と硝石を自社の貯蔵用に送付しなければなりません。そうでなければ、我々にとって粉砕機と火薬製造機が無駄になります。したがって、これに注意して、我々に供給してください。

　鋼鉄についてはまだ報告ができません。未精錬のものは欠かすことができないでしょう。茜染料に関して今なおどうすればいいのか分かりません。砲弾は注文を受けていません。なぜなら、弾丸の周りにある縁のために、皆がそれに反感を抱いているからです。そのために以前にマレーで半分の大きさのカルタウ砲が爆発し、そして複数の人員が死傷しました。そのため、皆がそれを恐れています。したがって、追って詳細な指示があるまで、それをこれ以上送らないでください。

　錫はコロマンデル海岸に送付されました。鉛は当地では入手することができません。イギリス人は十分な量を持ってはいますが、〔それを〕現金で高額な値段でしか売ろうとしません。〔我々は〕あまりそれに乗り気ではありません。なぜなら、彼らに現金を取得させたくないからです。ほかに当地の事業に欠けているものについては、同封の覚書でお分かりになるでしょう。

　祖国から新たに神のおかげで到着したこのスヒップ船ズワルテ・レーウ号[1008]をそちらに派遣することを我々は承認しました。一つにはシャムの積荷をサンゴラからそちらに運ぶためですが、主にマカオのカラック船を待ち構

1008　Swarten Leeuw

えるためです。貴殿および貴殿の委員会がその目的〔シャムの積荷を日本へ送ること〕を達するために行っている2隻の船の要求は、今のところ決議することができませんでした。なぜなら、ドン・フアン・デ・シルバが彼のマニラの全兵力と共に去る〔2月〕にジョホールとマラッカ周辺に到着したことを確信しているからです。仲間たちがカラック船に遭遇すれば、このスヒップ船できっと拿捕してくれるだろうと望んでいます。なぜなら、同船は頑丈で、うまく人員が配置され、あらゆる必需品が備わっているからです。そして、前述の通り、中国人が今年何も舶載しなかったので、今のところ〔この船で〕一緒に送るガラクタ以外に何も貴殿に送付することができません。

来年は素晴らしく大量の生糸が得られることを望んでいます。なんとかできるだけ大量の帰り荷をなんとしてでも祖国に送付しなければならないので、祖国にとって有用なほとんどすべての帰り荷を当地に送るようにとの指示を我々はパタニへ出す必要がありました。こういうわけで貴殿は、残念ながら、彼の地からも豊富な積荷を得られないでしょう。重役殿たちの負担および、神よ、そうでなかったらよかったのに、マウリシウス島に新たに被った損害があまりにも大きいので、希望が失われないために、新たな果実を送らなければなりません。

スヒップ船ヘウイネールデ・プロフィンシエン号[1009]およびバンダ号[1010]は、そのすべての積荷と共に、神よ、そうでなかったらよかったのに、ボット[1011]総督および約半分の人員と共にマウリシウス島のところで恐ろしい暴風によって悲惨に海に沈みました。ヘルデルラント号[1012]は彼の地にとどまることを余儀なくされました。そしてスヒップ船デルフト号[1013]はヤヒト船とだけで進みました。しかし、目的地に辿り着いたかどうかは分かりません。貴殿が同僚たちを通じてより詳細に聞き知るでしょう。なぜなら、多くの議論をすることを時間が我々に許さないからです。万能神がレインスト[1014]総督閣下を

1009　Gheuineerde Provintie
1010　Banda
1011　Bott
1012　Gelderlandt
1013　Delft
1014　Reijnst

もこの世から解放した事情についても貴殿はきっと聞き知るでしょう。神が我々に良き統治者およびその聖なる恩寵を与えてくれますように。
　我々はこのスヒップ船に、3月2日にそちらで貴殿が同僚たちと共に採決した決議録を渡し、マカオから長崎[1015]に航行するポルトガルのカラック船を拿捕するために往路でも帰路でも最大限の努力を行うという指示をそれに付けました。もしも、それを往路で逃せば、何らかの良い見込みを確認した上で、帰路において本スヒップ船と兵力をそのために用い、一度は敵を攻撃するために最大限の能力と努力を発揮することを、本状をもって貴殿および同僚たちに命令します。ただし、そのような場合にヤヒト船あるいはジャンク船で食糧および準備できるだけの銀を我々に送付するとの条件の下でということです。しかし、もしもどちらかを諦めなければならないのであれば、彼ら〔スヒップ船の乗組員〕がカラック船〔を諦める〕よりも、我々が一年日本銀と食糧を諦めた方が会社にとって良いことでしょう。
　数隻の軍艦をそのために用いることができたらと願っていたのですが、それはそうはならないようです。まずは敵の艦隊との闘いに臨まなければなりません。カラック船がこのスヒップ船の1日、2日あるいは3日前に彼の地に到着したら長崎でそのカラック船に攻撃をしかけることは、今のところ最終的な確たる命令を出すことができない案件です。もしも数人の船長あるいは諸船によってそのような行為が、貴殿の知るところなく行われたならば、同船長がそちらに到着した時にどのように航行すべきか、そして戦利品のうちの相当な分け前で高官たちは目をつむってくれるのかどうかを貴殿は数人の大物の友人に巧みに聞き出さなければなりません。そして、これについて得られた情報を元に、この件について委員会と調整しなければなりません。〔拿捕された〕ジャンク船の保持が認められたことは好意的に受け止められているようには思われますが、それでも、それについて敵を長崎で攻撃するための正確な指示を今のところ当地から出すことはできません。もしもスヒップ船がカラック船を連れて来航しても、貴殿は迷惑を被らず、贈物献上で十分対応できるというのが私の意見です。しかしながら、これは私の推測であ

1015　Nangasacqui

り、それに基づいてはいけません。もしも貴殿がそれについての知識を持っていれば、そのようなことが起こった場合には、その件を進めても構いません。

現在、貴殿が貴殿の判断に従って準備する食糧以外に何も注文しませんので、カラック船を拿捕する良い見込みが見当たらない場合、そちらで11月1日頃を越えて滞在しないようにという指示を我々はズワルテ・レーウ号に与えました。したがって、それ以前にそれが実行できない場合に、このスヒップ船をこの時期頃に当地に派遣してくれれば幸いです。ただし、パタニ〔商館〕の助言を元に委員会で最善と承認された上で、パタニに寄港させる、あるいは通過させるという条件の下です。

本日今月10日にここまで書いたところ、ジャンク船フォルタイン号が当地に無事に到着しました。これについて、神を讃えるべきです。なぜなら、同船について非常に心配していたからです。日本人のうちの数人が（一番強かったので）とても図々しく振る舞いました。それゆえ、貴殿が再び人員を雇用するならば、これらの数人のような（そして我々の同国民の間にも時々いる）反乱を起こすごろつきについては、可能な限り少しでも多くを雇用者から排除すべきです。

注文していない木材と砲弾の代わりに、すべての黒檀を貴殿が我々に送付してくれることを私はむしろ望んでいたのです。〔黒檀〕といってもアウト・ゼーランディア号[1016]で運んだとブラウエル[1017]氏が私に話してくれたような格別な数枚を含む美しい板を数枚という意味でした。当地で我々に梁と板が一度も不足したことがない状況を貴殿が考えなかったことに私は驚いています。このような積荷を運び、そのために敵へのあれほど素晴らしい奇襲攻撃を怠るには、日本の貨物はあまりにも高く付きます。前述の通り、最初の機会で、まだ在庫を持っているすべての黒檀を当地に送ってください。なぜなら、それは祖国で非常に需要があり、マウリシウス島の木材よりも5パーセントも良いと当地で聞き知っているからです。拿捕されたジャンク船は、もしもス

1016　Oudt Zelandia
1017　Brouwer

ヒップ船で都合が付かない場合、食糧と現金の送付のために貴殿が使うことができます。しかし、今年まだ木材を祖国に送ることができるように、それが来たる12月に〔我々の手許に〕届けば、非常によろしいでしょう。船の都合が付き、十分な資本があれば、ヘンドリック・ヤンセン[1018]が必要とする可能な限り多くの銀をパタニに送ってください。そして、パタニへ送ることができない場合は、来年までに当地からパタニに供給できるように、すべてを当地に送ってください。

　生姜が非常に高価になっているので、重役殿たちがそれをどのように評価するかについての報告を祖国から得る前には、貴殿が一山も契約しないことが得策であると私は思います。20ないし30本の象牙がパタニから貴殿のところに届く予定です。

　マラッカ沖での状況および出来事については、我々の諸船が、神のお陰で、ポルトガルの兵力に善き勝利を勝ち取りました。貴殿がきっと友人たちを通じて聞き知るであろう通りです。もしもイギリス人の策略によって我々の計画が阻害されていなかったら、神の恩寵によってドン・フアン・デ・シルバのスペインの全兵力も打倒していたはずだと確信しています。我々自身の失敗によって去年プールー・アイへの無駄な遠征を行いました。兵力は再び彼の地へ赴き、近日中にその経過報告を耳にするのを我々は待ち受けています。カンベロの要塞では、去年イギリスの旗が翻っていましたが、すぐに再び追い払われ、そこに会社の守備隊が配置されました。イギリス人は4隻の船で再び彼の地へ赴きました。とはいえ、もしも〔彼らが〕その悪巧みを諦めないのであれば、ひどい仕打ちを受けるということは十分起こりえます。なぜなら、そのような場合における完全な委任が与えられているからです。マウリシウス島から受けた不幸な知らせについては、本状と共に写しを同封します。

　再び帰還しているこれらの日本人には、以前にモルッカ諸島でも行われたのと同様に、バンタムにいる期間に稼いだ分の給料を支払いました。バンダから許可を得た時以降バンタムに上陸するまでの分もさらにもらわなければ

1018　Hendrick Jansz

ならないと彼らは主張していますが、勘定書をもっておらず、また我々はそれについて何も知らないので、彼らには請願の証書が与えられました。そして、彼らへの債務を完済するためにそれを担保付で支払ってください。

　以上、尊敬すべき、非常に慎重な殿よ、本状を終えます。心よりの挨拶の上で、神が貴殿にすべての善を与えてくれますように。

　バンタムにて、本日 1616 年 5 月 14 日。

敬具

ヤン・ピーテルスゾーン・クーン[1019]

砲術師として使ってもらうために、我々は 2 人の人員、つまり下士官と憲兵隊長を派遣します。貴殿はそのために最も有能な人員を使ってください。また、天球儀も一緒に送ります。2 個目の天球儀は入手できませんでした。

1019　Jan Pietersz Coen

95 | ヤン・ピーテルスゾーン・クーンよりジャック・スペックス宛の覚書、バンタム、1616年5月14日付

平戸[1020]における上級商務員ジャック・スペックス[1021]氏が日本から当地に送付するもの、ならびに〔送付を〕控えるものなどの覚書

まず最初に、カラック船に対して何か善きことを行える良い見込みがなければ、そちらにあるすべての黒檀を最初の機会で当地に送付することを推奨します。つまり、機会があり次第、そしてほかのことを遅滞させることなくそれが実行できれば、ということです。諸船で祖国へ向けてバラストとし送付できるように、同木材が来たる12月までに入手できればよろしいでしょう。

塩漬けの肉、ベーコンおよび魚は、毎年再びそこそこの量を送ってください。量については実のところ指定できません。なぜなら、送ってくれた山がどのように評価されるのかまだ分からないからです。とはいえ、肉について、その薄さのために塩の中で自ら溶けて、完全に乾燥し、海綿状になってしまうと貴殿が述べているように、食糧がその見た目通りに十分良い状態で保存できないのなら、それをまったく送らないか、あるいは少しだけにしてください。なぜなら、品質の悪い食糧は使い物にならないし、役にも立たないからです。しかし、肉、ベーコンおよび魚が良いものであり、適切に処理され、一定期間良い状態で保存できるように塩漬けされるならば、十分な量を我々に送ってください。つまり、送付された食糧の感想について貴殿がズワルテ・レーウ号[1022]から聞き知る情報に応じた、そして入手できるものの良し悪しに応じた、多寡のことです。ただし、それは、これらの食糧がバンタム、モルッカ諸島、アンボイナあるいはバンダに時間通りに到着することができるよう早期に送付されるという条件下です。

樹脂、魚油、そして豚の脂も毎年一山を待ち受けています。十分な量の豆

1020　Firando
1021　Jacques Specx
1022　Swarten Leeuw

も同様です。契約した量の砂糖漬生姜および麝香も待ち受けています。しかし、書状の方で述べた通り、高価ですので、祖国から感想を聞き知るまでは、より多くの量を契約で購入することは得策ではないと考えます。

　ティンデンつまり樟脳が入手可能であれば、十分な量をもらいたいです。さらなる見本として、何振かの刀剣および軽量の綱を我々に送付してください。錨は高すぎます。鋳造されたものも十分良質であるはずがないと思います。したがって、送付不要です。

　スヒップ船およびヤヒト船で使うための、刀身が良質で、装飾には経費がかかっていない2ダースの刀剣。

　自分で使うための硫黄および硝石は毎年それなりの量を送ってください。なぜなら、祖国から2台の火薬粉砕機が届き、アンボイナに設置されたからです。硫黄は〔コロマンデル〕海岸で十分役立つと私は思います。しかし、それについてまだ報告を受けていません。

　用意してくれると〔貴殿から〕報告を受けた2隻の日本のバルク船とそのための人員について、スヒップ船の空き容量あるいは機会に応じて当地に送ってください。空き容量がなければ、黒檀を後回しにするよりも、我々に1隻を送付するか、あるいはそれを翌年まで延期してください。入手できる限りの優秀な人員および、特に彼らの上に立つ優秀で勇気のある頭分を派遣するように注意してください。この度派遣された、日本人の上に立つ長はあまりに良い人すぎるか、弱い人のように見えます。また、各スヒップ船で我々の人員が統率できる以上の人員を派遣しないでください。

　前述の食糧品および必需品が供給された上で、残りの資金を銀のみで送付してください。そして、大部分はなんとか入手できる限り多くの非鋳造の山銀にしてください。非鋳造の山銀がなければ、レアル銀貨と同じぐらい上質に精錬された銀を送ってください。また、日本の文字や書き付けが刻印されていない延べ棒あるいは別の板の形で〔送ってください〕。なぜなら、私の聞いたところでは、中国人はそちらの方をより好むからです。今回送られたような銀はレアル銀貨より8パーセント少ない価値が付けられています。今年パタニへは中国のジャンク船が渡航しなかったと当地で言われています。来年それがどのようにして実現するのかは分かりません[1023]。もしも貴殿が彼の

地に銀を送る必要があると聞いているならば、まずヘンドリック・ヤンセン[1024]に供給し、そして、もしもまだ少し残れば、残りを当地に送ってください。しかし、不確かな情報をもとにパタニに送ることはせず、そのような場合には、すべての銀を当地に送ってください。というのも、それの使い道をそれなりに見つけるでしょうし、我々にとって銀は役に立たないはずがないからです。

釘は今のところ十分備蓄があります。漆器は重役殿たちがこれ以上送ってもらうことを望んでいません。そのため、損失を伴うとしても、可能であれば、注文された山を処分する必要があります。鉈は今のところ十分あります。したがって、1617年に向けても少量のみを準備させてください。あるいはより詳細な指示を待ってください。

そして、追って指示があるまで、銅、銅板、鉄、鋼鉄、砲弾、斧、鍬、そして鋤もこれ以上我々に送らないでください。また、木材、梁と板、てこ棒、砲車用車輪、斧の柄、また同様の雑具も〔送らないでください〕。しかし、船に場所が残っている場合、在庫に何かがあれば、それが無駄に朽ちていかないようにするために、そのうちの最も良いものを送ってください。しかし、当地で十分入手できると貴殿がよく知っているものは送らないでください。黒檀を後回しにすること、あるいはそのために船の出発を遅らせることはしないでください。つまり、貴殿が船の大工工事用に集めたものを保管しておいてくださいということです。

米、パン、そして小麦粉についても、極めて少量しか送らないでください。なぜなら、ジュパラ[1025]で米が十分入手できるとの望みがあるからです。

槍と日本の火縄銃についても追っての指示を待ってください。

茜染料は、私が聞いたところでは、腐敗し、全く使い物にならなくなりました。

大砲の発射は、複数回非常に悪い結果になって、鋳造された大砲はまだ確認も、そして再度の試し打ちもしていませんので、これらについて今のとこ

1023 否定語の脱字あり
1024 Hendrick Jansz
1025 Jappara

ろ判断を出すことができません。

　反物つまり絹織物についても、最初の機会で判断を出すつもりです。しかしながら、それをより良い形で売却できるかどうかについて〔貴殿が〕もう一度調査することが得策であろうと思います。しかし、それは値段が高すぎると思います。

　鉄製および金属製の滑車輪は、しかるべき時に必要であるので使用されるでしょう。しかし、追っての指示があるまで、これ以上送らないでください。

　バンタムにて、本日 1616 年 5 月 14 日。

　送付された硫黄が完全に粗悪な品質で、石みたいに固まっているらしいということを、以上を書いた後に聞き知りました。したがって、良質のものを送るか、あるいは何も送らないよう通知します。ベーコンおよび送付された魚はまだ良い状態であると私に伝えられています。そのため、この記述と上記に従ってください。

　ヤカトラにて、本日同月 18 日。

ヤン・ピーテルスゾーン・クーン[1026]

1026　Jan Pietersz Coen

96 | ヘンドリック・ヤンセンより〔ジャック・スペックス宛〕書状、パタニ、1616 年 6 月 24 日付

尊敬すべき、慎重で、とても思慮深い殿

　ご挨拶の上で、3 月 9 日付の貴殿の書状が、ほかの書状と共にヤヒト船ヤカトラ号[1027]を通じて 4 月 6 日に私の手元にすべて無事に届きました。同ヤヒト船は日本から約 3 日間航行したところで嵐によりフォアマスト、船首斜檣、トップマストを失いましたが、帆は、何隻かの中国のジャンク船を拿捕するために畳んでいたので、失いませんでした。

　我々が今年当地でコーチシナ人[1028]と日本人の前に取引を行うことができたらと私は願っていました。その方が恐らく彼らにとってそちらで行うよりももっと利益が出たのでしょう。なぜなら、去る 7 月 12 日付の私の書状を貴殿が解釈しているところによると、彼らの商品が当地で戦利品や略奪品とみなされているかのように思われるからです。それを、貴殿はそのように決めつけないでください。彼らの商品には、中国における価格とほぼ同じ価格で支払うことができると言われているとしても、それをもって、そのようなことが実現するということになるとは限りません。しかし、そのようなことはまだ大いに熟考すべきであり、貴殿が考えるように審議や明確な機会なしではそれを進めていくべきではありません。

　〔中国人に対する〕損害を伴う強制と貴殿が言っていることについては、（中国における貿易が数多くの請願の上で我々には拒絶されたため）我々が注文するだけの商品を我々に毎年供給してもらうために、どのような形で、そしてどのような武力で彼ら〔中国人〕に強制しなければならないかについて、故インポー氏[1029]およびさらに多くのほかの主立った中国人が議論を交わしているのを度々耳にしました。そのことを彼らは我々に十分に確信させようとしました。それについて満足のいく理由を提示していましたが、本状で述べるには長すぎます。ただし、きちんとした支払いという条件の下にというこ

1027　Jaccatra
1028　Cauchijnchijnders
1029　Imphou

とです。それには、私が思うには、別の人が我々より先に成し遂げるのでしょうし、長い間経験を見てきた者より先にその果実を享受するのでしょう。なぜなら、会社に大きな損害を与える貪欲な輩が我々の間に常にみられるからです。ポルトガルの運のいい奴等については、彼らがこれまでどのように、そしてどんな残酷さでその果実、富および目標に到達したのかは十分知られています。ご参考まで。

　コーチシナにおける中国の貿易が増加し、拡大していることを私は貴殿と共に確信しています。しかし、ヤヒト船ヤカトラ号を用いて彼の地で交易を行うことは、どんなに慎重にそれに取り組んだとしても、それは屠殺台に行き着くのだろうとの意見を未だに抱き続けています。なぜなら、同コーチシナの人々は、提督グルースベルヘン[1030]の２隻の船の〔来航〕時に、彼らの裏切りによってそこから２門の金属製大砲を入手しており、それに倣って彼らは 15 ないし 30 門の同じものを鋳造させました。それらを彼らは川や湾内の彼らのプラウ船ですぐに使用できるようになりました。それは次のことから明らかです。貴殿がアジアに来る前のある時に、彼らは２隻の日本のジャンク船を打ち沈め、多くの日本人が溺死しました。残りの者たちはサンパン船で助かりました。そのうちの何人かと私は実際に話をしました。我々が彼の地での彼らの破滅の原因だと彼らは思っていました。その後、〔我々は〕善意よりもむしろ強制で彼らの尊敬と友情を手に入れました。パタニ〔商館〕の人々もその成果を享受しました。それについて彼らは不思議な話、つまり、例の大砲やそれに関する扱い方について語ることができます。したがって、同ヤヒト船がこのような場合に何千もの危険に晒されるのではないだろうかということを貴殿自身に熟考していただくように、そして、彼らの約束を少しも信用しないように、私はお願いします。その事例が我々にそれについて十分に教えてくれました。いつ我々がそこから我々の復讐を果たし、被った損失を補償されるのかは神が知っています。私見ではありますが、中国のジャンク船が停泊している川や湾、港は深くてとても適切であるので、丈夫なヤヒト船あるいはスヒップ船で十分な成果を得ることができるでしょう。しか

1030　Groesbergen

し、会社の船は至るところでやるべきことがあまりにも多くあるので、これにはまだ注意を払うことができず、辛抱しなければなりません。

　貴殿が同ヤヒト船ヤカトラ号に積んだ荷物はすべて無事に受け取りました。しかし、その送り状ならびにホープ号[1031]でシャムに送付された荷物の送り状にも不正確さが見られました。その写しを本状と共に貴殿に再び送付します。それには誤りが欄外に記されています。それらを我々は当地で修正し、正しく帳簿に付けました。今後すべての誤解を防ぐためにそちらでもそれを修正してください。銅は長期間倉庫に保管される恐れがあります。なぜなら、女王に対して売却したものについて記した私の最後の書状以降、1ピコルも引き合いがなかったからです。そのため、追っての指示があるまで、それ〔銅〕、ならびに火縄銃、漆器、鉄をこれ以上送らないでください。それゆえ、当地で利益が得られる、あるいはその失われた金銭を回収できるであろう日本からの品物がほかにあるのか、私には分かりません。その銅を損で売却することを提案します。なぜなら、誰もそれに興味がないからです。私はそれ〔銅〕からバス砲1、2門を鋳造させました。これらは、貴殿がそちらで鋳造させるものよりも不当に高く付くと私は思います。そのため、当地ではもうそれは行わないつもりです。毎年シャムが日本のどの商品を消費できるのかについては、しかるべき時にこの両側〔パタニ商館とシャム商館〕から聞き知ってください。

　中国のジャンク船は今年不在で、そしてこの方面に1隻も来ませんでした。何が原因かについて確信をもつことができません。ある人は、それが当地で課される重い関税と権益税のためであると思っています。ほかの人はイギリスのヤヒト船アドバイス号が原因であると言っています。同船は去る8月にバンタムから出発しました。そちらへまだ到着できると思っていましたが、琉球[1032]周辺で季節風の逆風に遭遇し、そのため、彼の地で上陸して飲食物を請願せざるを得ませんでした。彼らの通訳者が殺されたので、イギリス人はそのための報復として当地に3人の中国人を人質として連行してきました。

1031　Hope
1032　Lequeos

その中に高貴で身分の高い人物が一人いたようです。彼らは女王のとりなしによって解放されました。結局、貴殿よ、理由が何なのかは今のところ不明のままです。そこには大いに驚くべきものがあります。なぜなら、彼らは去年彼らのすべての商品をこれまでにない最高額で販売していましたし、イギリス人側からも我々の側からも先買いするために熱心さが示されていたからです。したがって、これは我々の多くにとって理解を超えています。そのため、私は貴殿に今年生糸あるいは中国産品物を供給することができません。これですでに 2 年も当地において我々の雇い主殿たちのために何も目立った利益を出さなかったことになります。私が去年ジャンビに派遣しようと思っていたジャンク船もアチェ人およびポルトガル人のためにその渡航を中止しなければなりませんでした。それは悲しいことであり、私は心を痛めています。しかし、神の思し召しであるため、我々は自らを慰めなければなりません。重役殿たちが今後その大きな損失と被った損害を緩和することができるように、神がその温和で豊かにしてくれる祝福で貿易を恵んでくれることを祈ります。

今月 9 日にスヒップ船ズワルテ・レーウ号[1033]がそちらへ渡航するために当地に到着しました。そこにはシャムなどで入手できたすべての物を舶載しました。同封の送り状で貴殿にお分かりいただける通りです。初回としてはそれにあまり多くの利益が出ないでしょう。なぜなら、皮の虫食いがひどく、それには過度の経費がかかっているからです。他方、スヒップ船エンクハイゼン号[1034]の出発の 11 日後に当地になお無事に到着したジャンク船フォルタイン号[1035]を通じて去年〔送られた〕ものは、〔遅すぎたので〕非常に長い間市場に出せないままでした。シャム宛の貴殿の書状の写しで私が確認した通り、そこからある程度の現金を生み出せたはずです。それは確かに嘆くべきであり、それにできることは何もありませんでした。

蘇木はシャムの送り状通りに当地でジャンク船から受け取り、陸に揚げませんでした。それもまた、時間不足のために再び熟考することなく、出荷さ

1033　Swarten Leeuw
1034　Fortuijne
1035　Enchuijsen

れました。それについては悪く思わないでください。というのも、ハウトマン[1036]氏が送った数は、途中でしなびたものおよび川に入る時に残したサンパン船の満載時の四分の一を除いて、そこにあるはずだからです。鮫皮についても、去年シャムから送られたいくらかの並のもの以外は今回貴殿に送りません。なぜなら、それらは今年当地であまりにも極端に高かったからです。スヒップ船エンクハイゼン号で最後に送付した分の買い手がなかなか見つからないことを私は妙に思います。私がそれらを購入した時には、半ばただで、大きな買い得をしたようにみえました。しかし、貴殿のところでの価格は以前と比べものになりません。ただ、それに対する日本人の需要があまり大きくないことが重要な決め手だと理解しています。当地から貴殿に中国産品物を供給するようにと商務総監閣下が出した指示については、今年の分は諸般の理由で貴殿におかれてはそれを辛抱してもらい、来年運ばれるものを確認してください。

　すべての銀をバンタムに舶載することを貴殿が全員一致で決議したということは、この状況下で非常に適切な行動でした。もしも、貴殿が去年当地に送付した我々のもの〔銀〕を商務総監閣下が昨年もらっていることを神が望んでいたのならば、閣下にとって大きな支えだったはずであり、そして、やはり、それをもって、開始されていた貿易に、我々の大きな名誉と名声に繋がる基盤を与えてくれたはずです。なぜなら、当時イギリス人も現金を持ち合わせていなかったからです。日本銀に関して、我々は、ボルデロン[1037]の貨幣32タエルに対して1タエル渡すという条件の下で一山をボルデロン銀に交換しました。もしも、彼の地で意のままに胡椒が入手でき、交易すべき何かがあれば、それは悪い値段ではないでしょう。

　なぜなら、この銀はあの地域以外のほかの場所では通用しないからです。というのも、それは質が非常に悪く、貴殿がここ最近見本として送付してくれた最下級品の日本の通用丁銀の合金にも及ばないからです。それにもかかわらず、（彼の地で米の大規模取引を行っている）パタニおよびパハン[1038]の

1036　Houtman
1037　Bordelongh　マレー半島の東側、パタニの北に位置する町
1038　Pahangh

人々は、彼らのレアル銀貨と交換に同銀の重量以上のものをもらえないことが時々ありました。つまり、それは同ボルデロンにポルトガル人やクリガレーゼがいない時のことです。そのような時に彼らはパタニ人とパハン人の金を強く求め、それによってボルデロン銀がその時に安くなります。そのレアル銀貨でこれらの両替人を我々の方へ引き寄せることができないのかどうかを一度試そうと我々は思っています。それは素晴らしい案件となるでしょう。ハウトマン氏は去年、イギリス人を通じて30斤分のシャム銀を私宛に手形で振り出しました。それを私は当地において、レアル銀貨の欠乏のために、前述の日本銀で支払いました。彼らには12レアル銀貨の重量に対して¼の利益を与えました。というのも、彼らは現金を非常に必要としていたので、それをその条件で受け取るしかなかったからです。

　我々が正当な為替レートについて中国人とどのように折り合いを付けるのかは、時が教えてくれると思います。彼らは去年上質なものに対してレアル銀貨100枚当たり2枚の利益を提示しました。それに対してとても前向きだったようです。したがって、もしも貴殿が今後も当地にいくらかの銀を送付してくれるならば、そのほかの銀ほど困らない程度の品質で、そちらで実現できる限り上質に作らせてください。とはいえ、当地ではまだ割合に現金を持ち合わせていますので、すべてをバンタムに運んでください。ただし、いくらかのレアル銀貨が手に入る場合を除いてです。それは当商館にとって非常に役立つでしょう。このことを貴殿は心に留めておいてください。ただ、ハウトマン氏が必要とすると貴殿が判断するのに応じた分を彼に毎年供給することを忘れないでください。我々のもの〔銀〕が今年の末および来年の春に使われることを望みます。カスティリャの艦隊が我々をそっとしておいてくれる場合のことです。神がそれを許してくれますように。

　我々のジャンク船フォルタイン号が難破した場合、命令なしでシャム貿易を再開することについて、私が躊躇していただろうと貴殿が書いていることについて、貴殿の意見は私の意見と完全に異なります。なぜなら、これは、バンタムの命令および権限からのものであり、会社にとって最も利益の出る形でこの貿易を活用するよう、それ〔同貿易〕が最重要事項として我々に課されたからです。そのことは、命令に従って我々のところで決議されただけ

ではなく、定められもしました。したがって、そのような場合、そこに問題を作り出すべきではありません。確かに、何か重要なことに命令なしで着手することは厄介だというのは事実です。なぜなら、それがうまく行かなければ、皆から非難されるからです。

　当時は、ジャンク船フォルタイン号に二重外板張りを施さなければならず、またハウトマン氏が来たる5月までに約15,000ないし16,000枚の鹿皮と1000ピコルの蘇木を準備する予定であると去る11月に私に報告していたというような状況でしたので、そのためにジャンク船を当地で借り入れました。その条件としては、積荷が得られるか否かによらず、規定された賃料を与えるということでした。そのジャンク船は今になって、貴殿の装備のためにうなだれて戻って来ました。それは損に損を重ねたことになります。とはいえ、貴殿がこのために押し進めた希望と技量ゆえに、それを非難できません。そして、同ジャンク船には今その積荷として木材、つまり蘇木308ピコル、米46コヤンと11ガンタンおよび、時間をかけてしか適切な価格で売却できない残り物の藍26壺があるので、それらを現在の当地の価格の通りに価格設定し、それにかかった手間賃を引いて、そして308ピコルの蘇木にかかったそのほかの経費と共に私が全額を計上する運賃として25タエル分を差し引きました。送り状でお分かりいただける通りです。そして、もしもそれをモルッカ諸島に送付せずに、設定した以上の高い価格で当地において売却する場合、このやりとりに終止符を打つために、貴殿はその利益分をそちらの商館の帳簿の貸し方に計上してください。

　私は、前述のシャム貿易に関して、そのためにジャンク船を使用することなく、これらの渡航を毎回スヒップ船で実施することが実現できないのかについてバンタムの商務総監閣下に書き記しました。なぜなら、ジャンク船ではそれに大きな経費がかかるからです。また、毎年この日本の海域で少なくとも1隻のスヒップ船は維持しなければならないという観点からもです。なぜなら、前回の計算において、それに出費されたこの経費に大きな相違があったからです。同スヒップ船が3月の末あるいは遅くとも4月1日にバンタムから当地に派遣された場合、サンゴラから遅くとも5月中旬および同月末日にシャムの河口に十分に到着可能です。その場合、その船にはその積荷を積

み込む時間としてまだ丸1ヶ月があります。そのことに閣下が一応は同意してくれています。そして、これが会社にとってこのように満足のいくもので、最も利益となるというのが私の意見でした。というのも、マールテン[1039]氏のためにしばらく彼の地に駐在していた助手ヤーコプ・アドリアーンセン[1040]ならびに常にシャムへの渡航を行うパタニの数人の船長が、中国のジャンク船、そして日本のジャンク船も7月になってからしか彼の地から出発しないことが十分あると（鋭く詰問を受けた上で）全員一緒に私に宣言するからです。それに私は目を付けました。それはハウトマン氏によると不可能なようです。同封した去る4月20日付の彼の書状の抜粋から彼の意見についてさらに詳しくお分かりいただける通りです。その中でとりわけ彼は、パタニへ送付するよりもこの貿易を彼の地から直接日本で行った方がより収益性が高いと考えられると助言しています。それについては、もしもすべてが適切に行われるのであれば、その逆を私は彼に証明するつもりです。蘇木がないために、ジャンク船がこれまで不定期で間欠的にいまだに一度もその積荷を満載して当地に運んできていないなか、私はジャンク船の装備の実施を経験上よりよく理解していますが、積み込んだ荷物には大きな経費がかかるので、それを当てにできません。あるいは当てにしてはなりません。しかし、パタニ経由で送付された〔鹿〕皮が腐敗し、そして、日本人のようにうまくシャムで蘇木を入手できないので、それが最大かつ最も主要な点ですが、この件では、委員会にそれについて決定させる以外に何も提案できません。それは、多くの様々な討論および長時間にわたる議論の上で、次のことが承認され、決議されました。

　鹿皮および蘇木から成る前述のシャム貿易について、その装備は、そちらのところで貴殿によって行われなければなりません。同封する決議録で今詳細にお分かりいただける通りです。それを私は貴殿に示していますし、そちらをご参照ください。それに基づいて、当地からはそれに関する装備が行われないということを確信すると共に確実だと思っていてください。

1039　Marten
1040　Jacop Adriaens

そして、ヒャリアッセ号[1041]というヤヒト船が今回派遣されることを商務総監閣下が実施できなかったようですので、我々は、必要性に鑑みて、そして閣下の命令から、ヤヒト船ヤカトラ号に当地へ指示すること、訂正、本状をもって指示することを承認しました。それは基本的にそちらで必要となるでしょう。しかしながら、閣下は我々にこれを条件付で命令していて、同ヤヒト船が祖国への帰還に資する積荷を当地で得ることができる場合、日本へは行かずに直接バンタムに戻るという例外を設けています。これについては、来たる10月までに同2隻のヤヒト船およびより多くの積荷が当地およびサンゴラで準備できていることを私は疑っていません。したがって、貴殿よ、貴殿は同ヤヒト船をあらゆる手段で遅くとも10月1日までにそちらから再び当地に派遣する必要があります。カラック船〔の拿捕〕がこれによって蔑ろにされないようにする場合を除いて、これを怠らないよう私は貴殿に懇願します。というのも、現在、祖国向けのそこそこの積荷が商館にあり、それを2年間倉庫に保存しており、その結果、市場に出せず、大きな損失に繋がっています。その間になお何が届くのかについては同僚たちから伝え聞いてください。我々は当地でスヒップ船ズワルテ・レーウ号およびヤヒト船から3人の人員を引き止めました。そしてそれは、現在ポンピン[1042]で修理中の我々のジャンク船フォルタイン号が10月までに準備できると望んでのことでした。それはかなり疑わしいです。それをシャム向けの蘇木のために使おうと我々は思っていました。今になって、それはそうはなりませんでした。そして同ジャンク船の準備ができた場合、それは帰り荷を積むこともできず、また、同ヤヒト船と一緒でなければバンタムへ渡航することもできません。なぜなら、強奪に遭う危険が大きく、同ジャンク船がそこそこ豊富な積荷を運ぶ予定だからです。貴殿および委員会はそれに十分留意してください。なぜなら、これだけ多くの祖国への帰り荷をバンタムへ輸送することを閣下が我々に最重要事項として推奨しているからです。

　深紅色の大羅紗は一つも持ち合わせていません。貴殿がイギリス人より先

1041　Galiasse
1042　Pompin　マレー半島の東北沿岸にある港町

に供給を受けることを私は願っていました。しかし、もしも、テーブルクロス、オランダ産リネン布地および黒色の駱駝毛織物が貴殿にとってまだ役立つならば、貴殿に一山をまだ供給できます。イギリス人がそちらで宴会を開き、偉そうにしていることについて、当地でも同じ風を吹かせています。これは非常に驚くべきことです。これについて毎日我々の食事中の話題となっています。このような偉そうな振る舞いがどれだけの出費を伴わなければならないのかについて、私はすべての賢者に判断を委ねます。

　ウィレム・ヤンセン[1043]が拿捕したポルトガルのジャンク船に我々はいくらか喜んでいます。しかし、カラック船がその代わりであったらと望まれます。とはいえ、若者の先走る大胆さがいつか年寄りを後に続かせることを望みます。神がそれを与えてくれますように。当地から諸船を急ぎ派遣せよとの閣下および貴殿が出している指示について、私はできる限り最善を尽くしました。サンゴラでの荷積には思ったよりも少し長くかかり、そのために鹿皮を梱包せず、また灰をかけずに出荷せざるを得ませんでした。それを悪く思わないでください。なぜなら、諸船をこのような目的のために使いたければ、バンタムからより早く出発させなければならないからです。閣下が指示しているように、マカオの前で荷を積んで停泊している状態でカラック船を一度捕らえてもいいでしょう。それは今は時間が許してくれません。そして今はそれについて貴殿の指示以外を諸船に与えることができませんでした。当地で採択された決議に従って、彼らはそれを遂行します。我々が被った大きな損害を多少緩和するために一度はそれに勝利が得られることを神が与えてくれますように。なぜなら、ここ3年の当地における損害は会社をかなり悲しませるだろうからです。主が恵んでくれるよう私は望んでいます。貴殿がそちらで飼育するための牛を一緒に送ります。しかし、それらを運搬するのが難しいと恐れています。もしも同ヤヒト船がそちらで留め置かれ、大型スヒップ船が当地に派遣される場合、最初の機会でバンタムに行こうと思っているウィレム・ヤンセンの代わりにレナールト・トーマセン[1044]を同ヤヒト船の船

1043　Willem Jansen
1044　Lenart Thomassen

長に任命し、商務総監閣下の指示に従って、この同封している任命状を彼に渡してください。そして、同ヤヒト船が当地に来航する場合、同レナールトがそこに加わります。しかし、ウィレム・ヤンセンはバンタムで船長職を担うためにその資格で同船に乗って当地に来航します。その間、同レナールトは必要に応じてすべてにおいてウィレム・ヤンセンを補助します。

　祖国からの新たな情報などについては、貴殿は同僚から口頭ですべてを十分に聞き知ることになるでしょう。そちらを参照ください。

　以上をもって、心の底からの挨拶の上、本状を終えます。貴殿および貴殿の仲間を最高神の保護の中に委ねます。アーメン。

敬具

ヘンドリック・ヤンセン[1045]

貴殿よ、可能であれば、ヤヒト船ヤカトラ号を早めに当地に派遣してくれることを再度お願いします。パタニにて、本日 1616 年 6 月 24 日。

マゼラン〔海峡〕経由のスピルベルヘン[1046]氏の諸船も、そちらの貴殿のところに到着するのに長くはかからないでしょう。それによってより良い商品が得られるでしょう。

1045　Hendrick Jansz
1046　Spilbergen

97｜マテイス・テン・ブルッケより〔ジャック・スペックス宛〕書状、五島列島、1616年8月3日付

神を讃えよ。本日、1616年8月3日、ジャンク船ホープ号[1047]にて。

尊敬すべき、賢明で、慎重で、とても思慮深い殿

　挨拶の上で、このわずかな数行は、我々が6月13日にシャムから出発した後に、まずまずの良い速度で、神の加護により、昨夜当地五島[1048]周辺の海域に錨を下ろしたことを貴殿に報告するためのものです。それは凪いだ逆風および人員の衰弱のために強いられたことです。というのも、ほとんどすべての人員が水腫症だからです。そのうち最も衰弱している者の何人かは同バルク船でそちらへ向かっています。そして、まだ歩行できる人員のうちほとんどすべてが風邪を引いています。したがって、当船で健康な者は10人もいません。そして、強風のために我々の帆を畳むことを強いられていて、再び帆を広げるための十分な力があいにくありません。そのために、できれば何人かの人員をこちらに送ってくれるよう貴殿にお願いします。その間に順風を得たら、そちらに向かうために我々は最善を尽くすことを怠らないつもりです。

　ハウトマン[1049]氏の書状は本状では貴殿に送付しません。貴殿にそれを近々手渡すことを望んでいます。そして、ほかに何も起こっていないので、挨拶の上で、貴殿および仲間を最高神の恩寵に委ねます。取り急ぎ。上記の通り。

敬具
マテイス・テン・ブルッケ[1050]

同バルク船は当地で少額貨幣の40匁で借りました。貴殿の方でそれを支払ってください。

1047　Hoop
1048　Godt
1049　Houtman
1050　Matthijs ten Broecke

98｜コルネーリス・トーマセンよりジャック・スペックス宛書状、薩摩内之浦、1616年8月13日付

神を讃えよ。1616年、薩摩[1051]の国の内之浦[1052]と呼ばれる港にて、本日8月13日。

平戸[1053]商館駐在総合連合オランダ東インド会社の上級商務員で、尊敬すべき、賢明で、慎重で、とても思慮深いヤーコプ・スペックス[1054]氏

　神のおかげで、我々が今月8日に中国人チンヒン[1055]船長のジャンク船で内之浦の港に到着したことを私は貴殿に知らせます。逆風のためもあって、我々のジャンク船は後部がバラバラに裂けてしまいました。もう1日長引けば、そのジャンク船は沈没してしまったでしょう。ペッケイ[1056]のジャンク船も8日に到着しました。また、そのジャンク船はこの季節風で平戸あるいは長崎に辿り着くことができません。ジャンク船が修理されなければ、どの甲板長もそれに乗船するつもりはありません。このジャンク船には外科医が1人もいません。船長は一言たりとも指示する勇気がありません。彼らは力ずくで〔蘇〕木を降ろそうとしていますが、私はできる限りそれに抵抗しています。彼らは何か食べる物を買うお金がないので、1人当たり1ないし2ピコル〔の抜き取り〕を私は彼らに断ることができません。

　また、私は日本人ハンザブロウ[1057]を通じて貴殿に書状を送付します。なぜなら、貴殿が私を召喚するまでは私がジャンク船から出ないようにとマールテン・ハウトマン[1058]氏が私に命じたからです。以上、貴殿を主に委ねます。

敬具

コルネーリス・トーマセン[1059]

1051　Satsuma
1052　Ietsijnoura
1053　Firando
1054　Jacop Specx
1055　Tginhingh
1056　Peckheij
1057　Fansabro
1058　Marten Houdtman
1059　Cornelis Thomassz

99｜マールテン・ハウトマンより〔ジャック・スペックス宛〕書状、シャム、1616年6月8日付

神を讃えよ。本日1616年6月8日。シャムにて。

尊敬すべき、賢明で、思慮深く、とても慎重な殿、そして親愛なる友

　心の底からのご挨拶の上で、貴殿におかれては、引き続き健康でご機嫌良くいられることを願っています。我々の側から神にその恩寵を感謝します。

　貴殿の書状を去年ヤヒト船ヤカトラ号[1060]を通じてパタニ経由で受け取り、イギリスのジャンク船を通じてウィリアム・アダムス[1061]船長からの写し、そしてメルヒヨル・ファン・サントフォールト[1062]氏の使用人を通じての写し、ならびにマテイス・テン・ブルッケ[1063]氏を通じての貴殿の最新かつ原本であるものはすべてしかるべき時に私の手許に無事に届きました。そこからそちらで起こったことを知りました。本状はそれについての貴殿への返答としてのものです。

　まずは、当地で入手でき、そちらで有用である蘇木、鹿皮およびそのほかの品物の集荷について、（バンタムからの特別な指示および命令による）決議録においてパタニ商館で決定され、定められたことを、貴殿の書状から、ならびに以前にパタニ商館から受け取った複数の書状から確認し、了解しました。その決議を実行できるのをぜひともみたかったのですが、当地では蘇木を国王の手から入手しなければなりません。それは年に1回しか実行できません。そして、それは早くて5月の始めであり、それはパタニからそちらへ行くスヒップ船に追いつくには遅すぎます。そのようなことは（去年5月16日に当地の湾から出発した）ジャンク船フォルタイン号[1064]ですでに起こった通りであり、それはスヒップ船エンクハイゼン号[1065]の出発後数日経ってよ

1060　Jaccatra
1061　Willem Adams
1062　Melchior van Santvoort
1063　Matthijs ten Broecke
1064　Fortuijne
1065　Enckhuijsen

うやくパタニに到着しました。それゆえに、私はまだ以前にパタニ商館に助言した通りの意見のままでいます。つまり、日本人水夫を配置した自社のジャンク船で当地で産出される日本向け品物を当地から毎年直接そちらに送るということが会社にとってより良く、より満足がいき、より収益性が高くなります。そして、それは後述する不都合および理由のためであり、またさらにもまして現在このような素晴らしい機会がこのジャンク船ホープ号[1066]を通じて提示されているからです。そこから会社が（神が渡航の無事を与えてくださるならば、）本年の最初の甘い味を試すことになるでしょう。

　第一に、日本のジャンク船の〔利用する〕季節風は、パタニのジャンク船の〔利用する〕季節風よりも蘇木を待つのに有益です。なぜなら、日本のジャンク船は当地の上流で5月20日まで停泊できるからです。そうすれば、川の外から当地へ向けてその渡航を5月末日あるいは6月初日に実行できます。というのも、当地から日本向けの季節風は6月末日まではまだ順調だからです。とはいえ、日本のジャンク船は出発が早ければ早いほど、よりたやすく当地で湾の外に出ることができます。蘇木は上[1067]から5月4日、5日および6日よりも前には当地に届きません。そして時々それよりも遅くなります。また、当地に届いても、計量人が計量を始めようとするまで、少なくともなお7ないし8日間彼らを待たなければなりません。それは、4月半ばに当地から離れるよう指示されているパタニのジャンク船にとっては遅すぎることになります。そして、4月以前あるいは4月中にいくらかの蘇木を入手することは不可能です。なぜなら、蘇木は王の収入であり、毎年1回だけ当地に集積されるからです。そして、前述のように舶載されると、中国人、日本人やほかの国々の人々によってあまりにも根こそぎ搬出されるので、多くは残らないどころか、常になおも不足するほどです。また、当地では、マレー人よりも日本人と一緒に来航した方が蘇木をよりうまく入手することができます。なぜなら、日本人をほかのすべての国の人々よりも恐れているからです。そして、もしも彼らがその季節風の時に蘇木を得られなければ、満足せず、

1066　Hope
1067　北のこと

いとも容易に暴れるであろうことをよく知っています。彼らはそのような恐れをほかの国の人々には抱いていません。

　第二に、当地からパタニ経由で運搬される鹿皮は4月半ば頃から、スヒップ船が日本に到着する8月半ば頃まで束ねた状態で置いておかなければなりません。それは約4ヶ月です。それらはその間、ひどく虫に食われます。なぜなら、スヒップ船の船倉では高温のために皮が非常に蒸れてしまうからです。そして、パタニのジャンク船の船倉は日本のジャンク船の船倉ほど密閉されてもいません。また、水夫のことも、よく知られているように、彼らは商品をいかに不注意に扱っていることか。それを湿った場所に置くのか乾いた場所に置くかどうかは彼らにとってはどうでもいいことなのです。なぜなら、皮の内部がどうなっているのかは彼らには分からないからです。というのも、少しでも湿った束はほかのすべての皮を傷ませる可能性があるからです。それゆえに、日本人は皮を非常に丁寧に扱っています。なぜなら、彼らは皮の内部がどうなっているのかを分かっているからです。また、日本のジャンク船は、2層の密接させた木材で覆われています。これはパタニのジャンク船にはありません。そして、当地から日本へ運ばれる皮を束ねた状態で保管する必要があるのは、約3ヶ月だけです。

　第三に、パタニのジャンク船の経費は、（彼らが運ぶ積み荷が小さいことにより）当ジャンク船ホープ号のこの経費にかかるのと同じぐらいに相対的には大きくなります。そして、その上に商品も海上で2倍のリスクを冒さなければなりません。なぜなら、当地からパタニへはジャンク船で、そしてパタニからそちらへはスヒップ船で〔渡航しなければならない〕からです。そして、その場合、スヒップ船に追いつけるか否かというリスクもさらに負わなければなりません。また、バンタムからのスヒップ船にパタニで出会えなければ、商品を丸1年市場に出さずに保管したままにしなければならず、会社にとって大きな損失に繋がります。なぜなら、4月あるいは5月におけるこの季節風は、8月における当地の季節風と違って、当地とパタニを結ぶ通常の直進的な季節風であるからです。というのも、海と陸の風および障害も凌がなければならないからです。そして、たとえ彼らが4月半ばに当地から出発したとしても、だからといって、5月初日に当地から出発する者より早く

パタニに到着することはありません。なぜなら、当地の風は5月初日あるいは早くて4月にようやく変わり始めるからです。さらに、毎年バンタムからパタニに来航するスヒップ船で当地からそちらへのこの交易を試行することについて、十分に実行可能であるとは私は思いません。なぜなら、スヒップ船は5月より前にはバンタムからパタニに来航できないからです。そして、5月にすでにパタニにいる場合、彼の地で少なくとも5月半ばないし20日まで中国産品物を積み込むために待たなければなりません。その場合、当地に商品を取りに来るには遅すぎることになります。なぜなら、少なくとも6月初日ないし8日ないし10日より前に当地に到着することができないからです。たとえ、当地に時間通りに到着しても、同スヒップ船に荷を積み込むためには少なくとも1ヶ月分の作業があるでしょう。積荷がそのために当地で用意されていたとしてもです。しかし、それは7月にはまだ用意できていないでしょう。それは当地の湾から出るには遅すぎるでしょう。言うならば、当地から日本への渡航をこんなにも遅い時期に実行することはほとんど不可能でしょう。

　それゆえ、私の意見では、この渡航にスヒップ船は用いることができず、日本からの会社のジャンク船で毎年当地から商品を取りに来ること以上に、より良く、かつより利益が出る方法をこの貿易において用いることはできません。それにはこのジャンク船ホープ号が非常に適切です。なぜなら、同船は、毎年かなりの量の蘇木、鉛、鹿皮などを当地からそちらに運搬するためにまずまずの大きさの積載量だからです。以上が、当地からそちらへの商品を運搬する件についての私の意見と助言です。それがジャンク船ホープ号で継続されることを願っています。そのために、神がその慈悲深い祝福を与えてくれるように祈っています。アーメン。

　1614年8月6日に再び新たにそちらに貴殿が到着したことを知って喜んでいます。マカオのカラック船の運が貴殿に巡ってこなかったことは我々にとって残念なことです。将来それによりよく注意が向けられることを望んでいます。なぜなら、それは、（貴殿とスヒップ船エンクハイゼン号の出発のように）パタニからあのように遅く行けば、難しいからです。

　そちらにおける中国産生糸の価格は、貴殿の書状から承知しました。貴殿

に一山を供給できればと願っていました。(今年当地に中国から到着した2隻の中国のジャンク船が運んで来たものが少なかったため、)それは、今回は実現できません。中国人が来年改善してくれることを望んでいます。なぜなら、彼らは(彼らの神が渡航の無事を与えてくれるならば、)来年十分な量の生糸を運んで来ることを当地で我々に約束してくれたからです。それは時が我々に教えてくれるでしょう。

　パタニからも貴殿がほとんど生糸を入手できないだろうと〔私は〕恐れています。なぜなら、今年は中国のジャンク船が1隻もパタニに渡航しなかったと中国人が当地で我々に説明しているからです。サンゴラには1隻のジャンク船が赴いたと言っていますが、これまでのところ同船が彼の地に到着したということは当地では聞いていません。それゆえに、今年この地域において中国貿易の市場が弱くなることが恐れられています。どの品質の生糸や絹製品がバンタムから貴殿に送られるのかについてぜひ聞きたいです。しかし、とても少ないだろうと心配しています。なぜなら、バンタム商館はパタニ商館およびサンゴラ商館を当てにするだろうからです。貴殿がまだ持っている絹製品については、利益で売却されているであろうことを望んでいます。そちらで需要のあるいくらかの美しい反物を私が当地で入手できていたら、貴殿に一山を供給したことでしょう。しかし、(マテイス・テン・ブルッケ氏から口頭で部分的にお分かりになる通り、)中国人によってまったく舶載されていませんので、そのことでは辛抱しなければならず、今後改善を望んでいます。当地での我々の狙いはなんと言っても常に上質な中国産生糸にあったのです。なぜなら、これが当地からそちらへの貿易を強化させ、維持するのに役立つ最も主要な部分の一つであると十分に分かっているからです。蘇木や鹿皮のようなほかの未加工品は補足的なものです。というのも、これらの未加工品に関わる資金の価値はわずかであり、その経費は高く付いて、利益を奪っていくからです。したがって、前述の未加工品と共に一山の生糸、金、鉛およびほかの付属的な品物を毎年入手できれば、同未加工品にかかる経費は幾分軽くすることができるでしょう。なぜなら、前述の上質な品物にはかなりの資金が関わっているからです。したがって、前述の上質な品物について、入手できる限り、そして、当地の我々の資金が負担できる限りの量

を購入することを当地で怠らないつもりです。価格が少しでも〔指し値に〕近づく場合のことですが。資金には我々が今後不足するとは思いません。というのも、7月ないし8月に十分な量のシャム向けの布の供給が受けられることを期待しているからです。そして、それが供給されたら、私の相場表によれば、そこから発生する資金を当地で運用することは難しいでしょう。なぜなら、布には大きな資金が関わっているからです。とはいえ、イギリス人が行っているように、シャムの銀を当地からパタニに送ることは得策ではないと私は思います。なぜなら、それ〔銀〕は彼の地で損失を出しているからです。一方、（金の価格が現在多少高いとしても）それ〔銀〕を当地でできる限り多く金に両替し、そちらへ送付する方がより利益が出ると思います。なぜなら、それ〔金〕は（それが現在いくら高いとしても）そこでは少なくとも常にまだ20ないし25パーセントの利益を出すからです。そして、その場合、貴殿は金・鉛・蘇木・鹿皮およびほかの追加の品物から生じる同資金をパタニおよびサンゴラの商館に毎年十分供給することができます。これについて私は（十分な量の布さえ入手でき次第）ヘンドリック・ヤンセン[1068]氏に報告し、これについての彼の助言を待ち受けます。我々はそれに従い、それについて一丸となって会社にとっての最大の利益を当地で常に求めるつもりです。もしも貴殿がそちらで、6月ないし7月にパタニからそちらに向けて出発するスヒップ船を通じて、我々が当地で十分な量のコロマンデル産の布の供給を受けたということを聞き知ったならば、貴殿は次の季節風の時期に我々に銀貨を供給する必要はありません。しかし、もしも貴殿がパタニから報告を得られない場合、貴殿は我々に最大3000ないし4000ドゥカートを上質な日本銀で供給してください。それをもって我々は当地に持っているものと共に十分やり繰りすることができるでしょう。

　貴殿によってジャンク船ホープ号で送付された商品は、マテイス・テン・ブルッケ氏の送り状の通りに、私のところに無事に届きました。ビラーム布、カリカム布およびフーロン布のような布には非常に少ない利益しか出ないでしょう。なぜなら、それらは非常に高く価格設定されているからです。フー

1068　Hendrick Jansz

ロン布の代わりにそれらに設定されている価格と同等の現金があればよかったのにと思います。インド更紗は価格の割に非常に品質の悪い商品であり、当地にまだ持っているものと一緒に商館で幾分保管しなければならないでしょう。というのも、その商品についてはまだそこそこは蓄えているからです。セランポール布とカッサ布はそこそこの利益で売却しました。あと40ないし50束のセランポール布があればよかったのにと思います。なぜなら、同品は当地で現金と同じだけの価値があるからです。当地でどの布に需要があるのかについて、1615年における同商品の価格を示す同封の相場表から詳細にお分かりいただけるでしょう。それには現在価格の変動はほとんどありません。同相場表から、コロマンデル産布の舶載において当地で毎年どんなに素晴らしい金銭を稼ぐことができるのかを貴殿は推し量ることができるでしょう。私はこれと同じような相場表をすでに1612年にパタニへ送付したことがあります。それは、同相場表が彼の地からさらにバンタムに届くようにするためでした。しかしながら、これまでのところ同相場表に従った種類の布を当地で得ていません。それゆえ、去年再び同様の相場表を、様々な布の見本をそれに付けて当地からパタニに送付しました。それは、彼の地からバンタムに転送してもらうためでした。同相場表を当地からテナセリム経由でコロマンデル海岸にも複数回にわたって送付しました。しかしながら、これまでのところ、それについての回答は受け取っていません。この相場表に従った布が送付されないのは何が問題なのか分かりません。イギリス人は2回の別々の機会に当地に十分な量の布を運んで来ました。大部分は当地で需要がある種類の布でなかったにもかかわらず、彼らはそれをそこそこの利益で大部分売却しました。現在、オランダ人であるルーカス・アントーニセン[1069]（彼は当地で約3年イギリスの会社の長として駐在しており、当地でどのような種類の布が望まれ，需要があるのかを現在非常に良く知っています）がコロマンデル産布の買い付けを行うために（パタニから）コロマンデル海岸へイギリスの船で出発しました。彼はそのことで〔オランダの〕会社に小さからぬ損害を与えるでしょう。もしも、イギリス人が当地に需要のある適

[1069] Lucas Anthonisz

切な種類の布を我々より先に当地に運んでくるならば、素晴らしい市場を引き当てるでしょう。なぜなら、この国は現在コロマンデル産の布の供給が非常に少ないからです。というのも、ポルトガル人とムーア人がこの２年来テナセリム経由で当地にほとんど何も布を舶載して来なかったからです。もしも我々のための一山の布が来たる７月あるいは８月に届けば、我々はそれについて有利な立場を得るでしょうし、イギリス人が彼らの布を持って来る前に、ほとんどの商人を満足させることができます。それは望まれるべきことです。なぜなら、それには多くのことがかかっているからです。この布貿易が当地でこんなに振るわないことは、私にとって間違いなく十分に悲しいことです。私はそこに負っている私の責務を果たしました。したがって、彼らはそれについて知らされていないというような苦情を私に対して言うことが何時たりともできないはずです。というのも、複数の機会にわたって十分何度も（当商館がその下に配属されている）パタニ商館の人々にそれについて助言したからです。

　ダボール[1070]のムーア人は毎年船で布をもってテナセリムに来航し始めています。彼らはそれを彼の地から陸路で当地に運んで来ます。しかし、同ダボール人が当地に運んで来る布は、コロマンデル産の布をほとんど妨げることはできません。なぜなら、それはまったく別の種類の布であり、それはコロマンデル海岸の布ほど売れないからです。我々の妨げとなる舶載品は、いくらかの赤色および白色のベティレス布[1071]および一山のシャウテルス布[1072]、ビラム布[1073]およびバフタス布[1074]だけです。彼らが当地から受け取る帰り荷は、安息香、セラック、明礬、中国産品物、丁子、フーリつまりメース、ナツメグおよび白檀です。テナセリムにいる時に、彼の地でいくらかの蘇木も積みます。それは、聞くところによると、ダボールで良い利益が出ます。彼らは当地およびテナセリムで常に代理人を駐在させています。したがって、当地で言われているように民間商人ではないようです。したがって、商品は全部ダ

1070　Dabul　インドの西海岸におけるムンバイの南に位置する町
1071　betilles　モスリン布の一種
1072　chouters
1073　birams
1074　baftas　綿布の一種

ボールの長官に帰属します。ご参考までに。

　「灰吹」と呼ばれる日本の上質な銀は当地で良い結果が出ました。我々はそれを当地において全部2½パーセント以上の利益で交換しました。したがって、これは確かに、そちらから当地に送付できる最も収益性の高い銀です。そして、我々が当地で必要とするだけの分については、貴殿がそちらで十分入手できると思います。それを当地で、日本人が知ることなく、十分交換することができます。しかし、今後そちらからの資金の供給を受けることは不要であると思います。それは、当地で有用なコロマンデル産の布、丁子、フーリ〔メース〕、白檀およびそのほかの品物の舶載において時が我々に教えてくれるでしょう。

　貴殿によって送付された刀と火縄銃のうち、これまでのところジャンク船の関税として支払うためにマテイス[1075]氏に引き渡したいくつかのものを除けば、何も売却していません。刀は損害なしで手放すことはできると思います。しかし、火縄銃は簡単には手放せないだろうと恐れています。なぜなら、大部分は古い壊れた火縄銃の寄せ集めにすぎないからです。マテイス氏自身が当地で十分確認した通りです。それが新たに立派に作られた火縄銃であったら、うまく手放せたでしょう。それらを売却するために我々は最善を尽くすつもりです。今後、貴殿は刀あるいは火縄銃を送る必要はありません。なぜなら、それらには利益が得られないとみているからです。また、それに関わる資金は大した価値ではありません。6丁の良質な日本の長い火縄銃が当地で献上されました。なぜなら、マテイス氏のところにはこの種類の見事な火縄銃がなかったからです。言うならば、それらの品質がもう少しましなものであれば、ジャンク船で10ないし12丁をそれぞれの付属品を付けて、また8ないし10本の見事な十文字槍および8ないし10本の見事な薙刀および10本の美しく拵えられた、そこそこ良質の刀剣、つまり、使いやすい短い「刀」および8ないし10領の甲冑と共に送付してくれると助かります。なぜなら、ジャンク船が当地に来航すれば、通常の関税のほかに常に王や領主たちに対して何らかの贈物を献上しなければならないからです。余るものがあれば、

1075　Matthijs

当地の商館で引き受けます。王のためには貴殿は常に品質の良いものを送付しなければなりません。なぜなら、当地ではすべてが彼にかかっているからです。それを覚えておいてください。貴殿がそちらで王のための馬用の見事な鞍を入手できたら、当地では非常に好都合です。

　鏡については一山をかなりの利益で売却しました。小型の革製の折り畳み式鏡 2000 個分の一山の在庫が当地にあったらと願っています。なぜなら、それらは私の満足がいくまでかなりの利益で販売することができるはずだからです。

　黒檀には当地で関心が示されません。それを中国人には売り込みましたが、それを欲しがりません。したがって、貴殿が当地にさらなる山を送付する必要はありません。フーリつまりメースは 1 中国斤当たり 2 匁でダボール人に売却しました。彼らに対しては、私が以前にパタニから受け取った山も同価格で売却しました。貴殿およびパタニから受け取った同フーリは非常に品質の劣った黒い色の商品でした。それらが品質の良いものであったら、1 中国斤当たり 2½ 匁で売却できるでしょう。最初の季節風でパタニから一山が入手できることを期待しています。

　ナツメグは 1 ピコル当たり 3¼ タエルで売却しました。とは言っても、その山から最良のものすべてを選り分けた分です。残りはまだ 150 斤あり、割れて、ほとんどは粉々になっています。我々のところに残っているのは需要のないナツメグがほとんどです。したがって、貴殿がそれをそちらで何らかの形で売却できるならば、我々に送る必要はありません。これらのナツメグは 100 斤当たり 15 グルデンの価格が設定されています。それは私には奇妙に思われます。なぜなら、ブラウエル[1076]氏によって私に送付された前便のものは、たった 6 グルデンで価格が設定されていたからです。マテイス氏が自ら当地において送り状で確認した通りです。ご参考までに。

　未精錬銅は現在とても弱い市場になっています。中国人が持ち渡ってくる資金があまりにも少なく、それに関心を示していないからです。当地で合計 400 ピコルを持っています。現在そのための買い手がいればと願ってはいま

1076　Brouwer

す。中国人の来航前に私に対して1ピコル当たり4¼タエルで180ピコル分の引き合いがありました。しかし、中国人の来航に伴って、それをより高い価格で手放すことを期待していたので、それをその時その価格で渡したくありませんでした。私が現在持っている量の倍を持っていたとしても、中国人は資金を持っていたら、私が聞いたところでは、それを4½タエルでも引き受けたのでしょう。しかし、彼らの資金では彼らのジャンク船に積み込む蘇木で精一杯であると言われています。それゆえに、我々は象牙にも銅にも今年は弱い市場に当たることになります。それには辛抱をしなければなりません。そして、今後改善を望んでいます。

　ダボールのムーア人が当地にある銅について私に問い合わせました。彼らには十分な量を売却できると期待しています。なぜなら、彼らは当地で大きな資金を持っていて、それをすべて彼らにとって有用な帰り荷として安息香および当地の町にあるほかの品物に使うことができないからです。これまでのところインゴット1本つまり3ピコル当たり11タエルしか私に提示していません。しかし、より高くなるとは思います。それは時が我々に教えてくれます。それを損失なしで売却するために常に我々の究極の最善を尽くすつもりです。しかし、現在銅における利益と需要が小さくなっているとみていて、我々は今後、布が供給される場合、そちらからはあまり資金を必要としないので、貴殿は来年我々に銅を送る必要はありません。

　象牙については、今年中国人に約15ピコル分以上は売却しませんでした。去年のような価格ではぜひとも購入したがるのですが、〔彼らには〕資金がありません。そして、十分な担保をもらうことなく中国へ彼らに持っていかせることは得策ではないと我々は思っています。したがって、そのための商人を待たなければならず、神が来年それにおいて我々に何を与えてくれるのかをみなければなりません。

　貴殿に本状と共に送り状の通りのそれなりの積荷を送ります。大部分は未加工品であり、それには最大の利益が得られます。しかし、それに関わっている資金は小さなものです。来年、それを改善し、金、生糸などのような十分な量の上質な品物を前述の未加工品に加えて入手することを望んでいます。貴殿に送付している鮫皮は僅かです。なぜなら、それを購入することを躊躇

していたからです。というのも、去年5月にジャンク船フォルタイン号を通じてパタニへ送付したばら積み貨物の鮫皮について、それらはその運賃に値せず、それ以上それを購入してほしくないとヘンドリック・ヤンセン氏が私に書き送ったからです。それでも、当地から輸出されるものの中でも良質で素晴らしいばら積み貨物の鮫皮でした。また、大部分はガンギエイの皮でした。しかし、ヤン・ヨーステン[1077]が彼のばら積み貨物を13タエルで売却したこと、ブラウエル[1078]氏へ送付された私の分には、最初は11タエルが提示されて、その後非常に値下がりし、5½タエル以上の値段が付かなかったということ、そして最良のものが50から30タエルに値下がりしたことも貴殿の書状から分かりました。しかし、それを当てにすることができませんし、その商品の（各種取り混ぜて）まずまずの量が送付されても、悪い結果にはならないと貴殿が考えているので、私は当地で再び勇気を振り絞って、入手できる限りの量を購入しました。そして、貴殿がそれをそちらで十分な利益で売却できるということを疑っていません。かなり多くの上質の鮫皮およびアカエイがあり、ムシロの中に梱包されています。それらは私の判断で購入しました。なぜなら、ヤソベエ殿[1079]がそれについてあまり知識がないとみているからです。あるいは彼はそれについて我々に正しい価格を教えたくないに違いありません。もしも、私がこの購入においてうまくやったのであれば、私は今後それを参考にすることができるでしょう。それについて貴殿は私に本状の返信において教えてください。そして、入手可能なもので、価格がなんとか見合う限り多くの上質の鮫皮および上質のばら積み貨物を次の季節風までに買い占めることを怠らないつもりです。

　本状と共に送るカンボジア産の漆はまずまず上質のものであり、当地で入手できた最上のものです。これらは見本としてのものです。もしも、それに良い利益が出るならば、将来そこからさらに多くの量を貴殿に供給することができます。というのも、それはカンボジアから最近来航したジャンク船からまずまずの価格で入手できます。それには損失が出ないと思うので、一山

1077　Jan Joosten
1078　Brouwer
1079　Jassobendonno

を買い始めるつもりです。もしも、それがそちらでも利益を出さなければ、それは当地で常に損なしで手放すことができます。しかしながら、日本人およびほかの人が当地で私に説明したところによると、それは良いものであれば、1ピコル当たり40ないし50タエルはします。それはかなり高額です。ともかく、それらがいくらになるのかを今後ぜひ聞きたいです。我々が購入において参考にするために、最上質の漆の見本を我々に送ってください。というのも、この取引にはあまり経験がないからです。ファン・サントフォールト[1080]氏によって売却された鹿皮の価格は、聞いたところでは、まずまずです。私が送付したものがあんなに安い価格にしかならないことに私は非常に驚いています。なぜならば、誰でも、ファン・サントフォールト氏自身でさえも、私の皮の方が彼のものよりも全般的に大きかったということを十分知っているからです。選別において犯した間違いについては私の所為ではありません。なぜなら、それらはウィレム・ディルクセン・カイペル[1081]によって当地の河口で、ジャンク船のところで、日本のやり方で束ねさせたからです。そして、ヤン・ヨーステンもまた、同皮が当地から日本へ送られるすべての皮と同じやり方で選別され、束ねられたと当地で私に説明しました。

　本状と共に貴殿に再び13,000枚から14,000枚までの間のまずまずの量を送ります。費用は送り状の通りです。同品は当地のジャンク船のところでヤソベエ殿とマテイス氏の面前で日本人によって日本のやり方で束ねられ、選別されました。貴殿がそれをどのように評価するのかは、時が我々に教えてくれるでしょう。

　マテイス氏がよく知っている通り、別の方法では梱包してもらうことができませんでした。ご参考までに。貴殿に今年の分の皮をもっと多く供給することもできたでしょう。しかし、同品には現在、以前ほどのような需要がないこと、そして、今年の分として本状と共に届くものに加えてさらにパタニから10,000枚が貴殿のところに届くことになっているということが貴殿の書状から分かったので、今年の分としてはこれ以上の量を購入しないことが

1080　Van Santvoort
1081　Willem Direxen Cuijper

良いと判断しました。その上、皮の価格も購入者が多いため非常に高額でした。同品が日本のジャンク船の出発後に非常に低い価格になり始めれば、購入し始め、次の季節風に向けて備蓄し始めます。ご参考までに。

　本状と一緒に送る金は非常に少量です。見本としてだけのものです。まずまずの価格で量を入手できていれば、貴殿にもっと多くの量を送っていたでしょう。しかし、同品はそんなに一気には入手できませんし、また、我々の意見によると、当地に持っている資金を未加工品に使う方がより収益性が高いので、次の季節風までに十分な量を入手するために同品には我々の最善を尽くさなければなりません。資金をできる限り集中的に使うために、当地の我々のところでの調達においてあらゆる努力を向けるつもりです。なぜなら、我々の意見によると、金も確かに当地からそちらへの貿易を維持するための最も主要な点の一つであるからです。実際のところ、それに出る利益は未加工品ほど大きくはなりませんが、それがジャンク船の中に占める場所は考慮するほどではなく、それに関わっているかなりの資金によって、それで毎年かなりの金銭を得ることもできるということを再び考慮しなければなりません。したがって、我々はこれに注意を払うつもりです。ご参考までに。

　鉛の調達において、当地で我々は最善を尽くしました。それは本状に同封するヘンドリック・ヤンセン氏宛に書いた書状の写しから詳細にご覧いただける通りです。そちらをご参照ください。同写しから今年の直近にどのような〔蘇〕木が当地から輸出されるのか、そして各日本のジャンク船がどれぐらいの量を入手したのか、そしてどの場所で彼らが計量したのか、そして当地で交易においてさらに何が行われているのかもお分かりいただけるでしょう。本状と共に貴殿に送る鉛は、秘密裡に購入しました。もっと多くの量を入手するはずでしたが、ジャンク船フォルタイン号が10月に当地にいた時に、我々が鉛を購入し、秘密裡に同ジャンク船に積み込んだと我々について言い触らされていたので、同品の購入において辛抱しなければなりませんでした。なぜなら、それが明るみになるという恐れがあったからです。しかし、それについて明るみにはなりませんでした。我々が同品を商館に持っていると彼らは確かに知っていたにもかかわらずです。というのも、ポルトガル人が当地でそれをオプラー・ヘディック[1082]に告げたからです。なぜなら、彼ら

はそのことをコルネーリス・ラウレンセン・ファン・アルクマール[1083]という人物から、(彼が我々の元から)彼らの方に逃げたので、十分聞き知ったからです。しかし、それが真実だとしても、嘘を付かなければなりませんでした。次の季節風までに十分な量を秘密裡に入手してみるつもりです。言うならば、もしなんとか入手できるのであれば、200 ないし 300 バハールまででも構いません。現在、当地の下流にいる間に、クニンヘン[1084]氏は約 10 バハールを購入しました。それらがジャンク船の中に積まれていたらよかったのに。しかし、タンバン[1085]の厳しい監視により、それをここから運ぶことは不可能ですので、次の季節風でのジャンク船の到来まで置いておかなければなりません。こんなにわずかなもののためにそれが明るみに出る危険に自らをさらすことは苦労にも値しません。しかし、日本のジャンク船が当地の上流にありさえすれば、十二分に積むことができます。

　この鉛はそちらとの貿易を維持するための最も主要な点の一つでもあります。なぜなら、そこには良い利益とまずまずの資金が関わっているからです。また、同鉛は石ほど多くの場所を取らないので、ジャンク船の中で場所を取らず、空間を生み出します。したがって、我々は当地で同品の調達を怠らず、可能な限り多くの量を入手するためにすべての勤勉さを向けるつもりです。ペッケイ[1086]を通じて送付した蘇木が確かに受領され、良い市場の時にそちらに到着したということを聞いて、我々は喜ばしく思いました。本状と共に送る一山も、(少なくともイギリス人が入手している量の倍ではありますので、)それはまずまずの量ですが、(パタニにある約 2700 ピコル分とチンヒン[1087]船長のジャンク船に積み込んだ 1950 ピコル分と共に) 良い市場の時にそちらに無事に到着することを願っています。しかし、今年当地からそちらに送付される量が多いことによって同品の価格が上がるのではなく下がるだろうと恐れています。それは時が我々に教えてくれます。もしもジャンク船がより

1082　Opraetgedick
1083　Cornelis Laurensen van Alckmaer
1084　Kunninghen
1085　tambanghens　役人の名称か
1086　Peckheij
1087　Tginhingh

多くの蘇木を積載することができたならば、それらを当地で船に積んで送付していたでしょう。なぜなら、当地ではまだそこそこの量が残っているからです。したがって、パタニの商館員が言うような不平を貴殿は言う必要はないでしょう。彼らが当地に派遣してくるジャンク船に私が半分の積荷しか積んでいないと彼らは言っています。しかしながら、それについて〔私は〕彼らにしかるべき時にその反対のことを証明するつもりです。我々は当地で今年、国王およびオプラー・ラビシット[1088]から、ソンビノンと呼ばれる場所で我々の〔蘇〕木を計量する許可を十分な贈物によって獲得しました。そこでは毎年、中国のジャンク船が彼らの〔蘇〕木を受け取っています。そして、この場所で計量するためにかなりの贈物を献上しなければならないとしても、当地で受け取る上乗せ分の重量によってそれ〔その贈物の費用〕が再び〔利益として〕我々に戻っては来ます。

　我々は当地で奇妙な方法で計量しました。なぜなら、慣習がそのようになっているからです。つまり、最も体重の重い日本人4人をジャンク船から連れて来て、まず濡らしてその後風に当てて乾かした二重の小袖を着させました。各人の脇に2振の日本刀を差し、そして胴体にそれぞれ15斤の鉛を秘密裡に括り付けました。同4人の者をこのような状態で天秤に乗せ、その隣に4人のシャム人が天秤に乗りました（つまり、一緒にダチン〔天秤〕で再計量された者は合計8人でした）。そして前述の8人の者で同ダチンが釣り合った高さで印が付けられました。続いて、我々はその後に再計量しました。このように各天秤を8ピコルに設定しましたが、それは我々の方では、通常の方法で〔計量すると、〕約11ないし11ピコル以下の結果が出ました。当地で複数の秤でヤソベエ殿（彼は印のない天秤ももっています）の面前で計量し、確認した通りです。したがって、各秤を種々取り混ぜて、通常の中国の重量10½ピコルとして見なすことを当地で決議において承認しました。同封する決議録から詳細にお分かり頂ける通りです。そちらをご参照ください。

　ジャンク船の出発はかなり遅くなります。それは、当地での蘇木の遅延および書記と計量者にかかわる大きな面倒のためです。なぜなら、書記が1人

1088　Opra Rabisit

でも不在になると、計量を7ないし8日遅らせ、彼を待たなければならなかったからです。また、それを船に乗せることができるまでに、プラウ船の経費は、それがはるか川上にあるので、数タエルも大きくなります。したがって、来年までにクイ[1089]で計量することを請願する予定です。そこではシャムの中で最上質の蘇木が産出されます。そして同クイは海の近くに位置しています。ジャンク船はたいてい閉じた湾（彼の地に行ったことのある人から当地で私に説明されたところによると、陸からマスケット銃の射程圏内くらい、あるいは、好きなだけ離れたところ）に停泊しています。そして、蘇木は浜辺から半マイルもないところで伐られています。それがそのように真実であれば、毎年我々の蘇木を受け取るのに最高の場所であると私は思います。それゆえに彼の地で計量する自由を毎年オプラー・ラビシットから得るためにあらゆる手段を向けるつもりです。なぜなら、それは彼の手中にあるからです。それがきっと得られるはずだということを〔私は〕疑っていません。なぜなら、我々は現在、彼と強い同盟と友情で結ばれているからです。とはいえ、請願においては、かなり良い贈物を投入しなければならないでしょう。それは彼の地での上乗せ分の重量によって我々にきっと戻ってくるでしょう。というのも、彼の地でもやはり、我々が当地で行ったのと同じように、上乗せして計量しているからです。つまり、8ピコルに対して8人という同じ方法でということです。もしも我々がクイで計量すれば、ジャンク船は5月中旬に積荷満載でクイから出帆し、そちらへ向けて渡航を継続することが十分できます。同クイは当地の川から約3日の航海行程のところに位置しています。そして、ジャンク船にとっては彼の地〔クイ〕からカンボジアの海岸へ渡海するのにも非常に適切です。なぜなら、当地から出発するすべての日本と中国のジャンク船は、一般的にクイと同緯度で航行し、同地が視界に入ってから初めて横断するからです。来年に向けてジャンク船の到来時にすべてが確実に進むように、同クイを一度自ら視察しに行こうと思っています。

　そして、クイで来年我々の蘇木を受け取ることを確信しているので、当地で天秤に載せるために何人かの体重の重い日本人の水夫をそちらで獲得して

1089　Coij, Coeij

みることを忘れないでください。なぜなら、それによって多くを得ることができるからです。ジャンク船は、当地に最初に到着する船の1隻になるように、次の季節風の時に早期にそちらから出発しなければなりません。なぜなら、それは非常に重要だからです。というのも、貴殿から情報を受けて、我々はすぐに商品の購入において、そちらから当地向けに出発するジャンク船の多寡に応じて調整することができるからです。12月20日までに、ジャンク船を待ち受けて書状を直ちにこちらへ持って来るために当地の浅瀬の周辺に人員を配置させる予定です。ジャンク船が日本から当地に来航する際に琉球[1090]の島々に寄港することができれば、そして、彼の地で十分な量のシャムの少額貨幣、つまり（彼の地で多く採れる）貝殻を積み込み、毎年当地に運び込むことができれば、会社にとって非常に利益となるでしょう。なぜなら、これらの貝殻を半載あるいは満載してジャンク船を毎年当地に来航させても、当地では満足のいく良い価格でそれらを売却することができるだろうからです。中国のジャンク船は毎年当地にかなりの量を運んできます。それを巡って戦う寸前までいきます。なぜなら、各人がそれを非常に欲しがっているからです。同貨幣〔貝殻〕は当地で現在小さい方で2600ないし2800個当たり1匁の価値であり、そして大きい方は中国人により今年当地で3000ないし3200個当たり1匁で売却されました。それはここ2ないし3年、大きい方について通常の平均的な価格でした。貴殿から数隻のジャンク船が琉球諸島に派遣される際には、これらの貨幣〔貝殻〕の貿易を頭に入れておいてください。

　（以前にヤン・ヨーステンのジャンク船を通じてそちらに送付した）ボルネオ産樟脳の価格と売却について聞き知り、我々は非常に嬉しく思いました。バンタムから持ち渡った分も良い価格でその買い手を見つけたであろうことを願っています。当地では、同ヤン・ヨーステンの出発後に入手できるものはほとんど何もありませんでした。ご参考までに。

　貴殿よ。中国人が今年当地に、我々にとって有用で、当地に持っている資金が使えるものを持ち渡って来ず、そして金が当地で非常に高い市場価格で

1090　Lequeos

あり、そのうち入手できるものがほとんどなかったので、資金を無駄に寝かせたままにしないように、今年そちらから彼のジャンク船で当地に到着したチンヒンという名の中国人の船長にそちら向けの蘇木を当地で預けました。以下および同封する決議録で詳細に明記している条件でということです。そちらをご参照ください。つまり、同船長に当地で60斤の銀を手渡すということです。それをもって彼は彼のジャンク船の積荷として蘇木を入手することを試みるでしょう。なぜなら、当地では我々によって入手できないからです。それは王がすべてのジャンク船にいくらか〔の蘇木〕を与えたがるからです。そして、同船長はすべての経費および運送費無料で（前述のシャムの硬貨での60斤の銀の対価として）一般的な天秤での正味重量1950ピコル分の蘇木をそちら日本で貴殿に届ける予定です（神が彼に渡航の安全を与えてくれたならばということでありますが）。それは当地で彼と交わした契約の通りであり、その写しを同封します。つまり、1通は中国語で、そしてもう1通はオランダ語です。原本は助手コルネーリス・トーマセン[1091]、通称クレイン[1092]、を通じて貴殿に届くでしょう。彼を監視役として2人の日本人と共に前述のジャンク船に配置しました。当地で同クレインなどのために費やされた経費および食費は、60斤の銀と1950ピコルの蘇木の送り状の下部に記しました。それについての写しも貴殿に同封しています。前述のジャンク船でクレインと共に渡航する同二人の日本人は、日本へ蘇木を運搬する甲板長としての権利を享受することが当地で約束されました。その対価を貴殿はそちらで彼らに支払ってください。このジャンク船ホープ号が出発次第すぐに、ダボール人はペッチャブリーへ赴きます。そこではチンヒンのジャンク船が同船を派遣するために現在積荷を積んでいます。同船は7ないし8日以内に〔ホープ号の〕後に続くと思います（同船がそちらに無事に到着することを神が与えてくれますように）。同コルネーリスを最初の機会で送り返してください。なぜなら、我々は当地で非常に人手不足であり、彼なしでやっていくのは難しいからです。〔彼は〕当地で飲食料係の役目を果たしてきました。

1091　Cornelis Thomassz
1092　Cleijn

そちらおよびジャンク船での帰還時に貴殿と会社にとって彼が役に立てるところで彼を用いてください。彼が当地にいた期間において、彼の奉仕について不平を言うことができません。彼が貴殿のところでそちらにいる間も、貴殿が彼について感謝するほどの積極的な姿勢を示してくれることを望んでいます。ご参考までに。イギリス人は彼らの購入したジャンク船で去年当地に向けて渡航をやり遂げることができず、(彼らがそちらから出帆した時にあった水漏れによって) 琉球[1093]諸島に寄港することを余儀なくされたこと、そして一山の小麦を積んで再びそちらに到着したので、彼らにとってその分経費がかかり、利益の出ない渡航となったこと、そして彼らのジャンク船を再び多大な経費をかけて新たに修理工事をし、当地に派遣したことを貴殿の書状から一部始終聞き知りました。琉球ではあんなにも素晴らしい利益が得られると聞いているにもかかわらず、彼らがあそこでほとんど何も成し遂げていないということは我々にとって妙に思われます。とはいえ、尻尾野郎[1094]はその鼻の長さより遠くは見えません[1095]。彼らは今年当地にその高価なジャンク船で無事に到着しました。合計 2000 ピコル分の蘇木を当地で入手しました。(ジャンク船の各人が我先にと計量しようとしたため) 彼らはそれを上流の町で私の出発後にやっとのことで受け取りました。しかし、我々がやったような上乗せ分の重量はありませんでした。したがって、蘇木に関する彼らの経費は我々のものほどには大きくならないでしょう。しかしながら、我々の経費が高く付くとしても、我々の持っている上乗せ分の重量によって蘇木は我々にとってイギリス人と比べものにならないほど安くなるでしょう。〔イギリス人は〕一山の漆も購入しました。我々はそれを欲しくありませんでした。なぜなら、それには圧搾した樹脂が混じっているとそれについて知識がある人から我々は説明を受けたからです。彼らがそれでどのような結果になるのか、次回そちらからぜひ聞きたいです。上からの私の出発時に〔イギリス人は〕一山の鹿皮も購入し始めました。しかし、彼ら〔イギリス人〕が入手できそうなのは 7000 ないし 8000 枚ほどの皮になるでしょう。彼らが金〔取

1093　Lequeos
1094　Jan Steert　イギリス人を侮辱する呼び名
1095　「目先しかみていない」という意

引〕において行ったことについては知ることができません。そして、彼らがいくらかの鉛を秘密裡に入手したということも聞き知ることができませんでした。それゆえに、私の意見では、彼らは（彼らが抱えている費用のかかる商人のために）今回の渡航からも大きな利益を得られないでしょう。私が当地で聞き知っているところでは、〔イギリスの〕ジャンク船の半分にあれやこれやのご立派な商人たちが個人的な商品を積んでいますが、〔イギリス東インド〕会社がその〔運搬の〕費用を負担しなければなりません。会社と一緒になっていますので、彼らはこれを続けるべきではなく、彼らの鼻に別の眼鏡をかけてもらった方が良いかもしれません[1096]。彼ら〔イギリス人〕は当地でアダムス氏を幾分よそよそしく扱っています。それゆえ、彼〔アダムス〕はこれについて彼らにあまり感謝していません。マテイス氏およびコルネーリス・トーマセンから貴殿が口頭で詳細に聞き知ることができる通りです。そちらをご参照ください。私は同アダムス船長とは当地において（会社に損害を与えることなく）あらゆる良い友好関係を保ちました。彼が当地において我々と一緒にいた時の彼との楽しい付き合いについて彼に感謝しています。彼は善良で、真に誠実で、信心深い人物であり、あらゆる人皆と友好な関係を築こうとしています。彼が当地でイギリス人から本当に不当な扱いを受けたことについては、私は彼を気の毒に思っています。しかし、彼らが彼をそのように不当に扱ったことは、彼ら〔イギリス人〕の利益にはならない恐れがあります。というのも、彼はもはやイギリス人のためには気軽に働かないだろうと聞いているからです。さらに、我々がそちらへの蘇木の配送用に銀60斤を船長チンヒンに渡したことをイギリス人は当地で聞き知ったので、彼らもまた当地で中国人の船長と契約し、（日本への蘇木の配送のために）銀50斤を支払いました。しかしながら、同船長は、到着が遅すぎたこと、そして、当地で非常に多くの借金があったことにより、オプラー・ラビシットから蘇木を入手できなかったので、〔彼らイギリス人には〕その現金を回収するのに当地で大きな困難がありました。要するに、彼らが彼に支払った現金を手に入れるためにその船長を拘束しました。それを彼らは現在銀6斤を

1096 「指摘してもらった方が良いかもしれない」という意

除いて取り戻しましたが、その〔未回収分の〕ために彼らは彼のジャンク船を没収しました。同船長はイギリス人のところに行く前に、何度も我々のところにやってきました。それは我々が前述の船長に与えたような条件でお金をもらうためでした。もしも彼のために十分な蘇木があるとオプラー・ラビシットが我々に確言してくれていたならば、我々は彼にそれを与えたでしょう。しかし、すべての〔蘇〕木が約束されていて、ラーチャブリー[1097]とペッチャブリー[1098]でどのような種類の〔蘇〕木が残るのかよく分からないので、それはできないとオプラー・ラビシットが我々に言ったため、彼に断りました。同船長は当地でも各人に多くの負債があり、そのジャンク船にいる彼の人員も互いに不和であったので、その損害は、神を讃えよ、我々にではなく、イギリス人に降りかかりました。とはいえ、もしも彼が〔蘇〕木を確実に入手できるのであれば、我々が同船長に断らなかっただろうということを彼ら〔イギリス人〕は十分分かるはずでした。しかし、彼ら〔イギリス人〕のところで、それがうまくいかなかった今、すべてをアダムス氏の所為にしています。しかしながら、私が当地で知る限りでは、彼〔アダムス〕は彼らに対してすべてにおいて最善の助言をしているだけなのです。ご参考までに。

　我々二人の出発の前に、当地からそちらへの貿易を堅固で確実で利益の出る手段で安定化させ、軌道に乗せるために、できる限りそれを実現させることにおいて、私の方では怠らないつもりです。蘇木については毎年4000ピコル分を常に確実に届けることができます。なぜなら、それはオプラー・ラビシットへの毎年の素晴らしい贈物を通じて十分に入手することができるからです。そして鉛、金、鹿皮と鮫皮、中国産品物、カンボジア産の漆およびそちらで有用なそのほかの追加的な中国産商品については、できる限り多くかき集めるために最善を尽くすつもりです。それについて、毎年それぞれどれぐらいの量を入手することができるのかは、貴殿に確実なことを書けません。

　鉛を入手することができない場合、バラストとして錫を積むことについて

1097　Ratperij
1098　Peperij

は、当地では実現できません。なぜなら、当地では錫が産出されず、中国人も運んで来ないからです。ご参考までに。

　ヤン・ヨーステンを通じて送付した一山の陶器がそちらにとって有益な種類ではなく、需要がないということを聞いて、我々は残念に思っています。私はヤン・ヨーステンの言葉に基づいてそれを当地で購入しました。それに大きな利益が出るだろうと彼は私に断言しました。そのことでは騙されたと今になって分かりました。しかし、それはヤン・ヨーステンの到着時に良い価格で売却できると当地で聞きました。

　今年はそちら向けの有用な陶器が中国人によって当地に舶載されませんでした。そちらにあるものに買い手が見つかったであろうことを望んでいます。

　ヤン・ヨーステンが象牙と18斤分の銀の勘定をそちらで満額支払ったということは、喜ばしい知らせでした。そのような船長たちにもう悩まされないということは我々にとって幸いです。

　そちらでの日本の樟脳の値段の高さについては承知しました。当地で現在1ピコル当たり6ないし6½タエルの値段です。毎年当地でそれをダボール人にこの値段で30ないし40ピコル分を販売することができるでしょう。しかし、当地で利益をつけて売却するためにそれをそちらで適切な価格で入手することができないのであれば、送付するべきではありません。なぜなら、我々には今後資金が不足しないだろうからです。ご参考までに。

　我々にさらなる資金を供給するための貴殿の熱心さを知って、我々は非常に喜ばしく思いました。また、スヒップ船エンクハイゼン号とヤヒト船ヤカトラ号が適切な時期にそちらに到着し、その資金をそれらの船でバンタムへ送付したことは、我々にとって幸いでした。なぜなら、貴殿がジャンク船ホープ号を通じて現在当地に送付したもので我々は十分間に合わせることができているからです。というのも、それ〔資金〕はバンタムで非常に必要だからです。なぜなら、彼の地では現金が全く不足しており、資金の欠如により貿易が彼の地では止まっているに違いないからです。それが彼の地のスヒップ船エンクハイゼン号と共に彼の地の安全な港に到着していることを神が与えてくれますように。

　ヤヒト船ヤカトラ号による当ジャンク船ホープ号の拿捕は、我々にとって

非常に喜ばしい知らせでした。しかし、彼ら〔ポルトガル人〕があんなに無益な品物を運んでいたのが非常に残念です。そのジャンク船は、まさにすべての中で最善のものでした。確かに素晴らしいジャンク船です。実際、海で航行すると非常に美しいです。そして、会社にとってそれがよく役立ってくれることを疑っていません。

　ヤヒト船ヤカトラ号がコーチシナの湾で、何か良いことに出会い、蘇木を積んだジャンク船の代わりに生糸を積んだジャンク船を獲得し、そして、貴殿の商館にそのように安く付く中国産の貨物を供給することを望んでいます。

　すべてが節度をもって最善の形で統率されるために、そして、日本人船長からの高く付く自由裁量と浪費を防ぐために、貴殿がマテイス・テン・ブルッケを当ジャンク船の船長および統括者として配置したということは会社にとって非常に有益なことです。なぜなら、同ブルッケはそれに非常に有用かつ有能であり、そして、日本の言葉と習慣に十分経験があるからです。確かに、日本人は国外にいる時には野獣のような国民です。彼らは当地においてジャンク船上で、同船の荷積みなどにおいていくらか悪意をもって振る舞いました。それにおいて、会社のあらゆる損害を防ぐためにマテイス氏は当地で寛容であり、そして寛容でなければなりません。なぜなのかという理由については、彼がそちらに着いたら、貴殿にきっと説明するでしょう。したがって、人員の採用において今後十分に注意されなければなりません。なぜなら、現在当地にいるこれらの人員に商品を渡してくれるように、あるいは降ろしてくれるように懇願しなければならないほどだったからです。〔彼らは〕このヤソベエ殿に非常に頼っています。彼は会社にとってジャンク船において利益をもたらすよりも損害を与えています。というのも、彼はマテイス氏の側に立つどころか、水夫たちの側に立っているからです。そのようなことを貴殿はマテイス氏からそちらできっとより詳細にお聞きになるでしょう。さらなることについてはそちらをご参照ください。当地で蘇木において水夫たちが犯している盗みについても同様です。それには、何か異議を唱えることすら難しいということになってしまっています。しかしながら、ジャンク船がなんとかそちらに無事に到着次第、それについてそちらの貴殿によってきっと対処されると信じています。当地でマテイス・テン・ブルッケ

氏と共同でそして一丸となってすべてにおいてできる限り会社の利益を追い求めました。同マテイスのような男がパタニから派遣されればとぜひとも願っています。貴殿が彼を次回に再びこちらへの渡航に用いることを願っています。なぜなら、新人が最初にまず習わなければならないことにおいて彼は今もうすでに経験があるからです。彼が当地の我々のところにいた際の彼の仲間付き合いの良さについて彼に謝意を伝えてください。というのも、彼についてはすべてにおいて善きことしか見いだせませんでした。ご参考までに。

　ヤソベエ殿に当地で銀5斤分の蘇木を引き渡しました。それは1斤当たり日本の通用重量55ピコルでした。同品にかけられたすべての経費を含めて会社がそれに負担しているのとほぼ同じ金額です。それらを貴殿はそちらでジャンク船〔の積荷〕から取り出して彼に量らせてください。なぜなら、それは会社の蘇木の間に積まれているからです。運賃については、貴殿がそちらで彼ときっと合意するでしょう。この蘇木を彼に引き渡したのは、彼がより快く奉仕してくれるであろうからです。また、ヤソベエ殿のような人員にも、たとえ、彼はそれに値しないとしても、いくらかの蘇木を自由に使わせて、そして積むことを許可しなければならないということが、日本のやり方であり慣習だからでもあります。

　パタニ商館から布およびそのほかの品物から成る様々な貨物を現在で4回までも受け取りました。しかし、パタニで売却できない劣化した粗末な商品が数多く混ざっています。直近に受け取った商品の送り状についての写しを貴殿に本状と共に送付します。もしも彼らがこのようにゆるゆると送る布をより早く私に送ってくれていたら、より早く売却されていたでしょう。というのも、当地で需要のある布は、それらが届くやいなや、ほとんどその買い手を見つけてきたからです。現在当地の商館にあるものは、当地で需要のないものがほとんどです。しかしながら、利益が少なくても多くても、それらは売却されなければなりません。それは、適切な種類の布が届くまでに、それらから解放された状態になるためです。

　私は当地で去年2月にイギリス人から十分な量の布をまずまずの価格で購入しました。それは、少しばかりの利益を出して、資金を作るためでした。

というのも、それ〔資金〕の蓄えがわずかしかなかったからです。それは、日本向けの品物の購入が滞らないようにするためでした。それらの布のうち、一山分をパタニで支払うという条件の下でイギリス人が提供してくれました。そのことでヘンドリック・ヤンセン氏は私に対して非常に気を悪くしました。そして、彼が言うには、これらの布の購入において私が裁量の範囲をかなり超えてしまったようです。同布はすべてそこそこの利益で当地において売却されました。したがって、私はそれをあまり気にしていません。なぜなら、そのことについて、しかるべき時に、しかるべき場所で説明責任を果たすことをまさに望んでおり、なぜそれを行ったのかの理由を挙げることができるからです。同封する書状の写しから、パタニで起こったことがお分かりになるでしょう。これについてはそちらをご参照ください。当地で有益であり、入手可能な様々な商品の価格表を本状と共に送付します。貴殿は何らかの商品の注文あるいは送付においてそれに従って調整することができます。その価格表は1615年のものです。しかし、その価格表において現在までにどのような変化があるのかについては、欄外に記入された注釈からお分かりいただけるでしょう。ご参考までに。

　黒色の大羅紗については、半分の長さのもの約15反の在庫が当地にまだあります。それらは大半がスタール[1099]1½のものとオルトスタールのものです。それらは当地では簡単には売却できないでしょう。なぜなら、黒は当地では着るものに使わないからです。それゆえに、そちらに残していたらよかったのにと思います。というのは、私がブラウエル氏に手紙を書いたのは黒色の大羅紗のためではなく、色物のためでした。もしも貴殿がこれらの黒色の大羅紗をそちらで利益を付けて手放すことができるならば、注文を受けた上で、それらを次の季節風で貴殿に送付します。

　貴殿の価格表を通じてそちらでの精錬鉄の価格が妥当であると知りました。パタニから数ピコルの鉄を受け取りました。それを当地で競売にかけたところ、容易に1ピコル当たり1½タエルの価格になり得ます。現在当地に200ないし300ピコルの一山があったならば、これらを1ピコル当たり1½ない

1099　染色基準の一種

し 1¾ タエルでも売却できるでしょう。なぜなら、今年は中国から僅かしか来なかったからです。とはいえ、中国から来ているとしても、当地で売却される最も低い価格は 1¼ タエルです。しかし、通常は 1 ピコル当たり 1½ タエルの価格であり、当地でいつでも売却できる商品です。したがって、次の季節風までに我々に 300 ピコルを供給してください。

　中国の釘は当地で通常 1 ピコル当たり 3 タエルの価格です。現在は 1 ピコル当たり 3½ ないし 3¾ タエルの価格です。それらが最安値である場合、1 ピコル当たり 2¼ ないし 2½ タエルの価格です。あらゆる種類を種々取り混ぜてです。最大のものは 5 ダイムほどです。もしもそれに利益が出せるようであれば、我々にひとまず 100 ピコルを供給してください。

　中国人船長チンヒンは今年当地にそちら向けの[1100]一山の鉄の玉を運びました。彼はそれを当地で国王に 1 ピコル当たり 1¼ タエルで売却しました。もしも彼が鉄の玉をもっと持っていれば、彼はそれらを国王に売却できたでしょう。なぜなら、彼ら〔シャムの人々〕はそれを大変好んでいるからです。もしもそれに利益が出せるようであれば、貴殿は我々にひとまず 50 ピコルを供給してくれても構いません。大部分が大小の蜜柑と同じ大きさでなければなりません。ご参考までに。

　イギリス人は今年当地に十分な量の硫黄をそちらから運んできました。その代金として彼らに国王から当地で 1 ピコル当たり 1½ タエルが（私の面前で提示されました）。〔その値段では〕彼らはそれを提供しようとしませんでした。彼らは 2 タエルに固執していたのです。それらは、品質の良いものであれば、この界隈の価格としてはほぼ通常です。イギリス人がそれらをどの値段で売却したかについては、それを聞き知ることができませんでした。同硫黄が日本で 20 ないし 22 匁の値段であったとセイヤース[1101]氏は当地で私に説明しました。もしも硫黄に利益が出せるようであれば、貴殿は我々に 50 ないし 60 ピコルを供給してくれても構いません。そうでないならば、我々に 4 ないし 5 ピコルを送付してください。なぜなら、当地で主だった領主の

1100　voor costi　van costi（そちらから）の誤記か
1101　Saijers

うちの数人がそれを私に依頼したからです。それを彼らに当地で約束しました。硝石には何もできません。なぜなら、当地ではそちらより安いか同じ位に安い値段だからです。ご参考までに。

オプラー・チュラ[1102]は、私が彼のために50枚の和紙をそちらで作らせることを当地で私に依頼しました。その厚さは本状の4枚分で、長さは1½尋、幅は1¼尋です。可能であれば、それをそちらで作らせてください。なぜなら、我々は同オプラー・チュラから当地で多大な好意および友情を受けているからです。その費用は彼が当地で我々に支払ってくれるでしょう。

同チュラは、何門かのバス砲と小型大砲をそちらに注文するよう当地で私に依頼しました。したがって、もしも貴殿がそちらで何門かのバス砲あるいは小型大砲を鋳造したならば、ひとまず、それぞれ付属品と共に何門かを我々に送付してくれるよう、また見本として提供してくれるようお願いします。それらを当地で良い利益で売却することができると思います。ご参考までに。

当地で国王の主立った領主であり、彼に大きく尊敬されているオイヘ・フィスマカン[1103]は、当地で私にリネン製のシャムの単衣一着を渡しました。それを本状と一緒に送ります。それについて、同単衣の上に描かれているのと同じような方法で鉄で模倣して20ないし30着を国王が作らせたがっていると彼は言っています。鉄には漆を黒く塗ってもらう以上のことは望んでいません。もしも、それを作ることが可能であれば、（彼が20ないし30着を要求しているにもかかわらず）それについて8ないし10着を我々に送付してください。それは、私の意見では、彼のための見本として十分です。それには多くのことがかかっているので、このことを優先事項として捉えるよう貴殿にお願いします。その費用は同フィスマカンから我々にきっと支払われるでしょう。ご参考までに。

貴殿よ。マテイス・テン・ブルッケ氏は、支払うべき権益税、経費や食費などのための現金が当地で不足したので、それを彼に当地で支払いました。同マテイスによって署名された送り状の下部に明記されている額です。その

1102　Opra Tchoella
1103　Oigefismackan

分については〔平戸〕商館の借り方に記入してください。ご参考までに。

　当地の国の状況については、現在まずまずです。アヴァ国王[1104]について、到来のことは聞いていません。彼はペグーとチエンマイに滞在しています。ラーンサーン国王[1105]は当地で確実に通商を再開し、そしてその使節を派遣し始めています。したがって、当地での交易が商人たちのために拡大し始めるであろうということが期待されます。もしもこの国における犯罪がさほど大きくなかったならば、それはすぐにでも実現するでしょう。

　そちらでの戦争がそのように終結したということ、そして、ポルトガル人の神父がそのようにそこから追放されたということ、また皇帝〔家康〕が優位を保ったということは、我々にとって幸いです。神父の追放と皇帝が彼の敵に対して保った優位によって、そちらでの貿易が日々拡大し、我々の会社にとって損害ではなく、利益になることを望んでいます。そのために万能神がその慈悲深い祝福を常に与えてくれるように祈ります。アーメン。

　以上、尊敬すべき、賢明で、慎重で、とても思慮深い、愛された友よ、挨拶の上で本状を終えます。そして、貴殿ならびに貴殿の親族一同を最高神の保護の中に委ねます。至福を迎える時までの永続的な健康の中で貴殿一同および我々すべてを守ってくれるように私はその方に祈ります。アーメン。

敬具
マールテン・ハウトマン[1106]

1104　Auwaer
1105　Laniander
1106　Maerten Houtman

100 | マールテン・ハウトマンより〔ジャック・スペックス宛〕書状、シャムのバンコク、1616年6月24日付

シャムのバンコク[1107]にて、本日1616年6月24日。

尊敬すべき、慎重で、とても思慮深い殿

挨拶の上で、前記は、今月13日にタチン[1108]すなわちシャムの停泊地から出帆したジャンク船ホープ[1109]号を通じて貴殿に送付した私の書状[1110]の写しです。そこから貴殿は当地での出来事を詳細にお分かりになるでしょう。その後、当地メコンでさらに317ピコルの蘇木を1斤当たり60ピコルで中国人から購入しました。なぜなら、彼らのジャンク船がそれを積むことができなかったので、彼らはそれで困っていたからです。ペッチャブリー[1111]に現在さらに約1000ピコルの蘇木があり、それらもオプラー・ラビシット[1112]から入手しようと考えています。もしも、ジャンク船フォルタイン[1113]号が8月に当地に来航すれば、その時に十分に蘇木を満載した形でそれを派遣することができるでしょう。

今月18日に私は当地バンコクとペッチャブリーに無事に到着しました。そこでチンヒン[1114]船長が蘇木の積み込みにしっかりと取り組んでいることを確認しました。波止場から離れるように当地で可能な限り促しました。その結果、彼は現在彼の最後の蘇木を積み込んでいる途中であり、明日そちらへの渡航を実行する予定です。

同チンヒン船長は中国の通用重量で正味1950ピコルの蘇木をそちらの貴殿に届けなければなりません。そして、当地の私のところで交わした契約つまり船荷証券により、すべての経費は無料です。それについての原本は本状と一緒に貴殿に送ります。つまり、1通は中国語で、そして1通はオランダ語で記されています。同1950ピコル分の価格は、それにかかったすべての

1107 Bancoseij
1108 Tatchijn
1109 Hoop
1110 本書の書状99（1616年6月8日付）
1111 Patperij
1112 Opra Rabijsit
1113 Fortuijne
1114 Tginhinck

経費を含め、本状に同封する送り状の通りです。そちらをご参照ください。

当地における我々の友人オプラー・トンソウ[1115]は現在、中国語で書かれ、彼の印が押されたもう1通の書状を私に渡してくれました。その中で、前述の1950ピコルの蘇木が貴殿に完全に引き渡される前には、誰も日本に来航するジャンク船から蘇木の荷降ろしをしないように彼は禁じています。船舶抵当賃借として彼が当地でチンヒン船長に（彼には現金が不足していたので）支払った30タエル分のシャム銀についても同書状で言及しています。このために同チンヒンは日本に来航した時に1斤当たり48レアル銀貨の割合で3斤つまり60タイルのシャム銀を支払わなければなりません。その3斤は、貴殿がそちらで同オプラー・トンソウの代理として前述のチンヒンから受け取り、即時に当地に送付してください。同オプラー・トンソウから我々は当地で多大な友情と助力を受けています。そのため、これを推奨されたものとして捉えるように貴殿にお願いします。

私は当地からクイ[1116]へすぐに出発します。それは、彼の地の停泊地で投錨しているジャンク船がどのように、そしてどのような方法で蘇木を入手すべきかを（採決された我々の最新の決議に従って）一度視察するためです。今のところ当地で聞き知ることができたところによると、その停泊地は非常に適切です。したがって、来年クイで我々の蘇木を受け取るであろうということを確信しています。

貴殿よ。私はバンタムの商館へは別に書状を書いていませんので、本状の写しおよび我々が送付したすべての書類、相場表および決議録をそちらからバンタムへ送ってくれるように貴殿にお願いします。それは、商務総監閣下に当地での出来事についてすべてをそれによって知らせるためです。

以上、尊敬すべき、賢明で、慎重で、そしてとても思慮深い殿よ、本状を終えます。そして、心の底からの挨拶の上で、貴殿を最高神の保護に委ねます。

敬具

マールテン・ハウトマン[1117]

1115　Opra Tonsou
1116　Coeij

1117　Maarten Houtman

101｜マルティン・ファン・デル・ストリンゲより〔ジャック・スペックス宛〕書状、呼子、1616年9月19日付

尊敬すべき、慎重で、とても思慮深い殿、かつ良き友

　心よりの挨拶および、貴殿ならびにほかのすべての良き友たちの健康を祈念したうえで、本状は、我々が昨夜当地呼子[1118]あるいは名護屋[1119]に到着したことを貴殿に知らせるためだけのものです。我々は本日逆風のためにそこでとどまりました。しかし、漕ぐのに適した良い天気になれば、その機会をできるだけ逃さないつもりです。慌ただしいお別れ、つまり乗船のため、何よりも持参しようと思っていたものを忘れてしまいました。つまり、インクの入っている小さな壺です。可能であれば、後ほど、商人キメ殿[1120]のバルク船でそれを私に送ってほしいのですが。しかし、無理なら、辛抱するしかありません。コルネーリス・クラーセン[1121]、ウィレム・ヤンセン[1122]、レナールト・トーマセン[1123]およびレナールト・カンプス[1124]、ならびに商館のすべての人々および知人たちに私の心からの挨拶を〔伝えてください〕。

　以上、末筆ながら、神の保護に貴殿を委ねます。呼子の前の停泊地で錨を下ろして停泊しているバルク船上で執筆。本日1616年9月19日、午後6時半ないし7時頃。

　　　　　　　　　　　　　　　　　　　　　　　　　　　　敬具
　　　　　　　　　　　　　　　　　　　マルティン・ファン・デル・ストリンゲ[1125]

1118　Jobeco
1119　Nangoija
1120　Ciemendonne
1121　Cornelis Claesz
1122　Willem Jansz
1123　Lenart Thomassen
1124　Lenart Camps
1125　Martin vander Stringhe

102｜マルティン・ファン・デル・ストリンゲより〔ジャック・スペックス宛〕書状、呼子、1616年9月21日付

好意的な殿、かつ良き友

　月曜日、つまり今月19日に貴殿宛に短い書状を急いで書きました。その中で、我々が日曜日の夜に当地に到着したことを私は貴殿に知らせました。私の意にまったく反して、現在まだ当地に停泊し続けています。しかし、神の意志や天気に抵抗することはできません。神が我々に与えてくれる良い風を望みながら、辛抱しなければなりません。なぜなら、もしも長くかかるならば、渡航のための食糧を新たに確保しなければならないからです。とはいえ、今のところは何も不足していません。そして、当バルク船が出発しようとしていると今現在私に取り急ぎ伝えられているので、このように短い形で本状を渡さずにいられませんでした。その唯一の目的は、我々が当地で今なお時間を無駄にしていることを貴殿に知らせるためだけのものです。それは、私にとって残念至極です。神が我々に慈悲深く与えてくれる良い風を期待しています。そして、貴殿ならびに商館のすべての人々および知己の友人たちに健康およびあらゆる祝福を与えてくれますように。

　本日1616年9月21日水曜日、呼子[1126]の停泊地に錨を下ろして停泊しているバルク船の中で執筆。可能であれば、インクの入っている小さな壺を私に送ってくれることを望んでいるのですが。というのも、それがないことで、私は多くのことにおいて不自由を被っているからです。

敬具
マルティン・ファン・デル・ストリンゲ[1127]

1126　IJobuco
1127　Martin van der Stringhe

103 | マルティン・ファン・デル・ストリンゲより〔ジャック・スペックス宛〕書状、呼子、1616年9月26日付

好意的な殿、かつ良き友

　我々が当地で停泊している時間が続いている間に、私は奉行の書状に挿入された形で貴殿宛に2回書状を書き送りました。それらを貴殿が確かに受け取ったであろうと私は思っています。本日は、我々が当地で逆風のため停泊している9日目です。これだけの時間をかけて、これだけしか進んでいないことがいかに厄介に違いないのか疑いなく十分に理解できるでしょう。とはいえ、辛抱するほか仕方がありません。

　本状は前回と同様に奉行の書状に挿入された形で送ります。貴殿の意見および賛同を求めるためだけのものです。つまり、以前に我々の間で彼の地で複数回議論している時に、このスヒップ船で数人の女性をバンタムに連れて行く可能性について交渉し、話し合いましたので、そのことが当地で私の頭に思い浮かびました。

　そして、貴殿が彼の地平戸[1128]でそのような女性を貴殿が満足するような形であまり得られず、上の方〔平戸より東〕から得ることを期待しなければならない場合、私が数人の適任者を獲得できるならば、その女性たちを適切な価格で購入するのが賢明であろうと考えました。私はそれを当地で奉行に伝えました。そのために彼の友人である一人の男が唐津[1129]に1通の速達を送りました。そこは内陸の方へ3マイルのところに位置する都市あるいは村です。返事が来て、良い知らせをもたらしました。最終的に、私に伝えられたところでは、当地で何人かの女性は獲得できるでしょう。しかし、それを進めることについて貴殿および友人たちが承認しない限り、私はそれに取り掛かりたくないので、これについての貴殿の承認を求めることをせずにいられませんでした。それについては、〔貴殿は〕私と同意見であると考えます。したがって、可能であれば、これについて私に返答すると共に、どれぐらいの値

1128　Firando
1129　Carats

段で、そしてどの上下幅を私が守ればいいのかについて私に指示してください。私の意見では、コルネーリス・クラーセン[1130]がこれに完全に反対するでしょう。しかし、私は彼を思慮のある人物と思っていますので、彼が自分自身の個人的な望みと意志よりも我々の雇用主殿たちへの奉仕を優先させると確信しています。この件は明らかにそのような奉仕です。

　私はこれについての貴殿の回答を熱望して待ち受けています。というのは、天気および風を見たところ、それらは我々を当地で少々引き留めるつもりです。万能神がそれを改善してくれ、貴殿をすべての祝福の中で守ってくれますように。アーメン。すべての友人たちに私の心からの挨拶を。呼子[1131]の前で停泊中のバルク船の中で執筆、本日 1616 年 9 月 16 日。

　可能であれば、インクの入った小さな壺を私に送ってくれるように望んでいるのですが。なぜなら、それを欠くと、大きな不自由を被るからです。

　　　　　　　　　　　　　　　　　　　　　　　　　　　　敬具
　　　　　　　　　　　　　　　マルティン・ファン・デル・ストリンゲ[1132]

1130　Cornelis Claesz
1131　Jobuco
1132　Martin van der Stringe

104｜マルティン・ファン・デル・ストリンゲより〔ジャック・スペックス宛〕書状、〔呼子〕、1616年9月27日付

尊敬すべき、慎重で、とても思慮深い殿

　26日付の貴殿の快い書状を本日早朝に無事に受け取りました。まだ半分眠っている状態で、〔サン〕ロク[1133]が私のところにやって来て、インクの入った小さな壺ならびにヤン・ヨーステン[1134]氏宛と記されている1通の書状を渡してくれました。そのほかに爪楊枝の入っている包みがあり、その宛先が私宛と書いてありましたので、私はそれが貴殿からの書状であると思いました。ところが、それを開封したところ、白紙しか見当たりませんでした。これをもって私はすぐに私宛に書かれた何らかの貴殿の書状が使者によって紛失されたのかもしれないと推測しました。

　約1時間を越えた後で、奉行が通詞と共に私のところに来て、複数の書状と共に、ジャンク船のための朱印状〔の獲得を〕を早めるために直接江戸[1135]へ送付される速達1通を彼が受け取ったと言いました。それについて私はその時まで貴殿からの書状を見ていなかったので、なおさら驚きました。それで、〔奉行に〕渡すためにヤン・ヨーステン宛の書状を書箪笥から取り出しました。それを手に持ったところ、ほかの書状1通がその中に綴じ込まれていることに気付きました。その宛名は私でした。したがって、貴殿がそれを封緘する時に急いでいたので、それが誤って入ったのだと私は思います。それを開封して、その内容に従ってすべてを履行しました。したがって、前述の速達は当地のバルク船にいたあと二人のほかの者と共に2時間以上前にすでに出発しました。前述の奉行の助言に従って、旅費として63匁を与えました。それに添えて私も短い書状を書きました。主がその速達を導き、そして我々がこれまで経験してきたよりももっと良い幸運を与えてくれますように。しかし、これ〔バルク船が進まないこと〕が神の思し召しであれば、辛抱しなければなりません。そして、ポルトガル語では、「神がなせるすべての

1133　Rooque
1134　Jan Joosten
1135　Edo

ことはより良いことだ」と言います。25日、つまり一昨日に、貴殿に1通の書状を書きました。それをすでに受け取ったであろうと希望しています。それについて貴殿の回答が早く来ることを待ち望んでいます。なぜなら、数人の女性を購入しようと試みることを貴殿が望ましいと思うならば、そのために当地あるいは当国の上の方のほかの場所で可能な限り実行されるべきだからです。

　末筆ながら、万能神が慈悲の中で貴殿を守るように祈ります。そして、心から深くご挨拶します。

　本日1616年9月27日、バルク船にて執筆。

敬具
マルティン・ファン・デル・ストリンゲ[1136]

1136　Martin van der Stringhe

105｜エルベルト・ワウテルセンより〔ジャック・スペックス宛〕書状、大坂、1616年9月8日付

尊敬すべき、慎重で、とても思慮深い殿

　去る8月12日付の貴殿の書状を同月22日にヤン・ヨーステン[1137]を通じて無事に受け取りました。以下はその回答のためのものです。

　適切な利益が得られないので、重役殿たちがこれ以上漆器を望んでいないという知らせがスヒップ船ズワルテ・レーウ号[1138]で祖国から届いたということ、その上、商務総監閣下が注文済みの分について、損失を出しても可能な限り売り捌くように我々に命令しているということを貴殿が書いていることについては、そのための方策が私にはまったく分かりません。なぜなら、スペイン人に販売することは、それ〔スペインの船〕が今月出発するので、今や遅すぎるからです。そして、一人か二人を介してイギリス人に売却しようとすることもまったく無理です。なぜなら、彼らが何らかの漆器を注文するつもりであるかどうかを突き止めることができないからです。同様に、それを漆職人たちがいくらかの謝礼のもとで引き取ることについても、彼らには、それが同じ条件で再び売却できるかどうか確かには分からないので、そのようなことはできないということを貴殿は十分に考慮すべきです。なぜなら、職人というものは、この漆器の場合のように、それを1年あるいはそれ以上寝かせたまま置いておくことができる2000タエルは持っていないからです。それは以前に述べた理由のためです。したがって、それは会社が引き受けなければならないものです。というのは、私は現在400タエル分以上の漆器を再び京都[1139]から持って来ました。それはバルク船の機会があれば下へ送る予定でした。そして残りはすべて10ないし12日以内に仕上がる予定です。

　当地にまだ持っている木材は貴殿に直ちに送ります。なぜなら、それは、あまりにも大きすぎる損失なしでは手放せそうもないからです。

　精錬銀の件については、今後入手する資金次第で貴殿の指示に従って実行

1137　Jan Joosten
1138　Swerten Leeuw
1139　Meaco

します。

　ヤン・ヨーステンは京都で彼の反物のうち、何も売却していません。なぜなら、それに対する需要がまったくなかったからです。というのも、皆がカラック船の到来を念頭においているからです。それゆえ、彼はすべてを江戸[1140]へ持って行きました。使節[1141]の到来までに彼がそのうちの十分な量を売却できるように神に祈ります。スヒップ船ズワルテ・レーウ号が運んで来たものについては貴殿の書状からとても良く分かりました。それは実際にあまり大した物ではありません。

　昨日、サブロウベエ殿[1142]が京都に向けて出発しました。私は彼と話していません。けれども、我々の宿主コミヤ・クロベエ殿[1143]から、彼が会社の勘定として2俵の生糸および133反の黒色の繻子ならびに私宛の1通の書状を上に持って来たと聞きました。今のところ、その書状への返答を書くことができません。なぜなら、我々は行き違いになったからです。というのは、彼は陸路で京都へ行き、私は陸路で大坂[1144]に来たからです。

　生糸は現在1ピコル当たり2750匁ないし2800匁の値段です。もしも、カラック船が来なければ、値段が高騰するのは明らかです。

　そして、バルク船が出発しようとしているので、本状を終えます。以上、尊敬すべき、慎重で、とても思慮深い貴殿、神の保護に貴殿を委ねます。

　大坂にて、本日1616年9月8日。

敬具
エルベルト・ワウテルセン[1145]

　本状については控えを取っていません。なぜなら、貴殿の書状に対する詳細な回答を貴殿に直ちに送る予定であるからです。

　1½尋の長さの紙は当地、上では製造してもらうことができません。

　私の勘定の写しを同封します。

1140　Edon
1141　江戸参府中のファン・デル・ストリンゲのこと
1142　Sabbrobedonne
1143　Commia Crobedonno
1144　Ozacca
1145　Elbert Woutersz

106｜エルベルト・ワウテルセンより〔ジャック・スペックス宛〕書状、大坂、1616年9月11日付

尊敬すべき、慎重で、とても思慮深い殿

　貴殿宛の私の最後の書状は去る7月4日付のものでした。そして、その後、ヤン・ヨーステン[1146]を通じて貴殿に送った日本語の書状以外には貴殿に書状を書き送りませんでした。その書状で、以前に売却した鹿皮の件がどのように終結したのかについて私は貴殿に知らせました。それを私は貴殿に我々の言語で知らせたかったのですが、時間不足および急いで下に行きたいというヤン・ヨーステンの大きな欲望のために、それが実現できませんでした。

　それゆえ、本状でそれについてここで詳細な話を書いているところです。

　まず第一に、ヤン・ヨーステンが去る8月13日に京都[1147]に来たので、我々は翌日一緒に板倉殿[1148]のところに赴きました。それは、アマノヤ・クロベエ[1149]によって売却された以前に売却済みの鹿皮〔の代金〕を得られるように、彼〔板倉〕が大坂[1150]の統治者松平下総殿[1151]〔松平忠明〕宛に書いてくれるであろう彼からの1通の書状を請願するためでした。その結果、板倉殿は我々に下総殿宛の書状をくれました。それを携えて、夜に大坂に向けて出発し、そして去る14日の早朝に大坂に着きました。そして、朝食後に、下総殿のところへ行きました。それは、板倉殿が彼宛に書いてくれた我々に有利な書状を手渡すためでした。しかし、同下総殿は亡き皇帝〔家康〕の息子たちの息子（ママ）の一人であり、彼らの慣習に従って、皇帝が最近亡くなったので、50日間が過ぎるまでは訴訟やもめ事について受け付けられないのです。そのため、翌日に彼の家臣である清太夫殿[1152]〔山田重次〕のところに行きました。彼に黒色の呉絽服綸1反および3斤の丁子を贈り、そして板倉殿の書状およびアマノヤ・クロベエによって署名された証書を渡しました。それについて、我々

1146　Jan Joosten
1147　Meaco
1148　IJtakuradonnes
1149　Amania Crobe
1150　Ozacca
1151　Shimousadonne
1152　Sedeijdonne

は 1 月に、つまり和暦では昨年の 12 番目の月に支払いを受けるべきであったが、これまで 400 タエル以上は受け取っていないと話したところ、同清太夫殿は前述の書状と証書を持って下総殿のところに行きました。そこで回答を得るのに 2 時間も待ちました。そして、彼が戻って来たところで、彼は次のことを言いました。つまり、彼は板倉殿から来た書状を下総殿に渡し、またアマノヤ・クロベエ殿の証書を見せたということ、そして下総殿は、我々が外国人であるので、我々の売却した鹿皮の支払いを我々が受けるように取り計らうように彼に指示したということ〔です〕。それについて、彼は、自分が署名した証書についてどう弁明するのかを聞くためにアマノヤ・クロベエを呼び出しました。すると、同クロベエがそこにやって来て、そして彼の弁明として、彼が代金の請求に最善を尽くしたが、購入者たちはそれにほとんど耳を貸さなかったということ以外の理由を提示することができませんでした。それについて、彼は清太夫殿に対して、彼の名前の下で未払いの代金の請求についての命令が行われるように請願しました。それを受けて、前述の清太夫殿はすぐに我々のいるところで、4 人の町奉行を招集させ、我々が支払いを受けられるように至急取り計らうように彼らに命令しました。去る同月 15 日に私、京都および大坂の我々の宿主は、4 人の町奉行に贈物、つまり、それぞれに白い小さな布および 1 斤の丁子を献上しに行きました。その結果、私は去る 25 日に前述の 4787½ 匁を受け取りました。それは私が思っていたもののたった半分でした。というのは、私は全額を直ちに受け取りたかったからです。けれども、我々の宿主たちは、私がそんなに厳しい態度を取らずに、彼らが持って来るだけを受け取るべきであると言いました。同日、我々は、まだ 4787½ 匁しか届いていないということを知らせるために再び清太夫殿のところに行きました。しかし、彼の体調が良くなかったので、彼と面会できませんでした。それを受けて、私と前述の京都の我々の宿主は去る 26 日に、準備ができているはずの漆器を取りに再び京都に向けて出発しました。そうすれば、当地大坂で注文した杉板と一緒に平戸[1153]へ送ることができるからです。したがって、私と我々の宿主ヨヒョウエ殿[1154]は、いくつか

1153　Firando

の漆器と以前に注文した木材を平戸に送るため、また、鹿皮の残りの代金を受け取るために今月7日に再び大坂に向けて出発しました。しかし、同月8日に大坂に来たところ、我々の皮を購入した人々が住んでいる町内の年寄たちが我々の宿主コミヤ・クロベエ殿[1155]のところに来て、彼らが本日私に1389匁を渡し、10月に4600匁を渡すことを彼に請願しました。その〔10月の〕分については、前述の年寄たちが保証人でい続けるつもりであり、まだ生存している者たちが債務を負っているものの残金です。そして、死亡者あるいは未帰宅者については、私がアマノヤ・クロベエと清算を試みるのがよろしかろう〔とのことでした〕。それに私は、最初はまったく耳を貸したくありませんでした。しかし、下総殿から我々に与えられた大きな好意、つまり、我々に支払わなければ、彼がその人々を牢屋に入れさせるとの彼の強い脅しにより、今ようやく、少し待てば完済されるというところまで来たことを考え合わせて、私はそれで満足することにしました。

　同月9日に私は我々の宿主ヨヒョウエ殿およびクロベエ殿と一緒に下総殿の家臣のところに行って、彼に1間と5ダイム分のオルトスタール黒色大羅紗を贈り、そして彼のお陰で我々の皮の支払いが得られたことについて彼に重ねて感謝を述べつつ、しかし、死亡者および未帰宅者の分がまだ5623½匁残っていると〔伝えました〕。これについてアマノヤ・クロベエが我々に支払うように我々は請願しました。なぜなら、彼は、売却された鹿皮の代金が受領される前に手数料を取っていたからです。それでも、彼は可能な限り我々の手助けをすると言いました。それを受けて、我々は帰りました。ヤン・ヨーステンが上に来るまでは、これについて終結しないと私は思っています。なぜなら、アマノヤ・クロベエは板倉殿によって示された判決を盾に取るだろうからです。つまり、我々の皮を購入した人が死亡しているならば、同クロベエはその分について負担を負わなくて良いというものです。しかし、常識では、それは、判決が示される以前に死亡した人々の代わりにクロベエが支払う必要はないが、その後に死亡した人々、ならびに逃亡者、あるいは未帰

1154　Juffioijedonne
1155　Commia Crobedonno

宅者の分は支払う必要があるという意味だと私は理解しています。これがどうなるのか、時が教えてくれるでしょう。

　本日、4 人の町奉行に対する贈物の献上にも行きました。1 反当たり 33 匁の経費がかかっているコレ・モロー 1 反をそれぞれに贈り、そして、すでに受領した鹿皮の代金について彼らに重ねて感謝を述べ、その上、残りの分の支払いが引き続き我々になされるように彼らに請願しました。

　同月 10 日に下総殿に贈物を献上しに行きました。彼には、100 匁の経費がかかっている緑色の縁付無地の赤色の天鳶絨 1 反および 5 斤分の丁子を贈りました。それは、彼の命令によって鹿皮の支払いがこれだけたくさん得られたことに感謝してのものです。

　次に、マスヤ・ギヘエモン殿[1156]を通じて貴殿宛に送付した私の最後の書状以降、次の商品を売却しました。

赤色の天鳶絨の刺繡を施した毛布 4 枚、1 枚当たり 140 匁
火事によって損傷し、天鳶絨として扱えない同上毛布 1 枚、7 タエル
刺繡を施した毛布完全な長さのもの 5 枚、1 枚当たり 115 匁
同上半分の長さのもの 1 枚、60 匁
同上縫い付けられたもの 2 枚、1 枚当たり 80 匁
刺繡を施した枕カバー 20 枚、1 枚当たり 10 匁
刺繡を施した緞子 2 反、1 反当たり 75 匁
156 番と 72 番のオルトスタール黒色の大羅紗 2 反、1 間当たり 110 匁
イギリス産茜色大羅紗 6 反、〔つまり〕37 番のもの 2 反、63 番の同品 1 反、60 番の同品 2 反、61 番の同品 1 反、1 間当たり 115 匁
43 番の黄色の大羅紗 2 反、1 間当たり 105 匁
赤色の紗綾 2 反、1 反当たり 42 匁
同上色物 4 反、1 反当たり 34 匁
鮫皮 670 枚、つまり、四等品のもの 320 枚および五等品のもの 350 枚、各種取り混ぜて 49 タエル
黒色の駱駝毛織物 1 反、30 タエル

1156　Massia Gingeijmondonne

漂白したカンガン布 3 反、1 反当たり 10½ 匁

　利子付で借りた残債 40,000 匁のうち 10,000 匁を再び返済しました。

　生糸は、以前に前述のギヘエモン殿を通じて貴殿宛に書いた書状以降、1 ピコル当たり 60 ないし 70 匁値上がりしました。

　次の漆器を一緒に送ります。

〔Th＝丁銀タエル：匁：分〕

一番大きなテーブル 4 台、1 台当たり 23 タエル	Th 92：-：-
同上一番小さいもの 1 台	Th 7：5：-
枠付の書箪笥 2 台、1 台当たり 10 タエル	Th 20：-：-
同上枠なしのもの 4 台、1 台当たり 10 タエル	Th 40：-：-
同上平らなもの 4 台、1 台当たり 8 タエル	Th 32：-：-
受け皿付湯桶 2 個、1 個当たり 43 匁	Th 8：6：：-
2 個 1 組の三等品の盃 6 個、3 個当たり 3 タエル	Th 6：-：-
三等品の箪笥 1 台	Th 26：-：-
同上二等品のもの 1 台	Th 30：-：-
合計	Th 262：1：-

　前述の漆器は次の通りに梱包されています。

1 番　同上一番大きなテーブルのうちの 1 台
2 番　同上テーブル 1 台
3 番　同上一番小さなもののうちの 1 台
4 番　枠なし書箪笥 2 台
5 番　同上枠付書箪笥 2 台
6 番　同上平らなもの 4 台
7 番　同上枠なしのもの 2 台
8 番　湯桶 2 個
9 番　前述の湯桶の受け皿 2 枚および盃 6 個
　　　〔1 番～9 番〕ギヘエモン殿[1157]による製作
10 番　一番大きなテーブルのうちの 1 台

1157　Gingemondonno

11番　同上1台
　　〔10番～11番〕ハツエモン殿[1158]による製作
12番　三等品の書箪笥1台
13番　同上二等品のもの1台
　　〔12番～13番〕ハンエモン殿[1159]による製作

長さ3間の杉板25枚および長さ2間、幅約1フィート、厚さ1ダイムの同品607枚を一緒に送ります。それらは2隻のバルク船に積んで送ります。つまり、小倉[1160]のバルク船1隻に3間の杉の同品25枚および2間の長さの同品317枚、そして下関[1161]のバルク船1隻に2間の長さの板290枚ならびに前述の漆器です。我々の宿主の息子がそれと共に下に赴きます。さらに4間の長さの板約40枚、3間の長さの同品300枚および2間の長さの同品700ないし800枚を私は最初の機会で貴殿に送る予定です。

　貴殿が我々の宿主の息子に2回に渡って貸したものについては、彼が平戸において貴殿と清算する予定です。もしも、彼が貴殿から何かを購入しに来るならば、彼に再び100タエルあるいはもう少し多い金額を請求してください。

　また、次の新たな情報を聞きました。第一に、3隻のジャンク船がマニラから来航したということについて、彼らは、今年彼の地に来航する中国人が少なかったため、彼らの現金を全部は使うことができず、多くの商人が、来年彼らの現金が使えるように彼の地に居とどまっています。〔次に〕イギリスのスヒップ船1隻およびヤヒト船1隻の来航についてですが、それで何が運ばれて来たかは、今のところ突き止めることができませんでした。

　平戸から約10マイルのところにヤヒト船ヤカトラ号[1162]が来航し、そこで貴殿はその積荷を降ろさせ、そしてカラック船に遭遇することを望みながら海上で航行を続けている我々の船のうち2隻に再び合流するために再び海上に派遣したとのこと。これがどうなるのか、近日中にその正確な知らせが貴

1158　Fatsjemondo
1159　Fanjemondonne
1160　Cokera
1161　Simonsecqui
1162　Jaccatra

殿の書状から分かることを望んでいます。

　我々の複数の船がマラッカの前で4隻のカラック船を焼き討ちしたようであるとのこと。

　ドン・フアン・デ・シルバ[1163]がマラッカ〔の海岸〕の前に来た時に悲嘆により死亡したのは、彼が彼の地に到着する2日前に我々の艦隊が出発したためであったとのこと。

　鹿皮の代金の請求において我々の宿主コミヤ・クロベエ殿が行ってくれた努力について、彼に対してお礼の書状を貴殿の方から書いてくださいますようお願いします。

　以上、末筆ながら、尊敬すべき、慎重で、とても思慮深い貴殿、神の保護の中に貴殿を委ね、至福を迎える時まで永続的な健康の中で貴殿および貴殿の仲間を守ってくれますように。アーメン。

　大坂にて、本日1616年9月11日。

敬具

エルベルト・ワウテルセン[1164]

江戸[1165]の王〔秀忠〕の年寄[1166]佐渡殿[1167]〔本多正信〕は去る8月18日に亡くなり、上野介殿[1168]〔本多正純〕が彼の代わりにその官職を務めるということが当地で確かなこととして言われています。

1163　Don Joan de Silva
1164　Elbert Woutersz
1165　Edon
1166　secretarius
1167　Sadodonno
1168　Cosequidonne

107｜マルティン・ファン・デル・ストリンゲより〔ジャック・スペックス宛〕書状、上関・横島、1616年10月7日付

尊敬すべき、とても思慮深い良き友ジャック・スペックス[1169]殿

　バルク船に乗船してきた奉行がただいまこちらの私のところにやってきて、バルク船が帆走して来ているのを見たと言いました。それは、彼の考えでは、平戸[1170]のものでありました。したがって、彼は急いで書状を書き始めました。それ〔書状を書くこと〕を私も怠ることができませんでした。したがって、本状を悪く思わないでください。なぜなら、こちら上関[1171]あるいは横島[1172]周辺で帆走したり漕ぎ進んだりしている間に急いでこれを書いているからです。逆風と荒天のためにこの渡航はあいにく非常に長くかかりました。したがって、〔状況が〕改善しない場合、奉行の助言を受けて、小さなバルク船で我々の渡航を続行することを試みようと考えています。私には詳細に書く時間はありません。ただただ、貴殿を主の保護に委ね、心から深くご挨拶するのみです。

　本日1616年10月7日、上記の場所にてバルク船にて執筆。

敬具
マルティン・ファン・デル・ストリンゲ[1173]

1169　Jacques Specx
1170　Firando
1171　Cammangosij
1172　Jocoxima
1173　Martin van der Stringhe

108｜マルティン・ファン・デル・ストリンゲより〔ジャック・スペックス宛〕書状、備後ノ鞆、1616年10月8日付

尊敬すべき、とても思慮深い殿、そして良き友

　昨日帆走中に取り急ぎ貴殿に短い書状を書き、奉行の書状と一緒に送付しました。本状もそれと一緒に送ります。それに先立ち、貴殿宛の私の最後の書状は去る27日付の呼子[1174]からのものでした。それが貴殿に無事に届いたであろうことを私は望んでいます。

　また、我々は今朝8時頃に当地備後ノ鞆[1175]の当港に無事に到着しました。逆風および豪雨のため、どうやらこちらで本日停泊し続けなければならないようです。(そして、我々がそれでもなお出発できることを神が許してくれますように)。もしも、それがこれまでよりもよりうまく迅速に行われなければ、大体4月か5月に平戸[1176]に戻ることになると思います。それについて、私はより良い結末を望んでいます。そして我々がこの巡礼を時間通りに終えることができるように、我々に良好で適切な風と天候を与えてくれることを神が許してくれますように。もしも順風の兆しがなければ、現在陸にいる奉行の助言に従って、時間を稼ぐために、1隻ないし2隻の小型バルク船に荷物を積み込み、それで漕ぎ進んでみることを考えています。なぜなら、大型であるこの船ではそれを行うのが幾分難しくて困難だからです。

　そして、この我々の渡航は我々が思っていたよりも実にかなり長くかかるでしょうから、〔私が〕思うに、間違っているかもしれませんが、(とはいえ、貴殿が確実に一番よく分かっていますが、) ウィレム・ヤンセン[1177]氏がまだそこにいる間にそちらで委員会を招集し、ポルトガルのカラック船の待ち伏せと攻撃についての前回の決議を再び提案することは不適切ではないでしょう。なぜなら、それを実現させることができれば、我々の雇い主殿たちに対する非常に好ましい奉仕となるだろうことは疑いがないからです。それに関する限り、私の助言は次の通りです。つまり、アジアの状況が許す限り、3

1174　Jobuco
1175　Bingonothomo
1176　Firando
1177　Willem Jansz

月の 10 日から 20 日までにバンタムから 3 隻あるいは少なくとも 2 隻のかなり十分に装備された船が出発し、パタニに向けて針路を設定しなければなりません。彼の地で積み込むべきものをヘンドリック・ヤンセン[1178]氏から聞き知った上で、積荷を運ぶことのできるように、それは多くないだろうと私は推測しますが、スヒップ船 1 隻が彼の地にとどまり、そしてほかの 2 隻は時間を無駄にせず、可能であれば到着の同日に再び出発し、その針路をフォルモサ島に向けます。そこで中国大陸とレクエオス[1179]との間でそれらは巡航します。そして、パタニから例のもう 1 隻のスヒップ船が派遣され次第、全力で中国の同海域でほかの諸船に合流することを試みます。そして彼の地で 6 ないし 7 日の誤差を含めて 5 月 20 日あるいは末日までカラック船を待ち受けます。その期間内に〔カラック船を〕見つけなければ、その針路を女島[1180]に向けます。ただし、カラック船がマカオからまだ出発していないということを何らかの手段で聞き知ることにならない限りにおいてです。その時は、その海峡でそれを待ち受ける方がより良いです。そして、前回採択された決議の内容に従って、女島に到着したら、あとのことについては、実行されるのが適切だと貴殿およびそちらのほかの紳士方が判断されることに私は委ねます。

　奉行が先ほど陸からやってきて、私に言ったところによると、イギリス人たちが江戸[1181]からすでに出発したそうで、皇帝陛下〔秀忠〕への謁見はすでに行われたとのことです。それ以上の情報はありません。

　本状はほかの目的のためではありませんので、貴殿を主の保護の中に委ね、心から深く挨拶を申し上げます。備後ノ鞆の前で錨を下ろして停泊しているバルク船の中で執筆。

　本日 1616 年 10 月 8 日。

敬具

マルティン・ファン・デル・ストリンゲ[1182]

1178　Hendrick Jansen
1179　Lequeos
1180　Meaxima
1181　Edo
1182　Martin van der Stringhe

109 ｜ エルベルト・ワウテルセンより〔ジャック・スペックス宛〕書状、京都、1616年9月30日付

尊敬すべき、慎重で、とても思慮深い殿

　去る8月11日付[1183]の私の最後の書状以降、同月12日付の貴殿の書状をヤン・ヨーステン[1184]およびサブロウビョウエ殿[1185]を通じて無事に受け取りました。以下はそれに対する返事としてのものです。

　そして、貴殿がスヒップ船ズワルテ・レーウ号[1186]を通じて祖国から重役殿たちの書状を受け取ったところ、その中で、適切な利益が得られないので、これ以上の漆器を望まないことを彼らは指示しているとのことでした。その上、可能であれば、注文済みの分は、損をしてでも売却してみるようバンタムの商務総監が命令しています。そのための方法が私にはまったく分かりません。というのは、貴殿の意見のように、それをいくらかの謝礼の下で漆職人が自分で引き取ることは無理だからです。そして、一人か二人を介してカスティリャ人、イギリス人あるいは日本人にそれを売却してみるように貴殿が私に指示していることも実現不可能です。なぜなら、ヌエバ・エスパーニャからの船は今月出発するからです。というのも、ヌエバ・エスパーニャへ運ぶために当地京都[1187]でいくつかの漆器を注文したカスティリャ人と日本人はそれをすでに2ヶ月以上も前に海路で江戸[1188]へ送付してしまっているからです。イギリス人が何かを注文することは聞き知ることができませんし、何人かの日本人にそれを売りつけることはまったく見込みがありません。なぜなら、それをどんなに安く買うことができたとしても、彼らはそのお金をそのような品物に使わないからです。というのも、日本においてそのようなデザインは需要がありません。それゆえ、彼らから再びそれを購入してくれる何人かの外国人が来るまで、彼らはそれを長く保管しなければならないことに

1183　9月11日の誤記か
1184　Jan Joosten
1185　Sabbrobioijedonne　サブロウベエ殿と同一人物か
1186　Swerten Leeuw
1187　Meaco
1188　Edon

なります。したがって、これについて、重役殿たち側でそれを受け取るしかありません。なぜなら、残りの分はすべてほぼ完成しているからです。

さらに、貴殿が以前に命じた板の購入を私が取り止めるべきであるということも貴殿が指示していて、それらが購入・送付済みであれば、それで良いこと、そして、もしもそれらがまだ保管されている場合、損害なしであるいはほとんど損害なしで実行できるならば、私がそれらを再び売却してみるべきであること、そして、もしもそのようにできないならば、私がそれらを少しずつ最も経費のかからない方法でそちらに送付するべきであることについて、それはそのように実行せざるを得ません。なぜなら、以前に注文された分すべてをすでに購入しているからです。そのうち、すでに大部分を貴殿に送付しました。そして、残りは最も経費のかからない方法で最初の機会で下に送ります。というのも、大きな損を被らずにそれらを売却することができそうもないからです。

アマノヤ・クロベエ[1189]の件がどこまで来たのかについては、貴殿はすでに私の書状から十分承知しているでしょう。そして、まだ残っている残金5623 1/2匁については、ヤン・ヨーステンの到来で解決されると望んでいましたが、それについて少しもそうはなりませんでした。なぜなら、大坂[1190]の統治者およびその家臣がほかの場所へ移動し、ヤン・ヨーステンが彼らの帰りを待つことができなかったからです。というのも、浦賀[1191]に停泊している船でヌエバ・エスパーニャへ渡航する予定であるスペイン人にいくらかの陶器やほかの品物を売却することを望んで、彼が大急ぎで江戸へ行こうとしたからです。また、今年シャムから来た蘇木が江戸に運ばれる前に、〔ヤン・ヨーステンが自分で持っている〕蘇木を売却してみるためでもありました。

そして、ヤン・ヨーステンが当地京都で持っていた彼の商品の売却を私が彼に急かすようにと貴殿は私に命令していますが、恐縮ながら、もしもカラック船が来ていて、その時に市場価格で売却していたならば、きっと実現されるはずでした。しかし、カラック船の来航はいまだ待たれているので、カラッ

1189　Amanya Crobe
1190　Osacca
1191　Worringouw

ク船がすでに長崎[1192]に到着しているかのように、彼はそれを仕方なく〔安い価格で〕差し出さない限り、彼は商品を売却できません。私はどんな理屈をもってしてでもそのことで彼を納得させられませんでした。しかし、カラック船が来ても来なくても、彼がそれを江戸でなんとか売却してみることができるように、彼が彼のすべての反物を彼の地へ持って行くことに合意しました。それは、その分やさらにほかの山から発生する現金を江戸に参府する予定である使節〔ファン・デル・ストリンゲ〕に渡すためです。

借りた銭貨および漆職人に支払いが済んだ後で残る現金すべてを、貴殿の命令に従って、精錬銀に交換します。

そして、私がまだ何反かの紺黒色あるいは深紅紫色の大羅紗を持っていて、それらを彼〔ヨーステン〕が要求する場合において、当地でそれらの売却が難しい、あるいはすぐにできないならば、2ないし3反を彼に提供しても良いと貴殿が書いていることについて、当地では現在大羅紗への引き合いがないので、下記の大羅紗およびスタメットを彼に渡しました。つまり、

277番　茜色の大羅紗、半分の長さのもの2反、1間当たり110匁
320番　深紅紫色の大羅紗1½反、前述の価格で
299番　同品半分の長さのもの1反、同価格で
すみれ色のスタメット1反、1間当たり90匁
そして同品紫色のもの1反、前述の価格で

そして、それは下記の通りの条件の下です。

もしも、彼が使節の出発前にそれを売却すれば、彼が使節に支払いをすることとします。逆に、もしも売却できなければ、あるいは彼がそれらを気に入らなければ、彼はそれらを彼の経費で使節と一緒に再び京都に運ばせなければなりません。

麻糸を注文しないようにすること、あるいは、麻をこれ以上購入しないようにすることについて、貴殿の命令に従います。

さらに、以前に貴殿に送付した綿糸は品質が悪く、値段が高いということ、とはいえ、シャムで需要があるので、それをどうするのかについて貴殿がさ

1192　Nangasacquij

らに精査し、それについて貴殿が私にさらに詳しく命令するということは、十分に了解しました。

　貴殿がそちらでより安価でかつ満足のいくものを入手できるので、日本のバルク船の購入を取り止めることは、とてもよろしいです。

　また、貴殿がほかの場所で購入させるつもりであるので、鉄の購入を取り止めることについて、それに従うつもりです。

　皇帝〔家康〕の死は疑うべきでないということに私は同意見です。なぜなら、陛下から扶持米を得ていたすべての従者および兵士たちは全員、現在、王〔秀忠〕から収入を享受しており、江戸に滞在しているからです。

　重役殿たちが〔貿易拠点として〕持っている地域の至るところに、イギリス人も進んで足を踏み入れようとしているのは悲しいことです。特にモルッカ諸島にです。とはいえ、モルッカ諸島へのさらなる渡航がイギリスの国王陛下によって禁止されることを私は望んでいます。というのは、私がコックス氏[1193]から聞いたところによると、イギリス〔東インド会社〕の重役たちはなんとしてでもモルッカ諸島で貿易をしたいようです。それは実際にそうであれば、小さからぬ混乱を引き起こすでしょう。

　ドン・フアン・デ・シルバ[1194]の艦隊の戦力に加わろうとしていた4隻のポルトガルのガリオン船を何隻かのオランダ船がマラッカの前で焼き討ちしたということを以前に聞き知りました。しかし、貴殿の書状から分かったことによると、それは3隻だけだったようであり、4隻目〔の焼き討ち〕はアチンの国王によるものでした。アチン人がポルトガル人にのみ被害を与えようとしているのは本当に望ましいことです。現在アジアに集結しているオランダの戦力がドン・フアンの艦隊に対して何かを成し遂げることができるよう万能神に祈ります。それを主が祝福してくれますように。

　マウリシウス島でのスヒップ船バンダ号[1195]およびプロフィンシエン号[1196]の悲惨な難破並びに総督ピーテル・ボット[1197]閣下、2人の船長および数多くの

1193　Cocx
1194　Don Joan de Silva
1195　Banda
1196　Provintie
1197　Pieter Both

水夫の溺死は、私にとって非常に悲しい知らせでした。これは、実際に、貴殿の言う通りに、アジアでの交易を全体的に阻害するでしょう。後者において、この大きな損害が再び緩和される何かが起こることを主である神が与えてくれますように。

総督ヘリット・レインスト[1198]閣下の死も私にとって悲しい知らせでした。そして、誰もまだ彼の代わりに選ばれていないとのこと。再び勇敢な統率者を得られるよう、万能の主が我々にその祝福を与えてくれますように。

スヒップ船ズワルテ・レーウ号によって運ばれたものは実際あまり大したものではありません。そして、それが貴殿を悩ませているということは、それにかかる贈物などの極端に大きな経費のために、当然です。また、今になってカラック船が今年来航しないことが予想され、それによりすべてが良い値段で売却できるはずですのに。とはいえ、辛抱し続け、改善を待つ以外仕方がありません。

イギリス人によって舶載されてきたものについては、貴殿の書状からよく分かりました。しかし、そのうちコックスによって上に運ばれたものについて、そのうち何かが売却されたということは、これまでのところ聞き知ることができません。

貴殿の命令に従って、大羅紗の売却においてイギリス人に先んじることを試みるために私は勤勉さを惜しまないつもりです。たとえ、それが、以前には売却できた値段よりも少し低いとしても。

トリノコのように通常の紙の4枚分の厚さで、長さ1½尋および幅¼尋の紙50枚について、シャムの複数の有力者が注文しているので、私が当地でそれを注文するように貴殿が命令している件について、それらは当地で作ることができません。一方、貴殿が私に送付した見本のような鎖帷子10着については、鎖や鉄製の小さな板を美しく漆塗りしなければなりませんが、それ〔を作らせること〕はマテイス[1199]氏が上に到着するまで差し控えるつもりです。

1198　Gerrit Reijnst
1199　Matthijs

各52½斤分のポイル糸2俵および黒色の繻子40反はサブロウビョウエ殿を通じて私に無事に渡されました。
　次に以下の商品を売却しました。つまり、
前述の黒色の繻子40反、1反当たり54匁で
色物の繻子、1反当たり60匁で
同上柄物、1反当たり54匁8分で
紗綾、1反当たり34匁で
24番の緞子、1反当たり24匁で、そして、20番の緞子、1反当たり38匁で。というのも、これらはほとんどすべて小さな斑点やシミだらけでした。
　次に、以下の品物は次の通りの値段です。

生糸、1ピコル当たり	3280ないし3286匁
貴殿が私に上へ送付したポイル糸、1ピコル当たり	3904匁
黒色の無地の天鵞絨、1反当たり	100匁
同上色物、1反当たり	75匁
8番の黒色の繻子、1反当たり	75匁
同上7番のもの	54匁
同上14番のもの	45匁
黒色の大海黄	16匁
丁子、1ピコル当たり	300匁
ナツメグ、1ピコル当たり	75匁
大粒の胡椒、1ピコル当たり	80匁
同上小粒のもの、1ピコル当たり	70匁
象牙、1ピコル当たり	700匁
沈香、1ピコル当たり	225匁
明礬、1ピコル当たり	25匁
水銀、1ピコル当たり	1550匁
蘇木、1ピコル当たり	27匁
1束40枚の鹿皮、100枚当たり	350匁
1束50枚の同品、100枚当たり	210匁
ばら積み鮫皮、100枚当たり	95匁

以上、末筆ながら、尊敬すべき、慎重で、とても思慮深い貴殿、神の保護の中に貴殿を委ね、至福を迎える時まで永続的な健康の中で貴殿および貴殿の仲間を守ってくれますように。アーメン。

　京都にて、本日1616年9月30日。

敬具
エルベルト・ワウテルセン[1200]

1200　Elbert Woutersz

110 | エルベルト・ワウテルセンより〔ジャック・スペックス宛〕書状、京都、〔日付不詳〕

　本状は、次の理由により雇った飛脚で送付しています。本月28日に皇帝陛下〔秀忠〕の命令により京都[1201]および大坂[1202]で禁令が公布されました。つまり、オランダ人、イギリス人、ポルトガル人あるいはスペイン人といった外国人は、上述の場所でその商品を販売してはなりません。ただし、通常自国の船で来航する平戸[1203]あるいは長崎[1204]においてのみ〔許されます〕。それを受けて、私は翌日に、板倉殿[1205]が江戸[1206]に旅立ったため、彼の家臣サブロウサエモン殿[1207]のところへ行きました。それは皇帝の前述の禁令がどのような理由によって布告されたのかについての正確な情報を知るためでした。その結果、我が〔オランダ〕国民も、イギリス人、ポルトガル人あるいはスペイン人も長崎あるいは平戸以外で日本において売買を行ってはならないということを言っている以外には、彼からはほかに何も把握できませんでした。したがって、直ちに下に赴かなければならないという厳しい命令を皇帝〔秀忠〕が出させたということになった場合に、彼がそれを免除してくれるように彼〔サブロウサエモン殿〕に請願しました。というのは、数日前に平戸に来航したオランダ船の船長が皇帝陛下に拝謁を行うために上に来ることになっていて、その前述の船長が拝謁を終えた後で、私が彼と一緒に下へ赴けるようにするためです。しかし、心配する必要はないと私は思います。というのは、イギリス人もオランダ人も来航している理由は交易をするためであること以外にはほかになく、交易を装って日本人をキリスト教徒に改宗しようとするポルトガル人あるいはスペイン人とは違うということをコックス[1208]氏がアダムス氏[1209]を介して皇帝に提示しています。

1201　Meaco
1202　Osacca
1203　Firando
1204　Nangasacqui
1205　IJtakuradonne
1206　Edon
1207　Sabbrosemondonne
1208　Cocx
1209　Adams

これについてコックス氏によって何が行われるかについて、それを把握するには時間を待たなければなりません。というのは、同コックスが近日中に来ることを当地京都にいるイギリス人ウィカム[1210]氏が待ち受けています。

敬具

エルベルト・ワウテルセン[1211]

1210　Wickum
1211　Elbert Woutersz

111｜エルベルト・ワウテルセンより〔ジャック・スペックス宛〕書状、大坂、1616年10月3日付

　そして、私が大坂[1212]へ旅立とうとした時に、去る8月28日付の貴殿の書状、つまり貴殿がヤン・ヨーステン[1213]の使用人マゴスケ[1214]を通じて送付した原本の写しを、去る9月4日付の貴殿の書状とともに無事に受け取り、以下はそれに対する回答としてのものです。

　去る9月7日に極端に激しい強風が下に向けて吹いたことを当地大坂で聞き知ったので、貴殿が蘇木を積んで当地に送った2隻のバルク船には何らかの事故が起こったかもしれないと大変心配しました。というのも、宮島[1215]の我々の宿主サブロウビョウエ殿[1216]は前述の強風のために大きな損害を被ったからです。なぜなら、さらなる危険を避けるために、120束の蘇木のうち40束もが船から〔海へ〕投げ出されたからです。

　本日は当地に平戸[1217]からのバルク船1隻が到着し、その船長はヤキチ[1218]です。その船を通じて貴殿の書状に従って1024本の蘇木を無事に受け取りました。そして、同船長は前述の理由により私が心配していた2隻のバルク船と出会っていました。私は今か今かとそれらを待ち受けています。それらが前述の強風のために損害を被っていなかったことを万能の神に感謝します。

　ハウトマン[1219]氏により蘇木を積んで派遣された中国のジャンク船が薩摩[1220]に来航したことは、以前に確かに聞き知りました。同蘇木が平戸に運ばれるまでにそれに大きな経費がかかるので、平戸に来航していたら良かったのにと願われます。

　我々あるいはイギリス人によって大量の蘇木が上に送付されない限りにおいて、当地、上よりも下においての方がより適切にそしてより早く、より大

1212　Ozacca
1213　Jan Joosten
1214　Mangusque
1215　Meagima
1216　Sabbrobioijedonne
1217　Firando
1218　Jakitsi
1219　Houtman
1220　Satsuma

きな量を売却できるという貴殿の意見に私は賛成です。なぜなら、下にいる5〜6人の商人たちが、我々によって蘇木が上に送付されないことを確信すれば、多数ではなく一つの手の中に入ることになるので、きっと十分な量を購入するだろうからです。

　イギリス人のために何人かの中国人によって上に運ばれた蘇木については、イギリス人ウィカム[1221]氏はこれまでのところ、そのうち100本当たり27匁で1000斤以上は売却していません。それは彼の通詞から聞いたことです。そして、〔彼は〕その後にそのうちのかなりの量を3ないし4日前に京都[1222]に送りました。マテイス・テン・ブルッケ[1223]氏が、中国のジャンク船で届いた蘇木を受け取ると共に、さらに船長とすべてを清算するために薩摩に向けて出発したので、皇帝陛下〔秀忠〕に対して行うべき謁見をマルティン・ファン・デル・ストリンゲ[1224]氏が1人で行わなければならないということについて、ギヘエモン殿[1225]およびヤン・ヨーステンの援助により十分に実現できると確信しています。

　そして、私が貴殿の書状を受け取り次第、貴殿が送付した、あるいはさらに送付する蘇木を大坂または堺[1226]で売り込むために私がすぐに大坂へ移動するように貴殿が命令しているので、それには勤勉さを欠かさないつもりです。また、前述の場所でファン・デル・ストリンゲ氏およびその同行者の到来を待ち受け、次の行き先を指示するために私がそこで待機するようにと〔貴殿は命令しています〕。伝馬つまり無料の馬〔の使用〕が現在まったく無理であると貴殿は考えているので、経費を削減するために、京都に寄らずに伏見[1227]から馬で旅を始めることが賢明であるとのお考えです。したがって、同ファン・デル・ストリンゲが京都に寄らず、伏見から馬上で旅を始めることが最善でしょう。なぜなら、イギリス人は、無料の馬を一度も要求することなくそのようにしたからです。というのも、それを得られないだろうとよく分かっ

1221　Wickum
1222　Meaco
1223　Matthijs ten Broucke
1224　Martin van der Stringhe
1225　Giegeijmondonne
1226　Saccaij
1227　Fussemi

ていたからです。

　注文されたテーブルクロスとナプキンは当地大坂に持参しました。

　貴殿が以前に作らせるように私に指示していた鎖帷子10着について、そのうちの4着は、1着当たり120匁で注文しました。貴殿が作らせるように私に指示していた武器、そして馬用の蒔絵の鞍はすべて用意します。

　〔私が〕貴殿に以前に送付した綿糸について、貴殿が指示していることは十分承知しました。つまり、その品質が悪すぎて、適切な利益を上げるには高く付くし、当地よりも〔コロマンデル〕海岸からの方がより適切に祖国に供給することができるとのこと。彼の地から以前にすでに満足のいく複数の山が送付されていますし、シャムで需要があるものは、ハウトマン氏が送付した覚書の通り大部分が赤色であり、そして、貴殿のお考えではもっと良質なものでもあります。とはいえ、彼がそれについて報告している値段に鑑みて、〔私が送付した綿糸について〕損にはならないだろうと貴殿がそれでも考えているので、貴殿が私から受け取ったものを彼の地への見本として用いるつもりであるとのこと。そして、私が当地で最高品質の綿糸15斤分を美しい赤色に染めさせるようにとのこと。つまり、それについて何をすべきかを貴殿が来年知ることができるように、10斤分を蘇木で、そして5斤分を花で、両方について発色を良くし、十分に丁寧に作業してもらうようにとのこと。そして、ブラウエル[1228]氏によって当地から運ばれた見本がバンタムおよび祖国でどのような評価を受けるのかもそのうち分かるでしょう。

　そして、バンタムおよびシャムからかなりの量が注文されているので、硫黄が堺で現在いくらの値段なのかを貴殿に報告すること、そして通常、等級順に3種類があり、通常、最低等級は1ピコル当たり16ないし20匁、中等級は30ないし45匁、とても細かく純化され、少量ずつでしか入手できない最高等級は50ないし60匁の値段であることを私が考慮に入れ、もしも私が最低等級のものについて50ないし60ピコル分を16〜20ないし22匁までの値段で入手できるならば、シャムで使うために、それを注文された武器と共に私が下へ送ることを貴殿は私に指示しています。しかし、私に言われたと

1228　Brouwer

ころでは、5ないし6種類の等級が存在するようです。とはいえ、私は貴殿に3つの最低等級のものからそれぞれ1斤ずつを見本として送ります。そのうち、最高等級のものは1ピコル当たり60匁で、中等級のものは30匁で、最低等級のものは1ピコル当たり18匁の値段です。そして、最低等級のものについて、貴殿の指示に従って、50ないし60ピコルを最初の機会で送ります。

硝石の値段および当地で入手できそうな量について、私が聞き知ったところでは、たとえ貴殿が一気に40,000斤分をもらいたいとしても、十分に入手できます。それは下級品と最高級品の2等級から成り、下級品は1ピコル当たり80匁で、最高級品は110匁の値段です。それについてそれぞれ1斤ずつを見本として送付します。

去年貴殿に送付された火縄銃についてスケサエモン殿[1229]による取り扱いがこんなにも悪かったことに私は驚いています。それについて私は彼に部分的に話しました。しかし、堺に来たところ、同スケサエモン殿が、病気で死にかけていた彼の妻のために町から1マイル離れたところで医者を呼び寄せるべく出発しようとしていたので、それをそのままにしておきました。しかしながら、貴殿がヤン・ヨーステンの使用人を通じて彼宛に送った書状を私が受け取り次第、貴殿の命令に従って、それがどうなっているのかを躊躇せずに率直にはっきり彼に言うつもりです。

遅くとも来たる10月までに、前述の武器および硝石のほかに精錬銀30,000ないし40,000ドゥカートを貴殿に供給することに私があらゆる努力を行うべきであるということについて、それは現在不可能でしょう。なぜなら、貴殿が派遣したすべてのバルク船のうち、これまで1隻しか大坂に到着していないからです。それは悪天候と風が原因であると思っています。しかし、貴殿が現金を入手するために送付した品物が上に到着次第、それらを売却するために全力を向けるつもりです。それは、できる限り前述の要求額を貴殿に供給できるようにするためです。

貴殿が平戸でシンエモン殿[1230]の息子に何らかの商品を売却することが予想

1229　Schesemondonne

されているので、追っての指示〔がくる〕までは同シンエモン殿からの借金の残額についてさらなる返済をしないようにと貴殿が指示していることについて、その通りに従うつもりです。

アマノヤ・クロベエ[1231]の件で行われたことについては、貴殿には同封の書状から完全にお分かりいただけるでしょう。そして、それ以降、そこから実質の伴わないきれいな約束以外にはほかにまだ何も受け取っていません。したがって、その終結にはかなり長くかかると私は思います。

また、注文した漆器および板材から何が得られるかについては、貴殿は同封の書状から確認してください。それには辛抱しなければなりません。

イギリス人ウィカム氏は当地大坂で京都のある商人に対して深紅色の大羅紗の半分の長さのもの7反を1間当たり140匁で売却しました。それは本当に低い値段です。

以上、末筆ながら、尊敬すべき、慎重で、とても思慮深い貴殿、最高神の保護の中に貴殿を委ね、至福を迎える時まで永続的な健康の中で貴殿および貴殿の仲間を守ってくれますように。アーメン。

大坂にて、本日1616年10月3日。

敬具
エルベルト・ワウテルセン[1232]

1230　Sinjemondonne
1231　Amania Crobe
1232　Elbert Woutersz

112 | メルヒヨル・ファン・サントフォールトより〔ジャック・スペックス宛〕書状、長崎、1616年10月13日付

尊敬すべき、とても思慮深い殿

　今月11日付の貴殿の快い〔書状〕は、小包および赤い革2枚と共に貴殿の使用人サンソウ[1233]によって同月12日に無事に私に渡されました。それについて貴殿に感謝すると共に、シャムから当地日本まで〔の渡航の〕苦労をしたコルネーリス・トーマセン[1234]にも感謝しています。彼に心からの挨拶と歓迎を伝えてください。マテイス・テン・ブルッケ[1235]氏、貴殿の同胞およびすべての旧知の人々、オランダ船の商務員および船長によろしく伝えてください。主が彼らに渡航の無事および敵に対する勝利を与えてくれますように。

　以上、最も万能神に貴殿を委ね、我々の魂の至福に向けて良好な健康の中で貴殿と我々を守ってくれますように。アーメン。

　長崎[1236]にて。本日1616年10月13日。

敬具
メルヒヨル・ファン・サントフォールト[1237]

1233　Sanso
1234　Cornelijs Thomassz
1235　Matthijs ten Broecke
1236　Nangasacqui
1237　Melchior van Santvoort

113 | マルティン・ファン・デル・ストリンゲより〔ジャック・スペックス宛〕書状、大坂、1616年10月13日付

好意的で、思慮深い良き友ジャック・スペックス[1238]殿

　さて、貴殿宛の最新の書状は3日前のものでした。本状は取り急ぎ、我々が昨日当地大坂[1239]に到着したことを貴殿に知らせるためだけのものです。そして、エルベルト・ワウテルセン[1240]氏の助言に従って、神の助けで明日江戸[1241]への我々の旅を続行することを決議しました。

　エルベルト・ワウテルセン氏が以前に貴殿に書いた書状で、すべての外国人との商売あるいは契約を厳重に禁止する皇帝〔秀忠〕の禁令について詳細に記したので、本状でそれについて詳細な説明をすることは不要です。前述のエルベルト・ワウテルセン氏の書状を参照してください。私の意見では、外国人の売買取引の禁止における皇帝のその決意は続かないか、たとえ続いたとしても、我が国に関しては実行されないでしょう。それについて時が我々に最も良く教えてくれるでしょう。

　末筆ながら、主がその守護の中で貴殿を守ってくれるように祈ります。そして、貴殿およびほかのすべての良き友に心から深くご挨拶します。

　大坂にて、本日1616年10月13日に執筆。

敬具
マルティン・ファン・デル・ストリンゲ[1242]

1238　Jacques Specx
1239　Osacca
1240　Elbert Woutersz
1241　Edo
1242　Martin van der Stringhe

114 ｜ エルベルト・ワウテルセンより〔ジャック・スペックス宛〕書状、大坂、1616年10月11日付

尊敬すべき、慎重で、とても思慮深い殿

　今月7日に蘇木を積んだ2隻のバルク船が当地に無事に到着しました。つまり、室津[1243]からの1隻は900本を、平戸[1244]からのもう1隻は200束を積んでいました。それらを無事に受領しました。

　私は前述のバルク船の2人の船長に15匁を渡しました。なぜなら、ヤン・ヨーステン[1245]の使用人であるマゴスケ[1246]の話によると、彼らが姫島[1247]という島に停泊していた時に彼らの方でそれを立て替えたからです。というのも、そこで近づいていた台風の危険を防ぐために約40束の蘇木を彼の地で陸に運ばせたからです。

　今までのところ、私は前述の蘇木のうち、まったく何も売却していません。一つには、それには需要がほとんどないからであり、また一つには、日本人が面倒に巻き込まれることを恐れているからです。というのも、以前にオランダ人もイギリス人も自分たちの商品を当地、上で売却してはならないということを皇帝陛下〔秀忠〕が公布させたからです。というのは、本日商人が来て、私は全部まとめて1ピコル当たり26匁8分で手放そうとしましたが、彼らは我々の間にある値段の齟齬よりも皇帝の禁令の方を問題視していたので、我々の宿主ヨヒョウエ殿[1248]は自分の名前でそれを渡しても良いと言いました。というのは、もしも何らかの面倒が生じたら、まだ下にいる彼の息子がそれを購入し、当地に送ったのだと彼は言うつもりでした。それについて検討すると彼らは答えました。以前に貴殿に書いた通り、イギリス人もそれ以上何も売却していません。

　貴殿がマゴスケを通じてスケサエモン殿[1249]に送付していた書状を彼に渡し、彼が去年貴殿に送付した火縄銃の取り扱いが非常に悪かったこと、そしてそのために被った損害を彼が賠償すべきであると彼に十分強く言いました。な

1243　Mouro
1244　Firando
1245　Jan Joosten
1246　Mangooske
1247　Ghiemissema
1248　Juffijoijedonne
1249　Schesemondonne

ぜなら、それらは彼の指示に基づいて、荷解きせずにそのまま転送されたからです。それについて、それらを確認してもいないし、それらがすべて頑丈な火縄銃であるという鉄砲職人の言葉をただ信じただけだったと彼は答えました。それについて、私は鉄砲職人を我々のところに来させて、去年の火縄銃の取り扱いがこんなにもずさんだったのはどのような理由であったのかと彼に尋ねました。というのは、あるものは撃鉄がなく、ほかのものは装飾などがなく、その上ほとんどすべて壊れている古い火縄銃でした。それに対して、彼は私が言っているような火縄銃を供給していないので、それらが箱ではなく、藁だけで梱包されていたため、それらが船で下に運ばれる時に損傷したに違いないとの答えしか彼は出すことができませんでした。それゆえ、さらに多くの議論をした後で、そのままにしました。なぜなら、そのために損害を被った分は、どんなに善き言葉をもってしてでも、彼によってもスケサエモン殿によっても賠償されるはずがないからです。そして、それについて彼らに訴訟をすることは努力に値しません。

　ヤン・ヨーステンがコーチシナに送ったいくらかの銀で彼の地から入手したとされている9俵の生糸のことについては、私には分かりません。というのは、彼はそれらを長崎で何人かのスペイン人から購入したと私に嘘を付きました。同生糸はまだ売却されておらず、彼が去年利子付で借りたいくらかの借金の担保となっています。

　200束の蘇木を上に運んで来たバルク船で、3間の長さの杉板100枚および2間の長さの同品250枚を本状と一緒に貴殿に送付します。同バルク船の船長に対して、バルク船の船員用に米を購入するために16匁を渡しました。

　以上、末筆ながら、尊敬すべき、慎重で、とても思慮深い貴殿、神の保護の中に貴殿を委ね、至福を迎える時まで永続的な健康の中で貴殿および貴殿の仲間を守ってくれますように。アーメン。

　大坂[1250]にて、本日1616年10月11日。

敬具
エルベルト・ワウテルセン[1251]

1250　Osacca　　　1251　Elbert Woutersz

115 | エルベルト・ワウテルセンより〔ジャック・スペックス宛〕書状、大坂、1616年10月12日付

尊敬すべき、慎重で、とても思慮深い殿

　貴殿がマルティン・ファン・デル・ストリンゲ氏[1252]を通じて送付していた去る9月18日付の貴殿の書状を貴殿が江戸[1253]へ送っている2通の速達と一緒に本日無事に受け取りました。〔その速達は〕シャムへ渡航するジャンク船のための朱印状をヤン・ヨーステン[1254]から請願してもらい、ジャンク船がそれを待たないようにするために彼によって大至急、下に届けてもらえるようにするためです。以下はそれ〔貴殿の書状〕に対する回答としてのものです。

　貴殿が漆器の件で命じていることは非常によく分かりました。それについては貴殿の指示通りにそのように従うつもりです。

　私は以前すでに我々の宿主の息子および義理の兄弟に対して、でこぼこになったものではなく、最も高品質の灰吹銀を購入するようにという指示を与えていました。したがって、オランダ人あるいはイギリス人は当地、上で何らかの商品を販売してはいけないというこの障害が起こらなかったら、私は10月の終わりに3000ないし4000匁、訂正、タエルもの精錬銀を貴殿に供給できたはずでした。このことについては少なからず心配しています。というのは、蘇木の売却をどうすればいいのか分かりません。というのも、商人は値段ではなく、ただ単に前述の禁令を問題視しているからです。というのは、私に1ピコル当たり65½匁が提示されました。しかも、それは現在私のところにある分すべてに対してです。とはいえ、前回の書状でお分かりいただける通り、私はそれを彼らに1ピコル当たり65匁8分で手放そうとしていました。

　貴殿がギヘエモン殿[1255]に売却したものについては、貴殿の書状からよく分かりました。ショウブはこの状況でうまく売れました。なぜなら、当地、上

1252　Martin van der Strenghe
1253　Edon
1254　Jan Joosten
1255　Gingemondonne

に送っていたら、前述した理由によりすぐには買い手が見つからなかっただろうと私も思うからです。また、7番および14番の黒色の繻子は種々取り混ぜて当地、上ではそれ以上の値段にならないでしょう。生糸およびポイル糸が以前に当地、上でいくらの値段であったのかについては私の書状から十分お分かりになったでしょう。しかし、再び少し下がり、1ピコル当たり50ないし60匁です。とはいえ、私がまだ持っているポイル糸、絹の撚糸、および下級品の生糸などのものは、できる限り多くの現金をかき集めるために、市場価格で売却するように〔宿主に〕指示しました。それが精錬銀に両替され次第すぐに私はそれを貴殿宛に下に送ります。というのも、蘇木から得られる現金は当てにならず、そのうちの何かをジャンク船で送り出すことができる見込みはないからです。というのは、我々が当地、上で自由な売買を執り行えるように、上野介殿[1256]〔本多正純〕を通じて皇帝陛下〔秀忠〕からの書状を我が国のためにヤン・ヨーステンに得てもらうように9日前に江戸へ速達を送りました。これがどうなるのかは時が教えてくれるでしょう。

　貴殿が前述のギヘエモン殿に売却した紺黒色の大羅紗ならびにほかのものは、当地、上で付き得るであろう値段よりも高い値段に達しています。なぜなら、黒色、緑色、黄色、あるいは色褪せた赤色はまったく需要がないからです。

　貴殿がそちらで鹿皮の買い手を得ていたらよかったのですが。なぜなら、当地、上に届いたら、蔵の中に保管しなければならないからです。そして、もしも当地、上で自由な売買を行う許可がヤン・ヨーステンあるいはマルティン・ファン・デル・ストリンゲ氏によって得られなかったら、すでに上に届いた、そしてまだこれから届く蘇木と共に再び下へ運ばなければなりません。

　これまでのところ、ヤン・ヨーステンから現金をまったく得られていませんが、ファン・デル・ストリンゲ氏が彼の地〔江戸〕に到着する時に十分な資金が彼〔ヤン・ヨーステン〕の手許にあると確信しています。

　そして、貴殿が私に作らせるように指示したトリノコの紙について、それ

1256　Cosequidonne

をその長さで制作することができないと私は貴殿に以前に書きました。そのため、その紙を 10 ないし 12 枚分までできるだけ長く作らせるようにと貴殿が今再び指示していることについて、そのように従うつもりです。

　下級品の呉絽服綸について貴殿に 4½ タエルが提示されたことは、良い値段です。なぜなら、当地では私に 1 反当たり 4 タエル以上は提示されなかったからです。とはいえ、それが 4½ タエルになったら手放すつもりです。

　貴殿が下に送るように私に指示している大羅紗は、まず下級品の大羅紗のうちいくらかを売却できないのかどうかを確認した上で、すぐに送るつもりです。

　マルティン・ファン・デル・ストリンゲ氏は今のところ当地に到着していません。そして、貴殿が派遣した飛脚から聞いたところ、彼が上に来るまであと 5 日はかかるでしょう。というのも、彼らは下から大部分漕ぎながら当地に来たからです。そして、バルク船が出発しようとしていますので、これをもって、尊敬すべき、慎重で、とても思慮深い貴殿、最高神の手の中に貴殿を委ね、至福を迎える時まで永続的な健康の中で貴殿および貴殿の仲間を守ってくれますように。アーメン。

　大坂[2157]にて、本日 1616 年 10 月 12 日。

敬具
エルベルト・ワウテルセン[1258]

1257　Ozacca
1258　Elbert Woutersz

116｜マテイス・テン・ブルッケより〔ジャック・スペックス宛〕書状、鹿児島、1616年10月24日付

神を讃えよ。本日 1616 年 10 月 24 日。鹿児島にて。

尊敬すべき、思慮深く、とても慎重な殿

　我々がそちらから出発した後に当月 20 日に当地に無事に到着しました。ここでは、チンヒン[1259]が運んできて、長崎[1260]に向けて運ばれるべく以前に我々に配分されていた蘇木に関するすべてのことが非常に混乱状態であると分かりました。つまり、各人が自分の蘇木を積み込んで長崎に運んでも良いということが、当地から私が出発した後に悪徳奉行によって中国人たちに許可されました。それは私に渡された判決に反していました。それは、貴殿が以前に宿主の書状から少しはお分かりになっていたはずです。というのも、〔彼が〕特別に人を派遣したからです。私の当地への到着に先立つ 4 ないし 5 日前に、蘇木を積んだ 2 隻のバルク船が内之浦[1261]から長崎に向けて出発しました。推測では約 900 ピコルが積載されていました。間違っているかもしれませんが、可能であれば、長崎でそれを捜索させ、奪い取らせることが得策だと思います。会社が自分のものを手に入れることができるのは困難であると私は恐れています。たった今当地で奉行に面会しました。このことはこれまでできませんでした。なぜなら、〔彼は〕2 ないし 3 日の間、唐津[1262]の領主の随行に従事していたからです。彼らはこの件を終結させるとの良き約束を私にしてくれます。しかし、内之浦[1263]の奉行が当地に来るよう呼び出されていたので、それはまだ待たなければなりません。当地には現在、彼らのところに行った後に、蘇木を積んだ 2 ないし 3 隻のバルク船が到着しました。しかしながら、それに対して何もできません。それゆえに、彼らの判決が下されるのが遅すぎるだろうと私は恐れています。本日は内之浦からの書状も受け

1259　Chinningh
1260　Nangasacqui
1261　Ietsinoura
1262　Carats
1263　Outsinoura

取りました。現在、船長が自分のものであると言っている分、つまり約800と900ピコルとの間のもの以外の蘇木はもうありません。会社はそれで満足しなければならないだろうとの恐れがあります。それは、本当に大きな損害になるでしょう。神よ、改善してくれますように。明日、奉行たちが当地に来ることになっています。その時にすべてがどのような結末になるのかが分かるでしょう。良い結末に至ることを神が与えてくれますように。それは私の意見では不可能です。なぜなら、積荷はすでにあちらこちらに運ばれているからです。会社の分としてまだ残っている僅かなものを積み込むために、出発許可を得た後、最初の機会で当地から出発するつもりです。

　奉行が唐津の随行にも従事していたので、硫黄と硝石の購入についてはまだ実行していません。内之浦へ向けての私の出発後にそれをキサエモン殿[1264]に任せるつもりです。それは、可能であれば、私が戻ってくるまでに、貴殿の指示に従って、すべてを準備しておくためです。樟脳については、当地で私は一山の売り込みを受けましたが、彼らは1ピコル当たり16タエルに固執していたので、購入しませんでした。貴殿によって注文された一山についても全部は準備されないでしょう。なぜなら、絶え間ない雨と強風によって彼のすべての壺と家屋が倒壊したと〔彼は〕文句を言っているからです。当地であと約10ピコル分の用意があり、それをそちらの方へ運ぶ予定です。

　以上、貴殿およびすべての友人たちを万能神の慈悲深い保護の中に委ねます。取り急ぎ。上記の通り。

敬具
マテイス・テン・ブルッケ[1265]

1264　Kijseijmondonno
1265　Matthijs ten Broecke

117 | エルベルト・ワウテルセンより〔ジャック・スペックス宛〕書状、京都、1616年10月19日付

尊敬すべき、慎重で、とても思慮深い殿

　マルティン・ファン・デル・ストリンゲ[1266]氏が大坂[1267]まで乗って来たバルク船を通じて、今月12日に彼が彼の地に到着したこと、および同ファン・デル・ストリンゲが今月14日にできるだけ早急に江戸[1268]への旅を続けるために伏見[1269]へ出発する予定であるということのみを手短に貴殿に書き送りました。それはその通りに実行されました。というのも、同日に大津[1270]にまでも着いたからです。また、前述のバルク船で貴殿が送付した80束の蘇木を無事受け取ったこと、そして以前に上に届いた4000斤分の蘇木を1ピコル当たり27匁で売却したことを貴殿に知らせました。

　さらに、私はその後京都[1271]で撚糸を1斤当たり25匁で売却しました。しかし、120斤のうち1$\frac{1}{4}$斤分が不足していました。そして、各52$\frac{1}{2}$斤の下級品の生糸つまりランカン[1272]2俵を1俵当たり840匁で売却しました。

　私がまだ持っているポイル糸は1ピコル当たり約200匁分値下がりしたので、それはまだ売れずに残っています。1ないし2日以内に再び値上がりすることを期待しています。そして、そうでなければ、精錬銀の形でより多くの現金が得られるように、それでも売却するつもりです。私は、蘇木の売却において何が成し遂げられるのかを確認するために、明日再び大坂へ出発します。なぜなら、これまでそのうち前述の4000斤分以上はまだ売却していないからです。

　本状はソウハ殿[1273]の使用人を通じて送ります。同ソウハは、彼から知り得たところによると、貴殿がまだ持っているはずのばら積み貨物の鮫皮一山を

1266　Martin van der Stringe
1267　Ozacca
1268　Edon
1269　Fussemi
1270　Woots
1271　Meaco
1272　lanckan　中国産の下級の生糸
1273　Sophadonne

貴殿から購入するために彼の使用人を特別に下に派遣するようです。貴殿が下で売却したのと同じ鮫皮は現在 100 枚当たり 100 匁の値段です。

　以上、末筆ながら、尊敬すべき、慎重で、とても思慮深い貴殿、主の保護の中に貴殿を委ね、至福を迎える時まで永続的な健康の中で貴殿および貴殿の仲間を守ってくれますように。アーメン。

　京都にて、本日 1616 年 10 月 19 日。

敬具

エルベルト・ワウテルセン[1274]

1274　Elbert Woutersz

118｜エルベルト・ワウテルセンより〔ジャック・スペックス宛〕書状、大坂、1616年10月13日付

尊敬すべき、慎重で、とても思慮深い殿

　この数行は次のことを伝えるためだけのものです。つまり、マルティン・ファン・デル・ストリンゲ[1275]氏が今月12日の日没前に大坂[1276]に無事に到着し、同氏が彼の地から旅をできるだけ迅速に続けることができるように、本日伏見[1277]に向けて先へ進むはずでした。しかし、雨がちの天気ということもあり、また、今後道中で馬子たちと問題にならないように、持参している献上品をそれぞれ適切な重さに梱包させるためもあって、明日良い天気であれば、伏見に向けて出発する予定です。

　これまでのところ1ピコル当たり27匁で40ピコル分の蘇木しか売却していません。そして、それは貴殿に以前に書いた通りの諸理由のためです。

　ごきげんよう。大坂にて、本日1616年10月13日。

敬具

エルベルト・ワウテルセン[1278]

マルティン・ファン・デル・ストリンゲ氏が乗って上に来たバルク船を通じて80束の蘇木を受け取りました。

1275　Martin van der Stringhe
1276　Ozacca
1277　Fussemi
1278　Elbert Woutersz

119｜マテイス・テン・ブルッケおよびレナールト・カンプスより〔長崎にいるジャック・スペックス宛〕書状、平戸、1616年11月17日付

尊敬すべき、思慮深く、とても慎重な殿

　本日、これらの同封しているキサエモン殿[1279]の日本語の書状は薩摩[1280]から受け取りました。これらを本状と共に至急貴殿に転送します。また、各70斤の硫黄が入った小樽149個分の船荷証券も〔送ります〕。それはキサエモン殿によって薩摩において1ピコル当たり3：5タエルで購入され、同封する船荷証券の通りに長崎[1281]で受領されるはずです。そのためにサンロク殿[1282]に書状を書いています。なぜなら、それらが届く時に貴殿がすでに出発しているとの疑いがあるからです。その場合、貴殿が貴殿の出発後にそちらに残していくと思われるサンロク殿が受け取り、最初の機会で当地に送付することができます。〔我々は〕キサエモン殿および購入した樟脳ならびに塩漬け豚肉を今か今かと待ち受けています。彼は夕方に、本状の持参人は朝に出発しました。その後を追っていくはずです。すべてが貴殿の方で満足のいくように実行されたということを聞き知るよう祈っています。しかし、逆のことになるのを恐れています。それには辛抱しなければなりません。貴殿の到着を熱望して待ち受けるつもりです。

　そして、貴殿の出発以後は何も特別なことが起こっていませんので、バルク船を待たせないために、〔本状を〕終えます。そして、心からの挨拶の上で、以上、尊敬すべき、慎重で、とても思慮深い殿、貴殿を最高神の保護の中に委ねます。神が貴殿にすべての善きことを与えてくれますように。

　本日1616年11月17日、平戸[1283]にて執筆。

敬具
マテイス・テン・ブルッケ[1284]
レナールト・カンプス[1285]

1279　Kisaijmondonne
1280　Satsuma
1281　Nangasacqui
1282　Sanrockondonne
1283　Firando
1284　Matthijs ten Broecke

120｜ヤン・ヨーステン・ローデンステインより〔ジャック・スペックス宛〕書状、〔江戸〕、1616年10月10日付

尊敬すべき、とても思慮深い殿

　貴殿のご健康とご健勝を知り、私は嬉しく思いました。次に、マテイス・テン・ブルッケ[1286]と共に〔来る〕商務員がこんなに長く遅れていることに私は非常に驚いています。

　また、イギリス人は当地に1ヶ月も滞在し、彼らが彼らの朱印状を得られるのに25日もかかりました。その理由は、後にならないと分かりません。

　さらに、彼らは王に対して盛大な贈物献上を行いました。半分の長さの大羅紗6反、つまり赤色2反、黒色2反および黄色2反、ならびほかの多くの商品です。それについて貴殿はきっと今後知ることになるでしょう。

　次に戦争については起こる気配はありません。しかし、カル様[1287]は彼の一門全員と共に破滅しています。さらに、当地ではどの商品にもまったく需要がありません。蘇木は当地で値段が付きません。なぜなら、あまりにも多くの蘇木が届いているからです。貴殿はそれを信じて構いません。私が当地において利子付きで借りてでも、私はマテイス・テン・ブルッケを通じて、10,000ないし15,000匁の金額まで送付するつもりです。また、地震が2回までも当地で起こりましたので、私は必要に迫られ、商品を保管するために、私の蔵を取り壊し、改築しなければなりませんでした。さらには、ほかに貴殿に書くべきことが私には分かりません。それでは、船長コルネーリス・クラーセン[1288]およびすべてのほかの良き友たちに私からの挨拶を伝えてください。

　ごきげんよう。1616年10月10日。

敬具
ヤン・ヨーステン・ローデンステイン[1289]

1285　Lenardt Camps
1286　Matthijs ten Broecke
1287　Calssammen　上総介（松平忠輝）か
1288　Cornelis Claessen
1289　Jan Joosten Lodensteijn

121｜ウィリアム・アダムスより〔ジャック・スペックス宛〕書状、江戸、〔ユリウス暦〕1616年10月14日〔グレゴリオ暦1616年10月24日〕付

1616年江戸[1290]にて記す。旧暦[1291]10月の14日。

尊敬すべき、とても思慮深い殿

　私は貴殿にあまりにも恩義を受けていますので、貴殿に何度奉仕しても尽くすことがまったくできません。しかしながら、我々の江戸への到着の初めからあらゆることがどのように経過したのかについて貴殿がお知りになるように、誠に厚かましくもこの数行を書きました。貴殿にお知らせするのは次のことです。8月の25日に我々は江戸に到着し、その5日後に我々は献上品を持って将軍様[1292]に謁見しました。その次の2日間ですべての奉行との用事を済ませた後に、我々の要求していることを将軍様に依頼するために船長〔リチャード・コックス〕が私を城へ派遣しました。それは、彼〔秀忠〕の父である旧皇帝・大御所様[1293]が与えた特権を更新することでした。もう一つの要求は2通の御朱印、つまりシャム行き1通およびコーチシナ行き1通でした。それらについてはすべて許可されました。しかしながら、我々が帰る許可を得るまでに私はそこに24日間いました。また、我々が再び京都[1294]に向けて4日間旅をしていた時に、平戸[1295]と長崎[1296]以外には、京都、大坂[1297]および堺[1298]で外国人は売買してはならないという皇帝〔秀忠〕の書状を持った飛脚が来ました。この妙な知らせを受けて、船長は御朱印を読み上げるために坊主を呼びに行かせました。その中で、我々が売買をするのは平戸においてのみになるということが書かれていました。そのため、船長は江戸へ戻りま

1290　Edo
1291　ユリウス暦のこと
1292　Siongosamma
1293　Gossosamma
1294　Meaco
1295　Firando
1296　Nangasacque
1297　Osacca
1298　Saccaij

したが、そこでは我々にはほとんど希望がありませんでした。これは何の役にも立たず、すべてが無駄な努力でした。当国の多数の領主たちの改変および統治の仕方の変化やほかのことにおいてやるべきことがあまりにも多いので、私は皇帝どころか奉行とさえ話すことができませんでした。すべてのことについてあまりにも大きな変化があります。我々は畏まった返事をしました。もしも、今年、我々が以前得ていたような条項〔特権〕が得られないならば、我慢するしかありません。今のところ、我々は京都および堺で持っている商品を販売する許可を獲得することを試みます。我々はまだ回答を得ていませんが、今後4日以内に京都へ戻ることを望んでいます。シャムからの貴殿の使者がヤン・ヨーステン[1299]と一緒にいるのを私は見ましたが、返答は得られませんでした。奇妙なことです。これについては、ご承知の通り、何もできません。したがって、それについては、こうしたすべての問題はポルトガルの聖職者たちからくるものであること、今になって皇帝は、キリスト教化を恐れているため、外国人に当国において上の方で商売をしてほしくないのだということ以外には書きません。これは我々の大きな苦難の根元であり、聖職者などによるものにほかなりません。書状におけるこの厚かましさをお許しください。もし私にまだほかにお役に立てることがあれば、私がいつでも準備ができていることをお分かりになるでしょう。貴殿に間もなく平戸で会うことを私は望んでいます。その時まで、私ができる限りにおいて、私を貴殿の奉仕者と思ってください。

　万能神の保護の中に貴殿を常に委ね、至福および健康の中で貴殿を守ってくれますように。アーメン。

敬具

ウィリアム・アダムス[1300]

大型船の船長およびすべてのほかの良き知人によろしくお伝えください。

1299　Jan Joosten
1300　Willem Adams

122 | エルベルト・ワウテルセンより〔ジャック・スペックス宛〕書状、大坂、1616年11月2日付

尊敬すべき、慎重で、とても思慮深い殿

　この数行は、去る10月24日に我々の宿主クロベエ殿[1301]が無事に受け取った620本の蘇木を量ったところ貴殿の書状の通り正味136ピコルであったことを伝えるだけのものです。それは彼〔クロベエ殿〕の書状ですでによくご承知のことでしょう。

　これまでのところ、私は30,000斤分の蘇木しか売却しておらず、それは1ピコル当たり27匁でした。

　今月末に約2000ないし3000タイル分の精錬銀ならびに武器およびシャム向けに要求された硫黄を貴殿に供給する予定です。私は貴殿にもっと多くの現金を供給できたはずですが、漆職人にまだ約15,000匁を支払わなければならないので、それは実現不可能です。

　外国人がその商品を上で販売してはならないという皇帝陛下〔秀忠〕の禁令が当地で出されたために私が以前にヤン・ヨーステン[1302]のところへ派遣した人が、去る29日に京都に戻って来ました。彼は同ヤン・ヨーステンの書状を持参しましたので、その写しを同封します。イギリス人コックス[1303]氏は、道中で前述の禁令について知ったため、彼らに当地、上での売買を許可してもらう請願をするために、再び江戸[1304]に引き返しました。ヤン・ヨーステンが彼の書状の中でもそれについて言及している通りです。それがどうなるのか、時が教えてくれるでしょう。

　以上です。そして、ハリマ・ニエモン殿[1305]が出発しようとしているので、本状を終えます。

　以上、末筆ながら、尊敬すべき、慎重で、とても思慮深い貴殿、神の保護の中に貴殿を委ね、至福を迎える時まで永続的な健康の中で貴殿および貴殿

1301　Crobedonne
1302　Jan Joosten
1303　Cocx
1304　Edo
1305　Farima Niemondonne

の仲間を守ってくれますように。アーメン。

　大坂[1306]にて、本日 1616 年 11 月 2 日。

敬具

エルベルト・ワウテルセン[1307]

200 枚の筆記用紙を同封します。

1306　Osacca
1307　Elbert Woutersz

123｜エルベルト・ワウテルセンより〔ジャック・スペックス宛〕書状、大坂、1616年11月19日付

尊敬すべき、慎重で、とても思慮深い殿

　貴殿宛の私の最後の書状は今月14日付のものでした。その後、昨日肥前様〔松浦隆信〕[1308]の人員が江戸[1309]から当地に来ました。彼は、貴殿がヤン・ヨーステン[1310]を通じてシャム行きのジャンク船用の御朱印を請願するために以前に彼の地に派遣した2名のうちの1人です。それは、マルティン・ファン・デル・ストリンゲ[1311]氏がまず彼の地に到着し、皇帝陛下〔秀忠〕への拝謁を済ませた後でないと実現できないようです。それゆえに、前述の御朱印が当地大坂[1312]に届けられるまでに、あと10日はかかると思います。というのも、同ファン・デル・ストリンゲは、前述の人物の出発前に上野介殿〔本多正純〕[1313]および大炊殿〔土井利勝〕[1314]以外には誰にもまだ謁見をしていないからです。とはいえ、その御朱印が当地に届き次第、遅くとも6日以内に神の助けでそれが下に届くようにするつもりです。そのために小型の漕ぎ船を使います。

　さらに、アダムス[1315]氏によってもたらされ、私が2日前に受け取ったファン・デル・ストリンゲ氏の書状一通の写しを貴殿に送ります。今月17日に肥前様、訂正、広島[1316]のバルク船で、以前に貴殿の命令により購入した木材を下に送付しました。

4間の長さの杉板22枚

3間の同杉板34枚　および

2間の長さの同杉板260枚

1308　Fighensamma
1309　Edon
1310　Jan Joosten
1311　Martin van der Stringhe
1312　Osacca
1313　Cosequidonne
1314　Owijdonne
1315　Adams
1316　Firussima
1317　Simonessecqui

そのほかに、現在さらに、下関[1317]のバルク船で3間の長さの杉板60枚および下級品の硫黄30ピコル分を送ります。それは、貴殿宛に送った前回の書状で言及していた60ピコル分の残りです。

さらに、黄銅をはめ込んだ長い火縄銃5丁を送ります。残りの5丁はシャム行きジャンク船用の御朱印を下に持って行く人を通じて貴殿に送る予定です。これらの火縄銃の1丁当たりの値段は70匁です。

貴殿が以前にスケサブロウ殿[1318]を通じて上に送った鹿皮については、我々の宿主クロベエ殿[1319]が1束40枚のものも1束50枚のものも種々取り混ぜて100枚当たり220匁で売却しました。

次の漆器も一緒に送ります。その価格および梱包は次の通りです

〔Th＝丁銀タエル：匁：分〕

まずは、6個ずつが入れ子になっている洋櫃2セット、1セット当たり725匁	Th 145：－：－
襞襟用箱4個、1個当たり125匁	Th 50：－：－
最大級のテーブル1台	Th 23：－：－
四等品の書箪笥3台、1台当たり32タエル	Th 96：－：－
三等品の書箪笥2台、1台当たり26タエル	Th 52：－：－
最小の書箪笥4台、1台当たり7タエル	Th 28：－
受け皿付湯桶1個、1個当たり	Th 4：3：－
3種類の盃6個、3個当たり3タエル	Th 6：－：－
ワイングラス用盆2枚、1枚当たり10匁	Th 2：－：－
合計	Th 406：3：－

A番に入っているのは、6個ずつが入れ子になっている洋櫃1セット

B番に襞襟用箱2個

　〔A/B〕ギヘエモン殿[1320]による制作

C番に最大級のテーブル1台

D番に6個ずつが入れ子になっている洋櫃1セット

1318　Schesabbrodonne
1319　Crobedonne
1320　Ginjemondonne

E 番に四等品の書箪笥 1 台
　　　〔C/D/E〕ハンエモン殿[1321]による制作
F 番に三等品の書箪笥 1 台
G 番に同上三等品のもの 1 台
H 番に同上四等品のもの 1 台
I 番に同上四等品のもの 1 台
K 番に最小の書箪笥 4 台
L 番に襞襟用箱 2 個
M 番に受け皿付湯桶 1 個
N 番に 3 種類の盃 6 個およびワイングラス用盆 2 枚

受け皿付湯桶 1 個については、その値付けがされていませんが、彼らはそれに 120 匁を要求しています。しかし、私が思うには、もしも彼らに 100 匁が支払われるのであれば、彼らは満足すべきでしょう。

　　　〔F から N〕ハツエモン殿[1322]による制作

　以上、末筆ながら、尊敬すべき、慎重で、とても思慮深い貴殿、神の保護の中に貴殿を委ね、至福を迎える時まで永続的な健康の中で貴殿および貴殿の仲間を守ってくれますように。アーメン。

　大坂にて、本日 1616 年 11 月 19 日。

敬具
エルベルト・ワウテルセン[1323]

1321　Fansemondonne
1322　Fatsjemondonne
1323　Elbert Woutersz

124｜エルベルト・ワウテルセンより〔ジャック・スペックス宛〕書状、大坂、1616年11月14日付

尊敬すべき、慎重で、とても思慮深い殿

　ハリマ・ニエモン殿[1324]を通じて貴殿に送付した11月2日付の私の最後の書状以降に、マスヤ・ギヘエモン殿[1325]および我々の宿主の息子を通じて貴殿の書状を無事に受け取りました。以下はその返答のためのものです。

　肥前様[1326]〔松浦隆信〕が貴殿に彼の地で3000タエルを貸してくれたので、同肥前様の人員に支払うために準備しておくようにと、貴殿が私に命じた1500タエルについて、そしてさらに20日以内に500タエルを返済することについて、その命令に間違いなく従うつもりです。とはいえ、現在現金の蓄えはわずかです。しかし、もしもその人員が上に来るまでの間に商品が売却できなければ、その額を利子付で借りるつもりです。というのも、これまでのところ、全部で70,000斤分の蘇木以外には売却していないからです。

　前述のギヘエモン殿[1327]が貴殿に対して未払いのままになっている総額を肥前様の人員に彼が支払うことを承諾してくれるということを私は望んでいましたが、彼はそれが無理であると断りました。なぜなら、彼の生糸もポイル糸も今は売却できるような価格ではないからです。というのも、ポイル糸の価格は52½当たり350匁に下落し、生糸は150匁だからです。したがって、貴殿が以前に上に送付したポイル糸2俵はまだ売れていません。しかし、寒くなり始めているので、ポイル糸が再び値上がりすることは間違いありません。それは、同ギヘエモン殿も同意見です。したがって、肥前様の家臣に支払わなければならない3500タエルのうち、ギヘエモン殿には2000タエルしかないでしょうし、その場合、彼が貴殿に対してなお未払いのままになる残額650：9：1タエルは近日中に彼から受領するように手配します。

　10月にアマノヤ・クロベエ[1328]から支払われると私に約束された4600匁は

1324　Farima Niemondonne
1325　Massia Gingeimondonne
1326　Figensamma
1327　Gingeijmondonne
1328　Amania Crobe

7ないし8日前に初めて受領しました。そして、残りについては、そのためにどんなに厳しく請求しても、まだ終わりが見えません。なぜなら、我々の鹿皮を購入した人のうち、死亡者あるいは未帰還者が何人いるのかについて書面で提出するようにと4人の町奉行が同クロベエに命令したからです。それについて、それ以上進むことなく、そのままになっています。したがって、マルティン・ファン・デル・ストリンゲ[1329]氏が当地に戻って来るまで待って、彼と同行している通詞と共に何ができるのかを検討するつもりです。

イギリス人コックス[1330]氏は今月10日に江戸[1331]から京都[1332]へ来ました。彼は当地、上で売買を執り行って良いという御朱印を得ることができませんでした。したがって、マルティン・ファン・デル・ストリンゲ氏も、平戸[1333]で売買して良いという以外の朱印状を得ることができないでしょう。同コックス氏は江戸からこちらの方向に7マイルのところでファン・デル・ストリンゲ氏に出会いました。そして、彼が皇帝陛下〔秀忠〕への謁見を済ませる前にはシャム行きのジャンク船用の御朱印を得られないだろうと私は恐れています。それは、ジャンク船にとっては遅い派遣となってしまうことになるでしょう。しかし、私の考えと逆になるように神に祈ります。

貴殿が広島[1334]のバルク船で上に送った蘇木は、我々の宿主コミヤ・クロベエ殿[1335]によって無事に受け取られました。つまり、2418本です。

1束40枚の鹿皮63包みおよび1束50本入りの同皮42包みは無事に受け取りました。それらを私は我々の宿主クロベエ殿に売却してもらうつもりです。というのも、商人たちは外国人から商品を購入することを問題視しているので、私にはそれが実行できないからです。そして、今のところ、1束50枚や40枚のもの種々取り混ぜて同品100枚当たり210匁以上は提示されていません。それは本当に低い提示価格です。

貴殿が我々の宿主の息子スケサブロウ殿[1336]の勘定の残りとしてまだ受け

1329 Martin van der Stringhe
1330 Cockx
1331 Edon
1332 Meaco
1333 Firando
1334 Firussima
1335 Commia Crobedonne

取っていない 249：2：5 タエルについては、できるだけ早急に彼と清算する予定です。なぜなら、私は今月あるいは、遅くともファン・デル・ストリンゲ氏が当地に戻って来る時には、外国人に当地、上で売買させないという皇帝陛下〔秀忠〕の名前で以前に公布された禁令のために、やはり下に行かなければならないだろうからです。

　次に、以下の武器およびほかの商品を貴殿に送ります。その費用は次の通りです。

〔Th＝丁銀タエル：匁：分〕

まずは、

上質の綿糸 5 斤分、1 斤当たり 3 匁 6 分	Th 1：8：-
一、同品を花で染めるため 1 斤当たり 13 匁	Th 6：5：-（ママ）
同上綿糸 15 斤、1 斤当たり 3 匁 6 分	Th 3：6：-
一、同品を蘇木で染めるため 1 匁 3 分	Th 1：3：-
鍍金された鞍 1 具、付属品込みで	Th 8：-：-
鍍金された鎧 3 領、1 領当たり 110 匁	Th 33：-：-
黒く漆塗りされた鎧 3 領、1 領当たり 80 匁	Th 24：-：-
漆塗り鉄製鎖帷子 4 着、1 着当たり 110 匁	Th 44：-：-
長刀 10 本、1 本当たり 22½ 匁	Th 22：5：-
次頁へ繰り越し	Th 144：7：-
前頁からの繰り越し	Th 144：7：-
十文字槍 10 本、1 本当たり 23 匁	Th 23：-：-
鮫皮の鞘付刀 10 振、1 振当たり 24 匁	Th 24：-：-
黒く漆塗りされた鞘付刀 20 振、1 振当たり 10 匁	Th 20：-：-
脇差 20 振、1 振当たり 4 匁	Th 8：-：-
3 間の長さの槍 6 本、1 本当たり 10 匁	Th 6：-：-
2 間の長さの同上 6 本、1 本当たり 8 匁	Th 4：8：-
下級品の火縄銃 14 丁、1 丁当たり 14 匁	Th 19：6：-
制作される最も分厚いトリノコ 50 枚	Th 1：2：-

1336　Schesabbrodonne

下級品の扇 100 本	Th 1 : 3 : -

一、我々の宿主ヨヒョウエ殿[1337]に支払った前述の合計の
1 パーセントの手数料として　　　　　　　　　　　　Th 2 : 5 : 2

　なお、前述の商品にかかる費用は次の通りです。つまり、

15 斤の綿糸が梱包されている箱 1 個	Th - : 3 : 2
一、鍍金された鞍が梱包されている箱 1 個	Th - : 4 : -
一、6 領の鎧が梱包されている箱 2 個	Th - : 8 : -
一、鉄製鎖帷子が梱包されている箱 1 個	Th - : 1 : 3

一、前述の長刀、十文字槍および槍が梱包されている油
紙 15 枚　　　　　　　　　　　　　　　　　　　　　Th 1 : 3 : 4

一、前述の刀と脇差が梱包されている箱 1 個	Th - : 2 : 8
一、下級の日本の火縄銃 14 本が梱包されている箱 2 個	Th - : 4 : -

一、前述の商品が梱包され、紐掛けされたムシロ 20 枚お
よび藁紐　　　　　　　　　　　　　　　　　　　　　Th - : 7 : -

一、それらを梱包した 2 人の者へ	Th - : 1 : 8
一、前述の商品を伏見[1338]へ運んだ 10 人の者へ	Th - : 8 : -
同品々を大坂[1339]へ運搬するバルク船の運賃として	Th - : 8 : -
合計	Th 261 : 2 : 7

さらに、下級品の硫黄 60 ピコルを一緒に送ります。それ
には 1 ピコル当たり 19 匁かかります。　　　　　　　Th 114 : - : -

一、1 パーセントの手数料	Th 1 : 1 : 4
一、ムシロ 60 枚および藁紐 8 束	Th 2 : 2 : -

一、前述の武器および硫黄を平戸に運搬するためのバル
ク船の運賃として　　　　　　　　　　　　　　　　　Th 5 : 5 : -

合計	Th 384 : 1 : 1

　これらの前述の商品は次のように梱包されています。

1337　Juffioijedonne
1338　Fussemij
1339　Osacca

1番　鍍金された鞍 1 具
2番　鍍金された鎧 3 領
3番　黒く漆塗りされた鎧 3 領
4番　漆塗りされた鉄製鎖帷子 4 着
5番　長刀 10 本
6番　十文字槍 5 本
7番　同上槍 5 本
8番　刀 30 振および脇差 20 振
9番　3 間の長さの槍 6 本
10番　2 間の長さの同上 6 本
11番　下級品の日本の火縄銃 7 丁
12番　下級品の日本の火縄銃 7 丁
13番　綿糸 5 斤

　鎖帷子は貴殿が気に入らないと思います。なぜなら、短かすぎますし、鉄製の鎖帷子が小さすぎて、貴殿が私に送った見本と違うからです。しかし、私が大坂にいる間に我々の宿主ヨヒョウエ殿にそのための代金として 1 着当たり 120 匁を渡したので、大きな苦労をかけてなんとか 40 匁払い戻してもらいました。したがって、これで 1 着当たり 110 匁になります。

　黄銅をはめ込んだ日本の長い火縄銃 10 丁は 2～3 日以内に準備できるので、ただちに貴殿に送るつもりです。

精錬銀を一緒に送ります。　　　　　　　　　　　　　Th 2000 : - : -
それを両替するために、100 タエル当たり 9 匁　　　　Th 180 : - : -
合計　　　　　　　　　　　　　　　　　　　　　　　Th 2180 : - : -

　前述の銀は、一緒に送る大羅紗の入った包み 2 個の中に梱包されています。それらは次の通りの印と中身です。

A 番
237 番　半分の長さの紺黒色の大羅紗 1 反、長さ 23½ エル
165 番　半分の長さの同上大羅紗 1 反、長さ 22½ エル
299 番　半分の長さの深紅紫色の大羅紗 1 反、長さ 22½ エル

B 番

83 番　半分の長さの紺黒色の大羅紗 2 反、長さ 22½　22½ エル
231 番　半分の長さの紺黒色の大羅紗 1 反、長さ 22½ エル

　私は貴殿にさらに多くの紺黒色の大羅紗を供給するはずでしたが、当地、上にまだある半分の長さのもの 7 反は 1 ないし 2 日以内に売却されるだろうと確信しています。なぜなら、当地、上で売却されたほとんどすべての大羅紗を購入した人物が、もしも値付けのためにほかの家に運ぶことができるのであれば、下級品の大羅紗は購入しても良いと我々の宿主ヨヒョウエ殿に話しかけたからです。それゆえ、私は、そこで値付けをしてもらうために、それらをすべてマスヤ・ギヘエモン殿のところに運ばせました。しかし、今のところ、それらが売却されたという知らせはありません。

　私が大坂に向かう旅のために出発しようとしていたところ、同ギヘエモン殿が私に話しかけて、彼が貴殿から購入した 4 反のうちの半分の長さの紺黒色大羅紗 2 反について、私が引き取るか、それを下に送るように依頼してきましたが、貴殿のところで売却された何らかの商品を受け取ることは私の権限ではないと言って、私はそれを彼に断りました。ギヘエモン殿は、今年彼が貴殿から購入した品物すべてにおいてかなりの利益を得る見込みであるにもかかわらず、何らかの商品を購入しながら、利益が出せないとみたところ、返却しようとするとは、実に恥を知るべきです。本状に同封する彼の書状で、彼が貴殿にそのようなことも依頼するであろうと私は思います。

　以上、末筆ながら、尊敬すべき、慎重で、とても思慮深い貴殿、最高神の手の中に貴殿を委ね、至福を迎える時まで永続的な健康の中で貴殿および貴殿の仲間を守ってくれますように。アーメン。

　大坂にて、本日 1616 年 11 月 14 日。

敬具
エルベルト・ワウテルセン[1340]

火縄銃のための匙および型を一緒に送ります。

1340　Elbert Woutersz

125 | マルティン・ファン・デル・ストリンゲより〔ジャック・スペックス宛〕書状、江戸、1616年11月18日付

神を讃えよ。江戸[1341]にて、1616年11月18日。

尊敬すべき、とても思慮深い殿かつ良き友

　我々が当地で宮廷にいる間には、貴殿に書状を書くことが可能な、あるいは許される機会は、それを十分に窺っていたとはいえ、我々に与えられませんでした。それにもかかわらず、本状をもって手短にします。詳細に書く材料はそれでも十分にありますが、今間もなく当地から離れることができると希望しているので、諸々の理由によりそれをしません。

　皇帝〔秀忠〕およびほかの高官への我々の拝謁について、我々は当地への到着後の最初の8日以内に済ませました。そして、すぐに我々の御朱印を請願し始めました。それにはヤン・ヨーステン[1342]の仲介を使わなければなりませんでした。彼は自分の家の建築のために時々やっかいな、さらに言えば、耐えがたい行動を取っていました。それらすべてを本状で語るには長すぎるでしょう。ようやく、昨日の夜遅くに我々は2通の御朱印を得ました。つまり、1通はジャンク船用、またもう1通はスヒップ船用です。我々の売買および商売を障害なく安心して行うための3通目は続いて来ることはありませんでした。その理由については、貴殿はすでにイギリス人および彼の地のほかの者から十分聞き及んでいるでしょう。したがって、少なくとも我々が現在京都[1343]および大坂[1344]で持っている商品を、彼の地で駐在している我々の人員、エルベルト・ワウテルセン[1345]氏あるいは彼に代わるほかの者によって障害なく売却できるようにと請願している要望書を今書かせました。この請願書を1時間以内に通詞を通じて宮廷に送るつもりです。我々が吉報を受けられるように、これらの高官が我々にいくぶん好意的でいてくれることを善な

1341　Edo
1342　Jan Joosten
1343　Miaco
1344　Osacca
1345　Elbert Woutersz

る神が我々に与えてくれますように。そのために、私は当地にあと5ないし6日滞在するつもりです。その期間中に得られなければ、私は平戸[1346]への旅に出立することを決めました。

　本状はジャンク船のための朱印状をこの速達で先に送るためだけのものです。そのため、より詳細には書いていません。

　日本語で書かれたこの覚書で、イギリス人によって皇帝陛下〔秀忠〕へ渡された献上品、つまり贈物を貴殿は確認することができます。彼らは、気前の良さにおいて、アレクサンダー大王に匹敵し、我々をはるかに超えています。

　貴殿が屠殺の作業をほぼ完了しているだろうことを望んでいます。それはスヒップ船が早く出発できるためであり、それをコルネーリス・クラーセン[1347]氏がとても待ち望んでいると私は思います。彼には私の心よりの挨拶を伝えてください。マテイス・テン・ブルッケ[1348]氏およびほかの良き友にも。

　以上、末筆ながら、貴殿を主の保護の中に委ね、心より深い挨拶を。取り急ぎ。

敬具
マルティン・ファン・デル・ストリンゲ[1349]

1346　Firando
1347　Cornelis Claesz
1348　Matthijs ten Broecke
1349　Martin van der Stringhe

126 | エルベルト・ワウテルセンより〔ジャック・スペックス宛〕書状、京都、1616年11月27日付

尊敬すべき、慎重で、とても思慮深い殿

　貴殿宛に送付した今月19日付の私の最後の書状の後に、私およびマスヤ・ギヘエモン殿[1350]から当地、上で肥前様[1351]〔松浦隆信〕のために35,000匁を受け取ることになっている肥前様の人員が同月21日に大坂[1352]にやって来ました。それを受けて、私は次の日に京都[1353]へ向けて出発しました。それは、前述の現金を彼の到着前に彼の地で準備できるようにするためであり、また、彼がその時にそれを待たなくて良いようにするためでした。したがって、同月26日に前述の現金は彼に渡され、彼は完全に満足しました。

　私が以前にギヘエモン殿に販売してもらえるように彼に渡した半分の長さの紺黒色の大羅紗7反はすべて1間当たり107匁で売却されました。

　ウィリアム・アダムス[1354]氏を通じて、黄銅をはめ込んだ日本の長い火縄銃の残りの5丁を貴殿に送ります。それらは、貴殿に先に送った5丁と共に1丁当たり70匁で、〔合計で〕70タエルの仕入れ価格です。そして、匙の型およびそれらが梱包されている箱2個については、それらの仕入れ価格がいくらかであったのかを我々の宿主コミヤ・クロベエ殿[1355]が貴殿に書く予定です。その上に、7匁、つまり前述のクロベエ殿に支払わなければならない10丁の火縄銃の購入手数料1パーセントをも貴殿はこれに算入しなければなりません。

　以上、末筆ながら、尊敬すべき、慎重で、とても思慮深い貴殿、神の保護の中に貴殿を委ね、至福を迎える時まで永続的な健康の中で貴殿および貴殿の仲間を守ってくれますように。アーメン。

　京都にて、本日1616年11月27日。

敬具

エルベルト・ワウテルセン[1356]

1350　Massia Gingeijmondonne
1351　Fighensamme
1352　Ozacca
1353　Miaco
1354　Willem Adams
1355　Conmia Crobedonne
1356　Elbert Woutersz

127 | ヤン・ヨーステン・ローデンステインより〔ジャック・スペックス宛〕書状、〔江戸〕、1616年〔和暦の〕9月17日〔西暦1616年10月27日〕付

尊敬すべき、とても思慮深い殿かつ特別に良き友

　貴殿の手短な書状と共に貴殿の朱印状を和暦9月12日に無事に受け取りました。シャム行きの朱印状を入手するために私が最善を尽くすつもりであるということについて、それを私は怠りませんでした。むしろ、上野介殿[1357]〔本多正純〕のところへ4度も登城しました。しかし、それほど早く入手することは不可能です。けれども、使節が皇帝〔秀忠〕に謁見する時に、貴殿のためにすぐに手配すると上野介殿は言っています。それゆえ、彼らがどこでかくも長く留まっているのかと、私はとても驚いています。また、イギリス人が江戸[1358]でも京都[1359]でも売買を行ってはいけないことはどうなるのか、貴殿についてはどうなるのか、時が教えてくれるでしょう。とはいえ、私は貴殿を手助けすることを欠かさないつもりです。続いて、現金について、当地では商品がまったく売却されていません。アダムス[1360]氏は貴殿に同じことをきっと言うはずです。私は以前に書いた通りに貴殿に〔現金を〕送るつもりですし、また、可能であれば、さらに送るつもりです。

　以上、ごきげんよう。そして、スヒップ船の船長およびすべての良き友に私からの挨拶を伝えてください。アーメン。和暦9月17日。

敬具

ヤン・ヨーステン・ローデンステイン[1361]

皇帝〔秀忠〕のためのすべての駱駝毛織物を送ってください。

1357　Cosequidonne
1358　Edo
1359　Miaco
1360　Adam
1361　Jan Joosten Lodensteijn

128 | ヤン・ヨーステン・ローデンステインより〔ジャック・スペックス宛〕書状、〔江戸〕、〔1616年〕11月27日付

尊敬すべき、とても思慮深いスペックス[1362]氏

　貴殿の書状を以前に、そしてファン・デル・ストリンゲ[1363]氏を通じて無事に受け取りました。そこから、すべてにおいてファン・デル・ストリンゲ氏に協力するようにと貴殿が書いていることについて承知しました。それを私が欠かすことは決してありません。また、朱印状を入手するには非常に長くかかりましたが、現在それは手に入りました。しかし、京都[1364]での売買は今は実行できません。なお、当地江戸[1365]での売買は大したことにはなっていません。というのも、当地で何も売れておらず、そして、蘇木については当地では値段が付かないからです。それゆえ、私がいくらかの現金をどのように集められるのか私には分かりません。しかし、私は少なくとも、以前にコックス[1366]氏に託した書状で書いた分の金額を、ストリンゲ氏を通じて貴殿に送るつもりです。そして、貴殿により多くの現金を送ることができれば、それを怠るつもりはありません。ファン・デル・ストリンゲ氏は4ないし5日以内に帰路に着くでしょう。当地で需要がないので、私はサガダ[1367]を派遣するためにコーチシナ行きの朱印状を得ました。

　以上、末筆ながら、スヒップ船の船長およびすべての良き友によろしく伝えてください。アーメン。11月27日。

敬具

ヤン・ヨーステン・ローデンステイン[1368]

マゴスケ[1369]を通じて、そちらにある皇帝〔秀忠〕用のすべての黒色の駱駝毛織物を送ってください。というのは、彼は私を通じてエルベルト[1370]の1反を持っているからです。代金は即刻受領されるでしょう。

1362	Specx	1365	Edon	1368	Jan Joosten Lodensteijn
1363	Van der Stringhe	1366	Cocx	1369	Mangouske
1364	Miaco	1367	Sangada	1370	E[l]bert

129 | ヤン・ヨーステン・ローデンステインより〔ジャック・スペックス宛〕書状、江戸、1616年12月2日付

尊敬すべき、とても思慮深いジャック・スペックス[1371]氏

　貴殿への挨拶の上で、貴殿の健康は私にとって誠に喜ばしく快いことです。私の方から身体の健康を神に感謝します。また、私の書状については、ほかでもなく、私がファン・デル・ストリンゲ[1372]氏を通じて貴殿に1300ドゥカートを送付すること〔を伝える〕だけです。そして、貴殿にさらに多くを送付するつもりではありましたが、商品を売却していないので、この現金を利子付で借りなければなりませんでした。私が貴殿にいくらかの現金を送付すると以前貴殿に書いたので、私は今回できる限りのことをしました。そして、奉行についてですが、彼は、当地ですべてが済むまで待とうとせず、自分の意志で出発しました。したがって、今後貴殿が経費を節約できるように、もう奉行は送らないでください。というのは、それは無駄な経費に過ぎず、当地では〔彼らは〕ほとんど何もしないからです。

　以上、神に委ねます。日付、江戸[1373]にて1616年12月2日。

　　　　　　　　　　　　　　　　　　　　　　　　　　　　敬具
　　　　　　　　　　　　　　　　　ヤン・ヨーステン・ローデンステイン[1374]

最初の機会で2ないし3反のテーブルクロスおよび4ないし5反のナプキンを送付することを怠らないでください。しかし、貴殿はそれにできるだけ安い値段を書く必要があります。

1371　Jacques Specx
1372　van der Stringhe
1373　Edon
1374　Jan Joosten Lodensteijn

130 | エルベルト・ワウテルセンより〔ジャック・スペックス宛〕書状、大坂、1616年12月29日付

尊敬すべき、慎重で、とても思慮深い殿

　イギリス人コックス[1375]氏は当地、上で〔長谷川〕左兵衛殿[1376]ならびに大坂[1377]の統治者つまり領主である下総殿〔松平忠明〕[1378]に拝謁を行ったので、マルティン・ファン・デル・ストリンゲ[1379]氏も彼らにそれ〔拝謁〕を行いました。つまり、次の通りです。

左兵衛殿へ

コロマンデル産の鋼鉄100本を除いた板倉伊賀殿[1380]のために注文されたもの

下総殿へ

紺黒色の大羅紗248番からの1間

私が当地、上で手元に持っていたもののうち下級品の呉絽服綸3反および前述のコロマンデル産の鋼鉄100本

下総殿の書記である清太夫殿〔山田重次〕[1381]へ

ファン・デル・ストリンゲ氏がまだ持っていたオレンジ色の大羅紗1間

私の方で追加した下級品の呉絽服綸2反

そして、彼の町奉行の4人に対して、私の方で追加した下級品の呉絽服綸各1反

　同ファン・デル・ストリンゲ氏は、清太夫殿への拝謁の際に、我々にはまだアマミヤ・クロベエ[1382]から560タエル以上の未払いがあると申し出て、当地、上で外国人が売買をしてはならないので、私が下に向けて出発できるように、我々の支払いが実行されるように彼に請願しました。それに対して、同クロベエは、我々〔オランダ人〕がまだ生きている人々から支払いを得る

1375　Cocx
1376　Saffioijedonne
1377　Osacca
1378　Simousadonne
1379　Martin van der Stringhe
1380　Itakura Ingadonne
1381　Sedeijdonne
1382　Ammania Crobe

ように手配したので、彼がそれ以上支払う義務はないと言っているため、それは当地では処理できないと彼〔清太夫〕は答えました。また、同伊賀殿が江戸[1383]から戻り次第、彼は 5 ないし 6 日以内に京都[1384]に戻ることになっていますが、その時に、そこでの決着がつくようにクロベエが彼の地〔京都〕に行くように彼〔伊賀殿〕が指示するだろうと同清太夫殿は言いました。これを受けて、私は、京都へ到着次第、伊賀殿の家臣サブロウサエモン殿[1385]のために注文されたものを彼に献上し、その件についてできるだけ早く決着してもらえるように試みるつもりです。それは、我が国が皇帝〔秀忠〕の禁令に従っていないと言われないように、私が可能な限り早急に下に行けるようにするためです。

　私が以前に当地で購入し、貴殿に複数回に分けて送った 3 間の長さの□□杉板は、次の通りの経費がかかりました[1386]。

〔Th＝丁銀タエル：匁：分〕

各 4 間の長さの杉板 22 枚、1 枚当たり 10 匁	Th 22：－：－
3 間の長さの同上杉 275 枚、1 枚当たり 5 匁	Th 137：5：－
2 間の長さの同上杉 1500 枚、100 枚当たり 140 匁	Th 210：－：－
一、それを下に運搬するためのバルク船の運賃として	Th 38：3：－
一、購入手数料 1 パーセントとして	Th 4：－：7
合計	Th 411：8：7

　また、私からの日本語の書状を通じて、残りの蘇木がすべて 1 ピコル当たり 26½ 匁で売却されたということを私は貴殿に知らせました。しかし、その山全体で 10 ピコル分が不足していることが分かりました。

　ファン・デル・ストリンゲ氏がヤン・ヨーステン[1387]から受け取った 970 タエルを一緒に送ります。

そのうち精錬銀に両替した分	Th 828
〔両替手数料〕1 匁 9 パーセントで、〔仲介〕手数料と合わせて (ママ)	Th 910

1383　Edon
1384　Miaco
1385　Sabbrosemondonne
1386　一部欠落があり、解釈不能
1387　Jan Joosten

〔欄外〕この精錬銀に精錬する時に 7 : 3 : 7 タエル分の損失が生じました。
一、前述の 970 タエルに含まれていた割れた丁銀として　　Th 60 : - : -
合計、前述の通り　　Th 970 : - : -
そして、私の勘定として、精錬銀で下に送る分　　Th 1094 : 9 : -
それを 9 パーセントで両替するために　　Th 98 : 5 : 4
一、ナカイタ[1388]と呼ばれる丁銀で　　Th 675 : 3 : 6
それを別の丁銀に両替するために　　Th 3 : 4 : -
合計　　Th 1872 : 2 : -

　ギヘエモン殿[1389]の勘定の残りとして貴殿に未払いの 659 匁 4 分は、本状と共にぜひとも送りたかったのですが、同ギヘエモン殿が、来年の早春よりも前には支払う義務がないと私に言ったので、それは実現できませんでした。総合〔東インド〕会社のためにまだ利子付で借りたままになっている 30,000 匁のうち、あと 10,000 匁は、下に行く前に返済しなければなりません。なぜなら、私はそれを請求されたからです。したがって、売却したいくつかの大羅紗および蘇木の残金としてまだ受け取る見込みであるいくらかの現金でそれを払おうと考えています。私はマルティン・ファン・デル・ストリンゲ氏に対して、江戸への旅や今から下へ行くため〔の旅〕に 2809 匁を渡しました。

　以上、末筆ながら、尊敬すべき、慎重で、とても思慮深い貴殿、最高神の保護の中に貴殿を委ね、至福を迎える時まで永続的な健康の中で貴殿および貴殿の仲間を守ってくれますように。アーメン。

　大坂にて、本日 1616 年 12 月 29 日。

敬具

エルベルト・ワウテルセン[1390]

　今回 6753 匁 6 分以上を送らない理由については、貴殿はファン・デル・ストリンゲ氏から十分に聞き知ることになるでしょう。残りについては明日

1388　nacaita
1389　Gingeijmondonne
1390　Elbert Woutersz

小型のバルク船で送るつもりです。
　私はファン・デル・ストリンゲ氏にさらに下級品の呉絽服綸 5 反を渡しましたが、それらは彼から様々な人に贈られました。ごきげんよう。

敬具

エルベルト・ワウテルセン

索　　引

*人名（日本人、日本人以外）、船名、地名、事項に分けて、該当する項目が出現する書状番号を掲示した。

人名（日本人）

あ行

明石掃部　25
アマノヤ・クロベエ　5, 9, 10, 12-14, 19, 20, 22-24, 26-31, 35, 36, 38, 51, 54, 59, 61, 66, 75-77, 81-83, 86, 106, 109, 111, 124, 130
板倉勝重(板倉伊賀殿)　28, 30, 31, 35, 38, 51, 54, 59, 61, 76, 81-83, 86, 106, 110, 130
糸屋ヨエモン　26, 28, 31, 35, 51, 55, 59, 83
大野治胤(道賢殿)　35
大野治長(修理殿)　12

か行

カンベエ　38, 40, 54, 59
キメ　101
キサエモン　18, 116, 119
キダイ　65, 84
ギヘエモン(漆職人)　106, 123
ギヘエモン(マスヤ)(商人)　55, 59, 61, 74, 75, 77, 81-83, 86, 106, 111（?）, 115, 124, 126, 130
キヤ・スケサエモン　82（スケサエモンの項目も参照）
キュウサエモン　26
キュウヒョウエ　91
クロベエ(アマノヤ)　5, 9, 10, 12-14, 19, 20, 22-24, 26-31, 35, 36, 38, 51, 54, 59, 61, 66, 75-77, 81-83, 86, 106, 109, 111, 124, 130
クロベエ(コミヤ)　77, 83, 105, 106, 122-124, 126
ケイエモン　91
皇帝の側室　72
後藤庄三郎　59, 63, 85
後藤又兵衛　25
コミヤ・クロベエ　77, 83, 105, 106, 122-124, 126
ゴンロク　15

さ行

サガダ　76, 77, 79-81, 83, 128
佐川主馬　64
サクエモン　26, 59
サゴモ　91
サスケ　91
薩摩様　75
真田左衛門　25
サブロウサエモン(板倉の家臣)　35, 54, 83, 86, 110, 130
サブロウビョウエ　109, 111
サブロウベエ　105, 109
サンソウ　112
サンロク　104, 119
シチロウエモン　26-28, 30, 31, 35, 40
ショウサエモン　28, 31

393

ショセエモン　36
シンエモン　72, 76, 82, 83, 111
スケサエモン　25-27, 35, 36, 51, 53-55, 59, 60, 66, 70, 72, 74, 75, 82, 83, 111, 114
スケサブロウ　72, 79, 83, 123, 124
スヒョウエ　55
セイトウエ　91
千姫(秀頼の妻)　54, 59
ソウエサエモン　57
ソウケイ　35
ゾウキ　31
ソディン　19
ソウハ　72, 76, 83, 117

た行

内裏　12, 19, 33, 52, 55, 61, 85
高山右近(南坊)　25
タケナベ・ソウセエモン　58
伊達政宗(政宗殿)　59, 75
タビシマ　75
タロウサエモン　38, 40, 51, 54, 59-61, 82, 83, 86
タロウジロウ　91
タロエモン　1
チュウベエ　40, 54, 59
長宗我部盛親　25, 35
土井利勝(大炊殿)　123
徳川家康(皇帝、旧皇帝・大御所様)　5, 7-10, 12, 14, 19, 21, 24-28, 31, 35, 38, 40, 52, 54, 55, 59-64, 66, 72, 77, 82, 83, 85, 86, 92, 99, 106, 109, 121
徳川秀忠(将軍、江戸の王、皇帝陛下)　19, 27, 28, 31, 35, 40, 52, 54, 55, 59, 61, 62, 77, 79-81, 83, 85, 106, 108-111, 113-115, 121-125, 127, 128, 130
徳川義直(右兵衛督)　61
徳川頼宣(常陸様)　61
豊臣国松　35
豊臣秀頼　12, 14, 21, 23, 25-28, 31, 35, 54, 55, 59

は行

長谷川権六(権六殿、権六様)　11, 12, 17, 82
長谷川藤広(長谷川左兵衛)　11, 12, 24, 28, 60, 62, 64, 72, 130
ハツエモン　83, 106, 123
ハヤタ・ギヘエモン(松浦の家臣)　85, 111(?)
ハリマ・ニエモン　122, 124
ハンエモン　83, 85, 106, 123
ハンザブロウ　98
ハンベエ　24, 29
ベンテン　50
本多正純(上野介)　12, 27, 28, 38, 51, 59, 60, 63, 72, 77, 106, 115, 123, 127
本多正信(佐渡殿)　79, 81, 106

ま行

牧野信成(内匠殿)　24
マゴスケ(ヤン・ヨーステンの使用人)　73, 111, 114, 128
マスヤ・ギヘエモン　55, 59, 61, 74, 75, 77, 81-83, 86, 106, 111(?), 115, 124, 126, 130
マチバステ　91
松平忠明(松平下総殿、下総殿)　38, 77, 83, 86, 106, 130
松平忠輝(上総介、カル様)　120
松浦隆信(肥前様、平戸の殿、殿)　30, 35, 38, 40, 51, 52, 55, 59-64, 72, 77, 82, 83, 85, 123, 124, 126
松浦信実(豊後様)　52, 55, 59, 61
松浦信辰(肥前様の弟主殿、主殿)　61
室　75
毛利輝元(毛利殿)　32

や行

ヤキチ　111

ヤサエモン　34, 36, 40, 51, 59, 66, 70
ヤスベエ　32
ヤソベエ　99
山田重次(清太郎)　106, 130
ヤマモト・カクエモン　85
ヨエモン(糸屋)　26, 28, 31, 35, 51, 55, 59, 83
ヨカ　35
ヨヒョウエ　28, 30, 35, 51, 75-77, 82, 83, 85, 106, 114, 124

ら行

ルイス　72

人名（日本人以外）

あ行

アヴァ国王　34, 99
アダムス, ウィリアム　2, 7, 38, 52, 64, 72, 99, 110, 121, 123, 126, 127
アチンの国王　109
アドリアーンセン, ヤーコプ　14, 24, 79, 80, 83, 96
アルクマール, コルネーリス・ラウレンセン・ファン　99
アントーニセン, ルーカス　99
アンリ2世(コンデ公)　45
イギリスの国王　109
イートン, ウィリアム　11, 23, 38, 40, 51, 52, 54, 76, 77, 82
インポー　49, 96
インポーの未亡人　49
ウィカム, リチャード　2, 110, 111
エスターライヒ, アルブレヒト・フォン　53
エルデルセン, エルデルト　49

か行

カンプス, レナールト　42, 50, 62-64, 101, 119
クーテールス　49
クニンヘン, ウィレム　34, 49, 99
クラーセン, コルネーリス　88, 101, 103, 120, 125
グルースベルヘン, カスパル　50, 96
クレイン　99
クーン, ヤン・ピーテルスゾーン　44-46, 48, 49, 94, 95
コックス, リチャード　52, 59, 109, 110, 121, 122, 124, 128, 130
コーニング, ヒースブレヒト・デ　11
コルネーリセン, アンドリアーン　6, 15-18, 32, 45, 59, 74

さ行

三官　15, 70
サントフォールト, メルヒヨル・ファン　4, 5, 8-10, 12, 14, 22-25, 27, 30, 33, 35, 36, 40, 51, 53, 59, 66, 67, 69, 71, 73, 78, 99, 112
シムスアン　49
シモンセン, ヤン　33
ジャクソン, ヘスター　49
ジョルダン　49
シルバ, ドン・フアン・デ　94, 106, 109
シレナラ, パドゥカ　48
ステルク, アブラハム　49
ストリンゲ, マルティン・ファン・デル　89, 92, 101-105, 107-109, 111, 113, 115, 117, 118, 123-125, 128-130
スピルベルヘン, ヨーリス・ヴァン　96
スプリンケル, ヴィクトル　49
スペックス, ジャック　2-12, 14-19, 21-

38, 40-46, 48-89, 91-130
スホーンホーフェン、シモン・ヤーコップセン　93
スーリ、アンドリース　49
セイヤース、エドマンド　99

た行

チュラ、オプラー　99
チンヒン　98-100, 116
ディルクセン(・カイペル)、ウィレム　1, 12, 14, 48, 99
デイン、エーフェラールト　57
トーマセン、コルネーリス　98, 99, 112
トーマセン、レナールト　50, 96, 101
トンソウ、オプラー　100

な行

ナイエンローデ、コルネーリス・ファン　48, 50

は行

バイセロー、コルネーリス　91
ハウトマン、マールテン　33, 34, 39, 48, 66, 67, 96-100, 111
ハーゼ、デ　44
ハーゼル、ヤン・ファン　50
バックス、ラウレンス　58, 87
バーリ、ジルベルト　49
ハルト、コルネーリス・コルネーリセン・ヘット　44
ハルマンセン、クラース　48, 50, 62, 88
バロヴィウス　48
ビスカヤ、フアン・デ　71
ピーテルセン、シモン　70, 72
フィスマカン、オイヘ　99
フェリペ3世(スペイン国王)　53, 72
フェルナンデ、ヤン　48
フェルヒュルスト、ウィレム　34, 39
ブラウエル、ヘンドリック　1, 2, 4, 5, 7, 8, 34, 44, 45, 49, 50, 59, 87, 93, 94, 99, 111
フリース、ディルク・アレルセン・デ　48, 50, 62, 92
ブルッケ、アブラハム・ファン・デン　14
ブルッケ、マティス・テン　3-5, 8-12, 14, 26-28, 30, 31, 35, 36, 38, 40, 53, 59, 61-64, 69, 70, 76, 77, 97, 99, 109, 111, 112, 116, 119, 120, 125
ブレークフェルト、ヤーコプ　44, 92
ペッケイ　34, 98, 99
ヘディック、オプラー　99
ヘルモント、ヤン・ヤンセン・ファン　93
ホエル、ヤン・ピーテルセン　50
ボット、ピーテル　44, 94, 109

ま行

マティアス　62
マテイス　67
マリーニ、ダミアン　64
マルクス　64
マルティヌス、ヤン　94
マルティンス、ルイス　44, 64
メディシス、マリー・ド　45
メーレ、マテイス・デ　50

や行

ヤンセン、ウィレム　42, 48, 50, 53, 88, 89, 94, 96, 101, 108
ヤンセン、ヘンドリック　39, 45, 48-50, 56, 94-96, 99, 108
ヤンセン、ヤン　8
ヨーリッセン、ヤーコプ　59

ら行

ラウエルセン、コルネーリス　50
ラウレンス　49
ラビシット、オプラー　34, 99, 100
ラム、ヤン・ディルクセン　44

ラーンサーン国王　34, 99
リゴールの王　34, 48
ル・ロワ, ヘーラルト　49
レアール　45
レインスト, ヘリット　44, 45, 94, 109
レープマーケル, ヤーコプ　93
ロークー　48
ローデンステイン, ヤーコプ・ヨーステン　45, 46, 50
ローデンステイン, ヤン・ヨーステン　7, 10, 12-14, 23, 24, 26, 28-31, 34, 35, 37, 38, 41, 43, 45, 55, 59, 65, 66, 68, 70, 73, 75-84, 86, 99, 104-106, 109, 111, 114, 115, 120-123, 125, 127-130

わ行

ワーウィック　49
ワウテルセン, アドリアーン　44
ワウテルセン, エルベルト　2-4, 8-14, 19-23, 25-28, 30, 31, 35, 38, 40, 43, 45, 51, 52, 54, 55, 59-62, 64, 70, 72, 74-86, 94, 105, 106, 109-111, 113-115, 117, 118, 122-126, 128, 130
ワウテルセン, シモン　26

船　名

あ行

アイオルス号　45, 49
アウト・ゼーランディア号(ゼーランディア号)　1, 44-46, 94
アドバイス号　96
アムステルダム号(ワーペン・ファン・アムステルダム号)　44
ウィッテ・レーウ号　93
エンクハイゼン号　44-46, 48-50, 56, 64, 70, 77, 82, 83, 87, 94, 96, 99
エンヘル号　44
オラニエ号　44

さ行

ステッレ号　94
ズワルテ・レーウ号　88-90, 92-96, 105, 109
セイロン号　45
ゼーランディア号(アウト・ゼーランディア号)　1, 44-46, 94

た行

テル・フェーレ号　93

デルフト号　44, 94

な行

ナッサウ号　44
ニーウ・ゼーランド号　94

は行

ハーゼウィント号　45
バンダ号　44, 94, 109
ヒャリアッセ号　96
フォルタイン号　34, 39, 77, 94, 96, 99, 100
フリシンヘン号　44
ヘウイネールデ・プロフィンシエン号(プロフィンシエン号)　44, 94, 109
ヘルデルラント号　44, 94
ホジアンデル号　48, 49, 94
ホープ号　96, 97, 99, 100
ホランディア号　44

ま行

モーリシウス号　44

船　名　*397*

や行

ヤカトラ号　34, 42, 44, 45, 48-50, 56, 60, 61, 72, 77, 82, 83, 88-90, 94, 96, 99, 106

ら行

ロッテルダム号　44

ローデ・レーウ・メット・ペイレン号　44

わ行

ワーペン・ファン・アムステルダム号　44
ワルヘレン号　44

地　名

あ行

相島　62
アジア　45, 48, 49, 93, 94, 96, 108, 109
アチン　45, 49, 109
尼崎　26, 27, 38, 55, 59
アムステルダム　44, 85, 93
アユタヤ　34, 37, 39
アラビア　44, 87
淡路　25, 77
アントワープ　34
アンボイナ　44-46, 49, 87, 94, 95
イギリス　34, 38, 44, 48, 49, 53, 58, 64, 72, 88, 94, 96, 99, 106, 109
牛窓　26
内之浦　98, 116
浦賀　59, 72, 109
江戸　2, 7, 23, 26, 27, 31, 38, 40, 43, 52, 55, 59, 61-63, 65, 72, 75-81, 83, 84, 104-106, 108-110, 113, 115, 117, 120-125, 127-130
大坂　2-5, 7-14, 19, 20, 23-28, 31, 38, 53, 70, 72, 75, 77, 79, 81, 83, 84, 86, 105, 106, 109-111, 113-115, 117, 118, 121-126, 130
大津　63, 117
オトン　44, 45, 94
オランダ　14, 44, 45, 53, 83, 87, 96, 109

か行

カポ・デ・ソメル　88
唐津　103, 116
河内　42
関東　18, 25, 28, 55
広東　47
カンブレー　54
カンベロ　94
カンボジア　48, 99
喜望峰　87
京都　3, 4, 12, 13, 19-21, 23, 25-31, 35, 38, 40, 45, 51, 52, 54, 55, 59-61, 63, 66, 70, 72, 74-86, 105, 106, 109-111, 117, 121, 122, 124-128, 130
クイ　99, 100
グレシック　45, 49, 87
黒島　88, 89
小倉　2, 106
コーチシナ　3, 44, 45, 48-50, 59, 96, 99, 114, 121, 128
五島　1, 38, 97
コロマンデル　34, 44-46, 48, 49, 70, 94, 95, 99, 111, 130

さ行

堺　3, 5, 8-10, 12, 14, 19-23, 25-28, 35, 36, 38, 51-53, 59, 66, 72, 77, 82, 83,

111, 121
薩摩　55, 98, 111, 119
讃岐　32
サンゴラ　14, 34, 39, 44, 45, 48, 50, 90, 94, 96, 99
下関　106, 123
シャム　3, 7, 22, 29, 34, 38-40, 44, 45, 48-51, 56, 59, 66, 67, 69, 72, 76, 77, 94, 96, 97, 99, 100, 109, 111, 112, 115, 121-124, 127
ジャワ　4, 44, 45, 94
ジャンビ　48-50, 96
ジュパラ　44, 48, 49, 94, 95
ジョホール　48, 49, 94
スカンダ（カリマンタン）　57
スペイン　14, 44, 45, 49, 53, 94, 105
スーラト　44, 45
駿河　55, 59, 72, 73, 83, 85
スンダ海峡　44
ゼーランド　44
セント・ヘレーナ　53
ソロル　44, 45
ソンビノン　99

た行

タチン　100
ダボール　99
チエンマイ　34, 99
チャンパ　60
中国　21, 26, 33, 34, 39, 44, 45, 47-50, 70, 86, 94-96, 99, 100, 108, 111, 117
チョウブキ　59
ティモール　44, 94
テクセル　44
テナセリム　99
デルフト　44
天王寺　19
東西アジア地区　48
土佐　25

な行

長崎　1, 11-18, 25, 29, 33, 34, 36, 37, 40, 41, 43-45, 49, 51, 53, 55, 61, 64, 66, 67, 69, 71-73, 76, 79, 80, 88, 89, 94, 98, 109, 110, 112, 114, 116, 119, 121
名護屋　101
二条室町蛸薬師ノ町　28
日本　3, 9, 10, 12, 25, 26, 34, 36, 38, 44, 45, 48-51, 53, 59-62, 70, 72, 76, 77, 81-83, 85, 89, 93-96, 99, 100, 109, 110, 112, 124, 126
ヌエバ・エスパーニャ　43, 53, 59, 72, 77, 81, 83, 94, 109

は行

博多　2, 25
パタニ　10, 14, 22, 24, 34, 39, 44, 45, 48-50, 56, 59, 88, 90, 93-96, 99, 108
バッチャン　44
パハン　96
バンコク　100
バンダ　44, 45, 49, 87, 91, 94, 95
バンタム　4, 22, 26, 44-50, 57, 58, 64, 76, 82, 87, 91, 93-96, 99, 100, 103, 108, 109, 111
ピッサヌローク　34
姫島　114
平戸　1, 2, 12, 14, 19, 22, 23, 26, 28, 29, 35, 36, 38, 40, 42, 44, 45, 48-50, 59, 61, 63, 64, 66, 72, 76, 78, 85, 88, 89, 95, 98, 103, 106-108, 110, 111, 114, 119, 121, 124, 125
広島　123, 124
伏見　9, 12, 26-28, 31, 61, 75, 77, 83, 111, 117, 118, 124
ブトゥン　87
フランス　45
ブランガリース　43
プリアマン　48

地　名　399

プールー・アイ　94
プレー　34
ペグー　34, 99
ペッチャブリー　99, 100
ペラク　48
ベンガル　47
ボルデロン　96
ポルトガル　42, 48, 60, 61, 72, 94, 96, 108, 109, 121
ボルネオ　99
ホールン　44
ボレデロング　48
ポンピン　96

ま行

マウリシウス島　94, 109
マカオ　3, 17, 44, 45, 48-51, 55, 59, 67, 72, 74, 94, 96, 99, 108
マカッサル　45, 49, 87
マゼラン海峡　44, 45, 96
マニラ　3, 40, 43-45, 48, 51, 59, 64, 72, 94, 106
マラッカ　44, 49, 94, 106, 109
マレー　48, 94, 96
マーヨ島　53

水落町(堺)　19
宮島　59, 111
ムガル　45
室津　26-28, 114
メコン　34, 100
女島　42, 60, 88, 89, 108
モルッカ(諸島)　38, 44-46, 48, 49, 53, 58, 59, 87, 93-96, 109

や行

ヤカトラ　44, 45, 49, 92, 94, 95
山口　32, 59
淀　75
呼子　101-104, 108
ヨーロッパ　45, 48

ら行

ラーチャブリー　99
リゴール　34, 48
琉球　38, 96, 99
ルソン　33, 43, 53, 59
レクエオス　108
ロサマ　33
ローマ　48

事　項

あ行

藍　96
アカエイ　99
茜染料　94, 95
アカマツ板　2, 55, 70, 83
アカマツ角材　2
麻　4, 83, 109
麻糸　83, 109
麻布　7, 19, 22, 24
アチェ人　48, 96

アチン人　109
綾　35, 61
嵐(大嵐、強風、台風)　27, 45, 48, 96, 97, 111, 114, 116
アラック酒　48
アレクサンダー大王　125
安息香　3, 47, 50, 99
硫黄　44, 46, 94, 95, 99, 111, 116, 119, 122-124
錨　18, 46, 95
錨綱　44

イギリス産の品物　48
イギリス人　2, 7, 22, 23, 38, 40, 44, 45,
　　48, 49, 51, 52, 57, 59, 62, 64, 72, 76, 77,
　　82, 87, 94, 96, 99, 105, 109-111, 114,
　　115, 120, 122, 124, 125, 127, 130
石垣の取り壊し　23
板　4, 44, 46, 55, 70, 83, 86, 94, 95, 106,
　　109, 111, 114, 123, 130
衣料　64
インク壺（インクの入った小さな壺）　77,
　　79, 101-104
インゴット　99
インデン（樟脳）　46
牛　96
馬　4, 26, 44, 46, 75, 94, 111
漆　99, 109, 124
漆職人　76, 77, 81, 83, 105, 109, 122
エイアル　90
謁見（拝謁）　31, 35, 40, 51, 52, 55, 59-61,
　　63, 77, 83, 108, 110, 111, 121, 123-125,
　　127, 130
えんどう豆　46
鉛筆　40, 61
扇　124
大坂城　8, 25, 27, 28, 38
大坂城の攻囲　25, 27, 28, 31
大坂冬の陣　8-10, 12, 19, 23
大阪夏の陣　23, 25-28, 31, 35, 38
大皿　7, 47, 84
オオムギ　46
贈物　35, 38, 48, 51, 59, 83, 94, 99, 106,
　　109, 120, 125
斧　46, 95
斧の柄　95
錘　5
オランカヤ　4, 49
オランダ産のチーズ　14
オランダ産品　83
オランダ人　43, 45, 48, 49, 51, 53, 59, 99,
　　110, 114, 115, 130

オランダ船　51, 53, 109, 110, 112
オランダの商館　1
オリーブオイル　59, 65
織物　22, 27
オルトスタール　35, 68, 82, 85, 99, 106

か行

貝殻　99
海黄　24
鏡　34, 99
華僑　48
角材　2, 83, 94
火事　25, 31, 55, 106
カスティリャ人　72, 109
カスティリャの艦隊　96
刀（刀剣）　5, 46, 61, 72, 76, 95, 99, 124
カッサ布　99
滑車輪　95
甲冑　99
カファ織　47
紙　49, 105, 109, 115
火薬　50, 64, 70, 72, 94
火薬粉砕機　94, 95
ガラス　83
ガラス窓　59
カラック船　14, 16, 37, 41, 43, 45, 48-51,
　　55, 59, 68, 71, 74, 77, 83, 88, 89, 94-
　　96, 99, 105, 106, 108, 109
ガリオン船　53, 94, 109
カリカム布　70, 99
カルサイ　20
カルタウ砲　94
皮　5, 9, 10, 22, 25, 27, 30, 33-36, 40, 43,
　　48, 51, 53, 59, 60, 72, 75, 76, 93, 96,
　　99, 106
革　112
川の埋め立て　19
川の堰き止め　12, 21, 23
革袋　83
カンガン布　70, 78, 106

ガンギエイの皮　99
甘草　3, 59, 86
乾燥品　45
関白　52, 55, 61
生糸　3, 6, 15-19, 26, 28, 34, 35, 43-45,
　　　47-51, 55, 59, 63, 70, 72, 74, 75, 77,
　　　79, 82, 83, 85, 86, 94, 96, 99, 105, 106,
　　　109, 114, 115, 117, 124
絹　32, 83, 115
絹織物　28, 44, 45, 51, 59, 95
絹呉絽服綸　3, 86
絹製品　34, 48-50, 99
伽羅　3, 27
牛皮　5, 8, 10, 14
魚油　95
キリスト教徒(ローマ・カトリックの／
　　　ローマ・カトリック教徒)　45, 48, 49,
　　　110
金　4-6, 35, 43, 46, 48, 52, 55, 59, 85, 96,
　　　99
金(延べ棒)　5
銀　5, 43-46, 48, 49, 52, 55, 59, 64, 70, 72,
　　　79, 83, 93-96, 99, 105, 109, 111, 114,
　　　115, 117, 122, 124, 130
銀(板)　48, 83
銀(シャム)　34, 96, 99, 100
銀(スホイト)　35, 59, 83
銀(通用丁)　48, 96
銀(通用)　73
銀(日本)　45, 48, 49, 94, 96, 99
銀(灰吹)　27, 31, 35, 40, 48, 59, 72, 83, 99,
　　　115
銀(ボルデロン)　96
銀(山銀)　94, 95
銀杏(小カルムス)　26
釘　46, 95, 99
括り紐(パタニ産)　24
鎖帷子　109, 111, 124
グジャラート人　34
鞍　4, 99, 111, 124

蔵の建設　72, 76, 82, 93
グーロン布　70
鍬　46, 95
燻製肉　59
燻製ハム　59
献上(献上品)　27, 38, 48, 51, 59, 83, 94,
　　　99, 106, 118, 120, 121, 125, 130
香辛料　43
鋼鉄　3, 46, 70, 84, 94, 95, 130
香木　3, 72
漕ぎ船　46, 123
黒人　42, 49
黒檀　60, 94, 95, 99
小皿(辛子用)　79
胡椒　3, 12, 19, 26, 27, 44, 45, 48-51, 55,
　　　59, 61, 64, 72, 76, 77, 81-84, 86, 94,
　　　96, 109
小袖　61
コーチシナ人、コーチシナの人々　48, 50,
　　　59, 96
コップ(駱駝模様の)　79
小判　35, 51, 52, 55, 59, 61, 84, 85
小麦　48, 99
小麦粉　46, 48, 95
米　25, 34, 45, 46, 95, 96, 114
米俵　25, 34
コレアス布　94
呉絽服綸　30, 35, 47, 90, 106, 115, 130

さ行

サアイ　7, 24
紗綾　54, 76, 106, 109
盃　77, 106, 123
魚　45, 46, 95
鮭　84
匙(火縄銃用)　70, 124, 126
雑具　95
砂糖　44, 48
砂糖(角)　47
砂糖(黒)　59, 72

砂糖(粉)　39, 44
砂糖(白)　59, 72, 86
砂糖(白粉)　47
サパン　73
サネ　47
鮫皮　4, 5, 8, 10, 14, 21, 22, 28, 35, 36, 39, 48, 59, 72, 83, 86, 90, 96, 99, 106, 109, 117, 124
さや豆　46
更紗　54, 73, 99
サンパン船　96
鹿皮　3, 8, 22, 23, 25, 31, 34-36, 40, 48, 50, 59, 70, 72, 82, 86, 90, 96, 99, 106, 109, 115, 123, 124
漆器　4, 46, 72, 76, 77, 82, 83, 86, 93-96, 105, 106, 109, 111, 115, 123
縞　70
シャウテルス布　99
赤銅　19, 34, 44
麝香　3, 44, 46, 64, 72, 76, 82, 94, 95
射石砲　45
シャベル　46
ジャンク船　1, 29, 33, 34, 38-40, 42-51, 56, 59-64, 66, 69, 72, 76, 77, 82, 94-100, 104, 106, 111, 115, 123-125
朱印状　5, 59, 60, 64, 65, 104, 115, 120, 124, 125, 127, 128
修道士　38
樹脂　95, 99
繻子　3, 21, 28, 34, 35, 38, 40, 47, 54, 55, 59, 64, 72, 76, 83, 85, 86, 90, 105, 109, 115
生姜　43, 44, 46, 64, 94, 95
生姜(砂糖漬)　43, 46, 47, 64, 95
商館の閉鎖　87
硝石　94, 95, 99, 111, 116
樟脳　3, 6, 24, 27, 34, 35, 38, 41, 43, 44, 46, 48, 94, 95, 99, 116, 119
ショウブ　3, 26, 47, 86, 90, 115
商務総監　48, 50, 58, 87, 92, 96, 100, 105, 109
食用油　45, 46
処刑　35
書箪笥　5, 72, 77, 79, 83, 85, 104, 106, 123
白糸　6
沈香　109
辰砂　3, 38, 47, 59, 72, 83
スアンガム　70
水銀　24, 59, 72, 86, 109
鍬　46, 95
杉板　55, 70, 83, 106, 114, 123, 130
杉の角材　83
錫　48, 60, 72, 79, 94, 99
スタメット(織)　13, 20, 21, 24, 28, 30, 35, 85, 109
砂入れ箱　77, 79
スヒップ船　1, 44-46, 48-50, 56, 59, 62, 64, 66, 70, 77, 82, 83, 87, 89, 90, 92, 94-96, 99, 103, 105, 106, 108, 109, 125, 127, 128
スペイン艦隊　38
スペイン人　38, 44, 45, 48, 53, 59, 72, 83, 84, 105, 109, 110, 114
スペイン・ワイン　14
セラック　99
セランポール布　99
線香　3
戦争　10, 12, 25-29, 31, 34, 45, 48, 53, 70, 83, 99, 120
仙草　59, 72
染料　7, 24, 27, 38, 55, 59, 72, 94, 95
象牙　3, 7, 33, 34, 48, 49, 54, 72, 84, 94, 99, 109
倉庫の建設　72, 82, 93
総督　44, 45, 49, 50, 87, 93, 94, 109
蘇木　3, 7, 19, 26, 27, 34, 45, 47-51, 59, 66, 72, 73, 86, 88, 90, 96, 99, 100, 109, 111, 114, 115, 117, 118, 122, 124, 128, 130

事項　403

た行

大黄　3
大海黄　3, 35, 47, 51, 55, 59, 61, 70, 72, 86, 109
代官　9, 14
大豆　46
大砲　7, 12, 24, 45, 49, 62, 64, 83, 94-96, 99
大砲（金属製）　94, 96
大砲（小型）　99
大砲（銅製）　94
大羅紗　2, 7, 9, 10, 12-14, 16-32, 35, 38, 43, 48, 51, 52, 54, 55, 59, 64, 76, 77, 80-83, 85, 96, 99, 106, 109, 111, 115, 124, 126, 130
大羅紗の焼失　14, 15, 19, 20, 23, 26-28, 30, 31, 35, 51
手綱　4
タフタ織　94
ダボール人　99
たらい（髭剃り用）　72, 77, 82, 83
樽　27
単衣　99
ダンガリー　35, 54
弾丸　94
筆笥　5, 106
反物　7, 19, 24, 26, 27, 30, 35, 40, 43, 48, 64, 83, 85, 95, 99, 105, 109
弾薬　45
地球儀　92
チーズ　62, 64
中国産品物　44, 45, 48, 49, 94, 96, 99
中国人　34, 40, 42, 44, 45, 48-50, 94-96, 98-100, 106, 111, 116
中国船　48
丁銀　70, 72, 79, 83, 130
丁子　3, 7, 12, 19, 34, 40, 48, 49, 51, 59, 61, 72, 86, 99, 106, 109
チンチャウ　59, 72

綱　46, 83, 95
津波　45
つるはし　46
てこ棒　95
鉄　3, 4, 34, 44, 46, 83, 95, 96, 99, 109
鉄（精錬）　99
鉄の玉　99
鉄砲職人　114
テーブル　77, 82, 106, 123
テーブルクロス　38, 40, 54, 59, 61, 96, 111, 129
天球儀　94
天道船　78
天秤　5, 99
籐　64
銅　3, 19, 22, 27, 30, 31, 35, 40, 44, 46, 48, 51, 55, 59, 61, 64, 70, 76, 79, 80, 83, 86, 95, 96, 99
銅（棹）　86
銅（匙用）　70
陶器　7, 12, 34, 39, 43, 47, 48, 50, 77, 79, 83, 99, 109
陶器皿　26
陶磁器　48
刀身　95
銅製品　49, 70
トゥタネゴ（中国産錫）　48
銅薄板　70
銅板　70, 95
遠視用眼鏡　12, 27
年寄　12, 106
土茯苓　3, 47
トリノコ（の紙？）　109, 115, 124
奴隷　49, 50
緞子　3, 34, 38, 40, 47, 54, 59, 61, 86, 94, 106, 109

な行

ナカイタ（丁銀の一種）　130
長刀　99, 124

鉈　44, 46, 94, 95
ナツメグ　3, 19, 51, 59, 72, 77, 84, 86, 99, 109
鍋釜類　48
鉛　3, 7, 11, 12, 20, 24, 32, 33, 51, 72, 83-85, 94, 99
縄　83
肉　25, 45, 46, 95, 119
肉(塩漬けの)　95
二条城(京都の城)　72
肉桂　3, 12, 35, 59
日本人　14, 25, 31, 34, 41, 44, 45, 48, 50, 57-59, 76, 77, 83, 88, 91, 94-96, 98, 99, 109, 110, 114
日本刀　46, 99
布　49, 50, 70, 83, 99, 106
布(コロマンデル産、コロマンデルの)　34, 48, 70, 99
布(寝具用)　83
布(日本産)　70
布地(テーブルクロス用、テーブルクロスの)　40, 111, 129
撚糸　45, 47, 48, 83, 115, 117

は行

灰　22, 96
パイ　53
箱(革製の、革製)　27, 76
バス砲　45, 48, 49, 92, 94, 96, 99
バター皿　25, 47, 79, 84
パタニ商館　34, 39, 49, 50, 88, 94, 96, 99
パタニ人　48, 96
花　111, 124
パハン人　96
羽二重　35
バフタス布　99
早具　48
バラスト　88, 95, 99
梁　94, 95
礫　28

バルク船　1, 2, 7, 16, 23, 25-28, 35, 37, 38, 41, 44, 45, 48, 51, 55, 59, 62, 65, 81-84, 88, 89, 94, 95, 97, 101-109, 111, 114-119, 123, 124, 130
パン　25, 46, 95
パンカド(ポルトガルの生糸)　72
パンゲラン　4, 44-46, 49, 94
バンダ人　94
バンタム商館　48, 100
バンド紐　5
帆布　94
襞襟用箱　123
筆記用紙　21, 48, 122
火縄　5, 48, 70
火縄銃　4, 5, 48, 70, 72, 95, 96, 99, 111, 114, 123, 124, 126
白檀　3, 44, 47, 94, 99
屏風　38, 70
ビラム布　70, 99
ビールジョッキ　72, 77
天鵞絨　21, 24, 28, 34, 35, 47, 54, 59, 64, 72, 86, 106, 109
武器　49, 93, 111, 122, 124
奉行　12, 103, 104, 106-108, 116, 121, 129
伏見城　75
豚肉　119
豚の脂　46, 95
プラウ船　48, 96, 99
ブラジル木　73
フーリ(メース)　99
フーロン布　99
ベーコン　45, 46, 95
ベティレス布　99
ポイル糸　45, 47, 75, 82, 86, 90, 109, 115, 117, 124
防具　5
ホウ砂　72
砲車用車輪　95
砲術師　77, 83, 94

砲弾　94, 95
ポルトガル人　17, 38, 41–45, 48–50, 60, 62, 64, 72, 82, 83, 96, 99, 109, 110
ポルトガル船　33, 50, 76, 109
盆（ワイングラス用）　72, 77, 123

ま行

枕カバー　28, 35, 106
マスケット銃　64, 99
町奉行　106, 124, 130
松材の板　86
マニラ総督　53
豆　95
マレー人　48–50, 99
真綿　5, 47
明礬　3, 47, 90, 99, 109
ムーア人　48, 99
ムシロ　99, 124
メース　34, 48, 99
メモ帳　83
綿　83
綿糸　83, 109, 111, 124
綿布　47, 51, 99
毛布　106
木材　2, 4, 37, 51, 54, 64, 65, 70, 83, 94–96, 98, 99, 105, 106, 123
モケット　83
木工品　77
モロー　51, 54, 59, 72, 86, 106

や行

焼き討ち（堺）　12, 25–28, 35, 51
焼き討ち（船）　45, 106, 109
薬草　8, 14

屋敷の焼失　75
宿主　4, 5, 9, 10, 12, 14, 16, 19, 20, 22, 23, 25, 27–31, 35, 36, 38, 51, 53, 59, 72, 75–77, 79, 82, 83, 85, 105, 106, 111, 114, 115, 122–124, 126
槍（十文字槍）　4, 5, 72, 95, 99, 124
湯桶　77, 83, 106, 123
癒瘡木　59, 72, 86
洋櫃　72, 77, 123
鎧　124

ら行

駱駝毛織物　48, 55, 83, 96, 106, 127, 128
ランカン　70, 86, 117
ラーンサーン国王　34, 99
リゴールの王（オヤ・リゴール）　34, 48
リネン製品　27
リネン（布）　43, 48, 54, 59, 83, 94, 96
琉球（下級の菖蒲）　86
竜骨　94
龍脳　3, 38, 59
領主　7, 9, 12, 14, 25–28, 31, 38, 40, 51, 52, 54, 55, 59, 61, 66, 75, 83–85, 99, 116, 121, 130
綸子　76
レガトゥーラ織物　83
レトラス織　94
蝋　3, 48, 59, 61, 76, 77, 79, 83

わ行

ワイン　62, 64
脇差　5, 61, 124
和紙　99
藁紐　124

【編訳者 略歴】

クレインス　フレデリック（Frederik CRYNS）

1970 年　ベルギー生まれ
2003 年　京都大学 大学院人間・環境学研究科博士後期課程修了
　　　　（人間・環境学博士・京都大学）
現　在　国際日本文化研究センター副所長・教授

著　書
『ウィリアム・アダムス―家康に愛された男・三浦按針』ちくま新書、筑摩書房、2021 年。
『明智光秀と細川ガラシャ―戦国を生きた父娘の虚像と実像』（共著）筑摩選書、筑摩書房、2020 年。
『オランダ商館長が見た江戸の災害』（磯田道史解説）講談社現代新書、講談社、2019 年。
『戦乱と民衆』（共著）講談社現代新書、講談社、2018 年。
『日蘭関係史をよみとく　下巻　運ばれる情報と物』（編著）臨川書店、2015 年。
『十七世紀のオランダ人が見た日本』臨川書店、2010 年。
『江戸時代における機械論的身体観の受容』臨川書店、2006 年。ほか多数

クレインス　桂子（Keiko CRYNS）

1992 年　大阪外国語大学日本語学科卒業
現　在　総合研究大学院大学博士後期課程在学中
　　　　日本学術振興会特別研究員

著　書
『ニューエクスプレス　オランダ語単語集』白水社、2012 年
『中級オランダ語　表現と練習』（共著）白水社、2011 年
『オランダ語の基礎　文法と練習』（共著）白水社、2004 年

スペックス商館長の受信書状綴帳 1614-1616
〈平戸オランダ商館史料集〉

2025 年 3 月 10 日　初版発行

編訳者　クレインス フレデリック
　　　　クレインス 桂子
発行者　片岡　敦
印　刷　亜細亜印刷株式会社
発行所　株式会社 臨川書店
　　　　〒 606-8204
　　　　京都市左京区田中下柳町八番地
　　　　電話 (075)721-7111
　　　　郵便振替 01070-2-800

落丁本・乱丁本はお取替えいたします。　ISBN978-4-653-04781-0 C3020
定価はカバーに表示してあります。　　©クレインス フレデリック、クレインス 桂子　2025

JCOPY　〈(社)出版者著作権管理機構 委託出版物〉

本書の無断複写は著作権法上での例外を除き禁じられています。複写される場合は、そのつど事前に、(社)出版者著作権管理機構（電話 03-5244-5088、FAX 03-5244-5089、e-mail: info@jcopy.or.jp）の許諾を得てください。
本書を代行業者等の第三者に依頼してスキャンやデジタル化することは著作権法違反です。